元代专门史六种

元代妇女史

陈高华 著

中国社会科学出版社

图书在版编目(CIP)数据

元代妇女史/陈高华著.—北京：中国社会科学出版社，2021.12
ISBN 978-7-5203-2112-9

Ⅰ.①元… Ⅱ.①陈… Ⅲ.①妇女史学—中国—元代
Ⅳ.①D442.9

中国版本图书馆 CIP 数据核字（2018）第 037822 号

出 版 人	赵剑英
选题策划	郭沂纹
责任编辑	耿晓明
责任校对	郝阳洋
责任印制	李寡寡

出　　版	中国社会科学出版社
社　　址	北京鼓楼西大街甲 158 号
邮　　编	100720
网　　址	http://www.csspw.cn
发 行 部	010-84083685
门 市 部	010-84029450
经　　销	新华书店及其他书店

印　　刷	北京明恒达印务有限公司
装　　订	廊坊市广阳区广增装订厂
版　　次	2021 年 12 月第 1 版
印　　次	2021 年 12 月第 1 次印刷

开　　本	710×1000　1/16
印　　张	16.5
插　　页	18
字　　数	296 千字
定　　价	85.00 元

凡购买中国社会科学出版社图书，如有质量问题请与本社营销中心联系调换
电话：010-84083683
版权所有　侵权必究

现藏台北"故宫博物院"的元世祖皇后察必像
（选自《故宫图像选萃》）

蒙古大汗及其妻妾

（选自［波斯］拉施特《史集》插图）

元代蒙古族汗后宴乐图

内蒙古赤峰元宝山元墓墓主人对坐图
（选自《文物》1983年第4期）

陕西蒲城洞耳村元墓墓主人端坐图
（选自《考古与文物》2000年第1期）

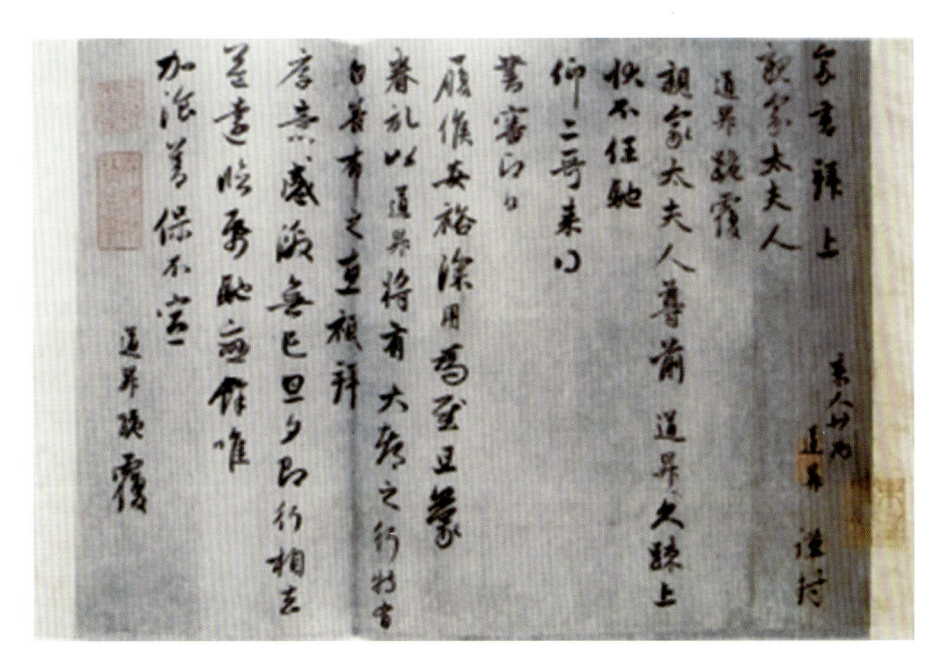

管道昇书法作品

管道昇画作《烟雨丛竹》

元周朗《杜秋娘图》

元佚名《梅花仕女》

永乐宫重阳殿元代壁画《叹骷髅》图

(选自萧军《永乐宫壁画》)

永乐宫纯阳殿元代壁画《救苟婆眼疾》图
（选自萧军《永乐宫壁画》）

永乐宫重阳殿元代壁画《屏弃妻孥》图
（选自萧军《永乐宫壁画》）

永乐宫纯阳殿元代壁画《神应帝王》图
（选自萧军《永乐宫壁画》）

永乐宫纯阳殿元代壁画《神话石肆求茶》图
（选自萧军《永乐宫壁画》）

永乐宫纯阳殿元代壁画《瑞应永乐》图
（选自萧军《永乐宫壁画》）

永乐宫纯阳殿元代壁画《度马庭鸾》图
（选自萧军《永乐宫壁画》）

永乐宫重阳殿元代壁画《传受秘语》图
（选自萧军《永乐宫壁画》）

永乐宫纯阳殿元代壁画《显化》图
（选自萧军《永乐宫壁画》）

永乐宫纯阳殿元代壁画《诞生咸阳》
（选自萧军《永乐宫壁画》）

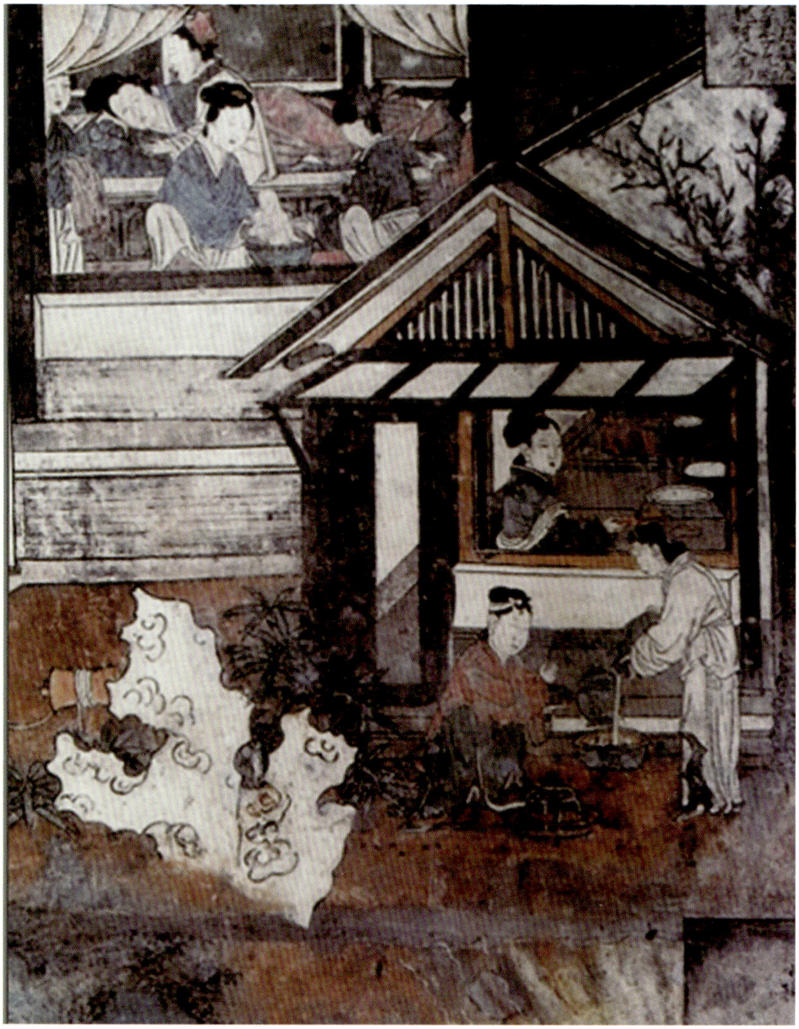

山西芮城永乐宫纯阳殿北壁妇女放生图
（选自萧军《永乐宫壁画》）

山西洪洞广胜寺明应王殿尚食图

山西洪洞广胜寺壁画中的元代妇女梳妆场景

辽宁凌源富家屯元墓探病图（选自《文物》1985年第6期）

北京门头沟斋堂元墓孝悌故事图
（选自董新林《幽冥色彩》）

元花鸟纹刺绣罗衫

姑姑冠

元代背心

元张士诚母曹氏墓出土的金飞天头饰
（以下至第 24 页中的图片，均见《苏州博物馆藏出土文物》）

金双龙戏珠帔坠

元龙首金手镯

银镜架　　　　　　元绛色绫刺绣花卉粉扑

银奁等妇女化妆用具

金女冠　　　　　　　大铜镜

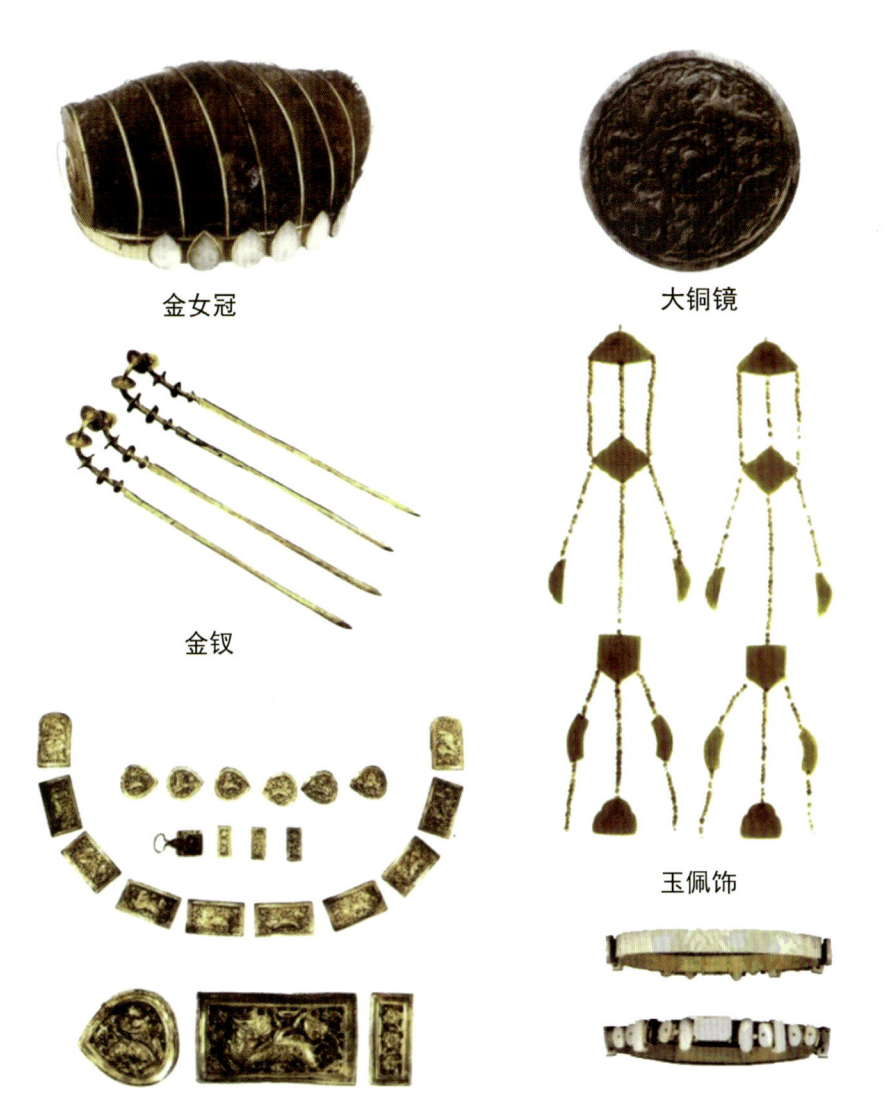

金钗

玉佩饰

银鎏金带饰　　　　玉腰带

缎绵袄、缎棉裙、织棉飘带

金戒指

织锦团鞋

金日月片

刺绣双龙残片

元张士诚母曹氏墓出土的文物
（以上图片选自《苏州博物馆藏出土文物》）

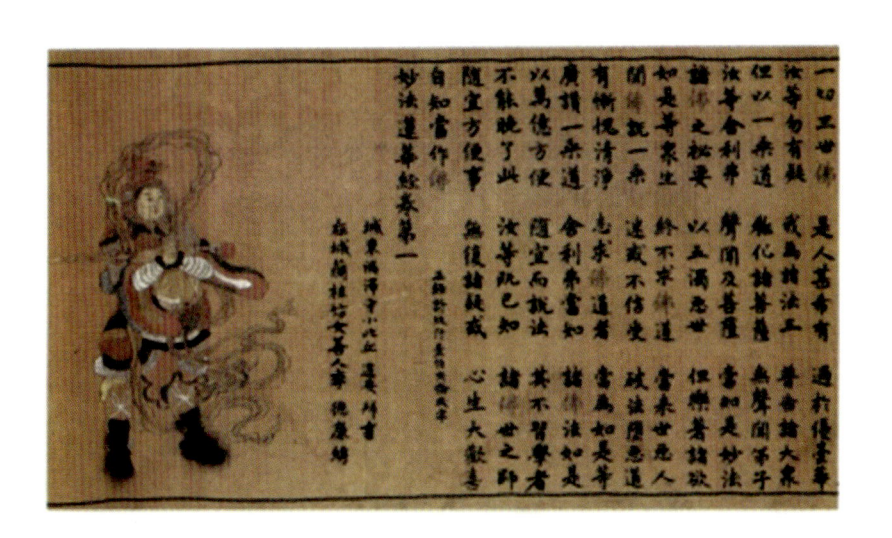

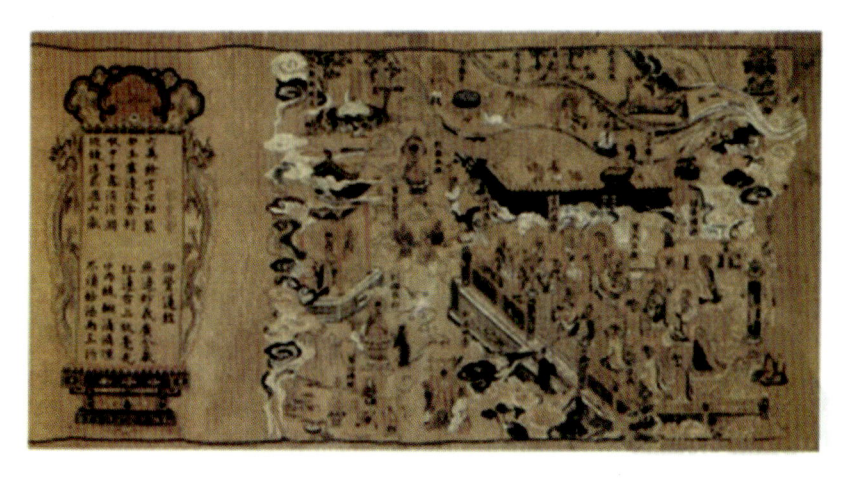

上海博物馆藏元代嘉禾城女佛教徒李德廉等绣制的《妙法莲华经卷》局部
（选自庄恒《元代刺绣妙法莲华经卷》,《文物》1992年第1期）

山西洪洞县广胜寺元代杂剧场面壁画

山西垣曲元常德义墓进食与伎乐图
(选自董新林《幽冥色彩》)

山西右玉宝宁寺水陆画元戏班赶路图 　　　山西运城西里庄元墓散乐图

山西运城西里庄元墓散乐图
(选自《中国人物画》元明卷)

永乐宫拱眼壁元代女子乐舞彩画
（选自萧军《永乐宫壁画》）

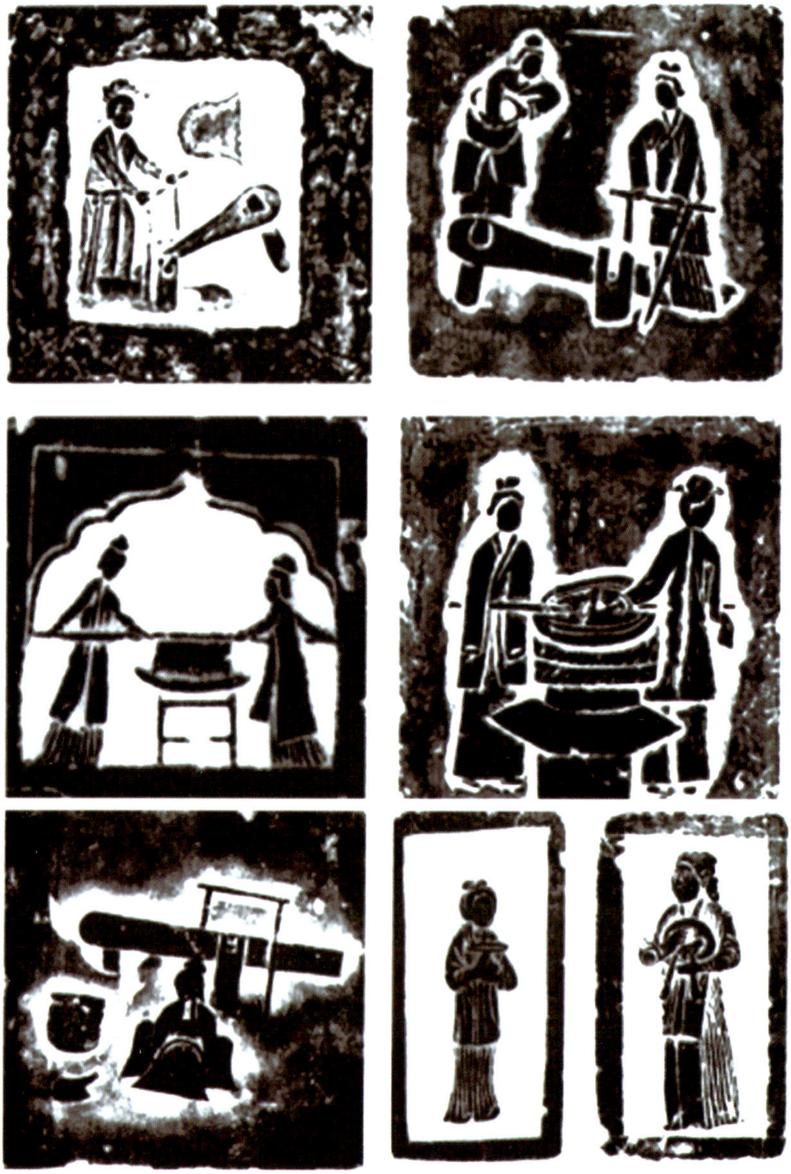

元代妇女舂米、推磨、簸米场景及侍女图（选自陈履生、陆志宏编著《甘肃宋元画像砖》）

陕西西安东郊元代韩森墓壁画侍女像

（选自《文物》2004年第1期）

读史治史六十年

（代序）

一

我出生在浙江温岭一个教师家庭，初中、高中是在上海复兴中学、新沪中学度过的。1955年9月，我考入北京大学历史系。当时反胡风斗争和"肃反"运动已经过去，学校教学秩序比较稳定，强调学生以学习为主。1956年中央提出"向科学进军"，更增加了学习的气氛。但是这种情况没有持续多久，1957年春天开始"大鸣大放"，接着便是"反右派斗争"，继之而来的是"双反"运动，拔白旗插红旗，批判资产阶级教育思想，基本上是停课进行的。1958年夏天，北大历史系三、四年级的学生和部分教师，分赴各地，参加国家民委主持的三种丛书（民族史、民族志、民族地方自治概况）编写工作，我被分配到新疆调查组，调查编写哈萨克族社会历史。一年左右的时间，跑遍了新疆北部广大地区。1959年夏天，回到学校。这时"大跃进"的热潮已经退去，学校重新安排课程，争取在我们毕业以前多补一些课，同时要求学生自行选择"专门化"。我选择的是中国古代史，以为可以定下心来读点书了。同学们都很努力，都希望在离校前多学一些知识。当时系里开设了不少课程，给我留下深刻印象的一门课是"中国古代史史料学"，由擅长各时期历史的教授分段讲授，如翦伯赞讲秦汉史史料，邓广铭讲宋史史料，邵循正讲元史史料等。80年代前期，我和陈智超同志邀集历史所部分研究人员编写《中国古代史史料学》，成为大学历史教材，即由于当年听课的启发，感觉这门课对于初学者具有特殊的重要性。

但是好景不长，1959年秋天，又开始了"反右倾"斗争，继之而来的是学习《列宁主义万岁》三篇文章，与苏修论战，其间还有批判马寅初人口论，学校里正常的教学秩序再一次被打乱，毕业论文的写作不再提起，取而代之的是集体编书，当时认为这是防止知识分子修正主义化的重要途径。开始是各专门化选择一个项目，后来觉得这样还不够革命，于是整个年级一百来人齐上阵，共编一部书，题目叫做《马克思主义史学在中国的发展》。大家热情很高，日夜奋战，数易其稿，但最后是不了了之，成了一堆废纸。

回顾一下大学五年的历程，留下了颇多的遗憾。五年的时间，大部分是在政治运动和民族调查中度过的，书读得很少，教学计划中的不少课程没有学过。名义上是大学毕业生，实际上是不合格的。当然，应该看到，这一段大学生活，也是有收获的。从学校设置的政治理论课程和政治运动中，我和同学们对于马克思主义的理论，有了初步的认识，这在以后工作中，一直发挥着重要的作用。而参加少数民族社会历史调查，更使我大开眼界，对于民族问题在现实生活和历史上的重要性，开始有所了解。从此以后，我对民族问题以及民族史研究，一直有浓厚的兴趣。此外，尽管运动频繁，与老师接触不多，但北大特有的学术气氛，仍可以从他们的课堂讲授和零星接触中有所感受。学术气氛的熏陶对于初学者是至关紧要的，往往能在不知不觉中影响他们以后的道路。从北大老师们的身上，我懵懂地领会到治学的艰辛和乐趣，从内心滋长了从事研究工作的强烈愿望。

毕业后，我分配到哲学社会科学学部历史研究所工作。哲学社会科学学部是中国科学院下属的几个学部之一，中国社会科学院的前身，在"文化大革命"中以简称"学部"闻名遐迩。我到历史所的时间是 1960 年 9 月，当时历史所同样大兴集体编书之风，新来者也立即被卷入这一热潮之中。历史所最重要的集体科研项目是郭沫若先生主编的《中国史稿》，动员了所内的主要力量，还有外单位的同志。力量不可谓不强，进展却相当缓慢。1961 年以后，国民经济遇到困难，进行调整，科研工作也采取了相应的措施，领导向年轻人提出了打基础的要求。对于我这样在大学期间没有认真受过训练的人来说，打基础当然特别重要。但是，如何才能打好基础，却是心中无数。可幸的是，历史所有一批学识渊博的前辈学者，又有不少奋发向上的青年伙伴，他们给了我种种教导、启发和帮助，使我能较快地走上独立从事研究的道路。

我初到历史所时，所领导曾向我征求个人意愿。我因大学四年级参加过民族调查，遂对民族历史产生兴趣，听说历史所设有民族史组，便报名参加。历史所为什么会设立民族史组呢？原来，1955 年前后，中、苏、蒙三国协议共同编写《蒙古通史》，中方出席会议的代表是翁独健、韩儒林、邵循正三位先生。会议决定，由中方组织力量，整理有关汉文资料。历史所设立民族史组便是为了承担这一任务，翁独健先生则被指定为民族史组的负责人。1959年以后，中苏关系恶化，共同编书的计划作废，但民族史组却一直保存了下来。翁先生是我国著名蒙古史学者，早年毕业于燕京大学，后来到美国和法国留学，新中国成立后曾任北京市教育局局长，后任中央民族学院历史系主任，兼任历史研究所研究员。虽然社会工作繁忙，翁先生很重视年轻人的培养，他经常到组里来，有时还找我们这些年轻人到家里谈话，循循善诱，指导制订研究计划，讲述历史研究的方法。正是在翁先生的启迪下，我用了两三年时间，比较系统地阅读了元代的各种文献，对前人的研究成果有了一定的了解，同时开始了整理资料和专题研究的训练。

翁先生特别重视资料工作，他认为资料工作是研究工作的基础，只有学会资料的搜集、整理，才能做好研究工作。而资料的搜集应力求彻底、穷尽，即使不可能真正做到，也要以此为目标。对于资料，要认真加以整理，严格分辨原始资料和转手资料。对于研究工作，翁先生强调在了解前人研究基础上认真选题，立论必须言之有据，切忌空泛，论文写作应该交代以往研究情况及文献出处，等等。后来才知道，这些都是外国大学历史系一门课"史学方法"的基本内容，但是院系调整以后我国历史系都没有这门课。实际上，"史学方法"就是讲史学研究的一些基本训练，当时的年轻人缺乏的就是基本训练，翁先生为我们补上了这门课。他的指点，使我少走了许多弯路。

在翁先生的具体指导下，我和杨讷等同志一起编纂元代农民战争的资料，同时着手做一些专题研究。我们努力按照翁先生的意见全面系统搜集资料，多方扩大资料的范围，于是有许多新的发现。特别是地方志和金石志中大量有关农民战争的记载，是前人所未曾利用过的。这为我们研究农民战争打下了很好的基础。我写的几篇元末农民战争的论文，对地主阶级的动向、农民起义的口号加以讨论，提出了不同于前人的一些看法。在这些论文中，我力求用历史唯物主义理论对各种资料进行分析，比起以前的同一领域研究，有所进展，因而也得到了学术界的重视。翁先生又要求我们，在农民战争之外，另择一题目做研究。杨讷同志选择元代村社，我则选择元代盐政。杨讷同志的《元代村社研究》完成以后，发表在《历史研究》上，迄今仍是这一问题的权威之作。我选择盐政，是因在辑集元末农民战争资料时，发现淮东张士诚、浙东方国珍起事，均与盐政有关。只有弄清元代盐政，才能更深刻地认识元末农民起义发生的原因。在研究元代盐政时，我严格按照翁先生讲述的治学方法进行，首先查阅以往研究成果，其次全面系统搜集资料，然后对资料进行分析，拟出写作大纲，最后按科学规范写出论文。《元代盐政及其社会影响》一文，先后三易其稿，翁先生和组内同志提出过很多宝贵意见。这篇论文的完成，可以说使我得到一次严格的科学训练。

以上一些工作，是在1961—1963年进行的。从1964年起，我接连参加劳动锻炼（在山东龙口）和农村"四清"（在山东海阳，北京房山），一直到"文化大革命"爆发，才回到历史所。

二

"文化大革命"爆发后，研究工作完全停顿。"文化大革命"后期，逐渐有所松动，大家半公开或不公开地恢复了部分研究工作。揪出"四人帮"，十一届三中全会的召开，改革开放方针的确定，使整个社会面貌发生了巨大的改变，历史研究也呈现出前所未有的繁荣局面。

20世纪70年代中期到80年代前期，我参加《中国史稿》的编写工作，负责元代部分。在准备写作时发现，元代经济史的研究是我国学术界的薄弱环节，除了蒙思明先生关于元代社会阶级关系的研究之外，其他几乎可以说是一片空白。日本学术界在这方面有相当可观的成绩，但也有许多不能令人满意之处。过去的通史著作，述及元代社会经济时，不是一笔带过，就是引用一些史料，草草了事。经济是基础，如果对一个时代的经济状况不能正确地说明，便无法对该时代的政治、文化作出合理阐述。正是基于这样的认识，我便集中精力对元代经济史的一些重要问题作一些探索。

众所周知，《元史·食货志》和其他正史的《食货志》一样，是研究元代经济史的基本资料。历来涉及元代经济者，无不以《元史·食货志》为据。但是，试以《元史·食货志》和其他正史中的《食货志》相比较，便会发现其中颇有不同。其他正史的《食货志》大体都是"史官"将各种资料融会贯通以后执笔成文的，而《元史·食货志》则是将元朝官修政书《经世大典》《六条政类》中有关篇章加以删削而成的。一方面，应该看到，《元史·食货志》保存了元朝政书若干篇章的本来面目，从史源学的角度来说，有很高的价值。另一方面，这种编纂方式，也造成明显的弱点，具体来说是：（1）政书中没有的篇章，《元史·食货志》中也没有。例如一般正史《食货志》中放在首位的"版籍"（"户口"）、"田制"，《元史·食货志》就没有。赋役中的役法，是封建国家加在编户齐民身上的沉重负担，历代相承，元代亦不例外，但是《元史·食货志》却缺乏记载。（2）对政书的记载删削不当，以致无法理解或引起误解。例如，元朝在农村立社，《元史·食货志》记此事，说："其合为社者，仍择数社之中，立社长官司长以教督农民为事。"到底是谁"教督农民"，是不清楚的。《经世大典》此篇原文已佚，幸好元代法律文书《通制条格》《元典章》中保存有关法令的原文，作："选立社长，官司并不得将社长差占别管余事，专一照管教劝本社之人。"显然，《元史》编者在删削时，多留了"官司长"三个字，以致文意不通。

有鉴于以上情况，我的元代经济史研究，可以说分两个方面：一个方面是探索《元史·食货志》中缺乏记载的重大问题，例如户籍和役法，先后写出了元代户等、军户、站户以及役法研究等论文。另一方面是以《元史·食货志》中有关记载为基础，认真考辨、补充，这方面的作品有税粮制度、和雇和买、海外贸易等。我还对元代城市史做过一些研究，先后完成《元大都》和《元上都》（与史卫民合作）两书，城市经济的论述，在两书中占有很大的比重。《元大都》一书译成日文后在日本出版，国内还出版了蒙文译本，近年又出了英文译本。

参加《中国史稿》的编写，使我感到对有元一代史事的了解很不全面，需要补课，于是便在力所能及的范围内，对元史的各个领域，选择一些专题，作多方面的探索。其中一项是元代画家资料的辑录。本来，绘画史的研究，属于美术史范畴，是专门之学。我对绘画史完全是个外行，在阅读众多有关元代绘画史的研究作品之后，深感元代绘画在中国绘画史上占有承前启后的重要地位，也是元代文化中引人注目的组成部分。同时又感觉到，以往的研究者，由于专业的局限，在资料的利用上，往往是不全面的，有的还有错误。于是不揣冒昧，着手进行这方面的工作。力求穷尽，仍是我辑录元代画家资料的指导方针，同时努力区别原始资料和转手资料。最后完成的《元代画家史料》一书，引用的文献达170余种，其中有不少是前人所未利用过的。我以这些资料为依据，结合自己对元朝社会历史的了解，给每个画家写了简单的介绍，其中对元代绘画史研究中一些常见的观点，提出自己的看法。例如，以往研究中，不少人认为，生长于马上的蒙古君王不喜欢汉族传统绘画，废除了宋代的画院，影响了画家的出路。我则认为，在元代，有相当多的君主、贵族喜欢绘画，因而某些人便以此作为进入仕途的捷径。又如，有些研究者认为，元代不少名画家采取与元朝不合作的态度，寄情山水，作画表达自己这种感情。我则认为，元代著名画家中的多数人或是元朝的官员，或是元朝的臣民，真正反对元朝的只是少数，因此大多数以山水为题材的作品很难说蕴藏有什么政治倾向、不满情绪。我的这些看法基于我对元代士人动向的基本估计。在我看来，元朝统一以后，大多数士人已经接受了元朝统治的事实，不满者有之，反抗者很少。元朝中期以后，绝大多数士人已视元朝为合法的统治了。对于古代绘画的研究，我觉得应把它看成社会意识形态的一个组成部分，必然受各个时代政治、经济条件的制约，也就是说，不了解一个时代的政治、经济，就很难对该时代的意识形态（包括绘画在内）作出适当的实事求是的分析。

1976年"文化大革命"结束新时代开始时，我已年近四十。1988年是我"知天命"之年。在这十余年间我有不少社会工作，但仍争取时间努力著述。元史是我研究的重点，有如上述。1987年我将此前自己所写的元史研究论文、札记辑成一书，名为《元史研究论稿》，由中华书局出版。除了元史研究以外，这一时期我还做了一些其他方面的研究工作。

一是海外交通史研究。20世纪70年代泉州湾古代沉船的发现，激起了学术界研究中国古代海外交通的热潮。围绕这一主题，我作了一些探索，写出几篇论文。例如，印度马八儿人孛哈里的研究。日本学者桑原骘藏的《蒲寿庚考》，是论述中国海外交通的权威著作。书中根据韩国史籍《东国通鉴》，讲述了马八儿王子孛哈里的事迹。马八儿是当时印度南部的一个国家，马八儿王子孛哈里侨居中国泉州，元帝赐高丽女子蔡氏与他为妻，这起跨国婚姻把印度、中国、朝鲜半岛联系了起来，是饶有传奇色彩的故事。桑原以为孛哈里可能是波斯湾怯失（Kish）岛人，是波斯伊儿汗合赞的使者。我根据元人刘敏中《不阿里神道碑》（《中庵集》卷4）、《元史》马八儿等国传等有关记载指出，孛哈里即不阿里，是马八儿国的宰相，因国内矛盾，投奔元朝，忽必烈将宫中高丽女子蔡氏许配与他，从此，在泉州定居。后来，他因蔡氏之故，曾派人向高丽国王献礼品。这样，孛哈里其人其事，都在中国文献中得到证实，并且纠正了桑原氏的错误。在中外关系史的研究中，文献资料的发掘，是至关紧要的。一定意义上可以说，没有新资料的发现，中外关系史的研究，就难以有大的进步。这是我在研究实践中深深体会到的。我还和其他同志一起写作了《宋元时期的海外贸易》（陈高华、吴泰）和《海上丝绸之路》（陈高华、吴泰、郭松义）两书。中国海外交通史一直是我关注的领域，我努力为这个学科的发展做出一点贡献。

二是继续画家史料的整理，先后编写出版了《宋辽金画家史料》（1984年出版）和《隋唐画家史料》（1987年出版）两书。编纂的原则、体例和《元代画家史料》完全相同，力求穷尽原始文献，并将一个时代的绘画同该时代的政治、经济密切联系起来加以考察。这几种《史料》常为画史研究者征引。国家文物鉴定委员会主任委员傅熹年先生认为书画鉴定要重视题跋、题画诗等文献资料："陈高华先生撰《隋唐画家史料》《宋辽金画家史料》《元代画家史料》，搜集了大量的这方面的资料，对我们了解这方面材料有很大的帮助。"（《中国书画鉴定与研究·傅熹年卷》，故宫出版社2014年版，第24页）原来曾打算进一步扩大范围，编著明代的画家史料，但由于各种原因，这项工作只开了个头，没有进行下去。

三是中亚史的研究。我在大学学习期间曾到新疆参加民族调查一年，对中亚的历史产生了浓厚的兴趣，20世纪80年代又曾参加联合国教科文组织主持的《中亚文明史》编委会，兴趣和工作需要促使我关注中亚史的研究。根据自己的条件，我先后编成《元代维吾尔哈剌鲁资料辑录》和《明代哈密吐鲁番资料辑录》两书。两书所辑录的资料，相当多是新的发现，很有价值。元、明两代西域史研究常苦于汉文资料的不足，这两本书可以说有填补空白的意义。在浩如烟海的元、明两代文献中寻觅西域史料，有大海捞针的感觉，每有所得，常为之狂喜。至今思之，仍觉欣然。在搜集整理元、明两代西域史料的基础上，我写了几篇有关的论文。

四是和陈智超同志一起，邀请历史所的一部分研究人员，共同撰写《中国古代史史料学》（1984）。此书被不少大学历史系列为参考教材，有一定的影响。

在古籍整理方面，我也做了一些工作，有《人海诗区》《滋溪文稿》等。

三

20世纪80年代末期起，也就是在50岁以后，我的研究范围有所调整，仍以元史为研究重点，但对其他领域已很少涉及。十余年间，我致力于元代专门史的写作，和史卫民同志合作，先后撰写出版了《中国政治制度通史·

元代卷》（1996）、《中国经济通史·元代经济卷》（2000）和《中国风俗通史·元代卷》（2001）三部著作，还写了一些论文。

《中国政治制度通史》是中国社科院政治学所白钢同志主持的国家社科基金重点项目成果。"元代卷"的绪论和投下分封、监察、司法、人事管理等章由我执笔。元代政治制度，已往的研究成果颇多，我们必须在前人研究的基础上，有所进步。原来史卫民同志在这方面有较多的积累，而我对元代政治制度则没有多少研究，承担这一工作后内心颇为不安，只能努力探索，力求有所突破。1992年，我应聘为日本京都大学人文科学研究所外国人研究员，根据所方的要求，我承担"中国近世（元明时代）政治与社会之研究"，需要在应聘期间（半年）交出一篇论文。这个课题和元代政治制度史的写作任务是基本一致的。我利用这一机会认真读书，了解日本史学界的研究动态，写出了《元代的审判程序和审判机构》这篇近5万字的长文，发表在该所刊物《东方学报》上。这一段经历对《中国政治通史·元代卷》的完成起到了很好的作用。

20世纪80年代后期，历史研究所和其他科研单位一起，承担了国家社科基金项目《中国古代经济史》，我负责元代卷。为了完成这一任务，我感到自己还要对经济史研究中的一些薄弱环节努力探索，为此先后写出元代商税、酒税、水利、土地登记等一系列论文。土地登记和土地籍册，是封建时代土地制度的重要组成部分。自汉迄唐，政府最看重的是户籍的编制，土地只是作为附带项目登记在户籍册中，当时的户籍具有地籍和税册的作用。宋代以后，私有土地日益发达，地籍逐渐取得了和户籍平行的地位。严格说来，宋、元是这种变化的过渡时期，元代的户籍登记，包括土地在内。但与此同时，开端于南宋的多种土地籍册，在江南一些地区普遍建立起来。历来研究中国土地制度史者，注意到了唐、宋之际的这一变化，但是对于元代的情况，却往往略而不谈。我的有关论文，回答了这一问题，同时也说明元代江南的土地制度，是前代的延续，并未因改朝换代有大的变化。此外，新发现的资料，促使我对南方的税粮制度重新进行论证，提出一些新的看法，如江南民田税粮数额的估计，便修正了我过去的论断。

20世纪80年代中期起，社会生活史的研究，逐渐在我国学术界兴盛起来。人们的社会生活，诸如衣食住行、生老病死等，与一个时代的政治、经济、文化有着极其密切的关系，而在新中国成立以后很长一段时间内，社会生活史的研究遭到冷落，元代社会生活史的研究，更可以说是一片空白。我想在这方面作一些努力。最初引起我注意的是刘子健先生关于马球的论述。刘先生是美籍华人,长期从事宋史研究,卓有成就。马球是中国古代盛行的一种体育运动,在唐代曾风行一时。唐代以后的马球状况,历来不为人们所注意。刘先生论文的题目是《南宋中叶马球衰落和文化的变迁》,把马球的盛衰和文化变迁联系起来,企图"说明中国传统社会,怎样受君主制度的影响,忽略了体育"。我觉得刘先生的出发点是很好的,但他认为元代马球"反倒消失"则是不对的。元朝蒙古君主"以马上得天下",他们怎会废除马球这种马上运动呢?而且,不少记载也可以证明元代马球仍是流行的,只是刘先生不曾注意罢了。不仅如此,至少在明代前期马球仍是存在的,甚至在宫廷中流行。在此以后,我用较多的精力注意元代饮食史,先后对元代的酒、茶、舍里别等有所论述。在探讨元代饮食时,一是注意饮食与当时中外、国内各民族文化交流的关系,例如蒸馏酒的出现、葡萄酒的流行和舍里别的传入等;二是确定元代饮食在中国古代饮食文化发展过程中的地位。徐海荣、徐吉军同志主编的多卷本《中国饮食史》中"元代的饮食",便由我执笔(约10万字)。20世纪末,上海文艺出版社邀请我和徐吉军同志主编多卷本《中国风俗通史》,其中元代卷由我和史卫民同志撰写。除了原有的一些成果以外,我还对元代巫术、东岳崇拜、天妃崇拜、禳灾习俗、称谓习俗等诸多问题加以研究,陆续写成论文,这些问题大多前人未曾触及,从而使该书内容比较充实。(今辑为《元代风俗史话》)

除了以上三部元代专门史著作及有关论文的写作外,这十余年间我还和陈尚胜同志合作,撰写出版了《中国海外交通史》(1997)。此书延续了以往的研究,对中国古代海外交通的发生、发展和演变作了简要的系统的叙述。

进入21世纪,我已步入花甲之岁,新世纪开端这十几年的工作主要是集中于元代文化史、妇女史、佛教史、法律文献等的研究。新中国成立前的历史著作在谈到元代文化时,基本都持否定的态度,认为元代除杂剧、散曲外,没有什么可取的文化。直到20世纪50年代这种看法仍很流行。这种观点后来逐渐得到修正,但仍缺乏认真梳理元代文化的著作。我与张帆、刘晓两位年轻同志合作出版的《元代文化史》,可以说在一定程度上弥补了这方面的缺憾。妇女史研究近几十年方兴未艾,但还存在不少薄弱环节,也有不少问题的讨论有待深入。我与其他同志共同主编出版了《中国妇女通史》10卷,其中的"元代卷"由我本人执笔,涉及元代妇女的政治生活、日常生活、文化生活、宗教信仰、服饰等方方面面。元代是中国佛教史发展的一个重要阶段，我早年曾发表过一些这方面的文章，近年来因单位课题研究需要，我又开始关注这方面的研究，发表了一些论文。我对法律文献的关注，主要是《元典章》。我主持的《元典章》读书班从20世纪末开始，持续了十几年，参加者有历史所和北京大学的研究人员、教师和研究生，还有国外的研究生和进修教师。《元典章》是一部元代法律文书的汇编，内容涉及元代社会生活各个方面，对研究元史乃至中国古代社会，都具有很高的价值。但此书文字大多用当时的公文体，不易阅读；特别是，其中有不少所谓"硬译文体"（将蒙语直译成汉语）书写的公文，更难理解。我们用集体的力量，先对此书的"户部"加以整理，以后再扩展到其余部分。2011年出版了此书点校本，先后获得古籍优秀图书奖和中国出版政府奖。我希望通过《元典章》的整理，激发年轻学者的研究兴趣，同时对自己也有所促进。元代后期法典《至正条格》残卷在韩国庆州被发现后，很快也引起我的极大兴趣，发表了一些这方面的文章。

四

20世纪中国的元史研究，经过几代人的不懈努力，到现在已粗具规模。开创这门学科的是中国史学界的几位大师：王国维、陈垣、陈寅恪诸先生，继之而起的是翁独健、韩儒林、邵循正、蒙思明、吴晗诸先生，四五十年代有杨志玖、蔡美彪诸先生。60年代以后成长起来的中青年学者，大多是翁、韩、邵、蒙、杨、蔡诸先生的门下。20世纪上半期，元史被认为是冷僻的学问，研究者甚少，作品寥寥。到八九十年代，随着中青年学者的成长，我国的元史研究已面目一新，足以与其他断代史、专门史研究并驾齐驱了。前辈学者说过，元史是"不中不西之学"。从20世纪初以来，元史研究便是一门国际性的学问。过去我们的研究落后，不受重视，现在在国际学术活动中有自己的独立的声音，足以引起他人注意了。

我所做的一些元史研究工作，都是在师友们教导、关心、帮助、鞭策下进行的，由于原来基础较差，加上主观努力不够，成绩有限，常感惭愧。至于史学的其他领域，如中亚史、绘画史等，虽曾涉猎，成绩更少。回顾自己走过的道路，如果说有什么经验体会的话，那就是：（1）必须高度重视资料的搜集和整理。"史料即史学"是不对的，但是史学研究必须以史料为基础，离开史料就无所谓史学。对于史料，必须力求全面、系统地掌握，既要熟悉已知的史料，还要下大力气去发掘未知的新史料。很多老问题的解决和新问题的提出，都有赖于对已知史料的重新认识和新史料的发现。我的每一篇论文都力求有不同于前人的新史料，有些论文的写作，即得益于新史料的发现。在史料上要有所突破，始终是我在研究工作中的座右铭。（2）必须坚持以历史唯物主义为指导。马克思主义历史唯物主义关于经济基础与上层建筑、生产力与生产关系、阶级与阶级斗争的理论，对于历史研究，具有极其重要的意义。迄今为止，没有任何一种其他学说可以取代历史唯物主义理论。我自己的研究工作，从一开始关于农民战争的探讨，到近年的法制史研究，都力求用历史唯物主义来分析各种历史现象，以后仍将继续这样做。（3）必须努力学习其他相关学科的理论、方法。学科之间相互渗透，已成为当前科学发展的趋势。历史学以人类社会历史为研究对象，从经济基础到上层建筑，无所不包，更需要了解其他学科的理论、方法以及研究成果，才能把自身的研究，推向前进。我在研究工作过程中，经常遇到一些问题，迫使自己进行各种学科理论、方法的补课，深深感到这种补课的重要性。由于种种原因，我的补课缺乏系统性，起的作用也不够理想。衷心希望年轻的研究者重视这一问题，不断开阔眼界，不断改正思维方式，只有这样，研究工作才能出现新的飞跃。

  研究历史虽然辛苦，但乐趣无穷。搜集资料、写文章的乐趣在于获得新的发现、新的体会，这也是我今天依然坚持研究的动力。现在客观条件比过去好多了，年轻人只要努力肯定会一代比一代强。六十年的学术经历使我相信，我国的元史和整个中国史研究，在 21 世纪一定会取得更为辉煌的成就。

陈高华
2011 年首发于中国社会科学网
2016 年春修订

序

  人类群体是由男女两性组成的。女性对人类社会的延续和进步，做出了巨大贡献。但是，相对于男性而言，女性的命运在历史发展过程中更为坎坷曲折。中国和其他许多国家一样，存在过母系氏族社会，当时女性是氏族的核心，受到男性的普遍尊敬。进入父系氏族社会以后，逐渐确立了男性的统治地位，"最初的阶级压迫是同男性对女性的压迫同时发生的"[①]。在中国长达数千年的漫长阶级社会中，男尊女卑、男主女从、男外女内的性别秩序与礼制原则日益发展巩固，女性地位不断下降。中国妇女被严格束缚在家庭中，成为男性的附庸，所受压迫是十分沉重的。儒家思想特别是理学所宣扬的封建礼教，更是束缚妇女的思想枷锁。但是在这种严酷的压迫、束缚下，仍有不少妇女冲破性别秩序与礼制原则，积极参与社会活动与历史创造，在史书上写下了光辉的篇章。鸦片战争以后，中国进入半殖民地半封建社会，随着反封建的启蒙运动的兴起，妇女逐渐觉醒，与男性一起，开始为争取自身解放而进行斗争，成为民主革命中一支积极而活跃的力量。

  空想社会主义思想家傅立叶"第一个表述了这样的思想：在任何社会中，妇女解放的程度是衡量普遍解放的天然尺度"。这个见解得到恩格斯的赞赏，无疑是杰出的。[②] 这就是说，社会进步可以用女性的社会地位来衡量。探索妇女社会地位的变化，是妇女史的首要任务，它对于任何一个国家、民族历史的研究，都具有极其重要的意义。缺乏妇女史的内容，这个国家、民族的历史就是不完整的，中国历史当然也不可能例外。令人遗憾的是，在很

  [①] 恩格斯：《家庭、私有制和国家的起源》，《马克思恩格斯选集》第4卷，人民出版社1995年版，第63页。

  [②] 恩格斯：《反杜林论》，《马克思恩格斯选集》第3卷，第610页。

长一段时间内，在我国学术界，妇女史并没有受到应有的重视。从20世纪初到70年代，妇女史的研究一直比较冷落，有关的论著数量不多，大多局限于婚姻制度和少数著名的妇女人物，也有少数探讨妇女法律地位和妇女生活的作品，但影响都不大。十一届三中全会开启了改革开放的新时代，我国的学术界也发生了显著变化，百家争鸣，繁花似锦。妇女史的研究出现了前所未有的繁荣局面，佳作迭出。可以认为，妇女史研究的兴盛，是新时代史学超越前人的重要标志之一。

虽然妇女史研究取得了很大的进步，但我们必须看到，在这个领域中还存在不少薄弱的环节亟须加强；有些问题存在不同意见，有待深入讨论。妇女史的内容极其广泛，涉及社会生活的众多方面。我们编写的《中国妇女通史》可以说是国内第一部大型妇女通史，在体例上需要自行进行探索。我们经过多次讨论，对全书内容作出如下设计，主要包括：各代王朝的妇女政策，各个时代的女性观和女性的风貌特征，妇女的阶级阶层，妇女的政治活动，妇女的婚姻和家庭生活，妇女的文化生活和宗教信仰，妇女的服饰等方面。各卷的章节设计求大同存小异。全书力求以唯物史观为指导，以翔实和丰富的资料，对自原始社会至新中国成立中国妇女状况的发展变化作出科学的实事求是的叙述，同时努力表现妇女的历史贡献以及各个时代妇女生活的特点。

众所周知，妇女史的研究都会碰到资料不足的问题。正如有的学者所言，历史上的女性是沉默失语的群体。有关文献记载绝大多数出于男性之手，对女性的活动或者忽略，或者歪曲，这为妇女史研究带来了很大的困难。总的来说，迄今为止中国妇女史还是一门新兴的学科，近年虽有很大进展，但还存在很多空白。《中国妇女通史》的编写可以说是一次大胆的尝试。《通史》各卷作者较多，分居各地，因此全书框架的磨合和各卷之间的衔接，都有不如人意之处；限于水平，若干问题的把握也有待进一步研究。抛砖引玉，希望引起讨论，得到指正。

杭州出版集团董事长徐海荣先生一直关心并支持《中国妇女通史》的出版。徐吉军先生是这个项目的策划者，并对全书的编辑和配图作出了很大的贡献。杭州出版社的许多编辑都为此书的出版付出了辛勤的劳动。谨向他们表示衷心的感谢。

陈高华

2010年9月于北京

目　　录

概论 ……………………………………………………………………（1）

第一章　女性与元朝政治生活 ………………………………………（23）
　第一节　诃额仑、孛儿帖与蒙古的兴起 ………………………（23）
　第二节　脱列哥那、唆鲁禾帖尼、杨四娘子 …………………（26）
　第三节　察必、阔阔真和答己的政治活动 ……………………（30）
　第四节　不答失里、奇氏与元末政治 …………………………（35）

第二章　女性的阶级、阶层与群体（上） …………………………（39）
　第一节　后妃、公主 ……………………………………………（39）
　第二节　宫女 ……………………………………………………（44）
　第三节　官宦和民间地主家庭的妇女 …………………………（52）
　第四节　农民家庭的妇女 ………………………………………（58）

第三章　女性的阶级、阶层与群体（下） …………………………（63）
　第一节　妾和婢 …………………………………………………（63）
　第二节　僧道妻妾 ………………………………………………（70）
　第三节　妓女 ……………………………………………………（75）
　第四节　诸色户妇女 ……………………………………………（82）
　第五节　"三姑六婆"及其他 ……………………………………（88）

第四章　女性与婚姻（上） …………………………………………（93）
　第一节　婚姻礼制 ………………………………………………（93）
　第二节　离婚与再嫁 ……………………………………………（102）

第三节　贞节观的流行和节妇 …………………………………（109）
　　第四节　族际婚姻 ………………………………………………（114）

第五章　女性与婚姻（下） ……………………………………（121）
　　第一节　收继婚 …………………………………………………（121）
　　第二节　典雇婚 …………………………………………………（128）
　　第三节　赘婿婚 …………………………………………………（133）
　　第四节　其他婚姻形态 …………………………………………（140）

第六章　女性的日常生活 …………………………………………（144）
　　第一节　家庭结构 ………………………………………………（144）
　　第二节　家庭主妇的职责 ………………………………………（147）
　　第三节　女性的生育、医疗和丧葬 ……………………………（154）
　　第四节　女性的交游和迁徙 ……………………………………（163）

第七章　女性的文化生活 …………………………………………（170）
　　第一节　女性与教育 ……………………………………………（170）
　　第二节　女性与文学艺术 ………………………………………（176）
　　第三节　女性与舞台表演艺术 …………………………………（182）
　　第四节　女性的游戏 ……………………………………………（191）

第八章　女性的宗教信仰 …………………………………………（197）
　　第一节　宫闱女性的宗教信仰 …………………………………（197）
　　第二节　民间女性的宗教信仰 …………………………………（204）
　　第三节　尼姑与女冠 ……………………………………………（207）

第九章　女性的服饰 ………………………………………………（215）
　　第一节　服装 ……………………………………………………（215）
　　第二节　发式与首饰 ……………………………………………（220）
　　第三节　化妆 ……………………………………………………（230）
　　第四节　缠足和鞋 ………………………………………………（235）

主要参考文献 ………………………………………………………（238）

概　　论

一　元朝历史简述

元朝是中国历史上承前启后的一个重要朝代，它是由我国北方的蒙古族建立的。

12世纪末13世纪初，在我国历史上是一个分裂的时期，金、宋南北对峙，同时存在的有西夏、大理、畏兀儿、西辽、吐蕃等地方政权。北方草原上生活着许多游牧部落，其中势力较大的有克烈部、乃蛮部、弘吉剌部、蒙古部、篾儿乞部、塔塔儿部、汪古部等。各部互争雄长，草原陷于混乱状态。

蒙古部铁木真在草原群雄中脱颖而出。铁木真是蒙古部首领也速该的长子，九岁时也速该被塔塔儿部毒死，家族势力中衰，"除影儿外无伴当，除尾子外无鞭子"[①]。但是也速该之妻诃额仑克服种种困难，将儿女培育成人。铁木真历经艰险，连年征战，取得一个又一个胜利。他与克烈部首领王罕联合，先后击败篾儿乞部、塔塔儿部和蒙古部中其他势力，成为草原上的一支重要力量。铁木真虽原与王罕以父子相称，但铁木真势力的壮大，引起克烈部首领的严重不安，双方终因利害冲突而彻底决裂。铁木真被克烈部打得大败，只剩下十余骑。但他并没有气馁，而是努力团结部众，积蓄力量，并招降了弘吉剌等部。然后，命自己的兄弟向王罕诈降。乘王罕父子以为得胜而未加防备之际，发动突然袭击。经过三天三夜的苦战，消灭了克烈部，王罕在逃亡途中被乃蛮部杀死。

这时草原上能与蒙古部抗衡的只剩西边号称"国大民众"的乃蛮部。

[①]　额尔登泰、乌云达赉校勘：《蒙古秘史》卷二，内蒙古人民出版社1980年版。

"天上止有一个日月，地上如何有两个主人？"① 乃蛮部的首领塔阳汗与铁木真为争夺草原统治权展开了激烈的斗争。最后，铁木真得到汪古部的支持，打败了人口众多、势力强大的乃蛮部。这样，草原上的游牧民都归于铁木真的统治下。1206年，铁木真在斡难河（今译鄂嫩河）源头召开忽里勒台。忽里勒台原意是大聚会，即氏族、部落成员会议。此时的忽里勒台则是贵族和将领的会议。在忽里勒台上，与会者共推铁木真为大汗，号成吉思，并宣布建立大蒙古国。草原和世界的历史从此进入一个新时期。

蒙古国建立前后，成吉思汗几次进攻位于草原西南的西夏，迫使西夏国王献女纳贡求和。1211年发动对金战争，取得一系列的胜利。金朝大部分领土均被蒙古铁骑践踏，都城中都（今北京西南）亦遭围困。1214年，金朝献公主求和，并送上大批童男女和金帛、马匹，蒙古军才退回草原。在蒙夏、蒙金战争中，失败的一方都以贵族女性为礼品，换来暂时的和平。金朝随即从中都迁到汴京（今河南开封），而中都很快便为蒙古占领。接连几年的战争给金朝统治下的北方农业区居民带来极大的苦难，妇女命运更加悲惨。元代大剧作家关汉卿的杂剧《闺怨佳人拜月亭》，描写一个官宦家庭女子仓皇从中都出逃，途中历尽艰辛的故事。② "白骨中原如卧麻"，杂剧中的女子终于夫妻团圆，而现实则是无数家庭妻离子散，命赴黄泉。

在对金战争取得重大胜利以后，成吉思汗的注意力转向西方。居住在别失八里（今新疆吉木萨尔）和哈剌火州（今新疆吐鲁番）的畏兀儿人和居住在阿力麻里（今新疆霍城一带）等地的哈剌鲁人相继归附。原辽朝贵族在中亚建立的西辽（国都虎思斡耳朵，今吉尔吉斯斯坦托克马克西南），被逃亡的乃蛮王子屈出律篡夺了政权，成吉思汗派遣军队前去追捕，灭西辽，屈出律在逃亡中死去。随之蒙古与中亚大国花剌子模发生冲突。1219年起，成吉思汗率军西征，灭花剌子模，占领中亚广大土地。1223年西征军回师。1225年再度对西夏用兵。1227年，蒙古灭西夏，成吉思汗病死军中。

成吉思汗正妻孛儿帖有四个儿子，即术赤、察合台、窝阔台和拖雷。在占领了中亚及其以西广大土地以后，成吉思汗将这些地区分封给术赤、察合台和窝阔台。并按蒙古习俗，由幼子拖雷管理蒙古本土。术赤在西征后不久即死去，分地由其子拔都管理。成吉思汗死后，拖雷摄政。1229年，按照成

---

① 《蒙古秘史》卷七。
② 隋树森编：《元曲选外编》，中华书局1959年版，第7—17页。

吉思汗生前安排，在新召开的忽里勒台上，贵族和将领们推举窝阔台嗣汗位。蒙古国随即发动了新的大规模对金战争。1234年，蒙古灭金，控制了北方农业区（此后称为"汉地"）。蒙金战争延续了二十多年，原金朝统治下的农业地区遭受了极其严重的破坏。金朝全盛时境内人口达七百六十余万户，主要居住在"汉地"。而蒙古灭金后统计，"汉地"居民仅百万户左右。妇女除了死于兵刃以及战争造成的饥荒、瘟疫之外，还和金帛、牲畜一起成为蒙古军的战利品。"道旁僵卧满累囚，过去舻车似水流。红粉哭随回鹘马，为谁一步一回头！"[①] 著名诗人元好问的诗句真实地刻画了当时女性的不幸遭遇。

金朝灭亡后，随之而来的是蒙宋对峙的局面，双方时战时和，在军事上蒙古完全处于主动地位。在窝阔台汗时代还发动了由术赤之子拔都指挥的第二次西征，占领了今俄罗斯的大片土地，前锋到达东欧。后来，拔都建立了钦察汗国，都城萨莱在今俄罗斯伏尔加河畔。1241年，窝阔台汗病死，妻六皇后脱列哥那乃骎摄政五年。1246年，窝阔台长子贵由嗣位。贵由多病，即位两年后死去，妻斡兀立海迷失摄政。13世纪40年代先后有两个女性成为蒙古国的执政者，这在历史上是罕见的。也是在40年代，成吉思汗家族各支系为争夺汗位展开了激烈的斗争。在1250年的忽里勒台上，拖雷的长子蒙哥成为蒙古国的大汗，从此大汗的宝座从窝阔台家族转到拖雷家族手里。

蒙哥有同母兄弟三人，即忽必烈、旭烈兀和阿里不哥。他派遣旭烈兀发动第三次西征，"帅师征西域哈里发八哈塔等国"[②]。"八哈塔"即今伊拉克巴格达，当时是黑衣大食（阿拔斯王朝）的都城。"哈里发"是黑衣大食国主的称呼。旭烈兀攻下八哈塔，灭黑衣大食，建立伊利汗国。蒙哥又命自己的另一个兄弟忽必烈管理"漠南汉地军国庶事"[③]。忽必烈在漠南金莲川建造开平城（今内蒙古正蓝旗境内），作为管理"汉地"的基地。并招徕许多"汉地"人物，为自己出谋划策。由此他积累了统治经验，在政治上崭露头角。1253年，忽必烈奉命出征云南，灭大理国。1257年，蒙哥汗发动新一轮对宋战争，亲率大军进攻四川，另命忽必烈进攻长江中游的重镇鄂州（今湖北武昌），留下幼弟阿里不哥镇守漠北。

---

① 元好问撰：《遗山文集》卷一二《癸巳五月三日北渡三首之一》，《四部丛刊》本。
② 宋濂等修：《元史》卷三《宪宗纪》，中华书局点校本。
③ 《元史》卷四《世祖纪一》。

1259年，蒙哥在进攻四川钓鱼山时死去。忽必烈闻讯立即北还，在开平召开忽里勒台，成为新的大汗。幼弟阿里不哥则在漠北自立为大汗，双方为争夺汗位展开了激烈的斗争。忽必烈取得了胜利。他积极推行各种中原传统的政治、经济制度。大蒙古国建立之初，政权结构简单，随着统治区域的不断扩大，统治机构"随事创立，未有定制"。忽必烈即位后，"采取故老诸儒之言，考求前代之典，立朝廷而建官府"①。他在中央设中书省、枢密院分管行政、军政，又设御史台负责监察。在地方则分立路、府、州、县。在路上又设置行省，原来作为中书省的派出机构，后来成为固定的地方行政机构。他采用"大元"作国号，建元中统（后改至元），并在原金朝都城中都东北建造新城作为首都，定名大都（今北京）。开平则称为上都。元朝皇帝每年要到上都避暑，成为固定的两都巡幸制度。在广泛采用中原传统政治体制的同时，忽必烈将一些蒙古旧制保留了下来。比较突出的是怯薛和达鲁花赤。怯薛原是大汗的侍卫，由贵族、将领的子弟组成，除了保卫大汗的安全以外，还要承担宫廷中各种职务。后来，怯薛作为大汗的亲信，常被派遣担任重要的官职。达鲁花赤是监督官，蒙古每征服一地，常以当地人管理民政，派遣蒙古人作达鲁花赤进行监督。忽必烈当政后，各级机构都设置达鲁花赤，由蒙古人、色目人充当。忽必烈建立的混合中原传统和蒙古旧俗的政治体制，成为有元一代的制度。

至元十一年（1274）起，元朝大举向南宋进攻。至元十三年（1276），南宋朝廷在都城临安（今杭州）向元军投降，南宋小皇帝和太皇太后成为俘虏，但余部仍在各地抵抗。至元十六年（1279）二月，崖山（在今广东新会境内）海战，南宋残余力量被歼，宋亡。长期以来，蒙古国发动的战争，都以掠夺财富为主要目的。而在灭宋战争中，忽必烈明确提出"取其土地人民……使百姓安业力农"②的方针，甚至要统帅伯颜学习宋朝开国将领曹彬，"不嗜杀人"③。比起蒙古以往的军事活动来，元朝此次战役的性质有很大的改变，主要以统一为目的。与蒙金战争对北方农业区造成的严重破坏相比，元朝灭宋战争对南方社会经济的破坏相对是比较轻的。尽管如此，战争仍给南方居民带来很大的苦难，杀戮、劫掠时有发生，很多家庭因战争而破碎。

---

① 苏天爵编：《国朝文类》卷四〇《经世大典序录·官制》，《四部丛刊》本。
② 《元史》卷八《世祖纪五》。
③ 陶宗仪：《辍耕录》卷一《平江南》，中华书局1959年版。

"君王无道妾当灾,弃女抛男逐马来。"① 在动荡的岁月里,女性的命运是尤为悲惨。

元灭南宋以后,其管辖的地区,"北逾阴山,西极流沙,东尽辽左,南越海表"②。面积之大,是中国历史上从来没有过的。元朝在境内设置10个行省,即辽阳、河南、陕西、甘肃、岭北、云南、四川、湖广、江浙、江西,行省下分设路、府、州、县。都城大都附近地区(包括今河北、山东、山西及内蒙古一部分)则直属中央,称为"腹里"。藏族居住的吐蕃地区和西北畏兀儿(今维吾尔族)地区也都设有管理机构。③ 元朝形成了统一多民族国家的格局。蒙古三次西征,在中亚及其以西地区建立了钦察汗国、察合台汗国、窝阔台汗国和伊利汗国。这就是历史上所说蒙古四大汗国,这些汗国自认是元朝的藩属,但由于各自的境况差别很大,实际上与元朝逐渐疏远,察合台汗国和窝阔台汗国不断分裂,有的宗王还与元朝兵戎相见。

忽必烈在位35年(1260—1294),庙号世祖。在他以后相继嗣位的是成宗铁穆耳(1295—1307)、武宗海山(1308—1311)、仁宗爱育黎拔力八达(1312—1320)、英宗硕德八剌(1321—1323),泰定帝也孙铁木儿(1324—1327)、文宗图帖睦尔(1328—1331)、宁宗懿璘质班(1332)、顺帝妥懽帖睦尔(1333—1368)。元朝统一以后,在一段时间内,政治比较稳定,经济有所复苏。但阶级矛盾和民族矛盾都很严重,政治腐败。再加上统治集团内部权力斗争不断,各种自然灾害接连发生,社会日益动荡不安。到顺帝统治时期,发展到民不聊生的地步,终于在至正十一年(1351)爆发了全国规模的农民战争。群雄割据,元朝统治瘫痪。朱元璋在南方崛起,1368年建立明朝。同年明军攻克大都,顺帝北走,元亡。元朝的历史,从1206年成吉思汗建立大蒙古国算起,到顺帝时灭亡,前后共162年。

作为一个统一的多民族国家。元朝结束了长期以来南北分治的局面,同时将众多边疆地区也纳入中央政权的管辖之下,这在中国历史上是空前的。南北之间、中原与边疆之间以及各民族之间的联系和交流,比起以前各朝来,都有所加强。这是元朝历史不同于以前各朝的一大特点。

和前代一样,元代社会性质的主体是封建所有制社会,皇帝、贵族官僚

---

① 陶宗仪:《辍耕录》卷三《贞烈》。
② 《元史》卷五八《地理志一》。
③ 同上。

地主和民间地主占有大量土地，用租佃、雇佣和直接人身占有等多种方式对劳动者进行残酷的剥削。站在地主阶级对立面的是以农民为主体的广大劳动者，其中包括佃农、自耕农、手工业者、驱口（奴隶）、雇身奴婢等。元朝政府是地主阶级的政治代表，皇帝是全国最大的地主。但边疆地区某些民族则处于奴隶所有制社会甚至更落后的形态。

元朝是蒙古族上层建立的。元朝将管辖下的百姓，按民族和地域分为四等，即蒙古、色目、汉人、南人。蒙古指蒙古族。色目原是种类的意思，当时用来泛指我国西北、中亚以及中亚以西各族，包括党项、吐蕃、畏兀、回回、康里等。汉人指原金朝统治下的汉、女真、契丹、渤海等族，四川居民也在汉人之列。①

南人则指除四川以外原南宋统治下的以汉族为主的南方各族居民。四等人制渗透在元代社会生活的各个方面。蒙古、色目享受种种特权，汉人、南人则受歧视，其中南人更甚。蒙古、色目殴打汉人、南人时，不得还手。汉人、南人不许学习武艺，不许持有军器等。在推行科举制度时，蒙古、色目与汉人、南人分成两榜录取，两榜名额相等但考试科目与内容难易有别，录取后授官亦有差别。中央高层官职主要由蒙古、色目人担任，少数汉人可任副职，南人原则上是不能参与的。各级政府机构都设达鲁花赤，由蒙古、色目人担任，负监督之责。元朝推行四等人制，意在制造民族之间的隔阂，挑动各族民众之间互不信任的心理，用以达到分而治之的目的。有元一代，民族矛盾始终是尖锐而且复杂的。

有元一代文化兴盛，渗透社会生活的各个方面。其中有几种现象最具特色：一是多种宗教的盛行，除了中原原有的佛教、道教之外，又有边疆传入的藏传佛教，以及境外传入的基督教和伊斯兰教。各种宗教（特别是佛、道两教）拥有大量信徒，在政治上有很大势力。二是宋代兴起的程朱理学，到了元代受到国家的尊重。元朝的学校教育和科举考试都以程朱理学为准，从而确立了其在思想文化领域的统治地位。三是通俗文艺流行，杂剧、散曲成为这个时代最有代表性的文艺形式。

妇女问题是社会问题的重要组成部分。上面所说元朝历史特点和社会的矛盾，对元代妇女的生活都有明显的影响。下面我们将分别予以叙述。

---

① 本书根据不同情况，分别使用汉人、汉族两个概念。前者是元朝将居民分为四个等级中的第三等级，后者是民族的名称。

二 元朝的女性观

中国古代是以男性为中心的社会。在男性为中心的时代,女性观实际上就是这一时代男性对女性的主流看法,但是由于女性处于依附的地位,男性的女性观常常自觉或不自觉地为女性所接受,以至表面上看起来是一个时代男女共同的女性观。中国古代的女性观集中表现为儒家鼓吹的三从四德,中心是男尊女卑,女性对男性处于依附地位。"妇人,从人者也。幼从父兄,嫁从夫,夫死从子。"① 夫妇内外有别,"男治外事,女治内事"②。女性主要从事家务,不能参与社会活动。女性从一而终,"不事二夫"。从宋代起,理学的流行,使上述女性观得到进一步的强化。

蒙古人是草原上的游牧民族。蒙古族社会同样是以男性为中心的。大蒙古国的缔造者成吉思汗有很多"训言",这些"训言"被视为治国的方针。成吉思汗"训言"之一是:"男人不能像太阳般地到处普照着人们。妇女在其丈夫出去打猎或作战时,应当把家里安排得井井有条,若有使者或客人来家时,就能看到一切有条有理,她做了好的饭菜,并准备了客人所需要的一切东西。[这样的妇女]自然为丈夫造成了好名声,提高了他的声望,而[她的丈夫]在社会集会上就会像高山般地耸立起来。人们根据妻子的美德来识丈夫的美德。如果妻子愚蠢无知,放荡不羁,人们也还是根据她来看丈夫的。"③ 显然,成吉思汗认为,妇女的职责是管好家务,为丈夫服务,把女性的活动限制在家内。这段话充分表达了男尊女卑的观念。

蒙古人盛行收继婚,同时又严禁婚外性行为。13世纪上半期访问蒙古草原的南宋使节徐霆说:"其国……相与淫奔者,诛其身。"④ 13世纪中期访问蒙古的西方教士也说:"他们有一条法律或者一种风俗,如果发现任何男人和妇女公开地通奸,就把他们处死。同样的,如果一个处女同任何人私通,他们就把男女双方都杀死。"⑤ 东西方的记载是一致的。

蒙古族上层的女性观和儒家传统的女性观就男尊女卑和妇女贞洁这些原

---

① 《礼记正义》卷二六《郊特牲》,《十三经注疏本》,中华书局1980年版。
② 司马光:《家范》,《文渊阁四库全书》本。
③ [波斯]拉施特:《史集》,余大钧、周建奇译,卷一第二分册,第356页。
④ 彭大雅、徐霆:《黑鞑事略》,《海宁王静安先生遗书》本。
⑤ [意大利]加宾尼:《蒙古记》,载道森编:《出使蒙古记》,吕浦译,中国社会科学出版社1983年版,第18页。

则而言是很相近的。因而元朝皇帝在政治上接受"汉法"的同时，逐渐接受并推广儒家的女性观。在元世祖忽必烈时代，统治者曾按蒙古习俗在汉人中推行收继婚，同时又有表彰贞妇之举，实际上就是提倡男尊女卑、女性从一而终的观念。随着时间的推移，汉人、南人中的收继婚受到愈来愈多的限制，并在文宗至顺元年（1330）被正式禁止。① 此外，国家对节妇、烈妇的表彰则不断得到加强，成为固定的制度。但对于蒙古、色目的婚姻，政府则明文规定"不在此限"②。

武宗海山即位，立其弟爱育黎拔力八达为皇太子。爱育黎拔力八达喜好中原传统文化，"遣使四方旁求经籍，识以玉刻印章，命近侍掌之。时有进《大学衍义》者，命詹事王约等节而译之。帝（爱育黎拔力八达）曰：'治天下者，此一书足矣。'因命与图象《孝经》《列女传》并刊行赐臣下"③。显然，在爱育黎拔力八达心目中，《孝经》《列女传》和《大学衍义》一样，都是"治天下"的重要典籍。元顺帝即位之初，"皇太后命（侍书学士尚师简）删定《列女传》，缮写以进"④。"皇太后"是文宗的皇后不答失里。汉代刘向的《列女传》，其中心就是宣扬儒家的三从四德观念。元朝统治者对《列女传》的重视，实际上反映出他们对中原传统妇女观的认同。

因此，元代汉人、南人中占主流地位的妇女观，仍然是传统的"三从四德"。在大剧作家关汉卿的名作杂剧《感天动地窦娥冤》中，儒生出身的官员窦天章在梦中与女儿相会，对女儿窦娥说："我当初将你嫁与他家呵，要你三从四德。三从者在家从父，出嫁从夫，夫死从子。四德者事公婆，敬夫主，和妯娌，睦街坊。"⑤ 杂剧《风雨像生货郎旦》《施仁义刘弘嫁婢》等也都提到"三从四德"，把它作为女性必须遵守的规范。⑥ 正因为这种观念在当时普遍流行，杂剧作者们才会在自己的作品内作如此的表述。受这种观念支配，当时的女性常把夫妇关系比作君臣、上下关系："妇之事夫，犹臣之

---

① 《至正条格·断例》卷八《户婚》，韩国中央研究院2007年影印元刻本。
② 《通制条格》卷三《户令·婚姻礼制》，见方龄贵校注《通制条格》，中华书局2001年版，第143页。下文均简称《校注》。
③ 《元史》卷二四《仁宗纪一》。
④ 危素：《侍读学士尚师简神道碑》，李修生主编：《全元文》，江苏古籍出版社1998—2004年版，第48册，第443页。
⑤ 臧晋叔编：《元曲选》，中华书局1989年版，第1513页。
⑥ 《风雨像生货郎旦》，《元曲选》，第1641页；《施仁义刘弘嫁婢》，《元曲选外编》第821页。

事君，惟贞与信而已。"① "夫者妇之天，妇能尊夫，夫能统妻，则伦纪修明，家政严饬。不然，则反目之祸作而致伦之事起矣。"② 而有些人甚至把"不听妇言"③作为家训。随着时间的推移，这种在汉人、南人中占主流地位的妇女观，对于蒙古、色目女性也有相当的影响。

具体来说，元代的妇女观表现在以下几个方面：一是男尊女卑，女性以柔顺为正。"妇德以柔顺为正，而不在于才。"④ 婺源（今江西婺源）女子江秀嫁吴家，"其始至，亲馈之次，姑诲之曰：'吾家闺阃以柔顺为法，柔故能持刚，顺故能处逆，尔谨识之。'自是于吴氏之门，承亲相夫，接族驭隶，一准其轨，以至白首"⑤。齐河（今山东齐河）冀元之妻刘氏"询执妇道，为乡里所称。尝谓诸妇女子曰：'妇道惟贵柔顺，蚕绩馈食祭祀之外，更无他善可为。'人以为名言云"⑥。刘氏的话很具有代表性。柔顺指女性待人接物的态度。主要是女性对父母、舅姑特别是对丈夫的服从。二是男女内外有别。"女正位乎内，男正位乎外。男女正，天地之大义，所以风天下。"⑦ 女性的活动只能局限于家族和家庭内部。在这种观念影响下，足不出户，被视为女性的美德。三是提倡贞节。"饿死事极小，失节事为大。"⑧ "女不事二夫。夫，天也，天一而已。夫死而遂去之，是背天也。背天不祥。"⑨ 贞节观的影响在有元一代不断扩大，"寡不再醮"逐渐成为风气。甚至出现未过门夫死守节、以死殉夫等极端现象。有关情况以后有专门论述。四是提倡孝敬，在家孝父母，出嫁孝舅姑。"贞者妇之道，孝者女之行。……贞孝，妇人女子之大德。"⑩ 在孝的名义下，为父母、舅姑刲股、吮痈治病等愚昧行为得到社会的表彰。

元仁宗时，顺德路（路治邢台，今河北邢台）总管王结"定拟到人民

---

① 贝琼：《清江文集》卷九《糜母张氏孝节传》，《四部丛刊》本。
② 宋濂：《宋文宪公全集》卷二七《故宁海郭君妻黄氏墓铭》。
③ 黄溍：《金华先生文集》卷三九《青田县尉郑君墓志铭》，《四部丛刊》本。
④ 郝经：《陵川文集》卷三五《公夫人毛氏墓铭》，《北图古籍珍本丛刊》影印明正德刊本。
⑤ 戴表元：《剡源文集》卷一六《吴孺人江氏墓志铭》，《四部丛刊》本。
⑥ 张起岩：《齐河冀氏先茔之碑》，《全元文》第36册，第118页（原载《齐河县志》卷三三）。
⑦ 郑介夫：《上奏一纲二十目》，邱树森、何兆吉辑点：《元代奏议集录》（下），浙江古籍出版社1998年版，第74页。
⑧ 陈敬：《李节妇赵氏传》，《全元文》第31册，第127页（原载《嘉靖衢州府志》卷八）。
⑨ 王逢：《梧溪集》卷二《题程员外撰汪夫人传后》，《知不足斋丛书》本。
⑩ 张之翰：《贞孝堂诗序》，《西岩集》卷一三，《文渊阁四库全书》本。

合行事理，名曰《善俗要义》，凡三十三件，盖将使之勤农桑，正人伦，厚风俗，远刑罚也"。颁发到民间，作为群众教育的材料。"三十三件"涉及社会生活的许多方面。其中有几件与女性有密切关系：

> 十六曰和夫妇。君子之道，始于闺门衽席，终于天下国家。盖情爱之私易于陷溺，故夫妇之间恩礼并用。为夫者当正身以率之，勤俭以道之，勿听其私言，勿徇其偏见。妇人又当和柔婉顺，敬其所夫，纺绩织纴，谨守妇职。如此则夫妇和而家道正矣。今之人溺于情爱者，惟妇言是用，至与父兄背戾。其忘弃恩义之人，则又富贵别娶，冻馁糟糠。妇人亦有欺昧夫主。丧其所守。所以夫妇不和，子妇失教，一家之内，互相憎疾。为人如是，又安知有礼义廉耻之事哉！礼义亡，人道灭矣。凡为夫妇者，切宜深戒也。

> 十七曰别男女。古之人男女不亲授受，内外异居，饮食异处，出门男子由右，女子由左，所以防闲分别者，至严至密也。近年礼教不修，风俗薄恶，男女无别，僧尼混淆。其士夫知礼之人，家法严明，闺门整肃者固多有之。然闾阎之间，良家妇女颇有追游结托出入权门者，既失防闲，中岂无弊。亦有贫穷之人素无教养甘处污贱者，廉耻道丧，事难尽言。更有好讼之妇，不离官府，甘受捶挞，绝无羞愧。盖皆家长夫主处身不正、训导不严之过。此等之人，亲戚恶之，乡里贱之，刑法坐之，其异于禽兽者几希矣。若能知耻改过，依理治生，夫夫妇妇，有礼有别，则亲戚乡党自然尊敬。为善甚易，诸人何惮而不行也。

> 十八曰正家室。闺门之内，恩常掩义，家道不睦，生自妇人。盖因娣姒入门，异姓来聚，恩义疏薄，猜妒日深，竞短争长，互相谮愬，男子刚正者少，皆为所移。兄弟之间，友爱渐弛，以致分财析户，致误连年，反易天常，悖逆伦理。迹其厉阶，尽由妇人。然男子果能刚正不私，以慈蓄之，以庄莅之，自其初来教之奉养舅姑，尊敬冢妇，辑睦亲戚，协和诸妇。倘有谮言，严加呵责。如此则父子昆弟亲爱日隆，一门之内雍熙和悦，子孙必当昌盛，神明亦降福泽。诸人幸宜深思而力行也。

> 二十三曰正婚姻。人伦之道，始于夫妇。夫妇之本，正自婚姻。婚姻之事，又当谨其始，而亲信以终之也。凡娶妇嫁女，必先察其婿妇性行及其家法何如，然后明立婚约，称其贫富，办纳聘财及物，虽有多寡

不同，必须精粹坚好，却不得以滥恶充数。其要约日期，各宜遵守。又当随其丰俭，聊备酒食，以会亲戚故旧。此所以合姻娅之欢，厚男女之别，以和夫妇，以正人伦也。近年婚姻之家，贪慕富贵权势。不为男女远图，或结婚之后随即乖争，计较聘财多寡，责望资装厚薄，兴讼连年，紊乱官府，以致男大不婚，女长不聘，妇姑不和，翁婿相怨，伤风害义，莫此为甚。又闻府中人家亦有苟贪财贿，甘与异类为婚者。此乃风俗薄恶，家法污秽之极。可羞可贱，而他处所无有也。然皆父母兄长之故，闻吾言而思之，岂无愧耻之心哉！呜呼，良家女子安忍配偶异类之身乎！今后凡议婚姻，钦依元定聘财，选择气类相同良善之家，又遵用吾说，谨其始而以亲爱信实终之，则人伦渐明，风俗渐厚矣。①

王结列举家庭中出现的种种矛盾，主要归罪于妇女。他提出"和夫妇""别男女""正家室""正婚姻"四项要求，中心是强调家庭生活中要贯彻男尊女卑、男女有别的原则。他认为，只有这样，家庭、婚姻才能稳定，风俗才能淳厚。可以说，王结的上述话语，充分表达了当时占主导地位的儒家女性观。

历代都有专门对女性进行教育的著作，如汉代刘向的《列女传》和班昭的《女诫》、唐代郑氏的《女孝经》和宋若昭姐妹的《女论语》等，其主旨都是宣扬传统的妇女观。这些书在元代仍然流行。前已指出，顺帝初年，皇太后不答失里命人"删定《列女传》，缮写以进"②。顺帝皇后奇氏（高丽人）"无事则取《女孝经》、史书，访问历代皇后之有贤行者为法"③。可知在元朝后期《列女传》《女孝经》等已成为宫廷女性的读物。在民间，临川（今属江西）于珪母张氏，"有妇德，能为里中女子说《礼记·内则》、曹大家《女戒》"。④ 慈溪（今属浙江）黄珍母陈氏，"《诗》《书》《语》《孟》及《女诫》《女则》等篇，皆能成诵"⑤。括苍（今浙江丽水）邱孟贞，"奉母尽孝，以刘向《列女传》自随，指贞行者曰：期无愧此，可矣"⑥。永康（今属浙

---

① 王结：《文忠集》卷六，《文渊阁四库全书》本。
② 危素：《侍读学士尚师简神道碑》，《全元文》。
③ 《元史》卷一一四《后妃传一》。
④ 吴澄：《吴文正公集》卷四二《张氏墓志铭》，《元人文集珍本丛刊》影印明成化刊本。
⑤ 黄溍：《金华先生文集》卷三六《慈溪黄君墓志铭》。
⑥ 宋濂：《宋文宪公全集》卷一一《邱氏孟贞墓铭》。

江）徐节，"幼从兄昶授《女箴》、《内则》，即通大义"①。不仅汉族女性如此，此类书籍在有些色目女性中亦有影响。伟兀（畏兀儿）女子月伦石护笃"生而聪慧，稍长，能知书，诵《孝经》《论语》《女孝经》《列女传》甚习，见前史所记女妇贞烈事，必再三复读而叹慕焉"②。

元代安阳（今属河南）人许献臣在前人女教题材作品基础上，撰《女教之书》。著名理学家吴澄为之作序云："女德之懿，以柔静淑慎、坚贞修洁为贵。虽其天质之至美，亦未尝不资于教。古之女教略见于《内则》《曲礼》之篇。而今世之女子，或教以文绣之工，或教以辞章之丽，非矣。相台许献臣搜猎经史传记，摭其嘉言善行，名曰《女教之书》。凡为女为妇为妻为母之道，靡所不具。女子于女功之暇，而能诵习焉，则知如是者之可慕可效而为之，不如是者之可羞可恶而不为，其于世教岂小补哉！……然则其书其可与朱子《小学》之书并行者乎！"③ "献臣之书六篇，略仿朱子《小学》之书类例，本之经以端其源，因乎礼以道其别，摭先儒之言以极其礼，参传记之事以适其变，而女事备矣。君子之立言，贵乎有益于风教，此书其殆庶几乎！"④ 可知此书的指导思想和此前的女教类书籍一脉相承，即是传统的三从四德。但许献臣的《女教之书》早已散佚，未曾流传下来。

应该指出的是，儒家的妇女观在当时占主导地位，成为社会生活的规范，但是由于多种因素的作用，也存在一些不同的声音和行为。例如，在大力提倡贞节观的同时，离婚和再嫁仍是相当普遍，而且在许多场合并不受歧视。男尊女卑，女性以柔顺为正，但元初有人说："世德下衰，妇人以悍妒成俗。"⑤ 元末浙西"有妇女自理生计，直欲与夫相抗，谓之私。乃各设掌事之人，不相统属，以致升堂入室，渐为不美之事"。浙东亦有类似情况。以致有人感慨道："夫妇人伏于人者也，无专制之义，有三从之道。今浙间妇女虽有夫在，亦如无夫，有子亦如无子，非理处事，习以成风。"⑥ 婚姻完全由父母做主，但士大夫家庭中"淫奔失身"者亦有之。⑦ 封建文人所谓"淫奔"，实际上就是指年轻女子追求婚姻自由。在有些农村中，年轻女子自

---

① 贝琼：《清江文集》卷一《贞素堂记》。
② 黄溍：《金华先生文集》卷三九《魏郡夫人伟吾氏墓志铭》。
③ 吴澄：《吴文正公集》卷一〇《女教之序》。
④ 虞集：《道园学古录》卷五《女教书序》，《四部备要》本。
⑤ 姚燧：《牧庵集》卷二四《谭公神道碑》，《四部丛刊》本。
⑥ 孔齐撰，庄敏、顾新点校：《至正直记》卷二《浙西风俗》，上海古籍出版社1987年版。
⑦ 孔齐：《至正直记》卷一《婚姻正论》。

由恋爱是公开的（见本书第五章第四节）。上述王结在《善俗要义》中列举的女性不良行为，有不少亦可视为对主流妇女观的反抗。以三从四德为中心的儒家妇女观，实际上是封建生产关系在意识形态领域的表现，是束缚妇女的巨大绳索。它固然有很大的控制力量，但也必然在部分女性中激发对抗的情绪，导致种种规范以外行为的发生。

三　元朝有关女性的政策法令

1234年，蒙古灭金。这一年夏天，蒙古第二代大汗窝阔台"大会诸王百僚"，颁布多种"条令"。其中与妇女有关的是："诸妇人制质孙燕服不如法者，及妒者，乘以骒牛徇部中，论罪，即聚财为更娶。"① 这一"条令"把妇女两种行为视为罪行：一种是"制质孙燕服不如法者"。"质孙"是蒙语 jisum 的音译。意为颜色。"燕"就是宴会。"质孙燕服"就是出席质孙宴穿的衣服。蒙古统治者不定期举行大规模宴会，持续数天甚至数十天。"国有朝会庆典，宗王大臣来朝，岁时行幸，皆有燕飨之礼。……与燕之服，衣冠同制，谓之质孙，必上赐而后服焉。"② 参加者每天都穿同一颜色的衣服，"质孙"之名即由此而来。"质孙，汉言一色服也，内廷大宴则服之。冬夏之服不同，然无定制。凡勋戚大臣近侍，赐则服之。下至于乐工卫士，皆有其服。精粗之制，上下之别，虽不同，总谓之质孙云。"③ 对于当时的蒙古人来说，质孙宴不仅是宴会，而且是政治生活中的大事。质孙服的制作也被认为是妇女的重要职责，"不如法"就要重惩。另一种是"妒"。13世纪30年代出使蒙古的南宋使臣徐霆说："霆见其俗，一夫有数十妻或百余妻，一妻之畜产至富。成吉思立法，只要其种类子孙蕃衍，不许有妒忌者。"④ 不许妇女妒忌，目的是鼓励多妻，增加人口。蒙古连年征战，男性死亡过多，男女比例不平衡，应是成吉思汗鼓励多妻的重要原因。窝阔台显然继承成吉思汗的意旨，以妇女妒忌为恶行。对于以上两种罪行，惩罚的方式有二：一是乘骒牛徇行部中，即骑没有鞍辔的牛在本部中巡行示众，加以羞辱；二是强迫离婚，由本部成员集资为其夫另娶。

蒙古人严禁婚外性行为，已见前述。西方教士说："按照他们的通常风

---

① 《元史》卷二《太宗纪》。
② 《国朝文类》卷四一《经世大典序录·礼典·燕飨》。
③ 《元史》卷七八《舆服志一》。
④ 《黑鞑事略》。

俗，可以同任何亲戚结婚，但他们的母亲、女儿和同母姐妹除外。不过，他们可以和同父异母的姐妹结婚，甚至在他们的父亲去世以后，可以同父亲的妻子结婚。弟弟也可以在哥哥去世以后同他的妻子结婚，或者，另一个较年轻的亲戚也视为当然可以娶她。此外的一切其他妇女，他们都可以娶作妻子，没有任何区别，他们以很高的价钱，从她们的父母那里购买她们。"①"在那里，一个人如果不购买妻子，他就不能有妻子。"② 收继婚和买卖婚，是北方游牧民族中通行的风俗。蒙古人亦不例外。

忽必烈登基以后，积极推行"汉法"，但同时又允许蒙古旧制继续存在，因而形成了既承继中原政治传统，又掺杂很多蒙古旧俗的统治体系。忽必烈以后的元朝诸帝，大体上沿袭了他所制定的各项制度，并有所补充。在忽必烈及其以后诸帝颁布的政策法令中，不少与妇女有关，可以概括成以下几个方面。

（一）政治称号和身份标志

以男性为中心的社会，只有男性可以称帝，可以做官。但妻以夫贵，母以子贵，宫廷中皇帝的配偶有皇后、妃的不同称号，皇帝的女儿称为公主。宗室诸王的配偶称妃。诸王的女儿亦称公主，是元朝不同于前代的特点。朝廷中权贵、官员的妻、母亦有相应的各种称号。一品封赠三代，妻、母、祖母均为国夫人。二品以下封赠两代。二品妻、母为郡公夫人。三品妻、母为郡侯夫人。四品母、妻为郡君。五品母、妻为县君。六品母、妻为恭人。七品母、妻为宜人。"应封妻者，止封正妻一人。如正妻已殁，继室亦止封一人，余不在封赠之限。"③ 有上述各种称号者称为"命妇"。命妇不许再嫁。"妇人因夫、子得封郡、县之号，即与庶民妻室不同。既受朝命之后，若夫、子不幸亡殁，不许本妇再醮，立为定式。如不遵式，即将所受宣敕追夺，定罪离异。"④"为官的汉人求娶到的寡妇根底"亦不与封赠，但蒙古、色目人除外。⑤ 妇女的封号是与夫、子的任命同时颁发的。⑥ 官员死后追赠，母、

---

① 加宾尼：《蒙古史》，《出使蒙古记》，第18、8页。
② 《鲁不鲁乞东游记》，《出使蒙古记》，第121页。
③ 《元典章》卷一一《吏部五·职制二·封赠·流官封赠通例》，《元典章新集》，台北"故宫博物院"影元刊本。陶宗仪：《辍耕录》卷七《官制资品》。
④ 《元典章》卷一八《户部四·婚姻·官民婚·命妇夫死不许改嫁》。
⑤ 《元典章》卷一一《吏部五·职制二·封赠·失节妇不封赠》。
⑥ 常州强可，升承事郎、浙东帅府从事，"由是并得封母夫人县君。今年至正戊子十一月二十三日长至，适为夫人初度日也，母子恩命，皆以是日至"（杨维桢：《强氏母》，《杨维桢诗集》，第81页）。

妻的称号亦作相应的调整。

女性服饰亦有严格的等级区别，用以表示不同的身份。"命妇一品至三品服浑金，四品、五品服金答子。六品以下惟服销金并金纱答子。首饰一品至三品许用金珠宝玉。四品、五品金玉珍珠。六品以下用金，惟耳环用珠玉。""庶人……惟许服暗花纻丝䌷绫罗毛毳。……首饰许用翠毛并金钗镈各一事，惟耳环用金珠、碧甸，余并用银。"①

（二）男女婚姻

婚姻是两性关系中的大事。元朝政府对婚姻有许多具体规定，其中最重要的一条原则是："诸色人同类自相婚姻者，各从本俗法。递相婚姻者，以男为主（蒙古人不在此限）。"② 也就是说各族婚姻，都按本民族习俗行事。不同民族之间通婚，按男方民族习俗行事，但蒙古人不受此限制。

元朝政府颁布的有关婚姻的法令，主要是针对汉人和南人的，涉及婚姻的诸多方面，如结婚的礼仪，结婚的聘财，婚书的缔结，离婚的条件以及典雇婚、赘婿婚等。当时北方的部分汉人中受蒙古、色目的影响，收继婚一度颇为流行。甚至在江南的人中也出现过收继婚。元朝政府对此是认可的，但后来逐渐加以限制，在元文宗至顺年间最后明令禁止。典雇婚、赘婿婚则一直存在。蒙古、色目婚姻仍按本俗，有关记载不多。从现存元朝法令看来，最突出的是收继婚的流行。关于女性的婚姻状况，后面有专门的论述。

（三）旌表节妇

前代中原王朝有表彰节妇的制度。忽必烈时代，积极推行"汉法"，已有旌表节妇之举。但因获得旌表的家庭可免当差役，地方上"泛常保举，以致谬滥"。成宗大德八年（1304），中书省下令将旌表节妇一事制度化，凡三十岁以前夫亡守志，五十岁以后执节不易、贞正著明者，经地方政府查实，监察机构复核，才得旌表。③ 旌表节妇制度化以后，各地的节妇数量明显增加，表彰妇女的贞烈逐渐成为一种社会风气。以后还将对此有所论述。

（四）女性财产继承权

元朝的财产继承与前代一样，只有儿子有继承权。女儿只能在出嫁时获

---

① 《元典章》卷二九《礼部二·服色·贵贱服色等第》；《元史》卷七八《舆服志一》。按："浑金"即浑金花，"浑金花是织金纹样相连的图案，金答子也就是指一块块面积较小、形状自由的散点饰金图案"（赵丰主编：《中国丝绸通史》，苏州大学出版社2005年版，第377页）。

② 《通制条格》卷三《户令·婚姻礼制》，见《校注》，第143页。

③ 《通制条格》卷一七《赋役·孝子义夫节妇》，见《校注》，第517页。

得一份妆奁，不能参加财产的继承。中统五年（至元元年，1264）八月的"圣旨条画"中规定，"应继之人"，"谓子、侄、弟、兄之类"①。至元八年（1271），户部的一件文书中说：

> 杨阿马告："小叔杨世基为阿马无子，将讫故夫杨世明元抛家财、房屋并女兰杨，又将陈住儿收继为妾。"本部议得，寡妇无子，合承夫分。据杨世基要讫杨世明壹分财产并陈住儿，拟合追付阿马收管，及令兰杨与伊母同居。至如合行招嫁，令杨阿马、杨世基一同主婚，阿马受财。外据应有财产，杨阿马并女兰杨却不得非理破销费用。如阿马身死之后，至日定夺。为系军户，行下枢密院再行披详。回呈："杨阿马称：'乞将亡夫财产分付，情愿依例津济当军之人。'若依户部所拟相应。"都省准呈。②

杨世明死后无子，其弟杨世基便要继承家财、房屋和人口。杨世明之妻杨阿马控告，户部认为，"寡妇无子，合承夫分"，遗留的财产、人口均由杨阿马继承。由此案例，可知儿子是财产的第一继承人。没有儿子，则寡妇有财产继承权。中统五年的"圣旨条画"没有涉及寡妇在财产继承中的地位，是不完整的。

至元十一年（1274），彰德路（路治今河南彰德）褚监军生前将财产分给两子褚克衍、褚克衡，另为其妻阿刘和母亲阿田留了一定数量的"养老事产"。阿刘、阿田都与褚克衍同居。两人死后，地方政府认为褚克衍是同居之人，将"养老事产"断给褚克衍继承。但省部认为，"阿刘、阿田俱系不应分财产之人"，所以应"令诸子均分"③。这是因为褚监军有男性继承人，所以其母与妻就不能参与财产分配。

出嫁的女性对自己的妆奁（包括服饰、田地、钱财等）有独立的支配权。山阴（今浙江绍兴）女子韩妙静，"嫁时得分田二十亩，其后韩氏贫，悉以归其兄弟"④。可知随嫁奁田仍是女性的财产，不归夫家所有。义乌（今属浙江）楼约，妻王氏，女王妙清。楼约招王氏之侄王荃为赘婿。"然

---

① 《通制条格》卷三《户令·户绝财产》，见《校注》，第115页。
② 《通制条格》卷四《户令·亲属分财》，见《校注》，第180页。
③ 《元典章》卷一九《户部五·田宅·家财·诸子均分财产》。
④ 贡师泰：《玩斋集》卷八《朱夫人韩氏墓志铭》，《文渊阁四库全书》本。

王氏爱妙清甚，乃于湖塘上造屋一十七间，别置薪山若干亩，蔬畦若干亩，腴田若干亩，召妙清夫妇谓曰："此皆吾捐嫁赀所营，毫发不以烦楼氏，今悉畀尔主之，尔其慎哉！'"①王氏以自己"嫁赀"营造房屋，购置田地，交给自己的女儿、女婿。这些财产与楼氏无关，可以由她自行处理。大德八年（1304），徽州路总管朵儿赤建议，寡妇改嫁，"其元随嫁妆奁财产，一听前夫之家为主，并不许似前般取随身"②。元朝中书省同意这一建议。这是妇女财产权的一大变化，从经济上对妇女再嫁加以限制，标志着妇女地位的降低。

（五）诉讼中妇女的地位

1. 妇女不得告状争讼

元朝法令规定，只有男性可以从事诉讼，不许妇女告状争讼。"女人之义，惟主中馈。代夫出讼，有违礼法。"但亦有例外。"凡妇人代替男子经官告辨词讼……通行禁止。若果寡居无依，及虽有子男，别因他故妨碍，事须论诉者，不拘此例。"③

2. 男尊女卑的原则

元代的法律，处处体现了男尊女卑的原则。同一犯罪行为，夫加于妻者刑罚轻，妻加于夫者刑罚重。"诸妻因争杀其夫者处死。""诸妻杀伤其夫，幸获生免者，同杀死论。"也就是妻要处死刑。④而夫杀有过失（任何不顺从丈夫或舅姑的行为）之妇，判刑较轻。甚至可以免罪。"诸妻悖慢其舅姑，其夫殴之致死者，杖七十七"；"诸夫卧疾，妻不侍汤药，又诉詈其舅姑，以伤其夫之心，夫殴之邂逅致死者，不坐"⑤。铭州（今河北永年）陈玛将其妻殴打致死，刑部拟"本妇先曾犯奸，又不从使唤，量决九十七下"。中书省改为七十七下。棣州（今山东惠民）赵驴马因争吵打妻致死，部拟一百七下，"省断七十七下"⑥。

3. 夫妇之间容隐

所谓"容隐"，就是直系亲属和配偶有罪行可以包庇，知情可以不举。

---

① 宋濂：《宋文宪公全集》卷二一《王氏义祠记》。
② 《元典章》卷一八《户部四·婚姻·夫亡奁田听夫家为主》。
③ 《元典章》卷五三《刑部十五·诉讼·代诉·不许妇人诉》。
④ 《元史》卷一〇四《刑法志三·大恶》。
⑤ 《元史》卷一〇五《刑法志四·杀伤》。
⑥ 《元典章》卷四二《邢部四·诸杀一·杀亲属·打死妻》。

检举者反而会被判刑。受儒家思想影响，历代法律都承认亲属相容隐的原则。元代法令继续沿用："凡夫有罪，非恶逆重事，妻得相容隐，而辄告讦其夫者笞四十七"；"诸妻讦夫恶，比同自首原免。"① 大德十一年（1307），杭州路（路治今浙江杭州）谢阿徐告夫谢寿三偷盗他人财物，谢寿三刺断六十七下，发充警迹人。但"妻告其夫，致坏彝伦"，不许谢阿徐与其夫离异。② "纲常之道，许相容隐。"但如"义绝"，则是例外。所谓"义绝"，就是违背纲常伦理。大德九年（1305），李阿邓告夫李先强奸继男妇阿李不成罪犯。有关部门认为，李先所为"有伤风化，渎乱人伦"，"已是义绝，再难同处"。因而判决李阿邓与夫离异。③

4. 妇女犯法不刺字

窃盗、强盗犯罪，都要在臂上或项上刺字，但蒙古人"及妇人犯者，不在刺字之列"④。

5. 杀人、偷头口用女孩儿抵偿

元朝制度，杀人致死要抵命，还要支付烧埋银。至元十九年（1282）中书省上奏："杀了人有罪过的，两定烧埋银与有，忒轻的一般有。蒙古家体例，与女孩儿有。若有女孩儿呵，与女孩儿，无女孩儿呵，四定钞与呵，怎生？"忽必烈说："四定也少有。那般者。"⑤ 所谓"蒙古家体例"就是蒙古习惯法。也就是说，杀人者除处死外，还要按蒙古习惯法，用自己的女孩儿抵偿，如无女儿，则赔四定钞。至元二十九年（1292）中书省的一件文书中说，偷头口（牲畜）的，一个赔九个。"九个头口无呵，他的女孩儿、驱人断没。人、头口里准折断没呵，十五岁以下（上？）身材到底，他的女孩儿有呵，五个头口里准折断没。十五岁以下、十岁以上，三个头口里准折断没。十岁以下，或女孩儿、或驱人他的有呵，断事的札鲁花赤斟酌断没者。"⑥ 这件文书的意思是，偷头口一个赔九个，如无头口，可用女孩儿抵偿。十五岁以上的女孩儿折合五个头口，十岁到十五岁的折合三个头口，十岁以下另算。这也是蒙古的习惯法。按照以上两项法令，女孩都是用来作为

---

① 《元史》卷一〇五《刑法志四·诉讼》。
② 《元典章》卷四九《刑部十一·诸盗一·杂例·妻告夫作贼不离异》。
③ 《元典章》卷四一《刑部三·诸恶·内乱·妻告夫奸男妇断离》。
④ 《元典章》卷四九《刑部十一·诸盗一·强窃盗·强窃盗贼通例》。
⑤ 《元典章》卷四三《刑部五·诸杀二·烧埋·烧埋银与四定钞》。
⑥ 《元典章》卷四九《刑部十一·诸盗一·偷头口·达达偷头口一个陪九个》。

赔偿的物品。

6. 罪人妻女籍没制度

元朝制度，罪人妻女没为奴或赏赐他人。文宗天历二年（1329）六月，陕西行台御史孔思迪言："人伦之中，夫妇为重。比见内外大臣得罪就刑者，其妻妾即断付他人，似与国朝旌表贞节之旨不侔、夫亡终制之令相反。况以失节之妇配有功之人，又似与前贤所谓'娶失节者以配身是己失节'之意不同。今后凡负国之臣，籍没奴婢财产，不必罪其妻子。当典刑者则孥戮之，不必断付他人，庶使妇人均得守节，请著为令。"① 元顺帝时，御史大夫康里人铁木儿塔识又上奏："近岁大臣获罪，重者族灭，轻者犹籍其妻孥。祖宗圣训，父子罪不相及，请除其法。"元顺帝"从之，遂著为令"②。也就是说，在元顺帝时，取消了没收罪人妻女为奴的规定。

7. 对于女性罪犯，有专门的规定

"中统四年七月十八日，圣旨……内一款：'妇人犯罪有孕，应拷及决杖笞者，须候产后百日决遣。临产月者，召保听出产后二十日复追入禁。无保及犯死罪，产时令妇人入禁看视。'"③ 同年还规定牢房内"妇人仍与男子别所"。至元十六年（1279）刑部针对各处监房"男女无别"现象，重申"须要男女异处"④。

（六）保护妇女儿童的法令

1. 禁止溺死女婴

元代重男轻女观念盛行。女儿被认为是赔钱货，溺死女婴之事时有发生。龙泉（今属浙江）"民苦嫁女，育女多溺死"⑤。浦江郑氏的家规中说："世人生女，往往多致淹没。"⑥ 畏兀儿人居住的火州（今新疆吐鲁番）地区，重男轻女，"若生女孩儿呵，多有撇在水里淹死了"。至元十三年（1276）七月，忽必烈针对畏兀儿人溺女下诏："今已后女孩儿根底，水里撇的人每，一半家财没官与军每者。首告的人每若是驱奴呵，做百姓者。"⑦ 这

---

① 《元史》卷三三《文宗纪二》。
② 黄溍：《金华先生文集》卷二八《敕赐康里氏先莹碑》；《元史》卷一四〇《铁木儿塔识传》。
③ 《元典章》卷四〇《刑部二刑狱·系狱·孕囚产后决遣》。
④ 《至正条格·条格》卷三四《狱官》。
⑤ 宋濂：《宋文宪公全集》卷三四《季君墓铭》。
⑥ 郑太和：《郑氏规范》，《学海类编》本。
⑦ 《通制条格》卷四《户令·女多淹死》。《校注》，第202—203页。

件诏旨成为元朝带有普遍性的法令："诸生女溺死者，没其家财之半以劳军。首者为奴，即以为良。有司失举者，罪之。"① 这对保护女孩生命和畏兀儿人口的增长有积极的作用。

2. 对强奸者判以死刑

元朝法令规定："强奸有夫妇人者死。无夫者杖一百七，未成者减一等，妇人不坐。"特别严禁强奸幼女："诸强奸人幼女者处死，虽和同强，女不坐。凡称幼女，止十岁以下。""诸强奸十岁以上女者，杖一百七。"② 唐律中规定："诸奸者徒一年半，有夫者徒二年。……强者各加一等。"③ 宋朝沿袭了这一规定。④ 元朝对强奸罪的判刑比唐、宋重，当时一件文书中说："旧例：强奸者绞，无夫者减一等。"⑤ "旧例"指金朝法律。元朝的上述规定显然沿袭金朝的法律。

四　女性的称谓

元代男性有小名，有大名。小名是出生时为了便于称呼取的；大名是上学或走上社会时取的，又称学名、官名。下层社会往往长大以后还用小名。文人和有地位的人在大名之外，还有字、号。

元代汉族妇女的名字和称呼多种多样。见于元代法律文书的女性名字，很多采用与亲属关系有关的"儿""奴""姐""婆""娘"等字样，如赵速儿、刘婆安、刘伴姨、刘寺奴、马大姐等。这些显然都是小名。但成年以后一直沿用。还有一些女性，名字中有"娘"字。在元代法律文书中。见到有杨福一娘、胡元七娘、李元四娘、赵元一娘等。⑥ 乐平（今江西乐平）谢瑞甫有三女，分别称秀一娘、秀二娘、秀三娘，其亲戚中女性有王宁一娘、王宁二娘、张玄一娘、蔡敬一娘、蔡敬二娘、王福一娘等。⑦ 在鄞县（今浙江鄞州区）延庆寺碑记中题名的男女佛教信徒三百余人，其中名字有"娘"字的女性达八十余人，如"陈清七娘""方寅五娘""徐新五娘""徐寅二

---

① 《元史》卷一〇三《刑法志二·户婚》
② 《元史》卷一〇四《刑法志三·奸非》。
③ 长孙无忌：《唐律疏义》卷二六《杂律》，中华书局1983年版。
④ 窦仪等：《宋刑统》卷二六《杂律·诸色犯奸》，中华书局1984年版。
⑤ 《元典章》卷四五《刑部七·诸奸·强奸·强奸无夫妇人》。
⑥ 《元典章》卷一八《户部四·婚姻》有关各条。
⑦ 谢伟：《故张氏贵二孺人圹记》，《全元文》第37册，第96页（原载《江西出土墓志选编》第四编，江西教育出版社1991年版）。

娘""陈明四娘"等。① 这类名字中第二字（如福、元、清、寅等）应是表示辈分，后面的数字表示行序。这样的名字组合男性亦常见，女性则再加上"娘"字，名字由三字组成。使用以上两类名字的应是劳动者或某些社会地位较低家庭的成年女性。

"娘"字还是女性的泛称。元末学者陶宗仪曾以"妇女曰娘"为题，写了一则笔记："娘字，俗书也。古无之，当作孃。……今乃通为妇女之称。故子谓母曰娘，而世谓稳婆曰老娘，女巫曰师娘。都下及江南谓男觋亦曰师娘。娼妇曰花娘，达旦（指蒙古）又谓草娘。苗人谓妻曰夫娘，南方谓妇人之无行者亦曰夫娘。谓妇人之卑贱者曰某娘，曰几娘。鄙之曰婆娘。……然都下自庶人妻以及大官之国夫人，皆曰娘子，未尝有称夫人、郡君等封赠者。……古之公主宫妃，已与民间共称娘子。则今之不分尊卑，亦一自有来矣。"② 陶宗仪指出："娘子"一词用来通称已婚妇女，不分尊卑均可使用。据记载，元朝翰林学士阿目茄八剌"带罟罟娘子十有五人"③。罟罟冠是权贵女性的重要身份标志（见本书第9章），可知权贵妇女称娘子。嘉定县信徒管从龙向寺院捐田，追荐已故祖先，其中"先祖母""先妣""先婶""先妻""亡媳妇"均称娘子。这是一户官宦人家。④ "娘子"也可用来专指妻子。⑤ 但劳动者中间，是否使用"娘子"，尚待研究。

士人或官宦、权贵家庭的女性一般都有名字，有的还有字、号。例如元代著名学者柳贯的文集中，有8篇女性的墓铭，其中5人有名字，她们是丁临、徐妙安、刘锦、盛淑、徐柔嘉。其中徐柔嘉是"小字"，亦即小名。丁临字淑道。此外还有3篇，分别记"节妇陈""节妇刘""独吉氏"，却没有记她们的名字。有些受中原传统文化熏陶的色目女性亦有字。如畏兀儿女子月伦石护笃字顺贞。⑥ 只有姓氏不记名字的情况在元人撰写的女性墓铭和传记中是相当普遍的。元代后期著名学者黄溍的文集中，共有女性墓铭、墓表、传记9篇，其中有名的仅3篇，6篇无名。另诗序1篇，有名。⑦ 还应指

---

① 《元延庆寺施造千佛因缘碑》，（清）阮元辑：《两浙金石志》卷一六。
② 陶宗仪：《辍耕录》卷一四《妇女曰娘》。
③ 陶宗仪：《辍耕录》卷二二《司马善谏》。
④ 《长忏堂庄田记》，江苏通志馆辑：《江苏通志金石稿》卷二四，民国十六年（1927）影印本。
⑤ 佚名：《玉清庵错送鸳鸯被》，《元曲选》，第57页。
⑥ 黄溍：《金华先生文集》卷三九《魏郡夫人伟吾氏墓志铭》。
⑦ 墓志分别见《金华先生文集》卷三〇、卷三九、卷四三，诗序见卷一九。

出的是，男性的碑铭和传记中，凡提到妻子时，一般都称某氏，不记名。碑、传中男性后裔都有名，女性后裔没有名，但记其配偶的名。重男轻女是非常明显的。明初修《元史》，其《列女传》所收女性，绝大多数称某氏、某人妻，却没有名字，这不是偶然的。"妇人女子，而以名字闻于人，难矣！"①

女性称呼还有几种方式：一种形式是姓名中间加"氏"。如鄞县延庆寺碑记题名中此种形式最多，约有百人，如王氏妙修、伊氏妙素、郑氏佛慧、吴氏善德、杨氏素真、严氏佛心等。还有一种是已婚女性在本姓之前加"阿"字。称为"阿刘""阿王""阿马"等。有时还把夫家的姓加在前面，如张阿刘、杨阿马等。辽阳大宁路利州（今辽宁喀喇沁左旗）的一位妇女，丈夫田千羊，父亲段琮，她便称为田阿段。②

女性的名字常见的有"妙""慧""静""柔""贞""淑"等字。鄞县延庆寺碑记题名的女性名字中有"妙"者很多，达60余人。宋濂文集中女性名字有"妙"者亦不乏其人，如王妙贞、王妙清、陈妙珍等。③ 在《元史·列女传》中，有朱妙静、葛妙真、范妙元、潘妙圆、罗妙安等。以"妙"为名，这是女性信奉佛教的一种反映，在当时是很流行的。"女子之名，多用妙字，下皆通、圆、慧、静等字，殆皆皈依释氏者欤。"④ "柔""贞""淑"等字则是表现了儒家妇女观对女性的要求。女性艺人的艺名常有"秀"字，如珠帘秀、梁园秀、顺时秀、赛帘秀等。⑤

此外，女性还有一些流行的称呼。有地位人家的女儿称为"小姐"⑥。富贵人家的婢女称为"梅香"⑦。又称"丫头"，据陶宗仪说："吴中呼女子之贱者为丫头。"⑧ 这个称呼后来广泛流传。老年妇女常自称"老身"⑨。

---

① 戴表元：《剡源文集》卷一〇《贾母滑氏夫人诗序》。
② 《元典章》卷一八《户部四·婚姻·收继·田长宜强娶嫂》。
③ 宋濂：《宋文宪公全集》卷一四、二三。
④ 《元延庆寺施造千佛因缘碑》，《两浙金石志》卷一六。
⑤ 夏庭芝著，孙崇涛、徐宏图笺注：《青楼集笺注》，中国戏剧出版社1990年版，第82、61、101、141页。
⑥ 乔孟符：《李太白匹配金钱记》，《元曲选》，第16页；王实甫：《崔莺莺待月西厢记》，《元曲选外编》，第261页。
⑦ 《玉清庵错送鸳鸯被》，《元曲选》，第55页。
⑧ 陶宗仪：《辍耕录》卷一七《丫头》。
⑨ 关汉卿：《感天动地窦娥冤》，《元曲选》，第1499页；王实甫：《崔莺莺待月西厢记》，《元曲选外编》，第259页。

第一章　女性与元朝政治生活

第一节　诃额仑、孛儿帖与蒙古的兴起

蒙古是一个生活在草原上的游牧民族。对于游牧民来说，牲畜牧放是最重要的生产活动，战争是维持部落生存必不可少的手段。而这两者主要是由男性担当的。因此，蒙古社会结构是以男性为中心的。但是，游牧民族的女性和农业民族的女性有明显的不同，她们一般身体健壮，习惯于马上生活，在生产活动和军事活动中都起重要的作用。13世纪中期来到草原的欧洲基督教士报道说，年轻姑娘们和妇女们骑马并策马奔驰。"同男人们一样敏捷。我们甚至看见她们携带着弓和箭。男人们和妇女们都能忍受长途骑马。……他们妇女制作各种东西：皮袍、长袍、鞋、裹腿和用皮做的各种东西。她们也赶车和修理车子，装载骆驼驮的东西。她们从事所有这些工作，是非常迅速和精力充沛的。所有的妇女都穿裤子，有些妇女也能像男人一样射箭。""所有的妇女都跨骑马上，像男人一样。"① 南宋出使蒙古的使臣也说："其俗：出师不以贵贱，多带妻孥而行，自云用以管行李衣服钱物之类。其妇女专管张立毡帐，收卸鞍马、辎重、车驮等物事，极能走马。"② 因此，与农业民族相比，古代蒙古社会中，妇女有较高的地位。据波斯史学家记载，在推举蒙哥汗的忽里勒台上，在蒙哥汗御座的右边，"宗王们像灿烂群星般地群立"，"在他的左边，坐着他的仙女般的后妃们"③。13世纪中期前往蒙古的西方教士鲁不鲁乞在哈剌和林的宫殿里觐见蒙哥汗时，"大汗本人坐在北面

---

① 《出使蒙古记》，第18—19、120页。
② 赵珙：《蒙鞑备录》，《海宁王静安先生遗书》本。
③ 《史集》卷二，第244页。

一块高起的地方，因此他可以被每一个人看到。……在他的右边，即西边，坐着男人们；在他的左边，即东边，坐着妇女们"。"男人们"是"他的儿子和兄弟们"，"妇女们"则是"他的妻子们和女儿们"。但"只有一位妻子坐在他旁边，不过，她坐得没有他那样高"①。忽里勒台是决定国家大事的场所，宫殿是举行重大仪式的场所，女性都可出席。可见，蒙古宫闱中的女性对政治事件有一定参与的权利。

在成吉思汗铁木真崛起和建国过程中，他的母亲诃额仑和妻子孛儿帖都扮演过至关重要的角色。诃额仑是斡勒忽讷惕部人，许给篾儿乞部的也客乞列都。当时草原上盛行抢婚之风，在也客乞列都迎亲回家路上，蒙古部首领也速该将诃额仑夺走，当成自己的妻子。也速该骁勇善战，在一次战斗中俘获了塔塔儿部人铁木真·兀格，②正好此时诃额仑产一子，便以铁木真命名。铁木真九岁时，也速该带他到斡勒忽讷惕部去求亲，途遇弘吉剌部首领德薛禅，后者将自己的女儿孛儿帖许配给铁木真。在回家路上，也速该被塔塔儿部毒死，族众四处离散，势力中衰。诃额仑带着子女艰辛度日，抚养子女成人。"诃额仑好生能事，拾着果子，掘着草根，将儿子每养活了。这般艰难的时分，养得儿子每长成了，都有帝王的气象。"③铁木真长大后，从弘吉剌部迎来妻子孛儿帖，团结部众，联合草原上其他势力，先后击败篾儿乞部、塔塔儿部，逐渐壮大。

铁木真的兴起，与另一草原首领札木合发生冲突。札木合原是铁木真幼年的伙伴，两人结为"安答"（结义兄弟），一度并肩作战，但后来因利益冲突而分裂，以致兵戎相见。铁木真一方组成十三翼，其第一翼便是由诃额仑率领的部众。这一仗铁木真取得了巨大的胜利。④接着，铁木真又打败了实力强大的克烈部和乃蛮部，统一了草原。波斯史学家拉施特说，诃额仑"在他父［死］后年幼之时，教育了他，［保持了］全部军队，不止一次亲自率军出征，把他们一直装备和维护到成吉思汗成为独立自主的专制者、达到世界支配者的地步"⑤。1206年，铁木真建立大蒙古国，将百姓和军队分封给诸子、兄弟，诃额仑亦有一份。"太祖将百姓分与了母亲及弟与诸子，

---

① 《出使蒙古记》，第195页。
② "兀格"是一种称号。
③ 《蒙古秘史》卷二。
④ 《史集》卷一第二分册，第112页。
⑤ 《史集》卷二，第203页。

说：'共立国的是母亲，儿子中最长是拙赤，诸弟中最小的是斡惕赤斤。'母亲并斡惕赤斤处共与了一万百姓。母亲嫌少，不曾做声。"①此后铁木真受巫师帖卜腾格里的挑唆，以为兄弟合撒儿要夺汗位，抓起来审问。诃额仑大怒，连夜赶去诘问，迫使铁木真放人。"后太祖不教母亲知，将合撒儿百姓夺去，止与了一千四百。后诃额仑得知，心内忧闷，所以早老了。"②"老了"在蒙语中原来意思就是死了。

孛儿帖出于草原弘吉剌部。弘吉剌部与蒙古部世代通婚。孛儿帖与铁木真结婚后，一度被篾儿乞部俘虏，后为铁木真夺回。铁木真一些重大决策，都听从了孛儿帖的意见，如与另一草原首领札木合分裂，杀巫师帖卜腾格里等。"她在所有后妃中居长、最受尊敬，是威望极高的四个大儿子和五个女儿的母亲。"四个大儿子就是术赤、察合台、窝阔台和拖雷。孛儿帖受到蒙古人特殊的尊敬，弘吉剌部因此获得了高于草原其他各部的地位，其首领家族与皇室联姻，"生女为后，生男尚公主，世世不绝"③。

孛儿帖有五个女儿，都嫁给草原各部的首领。其中第三个女儿阿剌海别吉嫁给汪古部的首领阿剌兀思。阿剌兀思死后，阿剌海别吉按蒙古收继婚习俗先后改嫁阿剌兀思之子不颜昔班、镇国、孛要合。④ 阿剌海别吉"明睿有智略，车驾（指成吉思汗）征伐四出，尝使留守，军国大政，谘禀而后行，师出无内顾之忧，公主之力居多"⑤。据出使蒙古的南宋使臣说，"其国（白鞑靼，即汪古部）乃鞑主成吉思之公主必姬权管国事。……有妇士数千人事之，凡征伐斩杀皆自己出"⑥。"必姬"即别吉。成吉思汗每次出征，都要率诸子同行，"留守"后方的重任，就交给阿剌海别吉负责。因而号称"监国公主"。她在大蒙古国初期政治生活中起过重要作用，后人称颂她"神明毓粹，智略超凡，决胜运筹，凛有丈夫之风烈"⑦。评价是很高的。

---

① 《蒙古秘史》卷一○。
② 同上。
③ 《元史》卷一一八《特薛禅传》。
④ 周清澍：《汪古部与成吉思汗家族世代通婚的关系》，《内蒙古大学学报》1979年第4期。
⑤ 《元史》卷一一八《阿剌兀思剔吉忽里传》。
⑥ 赵珙：《蒙鞑备录》。
⑦ 程钜夫：《雪楼集》卷三《追封皇高祖姑赵国大长公主制》，陶氏涉园刊本。

第二节　脱列哥那、唆鲁禾帖尼、杨四娘子

窝阔台汗有六位皇后，其六皇后脱列哥那是篾儿乞部首领的妻子。[①] 篾儿乞部被铁木真征服，脱列哥那成为俘虏，铁木真将她赐给窝阔台。窝阔台有7个儿子，其中5个（包括长子贵由）都是脱列哥那所生。窝阔台的大皇后是孛剌合真，她死于窝阔台去世前。窝阔台最宠爱的是三皇后木格，她原是成吉思汗铁木真的宠妃，成吉思汗死后，为窝阔台收继。窝阔台在1241年去世，"这时他的长子贵由还没有从远征钦察中归来，因此按照先例就在其妻木格哈敦的斡耳朵，即宫廷的门前发号施令和召集百姓。……但因脱列哥那哈敦是他诸王子的母亲，而且比木格哈敦更机智聪慧，她就向诸王公，即合罕的弟兄和子侄传送使信，把所发生的事和合罕之死通告他们，并说，在一致选定新汗以前，应有人当摄政者和领袖，为的是朝政不致被荒废，国事不致陷于紊乱，也为的是军队和朝廷可以得到控制，民生得到保护。察合台和其他王公遣代表说，脱列哥那哈敦是有权继承汗位的诸王子之母，因此，迄至召开一次忽邻勒塔前，正是她应指导朝政，旧臣应留下来在宫中服劳，以此新旧札撒才可以不从法律上被改变。脱列哥那哈敦原来是一个非常机智和能干的女人。她的地位因这种联合和呼应大为加强"。不久，木格哈敦死去，脱列哥那哈敦便"控制了一切朝政，并且施给各种小恩小惠，请客送礼，赢得了她的族人的欢心。就大多数说，外姓和亲属，家人和军队，都倾向于她，顺从她和愉快地听她的吩咐和指令，而且接受她的统治"[②]。虽然没有汗号，但她实际上已成为蒙古国的元首，汉文史籍称之为"称制"[③]，即摄政。脱列哥那以一被俘女子竟能成为庞大的蒙古国统治者，其机智和魄力无疑是出众的。她的统治维持了5年，到1246年，新的忽里勒台召开，推选贵由为大汗，脱列哥那交出权力，并在贵由即位两三个月后去世。

贵由汗在位不到3年，1248年春去世。"他有许多后妃。其中最长者为斡兀立—海迷失。"[④]"贵由汗死后，国事再度发生混乱。他的妻子斡兀立—

---

① 波斯史家称脱列哥那为二皇后（［波斯］拉施特：《史集》卷二，第6页），但汉文史料均称其为六皇后，有关考证见蔡美彪《脱列哥那后史事考辨》，《蒙古史研究》第3辑（1989年）。
② ［波斯］志费尼：《世界征服者史》，何高济译，内蒙古人民出版社1981年版，第282页。
③ 《元史》卷二《太宗纪》；宋子贞：《耶律公神道碑》，《国朝文类》卷五七。
④ 《史集》卷二，第207页。

海迷失和大臣们掌管国事。"但是斡兀立—海迷失缺乏脱列哥那的才能，大部分时间和珊蛮（巫师）在一起，不理政务。而她的两个儿子忽察和脑忽"则建立了［自己的］两座府邸以与母亲对抗，以致在同一地方出现了三个统治者。另一方面，宗王们各擅自签发文书，颁降令旨。由于母亲和儿子们以及其他［宗王们］之间的不一致，意见和命令的分歧，事情陷入了紊乱"①。面对混乱的局面，另一位女性挺身而出，她便是成吉思汗第四子拖雷之妻唆鲁禾帖尼。

唆鲁禾帖尼是克烈部首领王罕的侄女，"她是拖雷汗诸妻中最长和最受宠者，并且是他的，正如成吉思汗的居于四国柱地位的四子那样的四个有势力的儿子的母亲"②。这四个儿子便是蒙哥、忽必烈、旭烈兀和阿里不哥。蒙哥和忽必烈都是蒙古国的大汗，忽必烈创立元朝，统一全国，而旭烈兀则是伊利汗国的创始者，在伊朗历史上写下了重要的篇章。阿里不哥曾与忽必烈争夺汗位，失败后去世。四个儿子声势显赫，三个成为君王，这样的母亲在历史上可以说是极罕见的。但她的贡献还在于为诸子走上君王的宝座铺平了道路。

按照蒙古习惯，年长诸子自立门户，留下幼子继承家产。成吉思汗分封时，拖雷分得的军队最多。成吉思汗死后，拖雷监国，直到窝阔台汗即位。在攻打金朝的战役中，拖雷是蒙古军的统帅，起了重要的作用。壬辰年（1232）拖雷率军击溃金军主力，和窝阔台会师，金南京（今河南开封）指日可下。窝阔台留下部分军队包围南京，自己和拖雷回师漠北。拖雷作为幼子的特殊地位，以及对金战争中的功勋，引起窝阔台的妒忌。在回师途中，窝阔台汗以自己生病需要替身为由，借珊蛮（巫师）之力，将拖雷毒死。当时蒙哥25岁，忽必烈18岁，拖雷家族的各种事务，便由唆鲁禾帖尼管理。她"极为聪明能干，高出于［举］世妇女之上"③。特别善于处理各种关系，"她恩赐她的族人和亲属，犒赏军队和百姓，获得了各方面的拥戴，因此使所有人听从她的旨意"④。窝阔台汗下令将属于拖雷家族的两千军队改拨给自己儿子，其目的显然是削弱拖雷家族的势力。拖雷家族内部愤愤不平，要求上诉，但唆鲁禾帖尼深知此时无力对抗，只能委曲求全，便表示服从大汗的

---

① 《史集》卷二，第235、222页。
② 同上书，第190页。
③ 同上书，第203页。
④ ［波斯］志费尼：《世界征服者史》下册，第657页。

命令，坚决执行。窝阔台又下令要她改嫁贵由，却被她以抚养孩子为理由婉言谢绝。蒙古盛行收继婚，窝阔台以大汗身份出面撮合，压力之大可想而知。唆鲁禾帖尼能够将此事化解，是很不容易的。和其他蒙古宗王贵族不同，唆鲁禾帖尼教育自己的儿子们遵守札撒（法令）和传统，"在每一个皇帝登临大位之时，宗王们都无不为自己的行为感到窘迫，只有唆儿忽黑塔尼（唆鲁禾帖尼的异译）别吉和她的尊贵的儿子们例外，这种情况［只］能是由于极其能干、十分通情达理和［善于］预见事情结局的结果"①。因此博得了很好的声誉。波斯史学家将唆鲁禾帖尼与成吉思汗之母诃额仑相提并论，认为她们都很伟大，使孩子创立大业，"在教育儿子们方面，遵循着同样的途径"。但"在有一件事上，她比成吉思汗的母亲尤为坚定"，即"坚贞"，因为成吉思汗母亲曾改嫁他人。"以此之故，她被认为优于成吉思汗之母诃额伦—额客。"②

  唆鲁禾帖尼特别注意和术赤家族建立良好的关系。贵由和术赤之子拔都曾共同参与第二次西征，两人不和。拔都以脚病为理由，没有出席推举贵由为大汗的忽里勒台。贵由登基后，"对此生了气，想要谋害拔都"，便以探病为名，率军向拔都领地进发。唆鲁禾帖尼得知贵由的意图，立即"暗中送信去警告拔都"。由于贵由很快便在途中病死，这场战争得以避免。但拖雷家族和术赤家族之间的联盟因此牢固地建立了起来。贵由汗死后，拔都便以长兄的身份，邀集蒙古宗王到他的领地商议新汗的人选。窝阔台家族和察合台家族的许多宗王都不肯前往，唆鲁禾帖尼则要长子蒙哥带着兄弟们以探病为名，立即前去。拔都对蒙哥的到来十分高兴，在他召开的部分宗王会议上提名蒙哥为新的大汗，获得与会者的支持。接着，拔都又派遣军队护送蒙哥返回蒙古本土。唆鲁禾帖尼便向各处蒙古宗王发出邀请，使新的忽里勒台得以在辛亥年（1251）召开。在忽里勒台上，蒙哥被推举为大汗。自此，汗位由窝阔台家族转到拖雷家族。蒙哥登上汗位实际上为以后忽必烈称帝铺平了道路，因此。这一转换对此后历史的发展有重大的影响。唆鲁禾帖尼在这一转换过程中起着关键性的作用。

  蒙哥即位后，立即将反对他的宗王们处死或流放，贵由遗孀斡兀立—海迷失公开表示汗位不能脱离窝阔台家族，也被残酷处死。唆鲁禾帖尼则在蒙

---

① 《史集》卷二，第236页。
② 同上书，第203—204页。"额客"，即蒙语母亲。

哥即位的次年（1252）去世。

蒙哥汗有一个妹妹独木干，嫁给汪古部首领、阿剌海别吉之子聂古歹，她在聂古歹死后曾主持汪古部的事务。有的记载说她"权倾朝野，威震一方"①。可以想见，她在蒙哥时代的政治生活中曾经起过重要作用。但是由于记载的缺乏，没有更多的了解。

在蒙古前四汗时期，上述几位蒙古女性在政治舞台上扮演了重要的角色。此外有些汉族女性，也曾活跃一时。金朝末年，社会矛盾日趋尖锐。1211年起，蒙古连年南下，金军屡败，被迫求和，并迁都南京。这时河北、山东百姓纷纷起事，或聚众自保，或反抗金朝和蒙古的统治。山东冠氏（今山东冠县）人赵天锡先在山区结寨自保，后投奔东平严实，任冠氏令多年，成为河北地区的小军阀。赵天锡的姐姐"乘时奋兴，所握万夫，如臂之使指，锦衣绣帽，角逐于草昧之日。东西数千里，识与不识，皆以女王目之"。② 可惜这位被称为"女王"的赵氏女，连名字都没有流传下来。

在山东，杨安儿和李全是两支势力较大武装的首领。杨安儿的妹妹（一说女儿）杨四娘子，"年可二十，膂力过人，能马上运双刀，所向披靡"③，部众尊称之为"姑姑"。她与以使用铁枪闻名的李全通过比武，结为夫妻。后杨安儿兵败被杀，李全、杨四娘子收拾余部，在南宋嘉定十一年（1218）归附南宋。实际上，两人拥兵自重，往来于山东、淮东之间，多生事端，与南宋矛盾日深。南宋宝庆二年（1226），李全在青州（今山东青州）被蒙古军包围，屡战屡败，便于次年投降蒙古，蒙古授以"山东淮南行省"的头衔。"行省"即行尚书省事，原是金朝的官制，意为中央最高行政机构尚书省的派出代表，蒙古沿袭金制，以此为地方最高行政长官的头衔。此后李全便一面向蒙古进贡，一面向南宋索取钱物，同时还与金朝联系，依违于三方之间，俨然成为蒙、宋、金之外的一大割据势力。南宋绍定三年（1230），南宋下令讨伐李全，李全率部进攻南宋管辖的扬州（今江苏扬州）。次年正月，李全中伏被杀，宋军乘机进攻楚州（今江苏淮安），杨四娘子率部众退回山东。④ 杨四娘子退回山东以后，便北上觐见窝阔台汗，"得绍夫职"，也

---

① 释祥迈：《佛日圆照明公和尚碑铭》，胡聘之辑：《山右石刻丛编》卷二五，清光绪二十七年（1901）刊本。
② 元好问：《遗山先生文集》卷三〇《冠氏赵侯先茔碑》。
③ 周密：《齐东野语》卷九《李全》，中华书局1983年版。
④ 脱脱：《宋史》卷四七七《叛臣·李全（下）》，中华书局点校本。

就是继承了李全原有的"行省"头衔。① 大概在壬辰、癸巳（1232—1233）之间，杨四娘子向蒙古汗廷提出辞职，汗廷主管"汉地"事务的必阇赤（书记）耶律楚材回信，其中夸奖她"族出名家，世传将种，无儿女子之态，有大丈夫之所为"。要她继续任职，为夫报仇。但此后不久，行省一职由其子李璮承袭，杨四娘子应已病故，② 忽必烈即位后不久，中统三年（1262）李璮起兵反抗元朝，兵败被杀，从而结束了李氏家族在山东割据半个世纪的历史。

杨四娘子以一民间女子，在动乱的年代凭仗武艺与其夫李全纵横于山东、淮东之间，长达 20 年之久，其生平是极具传奇色彩的。她也是有元一代唯一活跃在政治舞台上的汉族女性。

第三节　察必、阔阔真和答己的政治活动

从元世祖忽必烈即位到顺帝妥懽帖睦尔逃出大都，共 9 位皇帝，先后 109 年。在此百余年间，皇后、皇太后干政是很普遍的现象，其中元世祖忽必烈的皇后察必、成宗铁穆耳之母阔阔真、武宗和仁宗之母答己、文宗皇后不答失里、顺帝妥懽帖睦尔的皇后奇完者忽都比较突出。

察必是忽必烈的皇后，出于弘吉剌部。蒙哥汗七年（1257），蒙古分三路大举攻宋。蒙哥汗亲自出征四川，忽必烈以宗王身份率中路军进攻鄂州（今湖北武昌），察必留在开平（今内蒙古正蓝旗）。九年七月，蒙哥在进攻合州（今重庆市合川区）钓鱼山时死于军中。噩耗传到蒙古草原，幼弟阿里不哥便想继承汗位，支持他的有"先朝诸臣"阿蓝答儿、脱里赤等。"于是阿蓝答儿发兵于漠北诸部，脱里赤括兵于漠南诸州，而阿蓝答儿乘传调兵，去开平仅百余里。"察必得知，"使人谕之曰：'发兵大事，太祖皇帝曾孙真金在此，何故不令知之？'阿蓝答儿不能答。继又闻脱里赤亦至燕，后（察必——引者）即遣脱欢、爱莫干驰至军前密报，请速还"③。忽必烈原来已得知蒙哥去世的消息，但他不愿无功而返，仍然坚持攻打鄂州。这时接到察必使者的报告，知道形势严重，便迅速北返，在开平召开忽里勒台，登上汗

---

① 许时献：《胶州知州董公神道碑》，毕沅：《山左金石志》卷二二，清嘉庆二年（1796）刊本。

② 耶律楚材：《湛然居士文集》卷八《答杨行省书》，中华书局 1986 年版。

③ 《元史》卷四《世祖纪一》。真金是忽必烈和察必的儿子。

位。经过两年艰苦的战争，阿里不哥兵败来降。"鄂渚班师，洞识事机之会。上都践祚，居多辅佐之谋。"① 与阿里不哥争夺汗位是忽必烈政治生涯中关键性的事件，而察必在此过程中起了极其重要的作用。

察必"性明敏，达于事机，国家初政，左右匡正，当时与有力焉"。也就是说，她积极协助忽必烈治理国家，做出了贡献。有名的例子是："一日，四怯薛官奏割京城外近地牧马，帝既允，方以图进，后至帝前，将谏，先阳责太保刘秉忠曰：'汝汉人聪明者，言则帝听，汝何为不谏。向初到定都时，若以地牧马则可，今军站俱分业已定，夺之可乎？'帝默然，命寝其事。"② 元初农牧之争是一个很突出的问题，其实质是民族矛盾。"怯薛"是大汗的侍卫，主要是蒙古人和色目人。许多蒙古人进入"汉地"以后，都主张废农田为牧场，这种观念和他们原有的生产方式是相适应的。怯薛要"割京城外近地牧马"，正是这种观念的表现，其结果必然大量占据农田，使民族矛盾尖锐化。察必就此向忽必烈进言，说明她认识到农业生产的重要性，反对激化民族矛盾，这在蒙古人中是很难得的。显然，她是积极支持忽必烈推行"汉法"的。

南宋灭亡，"幼主（南宋皇帝赵㬎）朝于上都，大宴，众皆欢甚，唯后不乐"。当忽必烈问她为何不乐时，"后跪奏曰：'妾闻自古无千岁之国。毋使吾子孙及此则幸矣。'"她还拒取"宋府库故物"，甚至建议将"不习北方风土"的宋太后全氏送回江南。忽必烈告诉她："若使之南还，或浮言一动，即废其家，非所以爱之也。苟能爱之，时加存恤，使之便安可也。"察必因此"益厚待之"③。随从南宋"三宫"（太皇太后、皇太后、皇帝）到大都的诗人汪元量在组诗《湖州歌》中记录了元朝皇室对南宋"三宫"的优遇，其中数处与"大元皇后"有关："三宫加餐强自宽，内家日日问平安。大元皇后来相探，特赐丝绵二百单。""晓望燕云正雪天，闭门毡帐恣高眠。内家遗钞三千定，添赐三宫日用钱。"可见"厚待"之说并非虚语。④ 察必的这些言行，充分显示了她与众不同的政治智慧。察必死于至元十八年（1281）二月。至元二十年（1283），忽必烈续娶南必为正皇后。这一年忽必烈已69岁。南必也出于弘吉剌部，是察必的侄女（一说侄孙女）。"时世祖春秋高，

---

① 《元史》卷一一四《后妃一》。
② 同上。
③ 同上。
④ 汪元量撰，孔凡礼辑校：《增订湖山类稿》，中华书局1984年版，第56、57页。

[南必皇后] 颇预政，相臣常不得见帝，辄因后奏事焉。"①

察必有4个儿子，次子真金在至元十年（1273）被立为太子，但在至元二十二年（1285）卷入朝廷党争忧惧而死。真金之妻阔阔真（一名伯蓝也怯赤）亦出于弘吉剌部。她被忽必烈选中为儿媳有一段故事："先是世祖出田猎，道渴，至一帐房，见一女子缉驼茸，世祖从觅马湩。女子曰：'马湩有之，但我父母诸兄皆不在，我女子难以与汝。'世祖欲去之。女子又曰：'我独居此，汝自来自去，于理不宜。我父母即归，姑待之。'须臾果归，出马湩饮世祖。世祖既去，叹息曰：'得此等女子为人家妇，岂不美耶！'后与诸臣谋择太子妃。世祖俱不允。有一老臣尝知向者之言，知其未许嫁，言于世祖。世祖大喜，纳为太子妃。"阔阔真"性孝谨，善事中宫，世祖每称之为贤德媳妇"②。真金之死对她无疑是重大的打击，但她在宫闱中仍然占有重要的地位。阔阔真与真金有子3人，即甘麻剌、答剌麻八剌和铁穆耳。波斯史学家说，真金的妻子阔阔真很聪明。真金死后。忽必烈对她很赏识，她的一切命令都照执行③。至元三十一年（1294）正月，忽必烈去世。按照惯例，应由已故皇帝的遗孀摄政。但在推选大汗的忽里勒台召开以前，"阔阔真哈敦主持了一切重要国事"。南必皇后实际上已靠边，不起作用。阔阔真的三子中答剌麻八剌死于至元二十九年（1292），甘麻剌、铁穆耳都在北边领兵，在世祖死后相继南归。在上都举行的忽里勒台上，兄弟两人"在帝位继承上发生了争执"，"极为聪明能干的阔阔真哈敦"出面解决了这一难题。她说："薛禅合罕，即忽必烈合罕曾经分付，让那精通成吉思汗必里克的人登位，现在就让你们每人来讲他的必里克，让在场的达官贵人们看看，谁更为精通必里克"。"必里克"是蒙语音译，义为训言。铁穆耳极有口才，而甘麻剌则有口吃的毛病，与会者"全体一致宣称，铁穆耳合罕精通必里克……他应取得皇冠和宝座"。兄弟皇位之争，在元代发生多次，这一次得以和平了结，完全取决于阔阔真的睿智。也许是巧合，也许是有意安排，在世祖去世以后数日，迷失已久的作为中原传统皇权象征的传国玺（上面有"受命于天，既寿永昌"八字）突然出现。于是在铁穆耳登基典礼上，除了举行蒙古传统的大汗即位仪式外，还由阔阔真将传国玺"手授与帝"④。这一举动显然是为

---

① 《元史》卷一一四《后妃一》。
② 《元史》卷一一六《后妃二》。
③ 《史集》卷二，第353页。
④ 《元史》卷一八《成宗纪一》。

了进一步巩固铁穆耳的地位。铁穆耳即位后,立即尊奉阔阔真为皇太后。

据波斯史学家记载,分封在原西夏地区的蒙古宗王阿难答信奉伊斯兰教,并使他的大部分军队亦信奉伊斯兰教。铁穆耳对此大为不满。下令把他囚禁起来,要他改信佛教。但阿难答仍坚持自己的信仰。阔阔真劝告铁穆耳说,国家尚未巩固,不要让阿难答的军队和居民变心。铁穆耳接受她的意见,释放阿难答,让他回到自己的领地。① 可见铁穆耳即位后,阔阔真仍然在政治上起重要的作用。她在大德四年(1300)病故。元朝有人说:"故元贞、大德中,皇太后母仪东朝,保佑匡正之功,天下颂称焉。"②

铁穆耳的皇后卜鲁罕,出于伯岳吾部,"驸马脱里思之女"。"铁穆耳合罕是一个酒鬼。无论合罕(指忽必烈)怎样规劝和责备他,都没有用。"他20多岁时就经常脚痛,出行时坐轿。当上皇帝后,酒喝得少了,但已种下病根,以后病情不断加重。③ "国家大事多废不举",卜鲁罕皇后因此"居中用事",朝政"皆后处决"④。铁穆耳之兄答剌麻八剌此前已病故,其正妻答己,出自弘吉剌部,是察必的侄孙女。答己有二子。长子海山,次子爱育黎拔力八达。海山在大德三年(1299)奉命总兵北边,屡立战功。答己和爱育黎拔力八达居京师。大德九年(1305),皇太子德寿病死。德寿是铁穆耳的独生子。可能是提防答剌麻八剌家族乘机夺权,卜鲁罕将答己和爱育黎拔力八达移送到怀州(今河南泌阳)安置。大德十一年(1307)正月,铁穆耳病死。卜鲁罕皇后打算立宗王阿难答为帝,由自己称制,"垂帘听政"。答己与爱育黎拔力八达迅速赶回大都,在一部分大臣支持下,发动政变,逮捕卜鲁罕与阿难答,并先后处死。答己原想立爱育黎拔力八达为帝,但在北边总兵的海山对此强烈不满,甚至准备率军南下兵戎相见。答己被迫同意海山为帝,但商定立爱育黎拔力八达为皇太子,兄终弟及,叔侄相传。答己则被尊为皇太后。

至大四年(1311),海山死,庙号武宗。爱育黎拔力八达继立,又尊答己为皇太后。延祐七年(1320),爱育黎拔力八达死,庙号仁宗。答己成为皇太后以后,"淫恣益甚",与丞相铁木迭儿等大臣内外勾结,"浊乱朝政,

---

① 《史集》卷二,第380—381页。
② 虞集:《道园学古录》卷一七《张忠献公神道碑》。
③ 《史集》卷二,第355—356页。
④ 《元史》卷一一四《后妃一》。

无所不至"①。武宗时铁木迭儿任云南行省左丞相。"居二载,擅离职赴阙,尚书省奏,奉旨诘问,寻以皇太后旨,得贷罪还职。明年正月,武宗崩,仁宗在东宫,以丞相三宝奴等变乱旧章,诛之。用完泽及李孟等为中书平章政事,锐欲更张庶务。而皇太后在兴圣宫,已有旨召铁木迭儿为中书右丞相。逾月,仁宗即位,因遂相之。"② 铁木迭儿"居首相,怙势贪虐,凶秽滋甚"。比较突出的事例是在江南"括田增税",以致激起民变,"南方骚动,远近惊惧"。众多官员联合上奏揭发他的罪行。"奏既上,仁宗震怒,有诏逮问。铁木迭儿匿兴圣近侍家,有司不得捕。仁宗不乐者数日。又恐诚出皇太后意。不忍重伤怫之,乃仅罢其相位而已。""兴圣"是皇太后宫名,"兴圣近侍"敢于收留铁木迭儿,无疑是答己授意。③ 仁宗对此亦无可奈何,可见答己权势之盛。铁木迭儿罢相不到一年,又起为太子太师,"中外闻之。莫不惊骇"。监察官员纷纷上疏反对,"然以皇太后故,终不能明正其罪"。在武宗朝是三宫(皇帝、皇太后、皇太子)鼎立,而仁宗朝则形成皇太后与皇帝共治天下的态势。④

按照海山和爱育黎拔力八达兄弟二人约定,爱育黎拔力八达死后,应由海山之子和世㻋嗣位,然后再传位给爱育黎拔力八达的儿子。但在延祐二年(1315),爱育黎拔力八达封和世㻋为周王,出镇云南,实际是将他放逐在外,为自己的儿子硕德八剌嗣位扫清道路。嗣位方式的变更,答己起了重要的甚至可以说关键性的作用。"太后见明宗(和世㻋)少时有英气,而英宗(硕德八剌)稍柔懦,诸群小以立明宗必不利于己,遂拥立英宗。"⑤ 对于仁宗来说,当然希望传位给自己的儿子,但如果没有答己的同意,他是难以做出决定的。而答己为了在仁宗以后能继续操纵朝政,便选择了硕德八剌。和世㻋在前往云南途中发动兵变,失败后逃到西北宗王处。后来顺帝妥懽帖睦尔(和世㻋之子)清算文宗图帖穆尔弑兄夺位罪行的诏书中说:"昔我皇祖武宗皇帝升遐之后,祖母太皇太后惑于憸憸,俾皇考明宗皇帝(和世㻋的谥号)出封云南。"⑥ 很明确地将外放和世㻋归罪于答己。这一变更,对此后

---

① 《元史》卷一一六《后妃二》。
② 《元史》卷二〇五《奸臣·铁木迭儿传》。
③ 一说"铁木迭儿走匿太后宫中,太后为言,仅夺其印绶而罢之"。见《元史》卷一七九《贺胜传》。
④ 《元史》卷二〇五《奸臣·铁木迭儿传》。
⑤ 《元史》卷一一六《后妃二》。
⑥ 《元史》卷四〇《顺帝纪三》。

元朝的政治，有深远的影响。

延祐七年（1320）正月辛丑（二十一日），爱育黎拔力八达去世。答己立即以皇太后名义行使权力。甲辰（二十四日），"太子太师铁木迭儿以太后命为右丞相。""铁木迭儿以前御史中丞杨朵儿只、中书平章政事萧拜住违太后旨，矫命杀之，并籍其家。"杨、萧一贯反对铁木迭儿，御史中丞正二品，中书平章政事从一品，处死这样高级的官员，没有皇太后的命令是不可能的。① 三月，硕德八剌嗣位。尊答己为太皇太后，进铁木迭儿为太师。硕德八剌即位时18岁，"及即位，太后来贺，英宗即毅然见于色。后退而悔曰'我不拟养此儿耶！'遂饮恨成疾"②。硕德八剌虽然年轻，但行事很有主见，不肯受答己的摆布，很快两人之间的矛盾便趋于尖锐化。即位后不过两个月，"有告岭北行省平章政事阿散、中书平章政事黑驴及御史大夫脱忒哈、徽政使失列门等与故要束谋妻亦列失八谋废立，拜住请鞫状。帝曰'彼若借太皇太后为词，奈何？'命悉诛之，籍其家"③。黑驴、脱忒哈、失列门、亦列失八都是答己和铁木迭儿的亲信，④ 他们"谋废立"，显然是秉承两人的意旨，而从硕德八剌所说亦可看出"太皇太后"确与此有关。以后硕德八剌以开国功臣之后拜住为丞相，与铁木迭儿对抗，实际上用以削弱答己的影响。至治二年（1322）八月，铁木迭儿死。九月，答己在郁闷中去世。答己从1307年起称皇太后13年，称太皇太后3年，总共达16年之久。时间之长，干预朝政之深，都是以前元朝政坛上不曾有过的。

第四节　不答失里、奇氏与元末政治

答己去世的次年（1323）八月，硕德八剌从上都回大都途中被杀，作乱者主要是铁木迭儿的党羽。继位的也孙铁木儿是真金长子甘麻剌的儿子，长期在北边领兵。致和元年（1328）七月，也孙铁木儿在上都去世。在也孙铁木儿病重时，武宗海山的一批部属就策划拥立海山之子为帝。当时海山的长子和世㻋被爱育黎拔力八达放逐后转徙到北方游牧，次子图帖睦尔则先后被安置在海南、建康（今江苏南京）、江陵（今湖北江陵）等地。留守大都、

---

① 《元史》卷二七《英宗纪一》。
② 《元史》卷一一六《后妃二》。
③ 《元史》卷二七《英宗纪一》。
④ 《元史》卷一一六《后妃二》。

掌握兵权的大臣燕铁木儿得到也孙铁木儿去世的消息便发动政变，控制了大都，并从江陵（今湖北江陵）接回图帖睦尔，拥立为帝。在即位诏书上图帖睦尔宣称："谨俟大兄之至，以遂朕固让之心。"也就是准备把帝位让给兄长和世㻋。① 上都群臣则立泰定帝之子为帝，于是爆发了两都之战。这场内讧持续了3个月，以上都失败告终。图帖睦尔便遣人迎和世㻋南归。和世㻋在漠北称帝，以图帖睦尔为皇太子。这显然是效仿海山和爱育黎拔力八达兄弟相继的例子。但是，图帖睦尔不如爱育黎拔力八达耐心，更急于早日称帝。② 天历二年（1329）八月，和世㻋来到王忽察都（今河北张北境内），图帖睦尔由大都前来相会。当晚，燕铁木儿便将和世㻋毒死，图帖睦尔回到大都，重登帝位。

图帖睦尔的皇后不答失里，出于弘吉剌部，是鲁国大长公主祥哥剌吉的女儿。③ 祥哥剌吉和文宗的父亲海山都是答剌麻八剌所生，不答失里与和世㻋、文宗图帖睦尔是表亲。毒死明宗和世㻋以后，她"与宦者拜住谋杀明宗后八不沙"④。据说是将八不沙推"坠烧羊炉中以死"⑤。至顺三年（1332）八月，图帖睦尔病死，庙号文宗。临死之前，他为毒杀兄长之事感到忏悔，对皇后不答失里和燕铁木儿说："昔者晃忽叉（即王忽察都）之事，为朕平生大错。朕尝中夜思之，悔之无及。"他要将帝位传给和世㻋之子，以赎前愆。⑥ 和世㻋有二子，长妥懽帖睦尔，次懿璘质班。妥懽帖睦尔是和世㻋在北方与罕禄鲁（一译哈剌鲁）女子迈来迪结合所生，⑦ 和世㻋死后一度被放逐到高丽，后迁到湖广行省静江路（路治今广西桂林）。懿璘质班年幼，留在大都。不答失里和燕铁木儿为了便于操纵，就在十月立懿璘质班为帝，时年七岁。十一月，懿璘质班病死，庙号宁宗。自图帖睦尔死后，"国事皆决

---

① 《元史》卷三二《文宗纪一》。
② 和世㻋和图帖睦尔同父异母，和世㻋母亦乞列氏，图帖睦尔母唐兀氏，见《元史》卷一八七《迭鲁曾传》。
③ 关于祥哥剌吉，见本书第七章第二节。
④ 《元史》卷一一四《后妃一》。
⑤ 权衡：《庚申外史》卷上，《宝颜堂秘笈》本。
⑥ 权衡：《庚申外史》卷上。
⑦ 《元史》卷三八，《顺帝纪一》。明、清两代有些记载说妥懽帖睦尔是瀛国公（南宋少帝赵㬎）之遗腹子，实不可信。参见周清澍《明成祖生母弘吉剌氏说所反映的天命观》，《元蒙史札》，第495—525页，内蒙古大学出版社2001年版。迈来迪是成吉思汗时代哈剌鲁首领阿儿思兰汗之后，见杨志玖《阿儿思兰汗家族事迹杂考》，《元代回族史稿》，第421—430页，南开大学出版社2003年版。

于燕铁木儿,奏文宗后行之"。宁宗死,燕铁木儿请立文宗之子燕帖古思,但不答失里坚持执行文宗的遗嘱,由妥懽帖睦尔继立。妥懽帖睦尔由静江来到大都,燕铁木儿心怀疑惧,拖延不决。不久燕铁木儿因生活荒淫无度病死,不答失里便和其他大臣商议,立妥懽帖睦尔为帝,并约定妥懽帖睦尔死后,由燕帖古思嗣位,"若武宗、仁宗故事"①。在经历一系列宫闱政变之后,不答失里仍要坚持"武宗、仁宗故事",亦即兄终弟及、叔侄相承的方式,令人不解。只能认为不答失里在政治上是相当幼稚的。

妥懽帖睦尔即位后,尊不答失里为皇太后。后至元元年(1335)八月,又尊不答失里为太皇太后。中书参知政事许有壬和监察御史泰不华等都持反对的意见:"皇上于皇太后,母子也。若加太皇太后,则为孙矣,非礼也。"②但未采纳。此举不合礼制,令人费解。后来贬逐不答失里的诏书中说:"不答失里本朕之婶,乃阴构奸臣,弗体朕意,僭膺太皇太后之号。"③可知应是不答失里主动要求的。很可能,这是有人以答己当年称太皇太后为例劝进的结果,但也说明不答失里昧于事理。妥懽帖睦尔在羽翼未丰以前一直在表面上对不答失里表示尊崇。他利用权臣之间的矛盾,首先消灭了燕铁木儿家族,又放逐了另一个权臣伯颜,逐步掌握了政治权力。后至元六年(1340)六月,妥懽帖睦尔发布诏书,清算图帖睦尔弑兄夺位的罪行,"撤文宗庙主,徙太皇太后不答失里东安州安置,放太子燕帖古思于高丽"④。不久不答失里、燕帖古思相继死去。从武宗、仁宗开始的兄弟叔侄之间帝位之争,至此才告结束。

妥懽帖睦尔即位后的第一位皇后答纳失里,是燕铁木儿的女儿。燕铁木儿是钦察人,钦察是色目的一种。按照惯例,正皇后应是蒙古人,特别是蒙古弘吉剌部人。但燕铁木儿是文宗的宠臣,权势极大。顺帝即位之初,燕铁木儿虽已死去,但其家族仍有很大势力,而且内有皇太后不答失里支持,于是答纳失里也就破例成了皇后。过了几年,妥懽帖睦尔依靠另一权臣伯颜,摧毁了燕铁木儿家族,答纳失里随即被废,伯颜派人将她毒死。妥懽帖睦尔的第二位皇后伯颜忽都,出于弘吉剌部。伯颜忽都"性节俭,不妒忌,动以

---

① 《元史》卷三八《顺帝纪一》。
② 《元史》卷一八二《许有壬传》。
③ 《元史》卷四〇《顺帝纪三》。
④ 同上。

礼法自持"①。从不过问朝政。妥懽帖睦尔宠爱"主供茗饮"的宫女高丽人奇完者忽都，奇氏"性颖黠，日见宠幸"。答纳失里死后，妥懽帖睦尔要立奇氏为后，权臣伯颜坚决反对。伯颜被废黜后，奇氏被立为第二皇后。生子爱猷识理达腊，后立为皇太子。至正二十五年（1365）伯颜忽都病死，妥懽睦尔便立奇氏为皇后。

　　奇氏对中原传统文化有一定修养，"无事则取《女孝经》、史书访求历代皇后之有贤行者为法"②。有一段记载可以看出她对中原传统文化的态度。"今上皇太子之正位东宫也，设谕德，置端本堂，以处太子讲读。忽一日，帝师来启太子母后曰：'向者太子学佛法，顿觉开悟。今乃受孔子之教，恐损太子真性。'母后曰：'我虽居于深宫，不知道德，尝闻自古至今，治天下者须用孔子之道，舍此它求，即为异端。佛法虽好，乃余事耳，不可以治天下，安可使太子不读书。'帝师赧服而退。"③ 这在元朝历代皇后中是罕见的。

　　高丽在四等人中属于第三等级，高丽女子进入元朝宫闱固然不乏其人，但奇氏能由宫女成为第二皇后，进而成为皇后，则是很特殊的。奇氏成为第二皇后以后，便利用宦官中的高丽人高龙普、朴不花等，与朝廷中一些大臣相互勾结，左右朝政，"内外百官趋附之者十九"④。至正十八年（1358）以后，奇氏一度想让妥懽帖睦尔禅位给太子爱猷识理答腊，自己做皇太后，但未成功。至正二十四年（1364）以后，北方孛罗帖木儿、扩廓帖木儿等军阀混战，与奇氏从中挑唆有很大关系。元末朝政极其混乱，奇氏的作为起了很大作用。至元二十八年（1368），明军逼近大都，奇氏随妥懽帖睦尔北走。妥懽帖睦尔死后，明朝尊称之为"顺帝"。

　　综上所述，可以看出，从世祖到顺帝各朝的政治生活，皇后、皇太后、太皇太后都有不可忽视的作用。特别是皇位更迭时，皇后或皇太后、太皇太后有时会扮演决定性的角色。除了顺帝朝以外，其他各朝正皇后都出自弘吉剌部。也就是说，有元一代活跃在政坛上的女性，主要来自蒙古弘吉剌部。这种情况在历史上是不多见的。

---

① 《元史》卷一一四《后妃一》。
② 同上。
③ 陶宗仪：《辍耕录》卷二《后德》。陶宗仪说，此事是贡师泰"授经宣文阁下日所目见者"。
④ 《元史》卷二〇四《宦者·朴不花》。

第二章　女性的阶级、阶层与群体（上）

第一节　后妃、公主

元朝宫闱中的女性包括后妃、公主和宫女。后妃、公主是皇族的成员，属于地主阶级的最高层。元朝历代皇帝都有不少后妃。成吉思汗的"后妃有五百左右，她们是他从各部落中取得的。若干后妃是他按照蒙古婚礼娶来的，但大部分却是他征服各国、各部落时虏掠来的"[1]。成吉思汗后宫有皇后（蒙语称为"可敦"）称号的至少有20人，[2] "但是作为长后与获得充分尊敬的"只有5人，分别称为大皇后、二皇后、三皇后、四皇后、五皇后。其中大皇后孛儿帖地位最高。皇后以下则是为数众多的妃子。[3] 窝阔台汗"有许多皇后和六十个妃子。但著名的正后有四人"[4]。以后诸帝往往亦有数位皇后，但必有一位大皇后，地位最高，蒙语称为"也可合敦"。皇帝的妃子似无固定的名额，是否分等级，亦不清楚。从现存的记载来看，元朝诸帝的后妃，主要是蒙古人。但后妃中也有少数来自其他民族，如高丽、钦察（色目的一种）等。[5] 大皇后除个别例外，都来自蒙古弘吉剌部。如前所述，元朝有不少皇后，在政治上起过重要的作用。

皇帝的女儿称为公主。"元室之制，非勋臣世族及封国之君，则莫得尚主。"[6] 公主下嫁的"勋臣世族"，主要是蒙古族中的弘吉剌部、亦乞列思

---

[1] 《史集》卷一第二分册，第85页。
[2] 《元史》卷一〇六《后妃表》。
[3] 《史集》卷一第二分册，第85—91页。
[4] 《史集》卷二，第6页。
[5] 据考，元朝宫闱中高丽后妃先后有6人。见喜蕾《元代高丽贡女制度研究》，民族出版社2003年版，第84—85页。
[6] 《元史》卷一〇九《诸公主表》。

部、汪古部等部首领，"封国之君"主要是高丽、畏兀儿等部君主。宗室之女亦称公主，这是元朝特有的制度："自秦汉以来，惟帝姬得号公主，而元则诸王之女亦概称焉，是又不可不知也。"① 宗室之女的婚姻常由皇帝指定，嫁给蒙古或色目权贵。例如，忽必烈时期，畏兀儿亦都护火赤哈儿的斤入朝，"上嘉其功，锡以重赏，妻以公主曰巴巴哈儿，定宗皇帝之女也"。火赤哈儿的斤战死，忽必烈"赐〔其子纽林的斤〕金币巨万，妻以公主曰不鲁罕，太宗皇帝之孙女也。主薨，又尚其妹八卜叉公主"②。钦察人创兀儿与北边诸王交战有功，武宗"命尚雅忽秃楚王公主察吉儿"③。文宗以伯颜功大，"特命尚世祖阔阔出太子女孙曰卜颜的斤"④。

早期蒙古大汗的后、妃、公主居住在营帐中。13世纪30年代出使蒙古的南宋使臣说："其居穹庐（即毡帐），无城壁栋宇，迁就水草无常。……主帐南向独居前列，妾妇次之，伪扈卫及伪官属又次之。凡鞑主猎帐所在，皆曰窝里陀。其金帐（柱以金制故名）凡伪嫔妃与聚落群起，独曰大窝里陀者。"⑤ "窝里陀"又作"斡耳朵"。13世纪中期前往蒙古的欧洲教士报道更为详尽："当一个鞑靼人有许多妻子时，每一个妻子有她自己的帐幕和家属"，丈夫就在妻子帐幕中轮流生活。⑥ 金帐汗国的创始者"拔都有二十六个妻子，每一个妻子有一座大帐幕，另外还有其他的小帐幕，安置在大帐幕后面供仆役们居住。每一座大帐幕，拥有足足二百辆车子。当他们安置帐幕时，正妻把她的帐幕安置在最西边，在她之后，其他的妻子按照她们的地位依次安置帐幕，因此地位最低的妻子把帐幕安置在最东边。一个妻子与另一个妻子的帐幕之间的距离，为一掷石之远"⑦。拔都如此，蒙古大汗的游牧营帐亦应如此。忽必烈营建上都和大都，修造华丽辉煌的宫殿，实行两都巡幸制度。从忽必烈时代起，后、妃、公主主要生活在大都和上都的宫殿中，过着极其奢侈的生活。有大量的宫女、宦官为她们服务。忽必烈时代访问中国的旅行家马可·波罗说："四妇（指忽必烈的四位皇后）各有宫廷甚广，各处至少有美丽侍女三百，并有勇武侍臣甚众，及其他男女不少，由是每处合

---

① 《元史》卷一〇九《诸公主表》。
② 虞集：《道园学古录》卷二四《高昌王世勋之碑》。
③ 虞集：《道园学古录》卷二三《句容郡王世绩碑》。
④ 《元史》卷一三八《伯颜传》。
⑤ 彭大雅、徐霆：《黑鞑事略》。
⑥ 加宾尼：《蒙古史》，《出使蒙古记》，第18页。
⑦ 鲁不鲁乞：《鲁不鲁乞东游记》，《出使蒙古记》，第113页。

有万人。"①

　　元朝后妃、公主在经济上享有特权。元朝设有若干为宫闱日常生活服务的机构，如"掌供玉食"的宣徽院，"掌成造金玉珠翠犀象宝贝冠佩器皿，织造刺绣段匹纱罗，异样百色造作"的将作院等。②元朝的制度，"凡诸王及后妃公主，皆有食采分地"③。所谓"食采分地"，即分封制度。凡享受封地及封户的后妃、宗室称为"位下"，贵族、功臣称为"投下"。"中宫（皇后）位下"拥有大量资产，有巨额收入。元朝中央设有中政院，秩正二品，"掌中宫财赋、营造供给，并番卫之士，汤沐之邑"。中政院之下分设若干机构管理分布在全国各地的各种资产和劳动者，"以其赋尽归中宫"。其中如翊正司，"掌怯怜口民匠五千余户，岁办钱粮造作，以供公上"。又如管领大都等路打捕民匠等户总管府，管辖人户一万五千有奇。管领本位下怯怜口随路诸色民匠打捕鹰房都总管府，"掌怯怜口二万九千户，田万五千余顷，出赋以备供奉营缮之事"。中政院系统内最庞大的机构是江浙等处财赋都总管府，"掌江南没入赀产，课其所赋，以供内储"④。这是武宗至大元年（1308）"以没入朱清、张瑄田产隶中宫"而专门设立的。⑤仅松江一地，没收朱、张土地缴纳国家的税粮即达十余万石之多，地租收入可想而知。⑥隶属于"中宫"的还有管领诸路怯怜口民匠都总管府，"至元七年，招集析居从良还俗僧道，编籍人户为怯怜口，立总管府以领之。十四年，以所隶户口善造作，属中宫"⑦。此外，元朝还设有江淮等处财赋都总管府，这是灭南宋后，"以宋谢太后、福王所献事产，及贾似道地土、刘坚等田，立总管府以治之"⑧。其隶属关系先后有变化，后来隶属于皇太后位下。"大抵财赋之隶东朝者，不总于大农。而使数官岁集楮泉三百余万缗、米百余万石于江淮数千里之地，其责亦剧矣。"⑨"东朝"指皇太后宫。江淮总管府每年收入中统钞三百余万贯，米百余万石。可知元朝皇后位下、皇太后位下的赀产是极其庞

---

① 《马可·波罗行纪》，冯承钧译，上海书店出版社2001年版，第198页。
② 《元史》卷八八、八九《百官志三、四》。
③ 《元史》卷九五《食货志三·岁赐》。
④ 《元史》卷八八《百官志四》。
⑤ 朱、张两人原是海盗，降元后经营海运，富可敌国。
⑥ 王艮：《议免增科田粮案》，《松江府志》卷六《田赋上》。
⑦ 《元史》卷八九《百官志五》。
⑧ 同上。
⑨ 陈旅：《安雅堂集》卷八《江淮等处财赋都总管府题名记》，《文渊阁四库全书》本。

大的。

　　元朝还有一种奇特的制度，即前朝皇后的斡耳朵。成吉思汗的正妻都有自己的营帐，即"斡耳朵"。成吉思汗有四大斡耳朵。前面提到成吉思汗最受尊敬的有五位皇后，分别主持四大斡耳朵。其他后妃分属四大斡耳朵。[①]成吉思汗死后，四大斡耳朵继续存在，而且受到历朝皇帝的优遇，蒙哥汗朝分封中原户口、世祖朝增封江南民户，太祖四大斡耳朵都在受封之列。以后诸帝沿袭这一制度，如世祖亦有四斡耳朵，分别由他的几位皇后掌管。成宗时世祖四斡耳朵都分封民户。成宗、武宗、仁宗、英宗、明宗的皇后亦都有斡耳朵。元朝政府设有专门机构管理这些斡耳朵。如长庆寺，"掌成宗斡耳朵及常岁管办禾失房子、行幸怯薛台人等衣粮之事"。长秋寺，"掌武宗五斡耳朵户口钱粮营缮诸事"。承徽寺，"掌答儿麻失里皇后位之事"。答儿麻失里是仁宗的皇后。长宁寺，"掌英宗速哥八剌皇后位下户口钱粮营缮等事"。宁徽寺，"隶八不沙皇后位下"。八不沙是明宗的皇后。这些机构都是正三品。[②] 每个斡耳朵都有大量财产，拥有属于自己的分地、封户。太祖、世祖的斡耳朵可以征收五户丝（北方）、户钞（南方），每年都有固定的"岁赐"（银和丝织品）。以太祖大斡耳朵为例，"岁赐：银四十三锭，红紫罗二十匹，染绢一百匹，杂色绒五千斤，针三千个，段七十五匹，常课段八百匹。五户丝：乙卯年分拨保定路六万户，延祐六年实有一万二千六百九十三户，计丝五千二百七斤。江南户钞：至元十八年分拨赣州路二万户，计钞八百锭"[③]。成宗以下的斡耳朵不如太祖、世祖斡耳朵收入之多，但亦相当可观。元文宗至顺元年（1330）八月，"中书省、枢密院、御史台言：'臣等比奉旨裁省卫士，今定……累朝旧邸宫分饔人三千二百二十四人，当留者千一百二十人。媵臣、怯怜口共万人，当留者六千人。'"[④] "累朝旧邸宫分"即列朝皇后斡耳朵。"饔人"指从事烹调者，即厨师。"媵臣"指陪嫁的人员，"怯怜口"是家奴。文宗时代列朝斡耳朵直接统属的以上三类人员即达一万三千余人，精简后尚有七千余人。其组织之庞大是很惊人的。

　　诗人杨允孚记每年上都开平大聚会时写道："先帝妃嫔火失房，前期承

---

　　① 《元史》卷一〇六《后妃表》。
　　② 《元史》卷九〇《百官志六》。此外还有长信寺，置于大德五年，"领大斡耳朵怯怜口诸事"。似指世祖斡耳朵。
　　③ 《元史》卷九五《食货志三·岁赐》。
　　④ 《元史》卷三四《文宗纪三》。

旨达滦阳。车如流水毛牛捷，鞴缕黄金白马良。"下注："火失，毡房，乃累朝后妃之宫车也。"① 即指累朝斡耳朵而言。由诗人描写可以看出累朝斡耳朵声势之盛，实际上反映了其经济实力之雄厚。另有记载云："火室房子，即累朝老皇后传下宫分者。……国言火室者，谓如世祖皇帝以次俱承袭皇后职位。奉宫祭管斡耳朵怯薛、女孩儿，关请岁给不阙。"可以相印证。到元末顺帝朝，有"十一室（宫）斡耳朵"之说，但具体已难细考。②

元代后、妃一般不过问宫内服务人员的手工和家务劳动，但亦有例外。世祖皇后察必"率宫人亲执女工，拘诸旧弓弦练之，缉为绸，以为衣，其韧密比绫绮。宣徽院羊臑皮置不用，后取之合缝为地毯。其勤俭有节而无弃物，类如此"③。武宗、仁宗之母答己，"历佐三朝，教宫中侍女皆执治女工，亲操井臼"④。

此外，公主亦有"食采分地"。从成吉思汗时代起，蒙古统治家族世代与几个"勋臣世族"通婚，凡是嫁给汪古部首领的公主都享有赵国公主的称号，凡是嫁给弘吉剌部首领的公主都享有鲁国公主的称号，凡是下嫁亦乞烈思的公主称为昌国公主，凡是下嫁弘吉剌部支系赤窟及其后人的公主均称郓国公主。窝阔台汗灭金以后在"丙申年"（1236）向贵族功臣分封中原民户，其中"赵国公主位""鲁国公主位""昌国公主位""郓国公主位"共分拨九万二千余户，征收五户丝。全国统一以后，又分拨江南民户，四公主位下共十三万四千户，征收户钞。⑤ 据记载，"丙申年"分封的民户共七十六万左右，成吉思汗诸子、诸弟所得份额最大，但诸公主所占比例亦是相当可观的。这些公主位下的分封所得，便由后代得到同一称号的公主继承。以后历朝对公主仍不断分封土地、人民。例如，蒙哥汗之女独木干，嫁给汪古部首领，"丁巳年分拨平阳一千一百户"。"丁巳年"是蒙哥汗七年（1257）。元朝灭南宋后又得到江南一千四百户，计户钞五十六锭。⑥ 鲁国大长公主祥哥剌吉是武宗海山的妹妹，至大二年（1309），武宗赐给她平江（今江苏苏州）稻田一千五百顷。⑦ "中宫"位下和历朝皇后的斡耳朵、公主位下实际

---

① 杨允孚：《滦京杂咏》卷下，《知不足斋丛书》本。
② 北图善本组辑：《析津志辑佚》，北京古籍出版社1983年版，第217—218页。
③ 《元史》卷一一四《后妃一》。
④ 《元史》卷一一六《后妃二》。
⑤ 《元史》卷九五《食货志三·岁赐》。
⑥ 同上。
⑦ 《元史》卷一一八《特薛禅传》。

上都是特殊的封建领主。①

第二节　宫女

　　元朝宫闱之中为皇帝、后妃及其子女服务的女性，称为宫女。意大利旅行家马可·波罗说世祖四斡耳朵每处至少有美丽侍女三百，已有前述。元朝灭亡后，奉命拆毁元朝宫殿的萧洵说："后宫约千余人，掌以阉寺，给以日饭，又何盛也。"②"后宫"即指宫女而言，可知元朝宫女不下于千人。

　　宫女来自不同的民族和地区，蒙古女子无疑占多数。唐兀人察罕，成吉思汗时年幼即"给事内廷。及长，赐姓蒙古，妻以宫人弘吉剌氏"③。畏兀儿人撒吉思在忽必烈与阿里不哥争夺汗位时劝说宗王塔察儿支持忽必烈，忽必烈"即位，闻撒吉思所言，授北京宣抚，赐宫人甕吉剌氏，及金帛、章服"④。"甕吉剌"与"弘吉剌"是同名异译。忽必烈命畏兀儿人忙兀的斤"以其书职（指畏兀儿文字）教内诸御，出宫人忽都花妻之"。忽都花显然是个蒙古女子。⑤

　　值得注意的是，宫女中汉族女子为数甚多。见于各书记载的有：（1）蒙古乃蛮部人抄思隶属于成吉思汗三皇后斡耳朵，其妻"张夫人，代州石门良家子，年十五，避兵与父母相失。公（抄思）得之，以进于三皇后，赐名安坦。察其秀慧，遂以妻公"⑥。（2）大兴（今北京）人贾某投奔成吉思汗，"俾在宿卫饔事，赐名昔剌，命其氏族，同蒙古人"。"昭睿顺圣皇后嘉其克调鼎味，以宫人苏氏妻之。"其子丑妮子，"既冠，昭睿顺圣皇后妻以宫女毛氏"。丑妮子的长女"侍中宫"，也在宫女之列⑦。"昭睿顺圣皇后"即世祖皇后察必。（3）世祖怯薛成员常咬住之子常普兰奚，"始八岁，裕皇（太子

---

① 《元史》卷一〇六《后妃表》。
② 萧洵：《故宫余录》，北京出版社1980年版。
③ 《元史》卷一二〇《察罕传》。
④ 《元史》卷一三四《撒吉思传》。
⑤ 马祖常：《石田文集》卷一三《蓟国忠简公神道碑》，《北图古籍珍本丛刊》影印元后至元五年（1339）扬州路儒学刻本。
⑥ 黄溍：《金华先生文集》卷二八《答禄乃蛮氏先茔碑》。
⑦ 王恽：《秋涧先生大全集》卷五一《贾氏世德之碑》，《四部丛刊》本；虞集：《道园类稿》卷四〇《贾忠隐公神道碑》，《元人文集珍本丛刊》影印明初覆刻抚州路学本，台北新文丰出版公司1985年版。

真金）养之宫中"。后来"裕皇……选宫中良家子徐氏妻之"①。（4）真金第二子答剌麻八剌"稍长，世祖赐女侍郭氏"②。（5）湘潭（今属湖南）人张康，通术数。元平江南后以隐逸应征。至元十五年（1278），"至上都见帝，亲试所学，大验，授著作佐郎，仍以内嬬松夫人妻之"③。（6）蔚州（今河北蔚县）知州刘琬孝"有女曰弟弟，世祖时以婉容淑德选入后宫。世祖升遐，[徽] 仁裕圣皇后以嫁故平章政事张九思，封鲁国太夫人"④。张九思是裕宗真金的"宫臣"，即怯薛成员。（7）"李宫人者，善琵琶，至元十九年以良家子入宫，得幸，上比之昭君。至大中，入事兴圣宫。"⑤"兴圣宫"指太后答己。李宫人在世祖时入宫，历世祖、成宗、武宗三朝。（8）真阳（今河南正阳）人常荣及其子自当、尺儿瓦带相继"直宿卫"，自当之女"八岁召入宫，上怜其幼，命皇后子之。性聪慧谨恪，善迎顺后意，日见爱信，俾掌钥司出纳。年十九，后上仙，移事嗣后，宠信尤笃。年二十四，奉旨适近臣瓮吉剌歹，奁具之费，悉资内帑。历成宗、武宗、仁宗三朝，睿眷益隆，赉贶无虚岁。""宿卫""近臣"均指怯薛而言⑥。（9）哈剌鲁人曲枢，"事裕宗，未及用，遂为徽仁裕圣皇后宫臣，以谨厚称。……武宗知其忠，降手书奖谕，赐以宫人王氏"。曲枢之子柏铁木尔"事仁宗"，在夺取皇位斗争中起了重要作用。"仁宗念其公忠，闻陕西廉访使郭公某有贤女，实顺宗皇帝妃郭氏之兄子，幼从姑氏，长于宫中，克有淑德。遣近侍传于妃之子皇兄魏王，以为王（指柏铁木尔）夫人。"⑦ "顺宗皇帝"即答剌麻八剌。（10）太原（今属山西）人宋超因医术受皇室赏识，"自世祖时入侍宫闱，出入四朝"，官至昭文馆大学士。"中馈久虚，上以内人汪氏继室，封冀宁郡夫人。"⑧（11）哈剌鲁人买奴，世代为怯薛中"治御膳"的宝儿赤，官至翰林学士承旨（从一品）。"仁宗又妻以宫女陆氏，昭献元圣太后为治奁具，

---

① 程钜夫：《雪楼集》卷七《信都常忠懿主神道碑》。
② 《元史》卷一一五《顺宗传》。
③ 《元史》卷二〇三《方技·张康传》。
④ 《析津志辑佚》，第62页。按，原文作"仁裕至皇后""张乙九思"，误。又，虞集《张忠献公神道碑》云："公娶唐氏……世祖又赐以赵国文贞刘公秉忠之女，今皆封鲁国太夫人。"（《道园学古录》卷一七）关于刘氏出身，说法不同，但是宫女应无问题。
⑤ 揭傒斯：《揭傒斯全集·诗集》卷四《李宫人琵琶引》，上海古籍出版社1985年版。
⑥ 许有壬：《至正集》卷六〇《大兴国寺碑》，清宣统三年（1911）石印本。
⑦ 黄溍：《金华先生文集》卷四三《太傅文安忠宪王家传》。
⑧ 程钜夫：《雪楼集》卷八《太原宋氏先德之碑》。

赐宴于兴圣宫，命太傅帖哥、司徒百顺送至其私第，后封郡夫人。"[1]"昭献元圣太后"即武宗、仁宗之母答己。（12）乞失迷儿（今克什米尔）人铁可，年轻时"典饔膳汤药，统领卫士更直"，应是怯薛成员。后历任要职，"夫人冉氏，先公卒，内出资装，配以宫嫔张氏"[2]。（13）元末诗人杨维桢的诗篇《宫词十二首》，其中之一是："宫锦裁衣锡圣恩，朝来金榜揭天门。老娥元是南州女，私喜南人擢状元。"[3]则宫中有江南女子。由以上记载，可知宫中汉族（包括北方汉族和南方汉族）女性是为数不少的。

元朝被划定为第三等级"汉人"的还有契丹、女真、高丽等族。宫女中亦有契丹、女真、高丽人。契丹人石抹明里家族从祖父曷鲁起，"世典内膳。国制，内膳为近臣，非笃敬素著者不得为"。可知应是怯薛中的博儿赤。明里为忽必烈、真金父子服务。武宗海山即位后，"诏曰：明里夫妇，历事帝后，保抱朕躬，朕甚德之。可特令明里荣禄大夫、司徒，其妻梅仙封顺国夫人"。此时爱育黎拔力八达"在东宫，语宫人曰：昔朕有疾甚危，徽仁裕圣皇后甚忧之，梅仙守视，不解带者七十日。今不敢忘，其赐明里宝带、锦衣、舆及四骡"[4]。"徽仁裕圣皇后"即真金之妻阔阔真，这位梅仙应是契丹族，她"保抱""守视"两位皇子，无疑是阔阔真身边的宫女。汉人李孟曾协助答己、爱育黎拔力八达夺取政权，历任要职。其原配刘氏早卒，继娶"纳合氏，昭献元圣皇后所赐"[5]。"昭献元圣皇后"即答己。"纳合"是女真姓氏，"纳合氏"应是女真人。宫女中高丽女性为数相当可观，元朝多次向高丽"求童女"，"置之宫掖"[6]。如高丽人任氏，"自世祖皇帝时，遇知于椒闱，赏赉甚厚"[7]。康里人海蓝伯"事王可汗，王可汗灭，帅麾下遁去，太祖皇帝虏其全部以归。第十子燕真年十余岁，分赐庄圣太后，唯恭谨，善为弓服，事世祖皇帝不离左右。配以高丽美人，名长姬，姓金氏"[8]。"庄圣太后"即拖雷之妻唆鲁和帖尼。至顺二年（1331）四月，文宗"以宫中高丽

---

[1] 黄溍：《金华先生文集》卷二四《定国忠亮公神道第二碑》。
[2] 蔡文渊：《铁可公墓志铭》，引自《全元文》第46册，第26页。
[3] 杨维桢：《铁崖先生古乐府》卷一四，《四库全书》本。
[4] 《元史》卷一六九《石抹明里传》。
[5] 黄溍：《金华先生文集》卷二三《李公行状》。
[6] （高丽）李榖：《稼亭集》卷一《代言官请罢求童女书》，《韩国文集丛刊》本，韩国景仁文化社1996年版。
[7] （高丽）李齐贤：《益斋集》卷七《大都南城兴福寺碣》，《粤雅堂丛书三编》本。
[8] 赵孟頫：《松雪斋文集》卷七《康里公碑》，《四部丛刊》本。

女子不颜帖你赐燕铁木儿，高丽国王请割国中田为资送，诏遣使往受之"①。燕铁木儿是支持文宗夺取皇位的宠臣，故得此赏赐。明初有人说，"自至正以来，宫中给事使令，大半为高丽女"②。这个说法也许有些夸大，但自奇氏成为皇后以后，宫女中高丽女子的数量增加，则是事实。杨维桢《宫词十二首》之一是："北狩和林幄殿宽，句骊女侍婕妤官。君王自制昭阳曲，敕赐琵琶马上弹。"③"句骊"是"高句骊"的简称，高丽的古名。

宫中亦有属于色目等级的各族女子。畏兀儿女子舍蓝蓝，"始八岁，从其亲至京师，入侍中宫，贞懿顺圣皇后爱其明敏，恩顾尤厚。成宗之世，事皇太后于西宫"④。"贞懿顺圣皇后"即忽必烈之妻察必。⑤ 成宗时代的皇太后是真金之妻阔阔真。这是畏兀儿宫女的例子。康里人亦纳脱脱，出身世家，世祖时"入宿卫"，历任中书左丞相、御史大夫等要职。"配也先氏，封冯国夫人。武宗又妻以畏兀氏月鲁忽图，仁献章圣皇后之同乳也，封蓟国太夫人。"⑥"仁献章圣皇后"是武宗妃亦乞列氏。月鲁忽图亦应是宫女。成吉思汗统一草原的最后一战是消灭乃蛮部，乃蛮部首领曲书律（一译屈出律）之孙抄思年幼，"与其母跋涉间行，归太祖，奉中宫旨侍宫掖"。母子二人应是作为俘虏在宫廷中服役。后来抄思成为蒙古军将领。抄思之子别的因，"在褓襁时，父抄思方领兵平金，与其祖母康里氏在三皇后宫庭"⑦。这位康里氏是成吉思汗三皇后斡耳朵的宫女。抄思在军中俘获汉女张氏，献给三皇后，后来张氏成为他的妻子，已见上述。

元代文献中还有一些皇帝"赐宫女"的记载，但没有说明被赐者的姓氏和种族。例如，畏兀儿人岳璘帖睦尔"以质子从太祖征讨，多战功。……寻授河南等处军民都达鲁花赤，佩金虎符，并赐宫女四人"⑧。蒙古人忽鲁忽儿"常居军中，奏白机务，往返未尝失期。太宗……尝出金盘龙袍及宫女赐之"⑨。雕塑名家刘元名震一时，"凡两都名刹有塑土范金抟换为佛者，一出

---

① 《元史》卷三五《文宗纪四》。
② 权衡：《庚申外史》卷下。
③ 杨维桢：《铁崖先生古乐府》卷一四。
④ 释念常：《佛祖历代通载》卷二二，《大正藏经》本。
⑤ 至元十年，为察必授皇后册宝，上尊号贞璐顺圣皇后。成宗即位后追谥昭睿顺圣皇后。
⑥ 黄溍：《金华先生文集》卷二八《康里氏先茔碑》。
⑦ 《元史》卷一二一《抄思附别的因传》。
⑧ 欧阳玄：《高昌偰氏家传》，《国朝文类》卷七〇。
⑨ 《元史》卷一三一《速哥传》。

正奉（刘元为正奉大夫）之手，天下无与比者。由是上两赐宫女为之妻，又命以官长其属"①。元顺帝时，危素为经筵检讨，得到皇帝的重视，"寻有宫人之赐，公复辞曰：'臣有糟糠之妻在大江之南，无所用之。'亦不受"②。将宫女赐给南人，仅此一例。

  明初，朱元璋第五子朱橚向"元后"之乳姆女细访元宫旧事，作《元宫词一百首》，自序中云："皆元宫中实事。"其中一首是："梨花素脸髻盘龙，南国娇娃乍入宫。无奈胡姬皆笑倒，乱将脂粉与添红。""南国娇娃"无疑指江南女子。此外还有几首亦与江南女子有关："年年避暑出居庸，北望滦京朔漠中。经过缙云山水秀，吴姬疑是越水东。""奎章阁下文词盛，太液池边游幸多。南国女官能翰墨，外间抄得竹枝歌。""暑风催雨滴檐楹，深院吴姬睡不成。梦入西湖荡莲桨，起来弹泪到天明。""月钱常是散千缗，大例关支不是恩。南国女官呼名字，只愁国语不能翻。""吴姬""南国女官"和"南国娇娃"含义是相同的，在《元宫词一百首》中反复出现，说明至少在元朝末年宫闱中有不少来自江南的女子。《元宫词一百首》中还写道："帘前三寸弓鞋露，知是嫔嫔小妹来。"这位缠足的小姐，应是汉族女性，但难以断定是汉人或南人。又有："包髻团衫别样妆，东朝谒罢出宫墙。内中多有亲姨嫂，潜与交州百和香。""包髻团衫"是北方汉人（包括汉族、女真等）女性的服饰，可知宫女中有汉人。上面第一首诗中提到，"胡姬皆笑倒"，可见人数很多。还有一首说："十五胡姬玉雪姿，深冬校猎出郊时。海青帽暖无风冷，鬓发偏宜打练椎。"伴随君王打猎的"胡姬"，应是蒙古或色目的女子。"进得女真千户妹，十三娇小唤茶茶。""河西女子年十八，宽着长衫左掩衣。前向拢头高一尺，入宫先被众人讥。""昨朝进得高丽女，太半咸称奇氏亲。最苦女官难派散，总教送作二宫嫔。"描写的是女真、河西（党项）和高丽的宫女。由《元宫词一百首》中的记述可以看出，有元一代特别是后期，宫女的民族成分是很复杂的。这些描写可以和上述元代文献互相印证。③

  宫女的来源，主要有几个途径：一是战争中的俘获。上述"代州良家子"

---

① 虞集：《道园学古录》卷七《刘正奉塑记》。
② 宋濂：《宋文宪公全集》卷二七《危公新墓碑铭》。
③ 傅乐淑：《元宫词百章笺注》，书目文献出版社1995年版。按，《明史》卷一一六《诸王传》云："周定王橚，太祖第五子。……能词赋，作《元宫词》百章。"但《借月山房汇钞》本《宫词小纂·元宫词》题朱有燉（朱橚之子）作。

张氏便是一个例子。这种情况在前四汗时期很多，后来逐渐减少了。一种是贵族官僚和怯薛家庭的女子，从小被送入宫中。蒙古实行质子制度，部属和归附者都要以子弟为质。皇帝的怯薛成员有不少即是此类子弟。贵族官僚和怯薛成员以女儿为宫女，侍奉后妃，亦是表忠心的行动。上述廉访使之女郭氏，贾丑妮子之女贾氏，刘婉孝之女弟弟，以及自当之女，都属于此类。

还有一种是民间选女。蒙古国时期，曾实行选女制度。波斯史学家志费尼讲述蒙古扎撒（法律）时说："再者，军中发现访月儿般的少女，她们就被集中一处，从十户送到百户，每人均作一番不同的选择，递至土绵长，土绵长也亲自挑选，把选中的少女献给汗或诸王。汗和诸王再作一番挑选，那些堪充下陈和容色艳丽的，他们说：'依常规留住。'对其余的，则说：'善意遣去之。'他们遣选中的少女去侍候嫔妃，直到他们想把少女赐人，或者想自己跟她们同寝为止。"① 13世纪中期访问蒙古的西方教士加宾尼说："鞑靼皇帝对于每一个人具有一种惊人的权力……即使他要求他们的未婚的女儿或姐妹，他们也把她奉献给他，不出一声怨言。的确，每一年或每隔数年，他都要从鞑靼全境征集年轻姑娘，如果他要为自己留下任何姑娘，他就把她们留下，其余的姑娘他就赐给他的部下，如果在他看来这样处理是合适的话。"② 据波斯史学家记载，有一个蒙古部落中流传朝廷征集姑娘的谣言，引起恐慌，纷纷嫁女。窝阔台汗得知后，下诏征集该部7岁以上姑娘，"适宜于大帐者被送进了后宫"，其余都就地分配了。③ 而据马可·波罗记载，蒙古大汗定期在弘吉剌或汪古部中选女。④

忽必烈统治时期，在"汉地"亦有选女的记载。至元十八年（1281），何玮"擢参议中书省事"⑤。他"极言征交趾、括民田、选民间女子非计，不用，竟去"⑥。至元十九年（1282）十月，"耶律铸言：'有司官吏以采室女，乘时害民。如令大郡岁取三人，小郡二人，择其可者，厚赐其父母，否则遣还为宜。'从之"⑦。另有记载说，朝廷下令"采民女姿德宜者贡实掖庭。公（西京路总管赵椿龄）上言：'山西回远京师，且无大家，民女贫

---

① ［波斯］志费尼：《世界征服者史》上册，第34页。
② 《蒙古史》，《出使蒙古记》，第26—27页。
③ 《史集》卷二，第110—111页。
④ 《马可·波罗行纪》，第198—200页。
⑤ 《元史》卷一五〇《何伯祥附何玮传》。
⑥ 程钜夫：《雪楼集》卷八《何文正公神道碑》。
⑦ 《元史》卷一二《世祖纪九》。

陋，无有可充椒房下陈。徒生民心，使育女嫁姻年不及，币征不纳……甚非圣世之盛举也。'同列危之，避不连署。公曰：'此出我独。'竟上之。事亦报罢"①。"帝（忽必烈）欲选民间童女充后宫，及有司买物多非其土产，山后盐禁久为民害，[贺仁杰]皆奏罢之。"②"择童女实掖庭，命既下矣，公（贺仁杰）曰：'宫妾不足于使令，宜妙择高门德望之家、端严明淑者当之，岂可概行以骇天下听闻，使深山穷谷拥瘇粗恶之子，不待其年而急相偶，非昭代盛德举也。'"③ 与以上两条记载应为一事。综合以上记载，可以认为，忽必烈在至元十八、十九年间要在民间选女，但遭到不少官员抵制，不得不缩小范围。前述"善琵琶"的李宫人，于至元十九年（1282）入宫。从时间上说，正与上述选女吻合。据耶律铸所说，则选女每岁都要进行，但是否成为制度，是不清楚的。至元二十年（1283），刑部尚书崔彧上言："各路每岁取室女，宜罢。"忽必烈"从之"④。则在当年仍有选女之事。此后再未见在中国本土大规模选女的记载。

另一方面，忽必烈及以后诸帝，都在高丽选女，持续不断。不少元朝贵族、官员也向高丽王朝索取女子，高丽朝廷"献处女""献童女"的记载，几乎无年无之，史不绝书。据记载，元朝向高丽提出贡女要求有25次，高丽主动贡女有32次。据不完全统计，近百年内高丽向元朝贡女达1479人之多，"这还是最为保守的统计"⑤。高丽贡女到元朝以后。有的成为贵族官僚的妻妾，但也有相当一部分进入宫闱，成为宫女。元朝征取高丽女子，在高丽造成极坏影响。顺帝即位之初，原中书左丞史惟良"贻书左丞相，谏选高丽阉竖、女子，辞愈迫切"⑥。不久，监察御史苏天爵上《灾异建白十事》，其中之一是高丽选女问题，他说："比年以来，朝廷屡遣使者至于其国，选取子女，求取妾媵，需索百端，不胜其扰。至使高丽之民生女或不欲举，年长者不敢适人，愤怨感伤，无所伸诉……今后除内廷必合取索外，其余官员敢有不经中书擅自奏请取索高丽女子，及因使其国娶妻妾者，拟合禁治，庶几彰国家同仁之治，慰小邦向化之心。"⑦ 苏天爵指出选女对高丽的伤害，但

---

① 姚燧：《牧庵集》卷二八《赵公墓志铭》。
② 《元史》卷一六九《贺仁杰传》。
③ 姚燧：《牧庵集》卷一七《贺公神道碑》。
④ 《元史》卷一七三《崔彧传》。
⑤ 喜蕾：《元代高丽贡女制度研究》第二章《元代高丽贡女年表》。
⑥ 黄溍：《金华先生文集》卷二七《史公神道碑》。
⑦ 苏天爵：《滋溪文稿》卷二六，中华书局1997年版。

他不敢反对宫廷选女，只是要求对官员索取高丽女子的行为加以严格限制。后至元元年（1335）三月，"御史台臣言：'高丽为国首效臣节，而近年屡使往选媵妾，至使生女不举，女长不嫁，乞赐禁止。'从之"①。高丽人李榖在《代言官请罢取童女书》中对选女给高丽社会造成的伤害有更具体的叙述："高丽之人，生女者即秘之，唯虑不密，虽比邻不得见。""一遇〔取童女〕使臣，国中骚然，虽鸡犬不得宁焉……每取一女，阅数百家。惟使臣之为听，莫或敢违。何者，称有旨也。如此者岁再焉，或一焉，间岁焉，其数多者至四五十。既在其选，则父母宗族，相聚哭泣，日夜声不绝。及送于国门，牵衣顿仆，拦道呼泣，悲恸愤懑，有投井而死者，有自缢者，有忧愁绝倒者，有哭泣丧明者。如此之类，不可殚纪。""伏望涣发德音，敢有冒于内旨，上渎圣听，下为己利而取童女者，及使于其国而取妻妾者，明示条禁，绝其后望，以彰圣朝同仁之化，以慰外国慕义之心。"②李榖是元朝元统元年（1333）癸酉科的进士，考取后任翰林国史院检阅官。"代言官"就是代监察部门官员起草的奏章，其中明确请求对取女加以禁止。这应该就是后至元元年（1335）三月御史台臣上奏的内容。后至元四年（1338）八月，元朝又"申取高丽女子及阉人之禁"③。自此高丽取女现象逐渐衰落，但直到元亡，仍未完全绝迹。

宫女中亦应有等级的差别，但具体制度不详。宫女有各种分工，有的照料皇帝、后妃的日常生活，地位比较高。如高丽女子奇氏，入宫后"主供茗饮，以事顺帝"④。有的从事乐舞，如上述"善琵琶"的李宫人。有的从事缝纫。⑤

宫女的出路有多种，有的因缘成为后妃，如奇氏，这是极少数。有的则被皇帝、皇后赏赐给贵族、功臣，她们也就成为权贵的夫人，这种情况为数颇多。上面提到忽必烈"赐女侍郭氏"给自己的孙儿答剌麻八剌，郭氏生子阿木哥，封魏王。⑥郭氏的侄女"长于宫中"，也是一名宫女，仁宗成为皇太子后，下令将她嫁给自己的侍从哈剌鲁人柏铁木尔，柏铁木尔后来官至大

---

① 《元史》卷三八《顺帝纪一》。
② 李榖：《稼亭集》卷三《代言官请罢取童女书》。
③ 《元史》卷三九《顺帝纪二》。
④ 《元史》卷一一四《后妃传一》。
⑤ 《辍耕录》卷二一《宫阙制度》。
⑥ 《元史》卷一一五《顺宗传》。

都留守，死后追谥文安王，郭氏也受封为文安王夫人。① 嫁给宋超的汪氏、嫁给买奴的陆氏，也是一样。值得注意的是，由皇帝、皇后指定与宫女结婚的男性中，怯薛成员占有很大比重。上述察罕、贾昔刺和贾丑妮子父子、常普兰奚、曲枢和柏铁木尔父子、买奴、燕直、石抹明里等都出身怯薛。怯薛是元朝特有的制度，建立于成吉思汗时代，实际上就是大汗的卫军，同时又分别担任宫廷中的各种职务，如宝（博）儿赤负责大汗的膳食，速古儿赤负责大汗的服装，必阇赤是大汗的书记等。怯薛制度在元朝一直保存下来，怯薛成员世代相承。从大汗到皇帝，怯薛都是他们的亲信，朝廷中很多重要职务都由怯薛出身者担任。皇帝、皇后将宫女许配给怯薛成员，主要原因是两者在他们心目中都是最可靠的奴仆。宫女的第三种出路是因病或到一定年限后遣送出宫，上述善琵琶的李宫人，"比以足疾，乃得赐归侍母"。第四种出路是出家为尼为道姑，成为身份特殊的宗教职业者（见本书第八章）。还有一些则在宫中终老。诗人柯九思得到文宗图帖睦尔的宠遇，曾出入宫廷。他在《宫词十首》中写道："小时歌舞擅宫廷，长忆先皇酒半醒。白发如今垂两鬓，佛前学得念心经。"② 朱棣《元宫词一百首》中有好几首涉及老年宫女的生活："二十余年备掖庭，红颜消渴每伤情。三弦弹处分明语，不是欢声是怨声。""自供东苑久司茶，览镜俄惊岁月加。纵使深宫春似海，也教云鬓点霜华。""兴圣宫中事太皇，十三初到捧炉香。如今白发成衰老，四十年来梦一场。"③ 岁月流逝，红颜老去，往事如梦，只能在弦上寄托怨恨。高丽士人说，被选的高丽女子，"虽承恩于朝夕，犹怀父母乡党，人之至情也。而乃置之宫掖，愆期虚老，时或出之，而归之寺人，终无嗣者，十之五六。其怨气伤和，又何如也"④。"寺人"即宦官。可知有些宫女后来就成了宦官的配偶，其命运是很悲惨的。

第三节　官宦和民间地主家庭的妇女

元代官僚是个庞大的集团。据有的统计，内外官员总数达26690人。⑤

---

① 黄溍：《太傅文安忠宪王家传》。
② 柯九思：《宫词十首》，《草堂雅集》卷一，陶氏涉园影印元椠本。
③ 傅乐淑：《元宫词百章笺注》。
④ 李穀：《代言官请罢取童女书》。
⑤ 《元典章》卷七《吏部二·官制一·内外诸官员数》。

官僚集团内部有严格的等级之分，地位、待遇各不相同。大体说来，三品以上的上层官僚可以说是元朝统治的核心力量。元朝讲究"根脚"（出身），凡是上层官僚通常都是"大根脚"（贵族门第出身），因此贵族和上层官僚实为一体，可称之为权贵。其中很多人还是怯薛的成员。上层权贵主要是蒙古人，也有一部分色目人，汉人能够进入这个圈子的很少，南人只是个别的。四品以下的中下级官员则以汉人、南人居多，但重要职务大多由蒙古、色目人占据。

上层权贵一般有数妻，并有数量不等的姬妾。著名建筑专家、尼波罗（今尼泊尔）人阿尼哥官至光禄大夫（从一品）、大司徒，领将作院事，有夫人10位，除同族的宰叶答腊奇美氏外，有忽必烈指婚的"宋景献太子孙女郡主赵氏"，成宗时太后阔阔真指婚的"戚里女囊合真"，此外还有中山汤氏、焦氏，天水赵氏，陇西辛氏，蒙古也怯氏，清河张氏，太原阎氏。[①]文宗的宠臣钦察人燕铁木儿权倾一时，"取泰定帝后为夫人，前后尚宗室之女四十人，或有交礼三日遽遣归者，而后房充斥不能尽识"[②]。翰林学士承旨阿目茄八剌除"正室"之外，还有"带罟罟娘子十有五人"[③]。带罟罟是贵妇的标志，这十五位女性都是阿目茄八剌的夫人。汉族官僚张柔、史天泽各有夫人四人。[④] 也有个别例外，长期担任上都留守后来官至光禄大夫、平章政事的贺仁杰，"其妻刘没，帝欲为娶贵族，固辞，乃娶民间女。已而丧明，夫妻相敬如初，未尝置媵妾"[⑤]。权贵众夫人中只有一人是正妻，地位在其他夫人之上。元朝政府规定，正、从一品，祖母、母、妻封赠国夫人；正、从二品和正、从三品，母、妻封赠郡夫人。

蒙古建国之初，权贵家庭中的妻妾，相当多来自其他民族，有的是被迫贡献，有的是战争中的俘虏。成吉思汗最宠信的将领、开国元勋木华黎，"彼妻赖蛮公主，及诸侍姬称夫人者八人，皆共坐，凡诸宴饮无不同席。所谓诸姬，皆灿白美色，四人乃金房贵嫔之类，四人乃鞑人"[⑥]。上层权贵中蒙古、色目各族成员相互通婚相当普遍，蒙古、色目与汉人通婚者不多，但与

---

① 程钜夫：《雪楼集》卷八《凉国敏慧公神道碑》。
② 《元史》卷一三八《燕铁木儿传》。
③ 陶宗仪：《辍耕录》卷二二《司马善谏》。
④ 王磐：《蔡国公神道碑》《中书右丞相史公神道碑》，《全元文》第2册，第270、278页。
⑤ 《元史》卷一六九《贺仁杰传》。
⑥ 赵珙：《蒙鞑备录》。

高丽结亲的现象相当突出，仅中书省高官索取高丽女子见于记载者即有十余起，其中有忽必烈时代的权臣阿合马、桑哥，成宗时代丞相完泽，文宗时代权臣燕铁木儿，顺帝时代承相脱脱等。高丽女子一般作次妻、姬妾，作正妻者很少。①

在前四汗时期，社会动荡，政局多变。上层权贵家庭的女性干预军务、政务者不乏其人。前面提到的杨四娘子，是突出的例子。又如蒙古大将按札儿之妻䇲丹氏，曾被金人俘虏，"辞气不屈"。"太宗皇帝（窝阔台汗）召见壮之，令闻其夫军事"②。顺天（今河北保定）万户张柔之妻毛氏，"资婉淑，明彻沉郁，有策略。时门下将校百余人，多与公（张柔）故夷，或刮金饮血之友，或布衣刎颈之交，或擒获屈膝旎勇之士，或反覆变诈奸宄之人，皆方资之以为用。而公以盖世之气，事多阔略，且日鏖战，不暇存抚。公夫人则劳来燠休之，每诘旦以醇酒数石置大银瓮中，设金银斗碗，不置杯杓，塞帘彻幕，挝鼓鸣笛，命各剧饮。置大戴，不置挟，恣其胹啖。尝制锦纻缔绣美衣，而时以公意赐之。其战而被伤者，则亲饮之药，而为良剂傅之。又各与膏腴田宅，而时以珍玩慰结其妻子，故无不感悦尽力。公常出征，军中府中虽贾侯（即贾辅，张柔的副手）总统，而于机要，必取决焉。经营比次，尝出资粮马仗以给公，故公无内顾之忧，而攻必获。战必胜"③。张柔是北方汉人世侯之一，官拜万户，功名显赫，毛氏在后方的作为，对于他的军事活动，起了保障的作用。但是，进入忽必烈时代以后，各项制度相继建立。上层权贵家庭的女性过问政务、军务的现象，至少在表面上已不再存在了。

上层权贵家庭都有高额的俸禄，很多人有分地、封户和固定的赏赐，还可以依仗权势掠取财物。因而生活奢侈，任意挥霍。权贵家庭都有许多侍女、仆役，为权贵的妻妾、女儿服务。权贵的妻子有特殊的服饰，作为身份的标志。主要有戴罟罟冠，服浑金，用金珠宝玉作首饰等。一般来说，权贵家庭的女性完全不参加家务劳动，很多人连家务都不管，另有专人为之打理。诗人迺贤在一首诗中描述新乡（今河南新乡）农妇的悲惨生活，接着写道："恨不身作三韩女，车载金珠争夺取。银铛烧酒玉杯饮，丝竹高堂夜歌

---

① 喜蕾：《元代高丽贡女制度研究》第四章《高丽贡女与元朝社会》。
② 虞集：《道园类稿》卷四五《蒙古拓跋公先茔碑铭》。
③ 郝经：《陵川文集》卷三五《公夫人毛氏墓铭》。

舞。黄金络臂珠满头，翠云绣出鸳鸯裯。醉呼阍奴解罗幔，床前爇火添香篝。"①"三韩女"指高丽女子，元朝上层官僚竞相争娶高丽女子为妻妾，迺贤的描写实为上层官僚家庭女性豪侈生活的真实写照。但也有少数上层权贵家庭妇女管理家务，个别人甚至参加一些家内劳动。例如康里（色目的一种）人不忽木是忽必烈晚年倚重的大臣之一。据记载，其"家素贫，躬自炊汲，妻织纴以养母"②。不忽木官中书平章政事（从一品）。妻子仍事纺织，在元朝已是特例。但说他竟然自己挑水做饭，靠妻子纺织养活老母，则显然有夸大之嫌。畏兀儿女子月伦石护笃，"出自名阀"，夫家偰氏是畏兀儿贵族，在元朝有很高的地位，丈夫偰哲笃官吏部尚书（正三品）。她到夫家后，"率群婢治丝枲与凡女工之事，必以身先之"③。万户耶律忙古歹"许身殉国，不遑问家事。日用益窘。夫人〔王氏〕冒寒暑，躬先婢使，纺绩织纴，以佐寡乏"④。谭澄曾任提刑按察使（正三品）、宣慰使（正三品），"夫人卢氏，勤俭惠和，不侈既贵，能以身率，不辍妇功，故婢数千指，约束如一"⑤。淮东宣慰使李廷，夫人柴氏，"夫人身不衣华采，口不餍膏粱，僦民居十有七年，邻人未尝闻其声……子孙未仕，不得乘车马、衣裘帛"⑥。这些都是生活朴素、从事妇功的例子，但为数是不多的。

四品以下官员，一般一夫一妻，但大多数有姬妾。四品至七品官员的妻子、母亲分别享有郡君、县君、恭人、宜人的称号。国家规定，四品、五品官妻子的首饰用金、玉、珍珠，六品以下用金，耳环许用珠玉。这种规定用来表示她们的特殊身份。官员享受国家的俸禄，家庭中有地租的收入，一般都能利用手中的权力为自己谋利，因而生活优裕，都有婢女、奴仆听从使唤。和权贵家庭不同的是，官宦家庭的主妇，主持家务者相当普遍，有不少人还从事一定的家务劳动。太常博士（正七品）胡助之妻陈氏，平日"勤于女工，习之不怠"。其子胡瑜"间尝进而言曰：'家幸粗给饘粥，有妾媵以任缝纫，何自苦为？'"陈氏回答说："不然。女工犹士之为学，不可以贫富少老为异。苟不自力，何以率下乎！"⑦ 在陈氏看来，"女工"（缝纫、纺

---

① 迺贤：《金台集》卷一《新乡媪》，《元人十种诗》本。
② 《元史》卷一三〇《不忽木传》。
③ 黄溍：《金华先生文集》卷三九《魏郡夫人伟吾氏墓志铭》。
④ 同恕：《榘庵集》卷九《耶律濮国威愍公墓志铭》，《文渊阁四库全书》本。
⑤ 姚燧：《牧庵集》卷二四《谭公神道碑》。
⑥ 揭傒斯：《潞阳郡公墓志铭》，《日下旧闻考》卷一〇九。
⑦ 黄溍：《金华先生文集》卷三九《宜人陈氏墓志铭》。

织等）是每个妇女必须承担的工作，就像士人必须读书一样，作为官宦家庭的主妇也不能例外。这种观念在一般官宦女性群体中是相当流行的。永州通判（从七品）孙某之妻杜氏，"夫人治内，米盐瀡瀡之奉，麻枲织纴之供，纤悉必具，躬俭率下"①。安阳左氏是金进士之女，元县令之妻，夫死后"遂力与二三女奴，纺绩织纴，训诸僮以力田，教子以读书习骑射，不数年而竟袭父爵"②。

民间地主家庭的政治、经济状况，差别很大。有的田连阡陌，收租万石，有的薄田一二顷，将就度日。有的"无爵邑而有封君之贵。无印节而有官府之权"③。有的则无权无势，常常是地方官府和豪强们欺压的对象。民间地主家庭以一夫一妻制为主，但豪富之家，除妻子外，都有为数不等的姬妾。普通人家有妾的亦相当多。无论豪富之家或是普通地主家庭，一般都有婢女供使唤。除了少数富豪外，民间地主家庭的主妇大多都要管理家务，其中不少人还要从事不同程度的家内劳动，如纺织、洗濯等。上虞（今属浙江）魏道全之妻冯淑贞，"虽生贵富家，自幼不乐纷华靡丽之饰，澹然能自安。年逾五十，犹服勤丝枲不衰，驭仆人、媵女亦各有法"④。有的家庭男性家长去世，主妇便以身作则，主持家务。波阳（今属江西）朱则中是教谕刘斗凤的妻子。教谕是县学的负责人，没有品级。刘斗凤病死，朱则中"悉屏脂泽弗御，益力家政，晨起坐堂上，更列儓媵于堂下，令之曰：汝为某，汝为某。晚各会其成，无爽期者"⑤。京兆（今陕西西安）妇女曹节君，丈夫与夫弟早死，节君与弟妇两房共一子五女，"始自谋曰：农桑衣食之原，无田以给，口众非久计也。尽斥奁具，买田南山下，课童婢耕蚕，甘苦共之，寒暑不少懈"⑥。则是女性家长直接经营农业的例子。王恽任地方官时作《劝农诗》，其中之一是："田家门内事纷拏，最紧蚕缲与绩麻。主戒婢奴姑劝妇，趁时作活可成家。"⑦他教诫农村中有"婢奴"的地主家庭主妇，要抓紧农时缲丝织麻。可见这种情况是普遍的。

元代社会以个体家庭为主，但同时也有一些几代同居的大家族。这些大

---

① 陆文圭：《墙东类稿》卷一三《杜夫人墓志铭》，《常州先哲遗书》本。
② 胡祗遹：《紫山大全集》卷一七《女冠左炼师墓碑》。
③ 赵天麟：《太平金镜策》卷四《树八事以丰天下之食货·限田产》。
④ 宋濂：《宋文宪公全集》卷二七《故上虞魏君妻冯夫人墓志铭》。
⑤ 宋濂：《宋文宪公全集》卷五〇《节妇朱夫人墓碣铭》。
⑥ 同恕：《榘庵集》卷八《任正卿妻曹节君墓志铭》。
⑦ 王恽：《秋涧先生大全集》卷六二《劝农诗》。

家族普遍占有相当数量的土地，租给佃户耕种，有的还经营商业。家族成员同居共财，同炊合食，内部有严密的组织。最有代表性的大家族是浦江（今浙江浦江）郑氏，"其家十世同居，凡二百四十余年，一钱尺帛无敢私"①。在郑氏家族内，"诸妇唯事女工，不使预家政"②。"毋听妇言"是家族的格言。③ 郑氏族规规定："男事诗书，女事蚕绩"，男子读书，女性从事蚕织的劳动。每年春天，"主母分给蚕种于诸妇，使之在房畜饲"。还将"所治丝绵之类""付诸妇共成段匹"。秋后，"诸妇每岁公堂于九月俵散木棉，使成布匹"。妇女要集中在一起纺织，"诸妇工作，当聚一处，机杼纺绩，各尽所长。非但别其勤惰，且革其私心"。除纺织之外，妇女还要轮流做饭，"诸妇主馈，十日一轮，年至六十免之"。妇女的衣服首饰采用统一分配的办法。"男子一岁一给。十岁以上者半给，给以布。十六岁以上者全给，兼以帛。四十以上者优其给，给帛。仍皆给裁制之费。若年至二十者，当给礼衣一袭。巾履则一年一更。""妇女衣资照依前数，两年一给之。女子及笄者，给银首饰一付。"公堂还要"俵散""诸妇履材及油泽脂粉针花之属"。家族内男女有别、内外有别。男、女分别在不同餐厅集体用餐。"男会膳于同心堂，女会膳于安贞堂，三时并同。"妇女与亲戚来往亦受到严格限制："诸妇亲姻颇多，除本房至亲与相见外，余并不许。可相见者，亦须子弟引导，方入中门。见灯不许。违者会众罚其夫。""女子年及八岁者，不许随母到外家。余虽至亲之家亦不许往，违者重罚其母。"④"仆人无故不入中门，亦不可与媵妾亲授。既立一转轮盘供送器物，又立一灶于其侧，外则注水而炊，内则汲汤而饘。"⑤

浦江郑氏是一个同居共财的地主家族。在郑氏地主家族中，妇女必须从事纺织和其他家务劳动，但对家族事务没有发言权。她们的活动受到严格限制，不能随便与外界接触，甚至连服饰、饮食都要遵照统一的标准。

类似郑氏的同居共财大家族还有不少。⑥ 延长（今属陕西）张氏，"八世不异炊，家人百余口，无间言。日使诸女、诸妇各聚一室为女功，工毕，

---

① 《元史》卷一九七《孝友传一·郑文嗣》。
② 同上。
③ 黄溍：《金华先生文集》卷三七《青田县尉郑君墓志铭》。
④ 郑太和：《郑氏规范》，《学海类编》本。
⑤ 《至正直记》卷二《郑氏义门》。
⑥ 《元史》卷一九七《孝友传一》序中列举"累世同居者"有休宁朱震雷等十余人，但事迹大多不可考。

敛贮一库，室无私藏"①。浏阳陈氏，"子妇织麻十有二斤，取纺纩十斤。女子未嫁者取其半。子妇治丝织绫绰者六十有一匹予一匹，女子三十有一匹予一匹"。"饮食、衣服、冠昏、酬酢、私亲馈遗，一取诸公库，毋过于奢。""构堂四楹，每食男子居外，女妇居内，童子别席。有酒肉则共食，不足则奉亲慈幼而已。"②虽然记载简单，但可看出，这些家族和浦江郑氏一样，女性必须从事纺织，同居共食，男女有别。可以看出，在束缚女性的思想和行为方面，这种数代同居大家族比起一般地主家庭来，更加严格。

第四节　农民家庭的妇女

元代的劳动者，主要是包括自耕农和佃农在内的农民。农民家庭中的女性要从事各种劳动。男耕女织是中原传统的生产方式，自耕农或佃农家庭中夫妇有自然的分工，男性在农田上劳动，女性则管理家务和纺织，有时也要参加田间劳动。杂剧《包龙图赚合同文字》中，汴梁（今河南开封）人刘天瑞夫妻因灾荒流落他乡，种地为生。剧中刘天瑞有一段唱词："拙妇人女工勤谨，小生呵农业当先。拙妇人趁着灯火邻家宵织纺，小生呵冒着风霜天气晓耕田。"③这段唱词表现的正是男耕女织的情景。

元代的自耕农和佃农家庭的妇女，无论南北，都要承担众多的家务劳动，包括供应全家的饮食，以及缝补、洗涤、饲养家畜家禽等。这些家务劳动是烦琐而且辛苦的。除了从事家务劳动之外，妇女还要不同程度地参加各种田间劳动。浙东诗人戴良作《插秧妇》："青袱蒙头作野装……手学蜻蜓点水忙。"④上海浦东的农妇："一方青布齐里头，赤脚踏车争卷水。"⑤浙东宁海："种麦谁家妇，青裙皂角冠。""田头车水妇，挽水要流通。乌帽掀炎日，青裙鼓晚风。"⑥饶州（今江西波阳）妇女："朝昏卖鱼虾，晴雨亲耕稼。樵采与负戴，咸与夫并驾。"⑦在茶叶产区，采茶主要由妇女承担："前

---

① 《元史》卷一九七《孝友传一·张闰》。
② 危素：《危太朴文集》卷五《陈氏尚德堂记》。
③ 佚名：《元曲选》，第422页。
④ 戴良：《九灵山房集》卷一，《四部丛刊》本。
⑤ 王逢：《梧溪集》卷四下《浦东女》。
⑥ 舒岳祥：《阆风集》卷三《十妇词》，《嘉业堂丛书》本。
⑦ 陈普：《古田女》，见（清）顾嗣立主编《元诗选三集》，中华书局1987年版，第65页。

垄摘茶妇,顷筐带露收。"① "雷过溪山碧云暖,幽丛半吐枪旗短。银钗女儿相应歌,筐中摘得谁最多。"② 渔民亦是夫妇协作捕捞。"沙边见鱼家,捕鱼湖心里。夫妇同操舟,白头共生死。"③ "后网初沉前网起,夫妇生来业淘水。忽惊网重力难牵,打得长鱼满船喜。"④ "夫前撒网如飞轮,妇后摇橹青衣裙。全家托命烟波里,扁舟为屋鸥为邻。"⑤

至于家庭纺织,则以女性为主力。元代的家庭纺织就原料而言主要有三种,一是丝,一是麻,一是棉花。丝、麻纺织在中国由来已久,棉织则是元代新兴的工艺。农家从事何种纺织,因地而异。"阿姑莫愁妾无衣,此身已许甘贫贱。白日插秧夜绩麻,手足胼胝无怨嗟。"⑥ 这是妇女织麻。"秋阳收尽枝头露,烘绽青囊翻白絮。田妇携筐采得归,浑家指作机中布。"⑦ 这是妇女采棉织布。从事丝织品制作是一个复杂的流程,先要养蚕、采桑、缫丝,才能织成绸、锦等物。"南州织锦天下奇,家家女儿上锦机……君不见郭门十里桑柘树,蚕妇朝朝踏风雨。"⑧ "东家西家罢来往,晴日深窗风雨响。二眠蚕起食叶多,陌头桑树空枝柯。新妇守箔女执筐,头发不梳一月忙。"⑨ 大诗人赵孟頫描写农妇纺织的辛劳:"七月暑尚炽,长日弄机杼。头蓬不暇梳,挥手汗如雨。嘤嘤时鸟鸣,灼灼红榴吐。何心娱耳目,往来忘伛偻。织为机中素,老幼要纫补。青灯照夜梳,蟋蟀窗外语。辛勤亦何有,身体衣几缕。嫁为农家妇,终岁服劳苦。"⑩ 但农妇辛勤纺织的成果,主要作为赋税缴纳给国家,或偿还豪家的私债,自己所剩无几。养蚕织绢者如此:"又不闻,田家妇,日扫春蚕宵织布。催租县吏夜打门,荆钗布裙夫短裤。"⑪ "春来养蚕蚕更好,绿云绕屋生柔桑。晴窗缲丝结绫绢,尽与阿翁送州县。"⑫ 纺织棉布也是一样:"半拟偿私逋,半拟输官赋……车声才冷催上机,知作谁人身上

---

① 舒岳祥:《十妇词》。
② 高启:《采茶词》,《高青丘集》,上海古籍出版社1985年版,第84页。
③ 卢琦:《圭峰集》卷上《过高邮》,《北图古籍珍本丛刊》影印明万历刻本。
④ 高启:《捕鱼词》,《高青丘集》,第82页。
⑤ 揭傒斯:《揭傒斯全集·诗集》卷三《渔父》。
⑥ 马玉麟:《东皋先生诗集》卷二《田家妇》,《宛委别藏》本。
⑦ 熊硼谷:《木棉歌》,《皇元风雅》。
⑧ 刘诜:《桂隐诗集》卷三《织锦歌》,《文渊阁四库全书》本。
⑨ 高启:《养蚕词》,《高青丘集》,第82—83页。
⑩ 赵孟頫:《松雪斋文集》卷二《题耕织图二十四首》。
⑪ 萨都剌:《织女图》,《雁门集》,上海古籍出版社1982年版,第265页。
⑫ 马玉麟:《田家妇》,《东皋先生诗集》。

衣。小女背面临风泣,忆曾随母园中拾。"①

元朝官员胡祗遹对北方自耕农的生活作过概括的叙述。他说,农民一家五口,种地百亩。"人日食一升,是周岁食粟三十余石。布帛各人岁二端,计十端。絮二斤,计十斤。盐醯醢油一切杂费略与食粟相当。百亩之田所出仅不能赡,又输官者丝绢、包银、税粮、酒醋课、俸钞之类。农家别无所出,皆出于百亩所收之子粒,好收则七八十石,薄收则不及其半,欲无冻馁,得乎!"② 土地上出产的粮食不足以温饱,只能靠妇女纺织来补充。北方如此,南方亦如此。但是,政府的赋税和杂泛差役名目繁多,而且不断增加,常常逼得农民"嫁妻卖女,殃及亲邻"③。"前年鬻大女,去年卖小儿,皆因官税迫,非以饥所为。"④

元末诗人洒贤有一首《新乡媪》,叙述新乡(今河南新乡)农妇的艰难生活:

> 蓬头赤脚新乡媪,青裙百结村中老。日间炊黍饷夫耕,夜纺绵花到天晓。绵花织布供军钱,倩人辗谷输公田。县里公人要供给,布衫剥去遭笞鞭。两儿不归又三月,只愁冻饿衣裳裂。大儿运木起官府,小儿担土填河决。茅檐雨雪镫半昏,豪家索债频敲门。囊中无钱瓮无粟,眼前只有扶床孙。明朝领孙入城卖,可怜索价旁人怪。骨肉生离岂足论,且图偿却门前债。数来三日当大年,阿婆坟上无纸钱。凉浆浇湿墓前草,低头痛哭声连天。恨身不作三韩女,车载金珠争夺取。银铛烧酒玉杯饮,丝竹高堂夜歌舞。黄金络臂珠满头,翠云绣出鸳鸯裯,醉呼阍奴解罗幔,床前爇火添香篝。⑤

无独有偶,另一位诗人王冕有一首《江南妇》,描写的是江南农妇的悲惨遭遇:

> 江南妇,何辛苦!田家淡泊时将暮,敝衣零落面如土。愐彼南亩随

---

① 《木棉歌》。
② 胡祗遹:《紫山大全集》卷二三《乙夫岁费》。
③ 《元史》卷一七三《崔彧传》。
④ 王冕:《悲苦行》,《王冕集》,浙江古籍出版社1999年版,第165页。
⑤ 洒贤:《金台集》卷一。

夫郎,夜间织麻不上床。织麻成布抵官税,力田得米归官仓。官输未了忧桴腹,门外又催私债促。大家揭帖出陈帐,生谷十年还未足。长儿五岁方离手,小女三周未能走。社长呼名散户由,下季官盐添两口。舅姑老病毛骨枯,忍饥忍寒蹲破庐。残年无物做慈孝,对面冷泪空流珠。燕赵女儿颜如玉,能拨琵琶调新曲。珠翠满头金满臂,日日春风嫌酒肉。五侯七贵争取怜,一笑可得十万钱。归来重藉锦绣眠,罗帷暖拥沉麝烟。①

两位诗人笔下的南北农妇状况是很相似的。她们衣着破旧,白天做饭送到地里,晚上纺纱织布。劳动所得不能满足官府的赋役和官吏的勒索,地方豪强还要索取永远还不清的高利贷。农妇们忍饥挨饿,走投无路。她们的贫苦生活和权贵家庭的妻妾、歌女形成了鲜明的对比。诗人用写实的手法,倾诉了农妇的不幸命运。

元代农业劳动者中,佃户占有很大的比重。佃户租种地主或国家的土地,交纳地租,租额通常是土地出产物的一半,甚至更多。很多佃户还要承担其他义务,如缴纳丝料、服劳役等。佃户依附于地主,人身是不自由的。元朝监察部门的一件文书中说:"切见江南富户,止靠田土。因买田土,方有地客。所谓地客,即系良民。主家科派,其害甚于官司差发。若地客生男,便供奴役,若有女子,便为婢使,或为妻妾……又有佃客男女婚姻,主户常行拦当,需求钞贯布帛礼数,方许成亲。其贫寒之人,力有不及,以致男女怨旷失时,淫奔伤俗。"② 按身份来说,佃户是良人,与奴婢不同。但佃户家的女子,被地主作"婢使,或为妻妾",人身完全由地主支配,与作为贱民的奴婢并无差别。国有土地称为官田,民田佃户受地主剥削,官田佃户则受政府官吏的欺压。当官田佃户"尽田内所得子粒输官不敷,拖欠无纳"时,官府便将佃户"父子妻女累累禁系,枷扒拷打,抑逼追征,十户九空"。逼得他们只好"将家业变卖,无资产者卖子鬻妻,或弃生就死者有之,抛家失业者有之"③。官田佃户的"妻女"在官府追征时与男性一样被"枷扒拷打",而且被变卖抵偿拖欠的官租,其命运是十分悲惨的。诗人袁介的《踏

---

① 《王冕集》,第155页。
② 《元典章》卷五七《刑部十九·诸禁·禁典雇·禁主户典卖佃户老小》。
③ 俞希鲁等修:《至顺镇江志》卷六《赋税》,清道光丹徒包氏刻本。

灾行》中说，松江东乡佃户李福五，"只种官田三十亩"，"朝耕暮耘受辛苦，要还私债输官租"。但遭遇天灾，官田绝收。但官府不肯减税，"男名阿孙女阿惜，逼我嫁卖赔官粮……可怜阿惜犹未笄，嫁向湖州山里去"①。李福五女儿阿惜的遭遇，正是许多官田佃户女性命运的写照。

元代劳动者女性中产生过一位著名的人物黄道婆。原来，棉花从海外传入，先在福建、广东一带种植，逐渐传播到江西和浙东、浙西（包括今浙江北部和江苏南部）。松江（今属上海）乌泥径（一作乌径）"土田硗瘠，民食不给，因谋树艺，以资生业"，便另辟蹊径转而种植棉花。但纺织技术笨拙，"初无踏车椎弓之制，率用手剖去子，线弦竹弧置按间，振掉成剂，厥功甚艰"。当地妇女黄道婆，"少沦落崖州，元贞间，始遇海舶以归。躬纺木棉花，织崖州被自给，教他姓妇不少倦"。崖州（今海南）种植棉花较早，纺织技术比较进步，黄道婆学会崖州的技术，"乃教以做造捍弹纺织之具，至于错纱配色，综线挈花，各有其法。以故织成被褥带帨，其上折枝团凤棋局字样，粲然若写"。她"教他姓妇不少倦"，当地的棉织技术得到很大改进。"人既受教，竞相作为，转货他郡，家既就殷。""道婆遗爱在桑梓"，松江从此成为棉织业的中心。中国的棉花纺织在元代得到很大的发展，黄道婆对此有重要的贡献。②

---

① 陶宗仪：《辍耕录》卷二三《检田吏》。
② 陶宗仪：《辍耕录》卷二四《黄道婆》；王逢：《梧溪集》卷三《黄道婆祠》。

第三章　女性的阶级、阶层与群体（下）

第一节　妾和婢

元代上层官僚和官宦家庭，一般都有妾和婢女。就是普通地主家庭，男性纳妾和使用婢女，也是相当普遍的现象。甚至一些贫困家庭也有买妾、婢之事。

元朝曾专门颁布有关妾的法令。至元十年（1273）正月，"陕西按察司申：先奉条格，定到民间婚姻聘财内一款：'有妻更娶妻者，虽会赦，犹离之。'钦此。照得州县人民有年及四十无子，欲图继嗣，再娶妻室，虽合听离，或已有所生，自愿者，合无断罪，听改为妾"。户部认为"有妻更娶，委自愿者，听改为妾。今后若有求娶妾者，许令明立婚书"。户部的意见得到中书省的批准。① 此事来自陕西四川道提刑按察使谭澄的建议。"时诏禁有妻娶妾，乃建言：'不孝有三，无后为大，世德下衰，妇人以悍妒成俗，已既无子，又以是讦制其夫，将遏制苗嗣，曾不省恤。请自今男子四十无子，听其娶妾。'中书是之，遍示天下。"② 文中"诏禁有妻娶妾"显然是禁有妻娶妻之误。根据上述法令，有妻不许再娶妻，四十无子允许娶妾，娶妾必须明立婚约。但有妻不许再娶妻是对汉人说的，蒙古、色目人不在此例。从元代的实际情况来看，蒙古、色目男子可以多妻，而且有妾。汉人、南人一般只有一妻，娶妾则不受限制。特别是上层权贵和地位较高的官宦，盛行多妾。武义将军（从五品）、副万户赵伯成，"夫人常氏，如夫人者七"③。便

---

① 《通制条格》卷四《户令·嫁娶》，《校注》，第163页。
② 姚燧：《牧庵集》卷二四《谭公神道碑》。
③ 苏天爵：《滋溪文稿》卷一五《副万户赵公神道碑》。

是一例。从实际情况来看，男子娶妾特别是权贵和官宦娶妾并没有年龄的限制，四十无子娶妾是空话，没有严格执行。

元代文献中，妻子称为"正室"，妾称为"侧室""如夫人"，或称"小妻"①"少房"②。妾的来源主要有四种：一种是用钱买民间女子，对象大多是贫苦人家的女儿。例如平江沈古，"年四十，未有子，其妻邹氏候其他适，为置一年少美貌之妾"。这位女子的父亲是"名士"范复初，因"父丧家贫"，其母被迫"鬻"女为妾。③ 又如，"部主事某人"托邓某用钱二千五百缗（贯），在扬州买"殊色小鬟"送到京师为妾。④ 中书省兵刑部的一件文书中说至元六年（1269），唐太"买到妇人一名唤龙嫂，收为妾，生到小厮一个"⑤。元末孔齐的笔记《至正直记》中多处提到"买妾"问题，可见这种现象之普遍。⑥ 另一种是用钱典雇女子为妾，例如，龙兴路（路治今江西南昌）吴震"雇到蒋梅英为妾"⑦。典雇有一定年限，要订立文书。这在当时是相当普遍的，有关情况见本书第五章第二节。第三种是地主强迫佃户的女儿为妾，见上一章第五节所述。第四种是妓女从良，男子出钱为妓女赎身。从良为妾是妓女一条重要出路。特别是一些色艺出众的妓女，很容易博得官员、富豪的青睐，出钱为之赎身。杂剧《包待制智赚灰阑记》描写的就是这样的一个故事，妓女张海棠，"姿色尽有，聪明智慧，学得琴棋书画，吹弹歌舞，无不通晓"。被财主马员外看中，娶回家去为妾。⑧ 以妓为妾，最为人诟病。孔齐说："以妓为妾，人家之大不祥也。盖此辈阅人多矣，妖冶万状，皆亲历之。使其入宅院，必不久安。且引诱子女及诸妾，不美之事，容或有之，吾见多矣，未有以妓为妾而不败者。故谚云：'席上不可无，家中不可有。'"⑨ 陶宗仪说："妓妾之以色艺取怜、妒宠于主家者，亦曰：我之富与贵有以感动其中耳。设遇患难贫病，彼必戚戚然求为脱身之计，又肯守不贰者哉！"但是陶宗仪也承认有例外，举出三个名妓出嫁后"守节"的

---

① 《元典章》卷五四《刑部十六·杂犯一·非违·县官戏谑部民小妻》。
② 宋濂：《宋文宪公全集》卷五〇《祝母叶氏坞门阡表》。
③ 陶宗仪：《辍耕录》卷五《嫁故人女》。
④ 陶宗仪：《辍耕录》卷四《不乱附妾》。
⑤ 《元典章》卷四二《刑部四·诸杀一·杀奴婢娼佃·弟殴死兄所宠婢》。
⑥ 孔齐：《至正直记》卷一"年老蓄婢妾""婢妾之戒"，卷二"买妾可谨"等条。
⑦ 《元典章》卷一九《户部五田宅·家财·吴震告争家财》。
⑧ 李行道：《包待制智赚灰阑记》，《元曲选》，第1107—1129页。
⑨ 孔齐：《至正直记》卷二《婢妾命名》。

例子。①

男性纳妾的原因主要有二：一个原因是追求享受，"人之买妾，欲其侍奉之乐也"②。官僚和富户往往广置侍妾，有的取其美貌，有的取其长于歌舞。在等级森严的封建社会里，这是他们身份地位的一种象征，同时也用以满足其荒淫生活的需要。另一个原因是娶妻无子，为了生育儿女而有纳妾之举。上述姑苏（今江苏苏州）人沈古就是如此。又如，杭州张信，"娶同县陈氏无子，叶氏来，为之侧室"，得生一子。③ 汴梁兰阳人扈铎，"蚤孤，育于伯父。及壮，事伯父如所生。伯父老无子，铎为买妾。岁余，产一女"④。还有一些人，因为家境贫困，无力支付聘妻的费用，便买妾来建立家庭。东阳（今属浙江）儒生吴中"家益贫，年过三十不能娶，有一妾，为生二子"⑤。钱塘（今杭州）名士吾衍因贫困"年四十未娶"，友人"为买酒家孤女为妾"，组成家庭。⑥

妾与妻的地位有严格的区别，妻是家庭主妇。妾必须听从妻的管教、安排。权贵和一些豪富家庭的妾可以享受奢侈的生活。有的因年轻貌美得到主人的宠爱甚至凌驾于妻之上。但就多数家庭来说，妾要从事各种家务活动，在生活上也必须处处低妻（家庭主妇）一等。衢州（今属浙江）祝应升说，他的母亲叶氏，"居先君之少房，其事正室汪夫人寅畏谨敕，有过无不及焉"；"每子妇进饮食，或一味之珍，必叩之曰：'汪夫人已食乎？'子妇应曰：'然。'始敢下箸"⑦。祝应升这番话语意在表彰其母作为人妾的贤德，却从一个方面显示了妻与妾之间的不平等关系。上述杭州张信的妻陈氏，另有"侧室"叶氏，"性慈惠柔顺，事陈氏如事姑"。也就是说，妾与妻的关系如同儿媳与婆婆的关系，是不平等的。事实上，妾的地位与婢是相近的。各种记载中常以"婢妾"并提，这是因为妾的大多数和婢一样都是买来或用钱典雇的，其人身都是归主人支配的。元朝的法令："殴伤妾者，减凡人二等。死者，以凡人论。若有罪而殴，邂逅致死者，不坐。殴妾折伤以上，各减妻罪二等。"至元四年（1267）东平路李定捉获犯奸妾陈丑儿，殴打致死，

---

① 陶宗仪：《辍耕录》卷一五《妓妾守节》。
② 孔齐：《至正直记》卷一《婢妾之戒》。
③ 宋濂：《宋文宪公全集》卷二五《故叶夫人墓碣铭》。
④ 《元史》卷一九七《孝友一·扈铎传》。
⑤ 宋濂：《宋文宪公全集》卷四二《吴子善墓铭》。
⑥ 陶宗仪：《辍耕录》卷六《吾竹房先生》。
⑦ 宋濂：《宋文宪公全集》卷五〇《祝母叶氏�门阡表》。

官府便以"有罪而殴邂逅致死"为由，判决李定"不合治罪"。① 可见妾的生命都没有保障。元朝政府曾颁布法令，娶妾亦要双方缔结婚书（见上引至元十年中书省令）。但这是为了确定妾的身份，并不是说明妾与妻相等。

妻、妾矛盾是很普遍的。元末孔齐反对纳妾，其理由之一是："或正室之妒忌，必致争喧，则家不治。苟正室之不妒，则妾自相倾危，适足为身家之重累，未见其可乐也。"② 妻妾争喧，主要有两种情况：一种是丈夫宠妾，妻子受气，因而导致家庭悲剧。"畏吾人伯不花与其妻忽刺真自昔同艰苦，生女已十岁，一朝为省宣使，乃娶忽都女观音奴为小妻，貌美赀丰，善迎合，至抑正妻。正妻不胜愤。不花掷刃以割，弗毙。闭一室囚之，及其女，日少予食，欲俾饿死。婢引儿诉主母柱于官。录事挥使去，君（录事司典史陶煜）曰：'此婢去，三人必俱死。'于是叩头白宪府，使得伸理获全。伯不花虽遇赦释免，犹坐黜矣。"③ 更有甚者，"宦者罕失婪妾杀其妻，縻其肉饲犬"。这是一个人性极端扭曲的例了。④ 杂剧《风雨像生货郎旦》便以此为主题，剧中开解典库的李彦和娶妓女张玉娥为妾，气死了妻子，家业荡尽。⑤ 另一种是妾遭妻子虐待。华亭戴君实，"其家巨富。妻王氏，妒悍无比。仅有一女，赘谢季初为婿。君实纳一妾于嘉兴外舍，得男。王闻之，早夜怒詈。君实不得已，遣其妾，取儿以归"，其儿亦夭亡。⑥ 乌程（今浙江湖州）"富民张某之妻王无子，张阴纳一妾于外，生子未周岁，王诱之来，逐其妾而留其儿"，王氏将妾之子害死，造成家庭悲剧。⑦ "临洮富民无子。有妾方娠，妻妒而卖之。"⑧ 广平路（路治今河北永年）"民有妇妒妾妊，而以妾妻奴者。夫死而族人欲有其家，讼不决，乃以子生月逆计母妻奴之时得实，其民遂有后，阖郡号神明"⑨。松江（今属上海）李子昭，"侧室刁氏有娠，妻怒之，棰挞苦楚，昼夜不息，数次自经与溺，以省觉不得死。窃自念曰：'我若就薨，亦必死耳。等死，何自求早死之为幸。'因多食海蜇与冷

---

① 《元典章》卷四二《刑部四·诸杀一·因奸杀人·打死犯奸妾》。
② 孔齐：《至正直记》卷一《婢妾之戒》。
③ 郑元祐：《侨吴集》卷一二《白云居士陶君墓碣》。
④ 《元史》卷一八七《乌古孙良桢传》。
⑤ 佚名：《风雨像生货郎旦》，《元曲选》，第1639—1655页。
⑥ 陶宗仪：《辍耕录》卷二七《戴氏绝嗣》。
⑦ 黄溍：《金华先生文集》卷二七《干公神道碑》。
⑧ 苏天爵：《滋溪文稿》卷一二《韩公神道碑》。
⑨ 马祖常：《石田文集》卷一二《邢公神道碑》。

水，胎既落，血上冲心，而身遂亡"①。在妻妾关系中，妾受妻虐待的情况似乎更多一些。

婢女就是女性奴隶，在元代文献中常被称为"媵人"②。她们中有的是战争中掳掠来的，有的是通过各种形式买来的。"今蒙古、色目人之臧获，男曰奴，女曰婢，总曰驱口。盖国初平定诸国日，以俘到男女匹配为夫妻，而所生子孙永为奴婢。又有曰'红契买到'者，则其元主转卖于人，立券投契者是也。故买良为驱者有禁。又有曰'陪送'者，则标拨随女出嫁者是也。"③俘掠为婢情况很多，主要发生在蒙金、蒙宋战争时期，例如，程鹏举"在宋季被虏，于兴元板桥张万户家为奴，张以虏到宦家女某氏妻之"。"宦家女某氏"就是俘掠来的女子，被抑为婢。张万户将她嫁给程鹏举，就是以奴婢相配。后因"某氏"鼓动程鹏举出逃事泄，"张命出之，遂鬻于市人家"。也就是把战争中俘获的婢女卖出。④全国统一以后，江南不断有"盗贼生发"，前去镇压的官员和士兵"互相掳掠人口。官司莫之省问，纵令贩卖，或公然要钱收回"。元朝政府的政策是，区分"贼徒家属"和"驱掳良人"。凡是"贼人老小"，由官府"给据"，"方许成交"⑤。也就是说，在统一之后，平定"盗贼"时俘获的"贼徒家属"，也被抑为奴婢，可以买卖。另一类是百姓因贫困或其他天灾人祸，被迫出卖女子为婢。例如，"乙酉年后，北方饥，子女渡江转卖与人为奴为婢……至正甲午年，乡中多置淮妇作婢，贪其价廉也"⑥。"乙酉年"是顺帝至正五年（1345）。至正四年（1344），黄河决口，长江以北广大地区发生多种灾荒，饥民纷纷渡江南下。"甲午年"是至正十四年（1354）。至正十一年（1351）爆发大规模的农民战争，至正十三年（1353）淮东张士诚起事，占领高邮（今江苏高邮）。至正十四年（1354）元朝派大军进攻高邮。连年战争，迫使淮东百姓大批渡江南下。"乙酉年"的天灾和"甲午年"的战乱，造成大量流民，他们被迫出卖子女为奴婢。以上是农民破产被迫出卖妻女为婢的例子。牧民亦有类似的情况。元仁宗延祐年间，"朔漠大风雪，羊马驼畜尽死，人民流散，以子女

---

① 陶宗仪：《辍耕录》卷九《阴府辩词》。
② 媵原义为陪嫁的女婢，后引申为一切女婢。
③ 陶宗仪：《辍耕录》卷一七《奴婢》。
④ 陶宗仪：《辍耕录》卷四《妻贤致贵》。
⑤ 《元典章》卷五七《刑部十九·诸禁·应卖人口官为给据》。
⑥ 孔齐：《至正直记》卷三《乞丐不置婢仆》。

鬻人为奴婢"①。这次北方草原特大灾荒，导致许多蒙古牧民流落到内地，被迫出卖子女为婢。除了自然灾害，男性家长去世常常也会引发家庭经济崩溃以致卖儿鬻女。杂剧《施仁义刘弘嫁婢》中，裴兰孙因父死"无钱埋殡"，便"自己卖身"，"头上插着一个草标儿"②。以上几种情况是元代女婢的主要来源。

  此外，女婢还有其他来源。元朝盛行高利贷，因债务被抑为婢的情况亦时有发生。至元二十年（1283）十一月，"中书省奏：'哈刺章富强官豪势要人每根底，放利钱呵，限满时将媳妇、孩儿、女孩儿拖将去，面皮上刺着印子做奴婢有。'说有。俺商量来，无体例，在先赛典赤也行了来。如今只依那体例与将文书去，教罢了，休教拖者，休教做奴婢者。商量来。奏呵。奉圣旨：'那般者。'"③ "哈刺章"指云南。"无体例"意为违反政策规定。云南富豪势要放高利贷抑逼欠债家庭的妇人、子女为奴婢，还要在脸上刺字。这是很残酷的。类似的债务奴婢在其他地区也常有发生，即所谓"累算利钱，准折人口、头匹、事产"。元朝政府多次颁布禁令，但作用显然是有限的。此外，地主强迫佃户女儿为婢，见前述。还有用钱典雇女子为婢之事，见本书第五章第二节。

  权贵家庭都有大量婢女。侍卫亲军都指挥使（正三品）李伯祐有奴婢三千，婢以半计亦在千人以上。④ 谭澄曾为按察使、宣慰使，"夫人卢氏，勤俭惠和……故婢数千指，约束如一"⑤。"数千指"即数百人。李伯祐、谭澄官三品，地位比其高的权贵拥有婢女的数量可想而知。下至一些普通地主家庭亦有婢女。女婢或雇身婢女主要从事家内劳动，如打扫庭院、洗涤、侍候主人的起居等。"我梳洗处着他架手巾，筵席头上系护衣。我教他打水运浆，执盏擎杯，扫床叠被。那些儿不用了他。"⑥ 很多人家在庭园中饲养家畜家禽、种植菜蔬，也使用婢女。莆田（今属福建）女子林道外出嫁后，"尤不能自遐逸，箕帚烹饪之事，咸亲莅之。时挟媵人莳园葵，畜鸡豚，唯恐有不及"⑦。或从事家庭纺织。赣（今江西赣州）妇刘福真，白日处理家务，"晚

---

① 《元史》卷一三六《拜住传》。
② 佚名：《施仁义刘弘嫁婢》，《元曲选外编》，第819页。
③ 《通制条格》卷二八《杂令·违例取息》，《校注》，第679页。
④ 姚燧：《牧庵集》卷一九《侍卫亲军都指挥使李公神道碑》。
⑤ 姚燧：《牧庵集》卷二四《谭公神道碑》。
⑥ 佚名：《施仁义刘弘嫁婢》，《元曲选外编》，第822页。
⑦ 宋濂：《宋文宪公全集》卷一五《故陈母林夫人墓志铭》。

则会妾媵于一，治丝枲至夜分，无先寝者"①。开化（今属浙江）余氏，夫死后"率媵妾治丝缕麻枲，岁时机杼之声闻于乡里"②。有些富贵人家还养会歌舞的婢女，供自己消遣，或为客人表演。元末著名文学家杨维桢，宴客时，"酒酣耳热，呼侍儿出歌《白雪》之辞，君自倚凤琶和之"③。很多婢女还是主人的性奴隶。宋末元初著名诗文作家方回，"有两婢，曰周胜雪、刘玉榴，方酷爱之，而二婢不乐也"。二婢逃走后，"既而复得一小婢，曰半细，曲意奉之……每夕与小婢好合，不避左右"④。

女婢的人身完全受主人控制。她们往往被转卖。至元二十八年（1291）六月的一件圣旨中说："泉州那里每海船里，蒙古男子、妇女人每，做买卖的往回回田地里、忻都田地里将去的有。"要求禁止此类行为。⑤元朝政府还曾多次禁止男子、妇女人口私贩诸番。可知蒙古女子被辗转贩卖到海外，汉族女子被贩卖到海外的一定不少。婢女亦可作为赠送的礼物，富贵人家女儿出嫁时以婢女作为陪嫁，是很普遍的现象。受"使主"（驱口主人）虐待之事常有发生。监察御史杜质和妻贺氏都是榆次（今属山西）人"初，宜人（贺氏）归御史公未几，因宴集得金钗于座隅，遣偏诣所亲，问谁所遗。母党王氏方疑其侍婢，捶之几死。钗出，婢乃免"⑥。另一个婢女就没有这么幸运。西域人木八剌之妻丢失金鐲，怀疑是小婢所窃，"拷问万端，终无认辞，竟至殒命"。后来金鐲被发现，证明小婢是冤枉的。元末陶宗仪记下此事，感叹道"世之事有如此者甚多，姑书焉，以为后人鉴也"⑦。钱塘人应才，"以乡贡下第，任嘉兴学正，丁父忧，仍寓居授徒"。有一婢名陆小莲，"为其妻妒，逐之，遂赴水死"⑧。又是一个虐待致死的例子。

婢女的前途，一是被主人收为妾，一是放良。"亦有自愿纳财以求脱免奴籍，则主署执凭付之，名曰放良。"⑨但"纳财"求免主要是男性奴隶，女婢是很难有这样机会的。上述程鹏举之妻"宦家女某氏"被卖以后，"执

---

① 宋濂：《宋文宪公全集》卷一五《吕母夫人刘氏碣》。
② 宋濂：《宋文宪公全集》卷三四《徐夫人墓铭》。
③ 宋濂：《宋文宪公全集》卷一〇《杨君墓志铭》。
④ 周密：《癸辛杂识》别集上《方回》，中华书局1988年版。
⑤ 《通制条格》卷二七《杂令·禁蒙古男女过海》，《校注》，第635—636页。
⑥ 黄溍：《金华先生文集》卷三九《宜人贺氏墓志铭》。
⑦ 陶宗仪：《辍耕录》卷一一《金鐲刺肉》。
⑧ 陶宗仪：《辍耕录》卷一一《梦》。
⑨ 陶宗仪：《辍耕录》卷一七《奴婢》。

作甚勤，遇夜未尝解衣以寝，每纺织达旦，毅然莫可犯……将半载，以所成布匹偿原鬻锱物，乞身为尼"①。这是很罕见的例子。较多的"放良"出于使主的恩惠。如千户董士元之妻凌其氏，临死以前，"女媵四及所生女一，遗命券而良之"②。第三种是逃亡。至元六年（1269），曹州路"人户李买驴拐带探马赤军人陈婢子驱妇张七姑在逃"③。第四种更多的是终身为奴。

前面说过，家庭财产只限于男子继承，但妻、妾、婢之子在财产继承方面有明显的差别，这种差别是由妻、妾、婢的不同地位决定的。至元十一年（1274）中书省的一件文书中说，孙成与孙伴哥兄弟二人争夺房产，"省部相度，孙成妻之子，孙伴哥系婢生之子。据所抛房屋事理，以十分为率，内八分付孙成为主，二分付孙伴哥为主"④。至元三十一年（1294）大都路有一起"卢提举妾阿张告争家财"案，礼部"检会旧例：诸应争田产及财物者，妻之子各四分，妾之子各三分，奸良人及幸婢子各一分"。并据此做出判决。中书省认可。⑤ 至大二年（1309），袁州路（路治今江西宜春）发生一起争夺财产案件，礼部做出同样判决，得到中书省认可。⑥ 妻、妾、婢生子分家时份额不同，是元代特有的现象。太常博士胡助之妻陈氏生子胡瑜，另有妾生子胡璋。胡瑜说，母亲陈氏"视瑜兄璋如己出，未尝以嫡庶为间。及吾父将以赀产付瑜兄弟，辄请中分之，人以为难"⑦。政府规定财产分配时嫡庶生子有很大差别，而陈氏却能"中分之"，这在当时是很难得的。

第二节　僧道妻妾

元代和尚、道士有专门的户籍，称为僧户、道户。和尚、道士是出家人，不能娶妻。但元代和尚、道士娶妻妾是很普遍的，例如，忽必烈时代江南释教总统杨琏真伽便娶妻生子。他的儿子杨完普还在朝廷中担任要职；⑧道教正一派领袖龙虎山张天师不但有妻（这是正一派许可的），而且"纵情

---

① 陶宗仪：《辍耕录》卷四《妻贤致贵》。
② 王恽：《秋涧先生大全集》卷五二《侍卫亲军千户董侯夫人碑铭》。
③ 《元典章》卷四五《刑部七·诸奸·奸生子·奸婢生子随母》。
④ 《元典章》卷一九《户部五·田宅·家财·嫡庶分家财例》。
⑤ 《通制条格》卷四《户令》，《校注》，第178页。
⑥ 《元典章》卷一九《户部五·田宅·家财·吴震告争家财》。
⑦ 黄溍：《金华先生文集》卷三九《宜人陈氏墓志铭》。
⑧ 陈高华：《论杨琏真伽杨完普父子》，《元史研究论稿》，第385—400页。

姬爱，广置田庄……乃江南一大豪霸也"①。"高昌僧恃丞相威，违法娶妇南城。"②"高昌"指畏兀儿。当时畏兀儿人信仰佛教。"丞相"即铁木迭儿。"南城"指大都南城。这条记载是说畏兀儿僧人依仗丞相铁木迭儿的势力，公然在大都南城娶妇。元末湖广行省"胡僧持官府柄，横甚"。其妻妾有十八人之多。③"胡僧"应指来自吐蕃（今藏族地区）的僧人。嘉兴路（路治今浙江嘉兴）玄妙观住持提点杨立之"畜妻养子，及典雇张十四娘等三名，通房使唤"④。"通房"意为与主人有性关系。元末陶宗仪的笔记《辍耕录》中有一条记载说："嘉兴白县尹得代，过姚庄访僧胜福林，间游市井间，见妇人女子皆浓妆艳饰，因问从行者。或答云：风俗使然。少艾者僧之宠，下此则皆道人所有。"⑤ 此处"道人"指寺院中工人。可知寺院中从上到下娶妻成风。内地如此，河西民族杂居地区此风更盛。河西即原西夏政权辖地，今宁夏和甘肃大部。元代河西居民以党项（原西夏的主体民族）为主，兼有吐蕃、畏兀儿等。延祐元年（1314）十二月，朝廷中对河西僧人是否应当差发生争议，中书省认为："那里百姓稀少，又兼那和尚每多半有妻子，与其余和尚每不厮似有。"⑥ 诗人马祖常有一首《河西歌·效李长吉体》："贺兰山下河西地，女郎十八梳高髻。茜根染衣光如霞，却召瞿昙作夫婿。"⑦ "瞿昙"，即僧人。

　　元代统治者崇尚佛教、道教，僧、道享有免当赋役的特权，又不守清规，娶妻生子，很自然地为社会各方面非议。有元一代，不断有人向朝廷建议，对有妻僧道加以取缔。比较著名的有：成宗大德二年（1298），郑介夫向朝廷上《太平策》，其中谈到僧、道势力过盛，涉及僧、道娶妻妾问题："学释老者，离嗜欲，去贪嗔，异乎尘俗可也。可艳妻秾妾，污秽不羞，夺利争名，奔竞无已，虽俗人所不屑为，甚非僧道之宜然也。僧道之盛，莫盛今日，而僧道之弊，亦莫盛今日。朝廷若不稍加裁抑，适所以重其他日之烈祸也。"⑧ 可知此时僧、道娶妻妾业已成风。元武宗至大三年（1310），监察

---

① 郑介夫：《太平策》，《元代奏议集录（下）》，第110页。
② 《元史》卷一四四《答里麻传》。
③ 宋濂：《宋文宪公全集》卷三四《星吉公神道碑铭》。
④ 《元典章》卷三三《礼部六·释道·道教·道官有妻妾归俗》。
⑤ 陶宗仪：《辍耕录》卷二八《白县尹诗》。
⑥ 《通制条格》卷二九《僧道·河西僧差税》，《校注》，第714—715页。
⑦ 马祖常：《石田文集》卷五。
⑧ 《元代奏议集录（下）》，第110—111页。

御史张养浩上《时政书》，列举当时十大弊端："九曰：异端太横。"他说："臣见方今释、老二氏之徒、蓄妻育子，饮醇啖腴，萃逋逃游惰之民，为暖衣饱食之计，使吾民日羸月瘠，曾不得糠秕蓝缕以实腹盖体焉。""昔世祖皇帝尝欲沙汰天下僧道，有室者籍而民之，后夺于众多之口，寻复中止，至今识者深惜焉。古人谓十农夫之耕，十蚕妇之织，不能衣食一僧，盖言其蠹财害民之甚也……伏望自今谕旨省臣，凡天下有夫有室僧尼道士女冠之流，移文括会，并勒为民，以竟世祖皇帝欲行未及之睿意，岂不可为旷代未闻之盛典也哉！"① 泰定元年（1324），中书平章政事张珪等人上疏"极论当世得失"，其中两处涉及僧、道娶妻问题。一处说僧徒作醮祠佛事，"凡所供物，悉为己有，布施等钞，复出其外，生民脂膏，纵其所欲，取以自利，蓄养妻子，彼既行不修洁，适足亵慢天神，何以要福！"另一处说："僧、道出家，屏绝妻孥，盖欲超出世表，是以国家优视，无所徭役，且处之官寺，宜清净绝俗为心，诵经祝寿。比年僧、道往往蓄妻子，无异常人，如蔡道泰、班讲主之徒，伤人逞欲、坏教干刑者，何可胜数。俾奉祠典，岂不亵天渎神。臣等议：僧、道之畜妻子者，宜罪以旧制，罢遣为民。"② 至正七年（1347），左丞相"太平请僧、道有妻子者勒为民以减蠹耗"③。由以上奏疏，可以看出有元一代僧道娶妻成风，在社会上影响极坏，一直是人们关注的问题。

元朝历代统治者都有意对此加以整治。世祖至元七年（1270）九月，"敕僧、道、也里可温有家室不持戒律者，占籍为民"④。这是现在所知元朝政府清理有妻僧、道的最早记载。至元十九年（1282），管理佛教的机构诸路释教都总统所的一件文书中说"各路僧人，往往求娶妻室，败坏教门"。为此中书省礼部规定："除至元七年籍定有妻室，亡殁不得再娶。违者量决六十七下，听离，仍追元财没官。"⑤ 这是以至元七年（1270）为限，七年登记有妻室者不再追究，但"亡殁不得再娶"，七年以后娶妻者要"决六十七下"，并勒令离婚，没收聘财。至元二十八年（1291）十月，"宣政院官奏奉圣旨节该，有媳妇的和尚有呵，宣政院官人分拣者"⑥。这是忽必烈下

---

① 张养浩：《张文忠公文集》卷一一，元元统三年（1335）刊本。
② 《元史》卷一七五《张珪传》。
③ 《元史》卷一四〇《太平传》。
④ 《元史》卷七《世祖纪四》。
⑤ 《至正条格·断例》卷八《户婚·僧道娶妻》。
⑥ 《元典章》卷三三《礼部六·释道·释教·和尚不许妻室》。

令，要求主管佛教事务的宣政院清查"有媳妇的和尚"，但未言如何处理。至元三十年（1293）十月，"僧官总统以下有妻者罢之"①。忽必烈对此事三令五申，说明僧、道特别是僧人娶妻情况已很严重，而且屡禁不止。应指出的是，上面所引张养浩说："夺于众多之口，寻复中止。"② 可知忽必烈并没有真正下决心加以取缔，中途而废。忽必烈崇信佛教，特别是藏传佛教。张养浩所说"众多之口"，主要应是佛教上层人物的反对。但对于有妻室僧人的处罚办法，在忽必烈时代已经确立，那便是杖六十七，离婚，僧官要免职。这一办法，后来诸帝曾不断重申。

成宗大德元年（1297）十二月，中书省臣等奏："且僧、道作商贾有妻子与编氓无异，请汰为民。"成宗说："汰僧、道之制，卿等议拟以闻"③，但未见下文。大德七年（1303），元朝有意对佛、道两教进行整顿。七月下令，"僧尼、道士、女冠有犯奸盗，俱合一体断罪还俗"④。"犯奸盗"应包括娶妻在内，这样，处罚措施在杖、离、罢之外，又加上"还俗"。九月，朝廷又一次下令"罢僧官有妻者"⑤。大德八年（1304）十一月初七日，宣政院上奏说：

"御史台官人每与将文书来，'庐州有的和尚每告，那里的僧录沙剌藏卜有妻室呵，与僧官每一处问了招也。他罪过，奏了依体例要的'么道。说将来有。俺商量来，前者'委付来的僧官每根底，要了甘结。有妻室呵，当六十七下罪过，更勾当里不行'，有文书来。如今依着那体例，沙剌藏卜根底，教打六十七下，更罢了他勾当呵，怎生？又去年俺曾奏：'今后僧官每有罪过呵，受圣旨的闻奏，那以下的要了明白招伏，就教断呵，怎生？'么道，遮行了文书来。虽是那般呵，似这有妻室的每，问得明白了，一件件奏呵，频繁耳热的一般有。今后但有妻室的明白了呵，依体例教断六十七下，再勾当里不委付呵，怎生？"奏呵，奉圣旨"那般者"。⑥

---

① 《元史》卷一七《世祖纪十四》。
② 张养浩：《张文忠公文集》卷一一《时政书》。
③ 《元史》卷一九《成宗纪二》。
④ 《通制条格》卷二九《僧道·奸盗》，《校注》，第708页。
⑤ 《元史》卷二一《成宗纪四》。
⑥ 《至正条格·断例》卷八《户婚·僧道娶妻》。

宣政院上奏有两个内容：一是说根据御史台的文书，对有妻僧官沙剌藏卜加以处理。按照过去的规定，杖六十七下，免去僧官职务。二是说去年曾上奏，僧官有罪，凡皇帝任命的要奏请处理，其余则随时判决。皇帝同意后下发各处。现在看来，有妻僧官案件查明后一一上奏，太麻烦。今后都按杖六十七下、免职处理，不再上奏。皇帝表示同意。文书中"去年俺曾奏"的内容，应即大德七年（1303）九月"罢僧官有妻者"。文书中说，如果娶妻僧官案件一件件上报的话，"频繁耳热的一般"，可知其数量之多。以前种种禁令，实际都是走过场。

大德七年、八年的措施有多大效果仍是可疑的。上面列举张养浩、张珪、太平的奏疏足以说明僧道娶妻现象一直存在。因此，朝廷继续发布清理有妻僧道的诏令。泰定三年（1326）八月，诏："道士有妻者，悉给徭役。"① 四年七月，"籍僧道有妻者为民"②。文宗天历元年（1328）十月，敕："天下僧、道有妻者，皆令为民。"③ 顺帝后至元元年（1335），"凡有妻室之僧，令还俗为民。既而复听为僧"④。既令还俗，又复听为僧，出尔反尔，说明朝廷对此并不认真。至正六年（1346），元朝颁布经过反复修订的法典《至正条格》，作为各级政府审判的依据。在此书的《断例》卷八《户婚》中，列有"僧道娶妻"一目，内收两个案例。一个是前引大德八年（1304）"宣政院奏"，关系僧官娶妻的处罚。另一个是至大四年（1311）刑部对"洞霄宫道士胡仁方"娶妻生子的处罚，"拟决六十七下，罪遇原免，合令为民"。其妻高二娘"虽称出家，合令还俗归宗"⑤。此书的结构和案例，都有针对性。列入"僧道娶妻"，说明这种现象仍然普遍。也说明元朝政府虽然反复重申，实际效果是有限的。

僧、道娶妻以上层人物即僧官、道官居多，他们主要依仗政治上、经济上的特权，为所欲为。一般僧、道娶妻妾者亦相当多。女性嫁给僧、道，原因多种多样，有的是羡慕虚荣、追求享受造成的。元末诗人朱德润在一首题为《外宅妇》的诗中写道：

---

① 《元史》卷三〇《泰定帝纪二》。
② 同上。
③ 《元史》卷三二《文宗纪一》。
④ 《元史》卷三八《顺帝纪一》。
⑤ 《至正条格·断例》卷八《户婚·僧道娶妻》。

外宅妇，十人见者九人慕。绿鬓轻盈珠翠妆，金钏红裳肌体素。贫人偷眼不敢看，问是谁家好宅眷。聘来不识拜姑嫜，逐日绮宴歌宛转。人云本是小家儿，前年嫁作僧人妻。僧人田多差役少，十年积蓄多财资。寺旁买地作外宅，别有旁门通巷陌。朱楼四面管弦声，黄金剩买娇姝色。邻人借问小家主，缘何嫁女为僧妇？小家主云听我语：老子平生有三女。一女嫁与张家郎，自从嫁去减容光。产业既微差役重，官差日日守空床。一女嫁与县小吏，小吏得钱供日费。上司前日有公差，事力单微无所恃。小女嫁僧今两秋，金珠翠玉堆满头，又有肥膻充口腹，我家破屋改作楼。外宅妇，莫嗔妒，廉官儿女冬衣布。[1]

一家三个女儿，一嫁地主，苦于差役繁重；一嫁县府小吏，苦于公差；只有嫁给僧人的生活优裕，而且娘家亦得到照顾。朱德润的诗篇并非虚语，确是元代现实的反映。但亦有不少女性成为僧、道妻妾是受胁迫所致。温州（今浙江温州）曾发生一起灭门大案，江心寺主持祖杰"累任僧录，挟赀豪恣"。他长期霸占依附于寺院的良家妇女。后来妇女全家逃走，祖杰便遣党徒追踪，将女方全家杀死。此事在当地造成极大影响，有人以此为题材"撰为戏文"，广泛传布。地方官府以"众言难掩，遂毙之于狱"[2]。元朝国师胆八感叹道："好和尚那里肯做僧官！"[3] 类似祖杰霸占妇女的情况一定不在少数。这是僧、道妻妾的重要来源。

第三节　妓女

妓女是阶级社会的产物，由来已久。在元代，妓女仍是南北各地普遍存在的。意大利旅行家马可·波罗说，在元朝首都大都，"凡卖笑妇女，不居城内，皆居附郭……计有二万有余，皆能以缠头自给，可以想见居民之众"[4]。数字不一定可靠，但大都有大量妓女则是事实。高丽士人李穀多次到大都，他也注意到这种现象："商贾所聚，贸易有无，谓之市肆。始予来都，

---

[1] 朱德润：《存复斋文集》卷九，《四部丛刊续编》本。
[2] 刘壎：《水云村泯稿》卷四《义犬传》，清道光十八年（1838）爱余堂刻本；周密：《癸辛杂识》别集上《祖杰》。
[3] 《通制条格》卷二九《僧道》，《校注》，第709页。
[4] 《马可·波罗行纪》，第358页。

入委巷，见冶容诲淫者，随其妍媸，高下其直，公然为之，不少羞耻，是曰女肆，知风俗之不美也。"① 都城如此，其他各地亦不例外。明朝建国之初，熊鼎为浙江提刑按察司佥事，"分部台、温二郡"。"其地多倡家，中朝使者以事至，多挟倡饮，有司罢于供应。君（熊鼎）下永嘉，令籍倡户数千，械送之京。"② 明初永嘉（今浙江温州）倡户数千，显然元代就是如此。杭州原是南宋的都城，江南最繁华的城市。当地游手好闲之徒活动于"娼优构栏酒肆之家"③。马可·波罗也提到杭州的娼妓，他说："其数之多，未敢言也，不但在市场附近此辈例居之地见之，全城之中皆有。衣饰灿丽，香气逼人，仆妇甚众，房舍什物华美。此辈工于惑人，言词应对皆适人意。外国人一旦涉足其所，即为所迷。所以归去之后，辄谓曾至天堂之城行在，极愿重返其地。"④ 岭北湖南道监察的地区内，设有"管妓乐管勾"一职，"掌管差拨妓女文历"，过往的"使臣索要妓女宿睡"，都由管勾"差拨应付"⑤。设立专门人员管理妓女，可知当地妓女定为数甚多。其他地区应亦有类似的情况。

娼妓有明的，也有暗的。杂剧《赵盼儿风月救风尘》中，周舍对店小二说："不问官妓私科子，只等有好的来你客店里，你便来叫我。"⑥ 官妓就是公开的在政府登记的娼妓，"私科子"就是没有在官府登记的妓女。元成宗时，郑介夫上书说："今街市之间，设肆卖酒，纵妻求淫，暗为娼妓，明收钞物，名曰嫁汉……又有典买良妇，养为义女，三四群聚，扇诱客官，日饮夜宿，自异娼户，名曰坐子。都城之下，十室而九，各路郡邑，争相仿效，此风甚为不美。"⑦ 郑介夫说的"娼户"是公开的娼妓，即上面提到的官妓，"坐子"指暗娼。都城有大量公开的娼妓和暗娼，外地亦是如此。

很多妓女擅长装扮，能歌善舞。长于应对，以此为招徕顾客的手段。杂剧中有唱词说："风月家门，又无资本，别营运，止不过送旧迎新，凭卖笑衣食稳。"⑧ 便是她们生活的写照。元代的官员、士人、商人都以狎妓为风流

---

① 李穀：《稼亭集》卷六《市肆说》。
② 宋濂：《宋文宪公全集》卷三一《熊府君墓铭》。
③ 《元典章》卷五七《刑部十九·诸禁·禁豪霸·札忽儿歹陈言三件》。
④ 《马可·波罗行纪》，第359页。
⑤ 《元典章》卷三六《兵部三·驿站·使臣·使臣索要妓女》。
⑥ 关汉卿：《赵盼儿风月救风尘》，《元曲选》，第200页。
⑦ 郑介夫：《太平策》，《元代奏议集录（下）》，第75页。
⑧ 贾仲名：《荆楚臣重对玉流记》，《元曲选》，第1410页。

乐事，当时的各类文学作品（诗词、散曲、杂剧）中都有许多关于妓女的篇章，可见这是一种社会风气。有的作品描写妓女的聪明美丽，有的作品讴歌自己或他人与妓女的爱情。但事实上，狎妓是一种金钱与肉体的交易。不少人沉溺其中，不能自拔，以致倾家荡产。14世纪中期高丽的汉语教科书《老乞大》，翔实地叙述元朝社会生活的方方面面。其中一段说，富户人家子弟，"不务营生教些帮闲的泼男女，狐朋狗党，每日穿茶房入酒肆，妓女人家胡使钱"；"骑着鞍马，引着仆奴，着几个帮闲的般弄着，先投大酒馆里坐下，二三十两酒肉吃了时，酒带半酣，引动斜心，座子人家里去。到那里，教那弹弦子的谎厮每捉弄着，假意儿叫几个'舍人、郎中'，早开手使钱也"。①"座子"就是上面提到的"坐子"，即暗娼。杂剧《东堂老劝破家子弟》中，富家子弟扬州奴"饮酒非为"，家道中落。他卖掉住宅，还拿钱"去月明楼上与宜时景饮酒欢会去了"②。杂剧《荆楚臣重对玉梳记》③《逞风流王焕百花亭》④《杜蕊娘智赏金线池》⑤ 写的都是士人迷上妓女，钱财散尽，被逐出门。元代中期，顺德路总管王结作《善俗要义》，教导百姓。他把赌博与酒色并举，认为都是恶习，是造成社会不安定的重要原因，"或好行赌博，赀财空竭，或贪迷酒色，家产破荡……以至为盗，一黥其臂，无复自新"⑥。

妓女来源主要有二：一是战争中的俘虏，一是因天灾人祸家庭破产而被迫卖身的良家女子。元朝初年，妓女中俘虏甚多，后来逐渐以被迫卖身的良家女子为主。中统二年（1261）八月，元朝政府"禁以俘掠妇女为娼"⑦。政府正式下令取缔，说明在此以前在战争中俘虏的妇女被卖为娼的事是很多的。至元十三年（1276）十月，元朝政府"申明以良为娼之禁"⑧。具体的规定是："今后赎买、典雇良人为娼，卖主、买主、引领牙保人等依例断罪，元买价钱，一半没官，一半与告人充赏。如本人自行陈告，或因事发露到官，元价尽行没官，妇人即令为良，任便住坐。若有犯奸经断，夫家弃出，

---

① 金文京等译注：《老乞大》，日本平凡社2002年版，第294、308页。
② 秦简夫：《东堂老劝破家子弟》，《元曲选》，第215页。
③ 贾仲名：《荆楚臣重对玉梳记》，《元曲选》，第1410—1424页。
④ 佚名：《逞风流王焕百花亭》，《元曲选》，第1425—1441页。
⑤ 关汉卿：《杜蕊娘智赏金线池》，《元曲选》，第1251—1264页。
⑥ 王结：《文忠集》卷六。
⑦ 《元史》卷四《世祖纪一》。
⑧ 《元史》卷九《世祖纪六》。

及倡优亲属自愿为娼者听。"① 至元十五年（1278）正月，"禁官吏军民卖所娶江南良家子女及为娼者，卖买者两罪之，官没其直，人复为良"②。显然，良家女子已成为娼妓的重要来源。元朝和前代一样，国家控制的人口有良贱之分，奴婢、倡优（妓女和演员）是贱民，其他都是良人。赎买、典雇良人为娼被视作刑事犯罪，只允许"犯奸经断"（犯通奸罪已经处理）、"夫家弃出"（被夫家休弃）和倡优亲属几类人自愿为娼。尽管一再发布禁令，但事实上买良为娼的现象一直存在。有元一代天灾人祸严重，很多劳动者家庭沦于破产的境地，被迫出卖子女。女孩儿或卖为婢，或卖为娼。例如，元成宗时，王约"谳狱京师……嫁良家人倡女十人"③。元文宗时，平江路（路治今江苏苏州）"适岁大祲……奸人罗甲收良家女百十人，抑使为娼，因交结权贵，邀纳货赂"。此事为录事判官申佑发现，"即白发之，坐甲重罪，还娼女良家"④。但没有被发现的不知有多少。至正五年（1345）"北方饥"，大批子女"渡江转卖与人为奴为婢"，其中"好者已被倡优、有力者先得之"⑤。北来的饥民中大多数无疑是良人，"倡优"之家买饥民之女，当然是买良为娼。至于变相的赎买即"过房"方式以良为娼的现象更是普遍。杂剧《李素兰风月玉壶春》中，名妓李素兰原姓张，"幼小间过房"与李妈妈为义女，长大后接客。⑥ 所谓"过房"，表面上是自愿过继，实际上是人口买卖的一种形式。大德十年（1306），中书省颁发文书，"禁治乞养过房为名，贩卖良民"。延祐三年（1316）监察部门的一件文书中说："中原、江南州郡，近年以来，良家子女假以乞养过房为名，恃有通例，公然展转贩卖，致使往往陷为驱奴，诚可哀悯。"⑦ 可见此风在大江南北都很普遍，其中不少女孩儿就被卖入妓院，上述杂剧中的李素兰，就是这样的例子。元朝为此制定法令："以乞养良家女为人歌舞，给宴乐，及勒为倡者，杖七十七，妇人并归宗。"⑧ 但实际效果是有限的。

此外妓女还有几种来源：一种是亏空官课的官吏、役户家属被迫作娼

---

① 《通制条格》卷四《户令·驱妇为娼》，《校注》，第199页。
② 《元史》卷一○《世祖纪七》。
③ 《元史》卷一七八《王约传》。
④ 王祎：《王忠文公集》卷二四《故申府君墓志铭》，《文渊阁四库全书》本。
⑤ 孔齐：《至正直记》卷三《乞丐不置婢仆》。
⑥ 武汉臣：《李素兰风月玉壶春》，《元曲选》，第474—489页。
⑦ 《元典章》卷五七《刑部十九·诸禁·禁诱略·过房人口》。
⑧ 《元史》卷一○三《刑法志二·户婚》。

妓。"浙省广济库岁差杭城谙实户若干名充役库子，以司出纳。比一家中侵用官钱太多，无可为偿，府判王某素号残忍，乃拘其妻妾子女于官，又无可为计，则命小舟载之，求食于西湖，以赀纳官……不肖辈群趋焉。"① 在官府的仓库中充当库子，负责货币或实物的出纳，是富实民户承担的差役。不善应付者往往破产。这种因亏损迫使有关家庭中女性卖淫来补偿并非杭州的特例。建宁（今属福建）女子真氏，"父官朔方时，禄薄不足以给，侵贷公帑无偿，遂卖入娼家"②。"休宁有务官，以亏课鬻二女，陷倡家。"③ 休宁在元朝属徽州路，今属江西。"务"是征税机构，征税有定额，务官完不成定额，只好将女儿卖到倡家来弥补。还有一种是丈夫逼令妻妾卖淫。上引郑介夫的上书，便说到有人"纵妻求淫，暗为娼妓"。大德元年（1297）上都民户王用"逼令妻阿孙、〔妾〕彭鸾哥为娼接客觅钱，每日早晨用出离本家，至晚若觅钱不敷盘缠，更行拷打，以致彭鸾哥告发到官罪犯"④。大德七年（1303），有人上书说"纵妻为娼，各路城邑争相仿效，此风甚为不美"。可见这种现象相当普遍。元朝政府也承认"纵妻为娼，大伤风化"，下令严禁。⑤ 并规定："诸勒妻妾为倡者，杖八十七。""诸受财纵妻妾为倡者，本夫与奸妇、奸夫各杖八十七，离之。其妻妾随时自首者不坐，若日月已久才自首者，勿听。"此外还有强迫奴婢为娼者，元朝的法令有"勒奴婢为倡者，笞四十七，妇人放良"。⑥

从总体来说，妓女是个弱势群体。她们的身份属于"贱民"之列。至元五年（1268），太原发生一起杀害娼女事件，刑部判决："照拟杀他人奴婢，徒五年，拟决杖一百七下。"中书省同意。⑦ 也就是说，娼女与奴婢的身份是相同的。奴婢"亦有自愿纳财以求脱免奴籍，则主署执凭付之，名曰放良"⑧。妓女纳财脱免妓籍，则曰"从良"。亦可见两者相当。大德八年（1304），河南省都镇抚哈剌"因差于归德府馆驿内安下，唤倡女申燕哥宿睡

---

① 陶宗仪：《辍耕录》卷一〇《趁办官钱》。
② 陶宗仪：《辍耕录》卷二二《玉堂嫁妓》。
③ 郑玉：《师山先生文集》卷八《鲍仲安墓表》，《文渊阁四库全书》本。
④ 《元典章》卷四五《刑部十九·诸禁·纵奸·逼令妻妾为娼》
⑤ 《元典章》卷四五《刑部十九·诸禁·纵奸·通奸许诸人首捉》。
⑥ 《元史》卷一〇三《刑法志二·户婚》。
⑦ 《元典章》卷四二《刑部四·诸杀一·杀奴婢娼佃·杀死娼女》。这是以徒刑折合杖刑执行。
⑧ 陶宗仪：《辍耕录》卷一七《奴婢》。

后娶为妻。量决五十七下。罪遇释免，解任别仕，申燕哥离异"①。哈剌被判刑，并非出差途中嫖妓事犯，而是因为他娶低贱的妓女为妻，有失官员的身份。杂剧《荆楚臣重对玉梳记》中，书生荆楚臣与妓女顾玉香相恋，几经曲折，荆楚臣当上县令，顾玉香成为诰命夫人。② 其实这只是作者的美好愿望，在现实生活中官员是不可能与妓女结婚的。

至元五年（1268）和八年（1271），中书省先后为娼妓服色下达指示。五年的文书中说："娼妓之家多与官员士庶同着衣服，不分贵贱。今拟娼妓各分等第，穿着紫皂衫子，戴着冠儿。娼妓之家家长并亲属男子裹青头巾，妇女带抹子。俱要各各常川裹戴。仍不得戴笠子并穿着带金衣服，及不得骑坐马匹。违者许诸色人捉拿到官，将马匹给付拿到的人为主。"八年又有圣旨："随路娼妓不戴冠儿者，中书省家官人每行文书教戴去者。"中书省重申："先为娼妓之家多与官员士庶同着衣服，不分贵贱，已经行下出榜去讫。据此，咨请钦依圣旨及已行事理施行。"③ 至元二十二年（1285）三月，中书省根据忽必烈的指示，"禁治诸色销金"，规定："诸倡优卖酒座肆人等不得穿着有金头面钗钏等物。"④ 大德四年（1300）湖广行省的一件文书中说，娼妓之家"例应青巾紫抹，合近构肆"。"不应与士庶相邻，秽污阶衢。"⑤ 延祐二年（1315），仁宗"命中书省立定服色等第"，其中之一是："娼家出入止服皂褙子，不得乘坐车马，余依旧例。"⑥ 元朝政府三令五申，对妓女的服饰、乘坐、居住都加以种种限制，给她们处处打上贱民的烙印。

妓女要应付官府的召唤，陪酒甚至陪宿，称为"唤官身"，杂剧《杜蕊娘智赏金线池》（关汉卿作）、《马丹阳度脱刘行首》（杨景贤作）中对此都有描写。⑦ "龙麟洲先生过福建，宪府设宴，命官奴小玉带佐觞。"⑧ 元代的记载说："今以妓为官奴，即官婢也。"⑨ 龙仁夫号麟洲，是很有名望的学者。"宪府"即福建廉访司，这是一个监察机构。廉访司招待学者都要妓女

---

① 《至正条格·断例》卷八《户婚·职官娶倡》。
② 贾仲名：《荆楚臣重对玉梳记》，《元曲选》，第1410—1424页。
③ 《元典章》券二九《礼部二·礼制二·服色·娼妓服色》。
④ 《元典章》卷五八《工部一·造作一·杂造·禁治诸色销金》。
⑤ 《元典章》卷一九《户部五·田宅·典卖·哈迷与张德荣争房地》。
⑥ 《元典章》卷二九《礼部二·礼制二·服色·贵贱服色等第》。
⑦ 《元曲选》，第1251页、第1324页。
⑧ 陶宗仪：《辍耕录》卷二二《先辈风致》。
⑨ 陶宗仪：《辍耕录》卷七《官奴》。

陪酒，其他机构更可想而知。至元二十一年（1284）七月，岭北湖南道按察司的一件文书中说"近据管妓乐管勾张椿状告，崔局长将手帕令椿散与妓女人家，取要钱物。并差人赍帖子要妓女三名，赴馆驿内伴宿了当。次后崔局长再来，唤妓女三名，为是夜深，不曾差拨，将椿殴打"。经按察司查证"管勾张椿掌管差拨妓女文历及总管府批帖，自至元二十一年正月十一日至三月十五日经过使臣索要妓女宿睡，内知官职姓名四员，余只该不知使臣。总差拨应付妓女八十八人，各各开写姓名，并伴宿月日夜数。就问得除事故外妓女三十二名，各状供相同。仍审问并不得分文钞两"①。由这件文书可知，妓女常被差遣陪宿，得不到任何报酬。不仅如此，有些官员还要向她们索取钱物。同年十二月御史台的文书中说："照得不畏公法官吏人等，每因差使去处，公明轮差娼妓寝宿。今后监察御史、按察司严行纠察，如有违犯之人，取问明白，申台呈省。其应付娼妓官吏，与宿娼之人一体坐罪，仍送刑部标籍过名。"② 可见这种现象相当普遍，以致引起中央监察机构的重视。

  开设妓院的有男有女，以女的居多。开设妓院的妇女称为鸨母、鸨儿，又称虔婆。元代杂剧中以妓女为题材者，几乎都有鸨母出现。她们将妓女作为赚钱的工具。杂剧《逞风流王焕百花亭》中，鸨母说："俺这门户人家，单靠那妮子吃饭，一日不接客，就一日不赚钱。"③ 杂剧《荆楚臣重对玉梳记》中，荆楚臣说："天下老鸨，那一个不爱钱的。"④ 老鸨用各种手段，强迫妓女接客，常常造成人身伤害。开设妓院亦有男性，如湖南张德荣，"以娼妓为生"⑤。上述平江路奸人罗甲，也应是妓院的男性经营者。他掌握"良家女百十人"，规模是很大的。

  绝大多数女子为妓出于无奈。杂剧《杜蕊娘智赏金线池》中，妓女杜蕊娘说："则俺这不义之门，那里有买卖营运。无资本，全凭五个字迭办金银。可是那五个字？无过是恶、劣、乖、毒、狠。"⑥ 这段话道出了很多妓女的内心怨恨。她们向往普通女子的生活："几时将缠头红锦，换一对插鬓荆钗？"⑦ 霸州（今属河北）女子李歌，"其母一枝梅，倡也。年十四，母教之

---

① 《元典章》卷三六《兵部三·驿站·使臣·使臣索要妓女》。
② 《通制条格》卷二八《杂令·差使人宿娼》，《校注》，第697页。
③ 佚名：《逞风流王焕百花亭》，《元曲选》，第1429页。
④ 《元曲选》，第1423页。
⑤ 《元典章》卷一九《户部五·田宅·典卖·哈迷与张德荣争房地》。
⑥ 《元曲选》，第1253页。
⑦ 《江州司马青衫泪》，《元曲选》，第882页。

歌舞。李艴然曰：'人皆有配偶，我可独为倡耶？'母告以衣食所仰。不得已，与母约曰：'媪能宽我，不脂泽、不荤肉则可，否则有死而已。'母惧，阳从之。"她坚持只在酒席上歌唱，不出卖肉体，后来得嫁秀才。① 李歌对命运的抗争取得胜利，但这只是一个特殊的例子，绝大多数妓女并没有这样的幸运。她们只能寄希望于"从良"，也就是有人出钱为之赎身，成为良人。妓女"从良"，大多成为出钱人的妾。② 也有一些妓女赎身后看破红尘，出家为道士或尼姑。③ "今日娼家妇，年老为人弃。"④ 还有很多人只能在妓院中了却残生。

第四节　诸色户妇女

元朝将境内居民分为若干种户，进行管理。主要有民、军、站、匠、儒、僧、道、盐等，统称为"诸色户计"。"色"就是种类的意思。诸色户对国家承担不同的义务，如军户要出丁当军，站户要养马或到驿站服役，民户数量最多，主要负担税粮和杂泛差役（其他各种户可以部分或全部免除）。军、站、匠户次之，其他户又次之。各种户的身份一旦确定以后，世代相承，不能变更。由于承担义务不同，各种户的女性也有不同的遭遇。

一　军户妻

蒙古前四汗时期，每遇大规模军事行动，妻子都要随军出征。13世纪30年代访问蒙古的南宋使臣报道："其俗出师不以贵贱，多带妻孥而行，自云用以管行李、衣服、钱物之类。其妇女专管张立毡帐，收卸鞍马辎重车驮等物事，极能走马。"⑤ 13世纪40年代访问蒙古的西方教士加宾尼说："当他们（蒙古军）将与敌人交战时，他们的首领们或宗王们不参与战斗，而站在若干距离以外，面向敌人。在他们身旁，有骑在马背上的他们的小孩和他们的女眷、若干马匹，有的时候，他们做成假人，把他们安置在马上。他们

---

① 宋濂：《宋文宪公全集》卷三《记李歌》。
② 参看本章第一节"妾和婢"。
③ 陶宗仪：《辍耕录》卷一五《妓出家》。
④ 马祖常：《石田文集》卷三《拾麦女歌》。
⑤ 赵珙：《蒙鞑备录》。

这样做，是企图给敌人以这样的印象：有许许多多战士集合在那里。"① 他也说军人的女眷和小孩都随军行动。这种风俗在蒙古军中一直保持下来。后来元朝在中原征发大量汉人出军从征或屯戍，被签发的人户称为汉军军户。出征或屯戍的汉军常常也携带妻子和子女。契丹人萧世昌，"十三袭千户，佩符征南"，参加多次战争。夫人高氏，"年十五嫁，征戍悉从"②。黄冈（今属湖北）张氏，是蒙古军官马马其的妻子。"方南征时，诏军将各以其家从行。故公（马马其）自江上之战、县君（张氏）获与之俱，持身以严，侍公以谨，而饮食衣服之奉无少阙。虽居军旅之中，悯其夫之劳苦，未尝以惊惧为辞。"忽必烈发大军乘海船征日本，马马其又在军中。"由庆元泛舟入海，凡七昼夜抵达可岛，去其国七十里。潮汐盈涸不常，舟弗能进，乃缚舰为寨，碇铁灵山下，命公守之。八月一日夜半，飓风大作，波涛如山，震撼击撞，舟坏且尽，军士号呼溺死海中如麻。明日，大帅命公先归，公由耽罗逾高丽渡辽水以趋京师。""大风之夕，公以王事为重，奚恤其家。而县君独在舟中，身绾印章，未尝舍去。及舟坏，乃抱折樯得达于岸，是岂寻常者所能及哉。"③ 张氏随其夫出征江南，后来又从夫出海，远征日本。在飓风坏舟之际，竟能在海上漂流全身而归。她的经历是富有传奇色彩的。与张氏遭遇类似的有宋朝宗室之女赵时妙，她年十七嫁给汉军军官杨某。"至元中，天子命将出师收江南"，杨某"率其众行，南击闽、广，至于海岛"。赵时妙"从在军营，次帐幄，戈甲所在，糗粮之储，赏劝之用。悉率以从。计画调度之出，军务纤悉，亦或赞焉"。元军出征日本遭遇飓风失败，杨某"以其军陆还"，赵时妙"以舟别行，飓风骇浪，莫知东西。有青鸟导其前，舟人随之，七日出澉浦，三于东吴，亦已神矣"④。由以上两个事例，可知当时有很多汉军家属不仅长途跋涉伴同丈夫南下，而且历经风波之险，随军远征日本。

军人出征或远戍对军户家庭是沉重的负担，"所需盘费、鞍马、器仗，比之其余差役尤重"⑤。"军资不赡，鬻卖田产"，是相当普遍的现象。⑥ 鬻卖

---

① 《蒙古史》，《出使蒙古记》，第35页。
② 许有壬：《至正集》卷五二《故征南千户萧公神道碑铭》。
③ 苏天爵：《滋溪文稿》卷二一《张氏墓志铭》。
④ 虞集：《道园类稿》卷四九《赵夫人墓志铭》。
⑤ 《元典章》卷四六《刑部八·诸赃一·军官取受例》。
⑥ 赵天麟：《太平金镜策》卷四《树八事以丰天下之食货·宽逃民》。

妻女之事也时有发生。元成宗时，枢密院官员上疏说"蒙古军在山东、河南者，往戍甘肃，跋涉万里，装橐鞍马之资，皆其自办，甚则卖妻子"①。成宗大德五年（1301）枢密院的一件文书中说："如今这几年频出征，其间里军人每气力消乏了呵，把人口、媳妇、孩儿每典卖了，避怕呵躲闪着的也多有。"② 另一方面，随同军人远戍的妇女也是很艰难的。真定（今河北正定）赵氏，"年十六，适里李青男李兴。仅十年，其夫以军籍征戍归州，挈赵与俱。再还衡阳。一女甫三岁，一子生未期，李当远戍交趾，既别而去"。后李战死，赵氏和子女从此在衡阳"寄人篱庑之下，夜寐夙兴，襁负其子，涅骥尾，织笠帽，鬻以自给"。在极其艰难的环境中抚育子女成人。③ 军户的妇女随夫迁转各地，一旦丈夫战死，就会流落他乡，随风飘零。赵氏在艰难中自立，是很不容易的。还有很多军户中的妇女，留在家乡，含辛茹苦，侍奉公婆，抚养儿女。济南邹平（今属山东）张氏也是军户妇女，她"年十八归里人李伍。伍与从子零戍福宁（今属福建），未几死戍所。张独家居，养舅姑甚至"。舅姑、父母死后，她历经困苦，"行四十日，至福宁，见零，问夫葬地"，终于找到李伍遗骨。当地政府"义之，上于大府，使零护丧还，给钱使葬，仍旌门，复其役"。张氏因此被人称为义妇。④ 张氏未随丈夫远戍，而是在家赡养舅姑，后来跋涉数千里，历尽艰辛，找回丈夫的遗骨，她的遭遇从另一个角度反映了军户妇女的艰辛。

在元代军户的妻子中出现过一位传奇人物，这就是滨州（今属山东）刘平的妻子胡氏，她是"田家子"。至元七年（1270），"平挈胡洎二子南戍枣阳"。途中遇虎，"哑平左骨髃，曳之而去"。胡氏拔刀追赶，居然将虎杀死，抢回丈夫，但刘平因伤而死。⑤ 胡氏的英勇行为，轰动一时，不少著名的文人用诗文歌颂她的行动，如赵孟頫、王恽、刘将孙、刘诜、陈旅、杨维桢等。还有人为之作《杀虎图》，可惜没有流传下来。⑥

---

① 《元史》卷一三四《和尚传》。
② 《元典章》卷三四《兵部一·军役·军驱·拘刷在逃军驱》。
③ 陈敬：《李节妇赵氏传》，原载〔嘉靖〕衡州府志》卷八，转引自《全元文》第31册，第126—127页。
④ 《元史》卷二〇〇《列女传一》。
⑤ 王恽：《秋涧先生大全集》卷四九《烈妇胡氏传》。
⑥ 刘诜：《桂隐诗集》卷七《题刘平妻杀虎图》；陈旅：《安雅堂集》卷三《题胡氏杀虎图》。

二　站户妻

为了传达政令和运输物资的需要，元朝建立了站赤制度，在全国各条交通路线上设置驿站，签发百姓充当站户。站户的义务是出马供驿站来往使臣乘骑，或在驿站充当马夫，以及供应来往使臣的饮食。来往使臣的数目不断增多，而且任意勒索，以致站马不断倒毙，难以为继，站户往往破产。武宗至大三年（1310）十一月，"河西陇北道廉访司言：'按治色目应当站赤，比因给释频繁，补置铺马，因而破家荡产，典鬻亲属子女为驱，不得完聚。'"① 至大四年（1311）九月陕西行台监察御史袁某呈，甘肃等处驿路繁忙，"站户被害，鬻产破家，卖及子女，诚可哀悯"②。可知站户一旦破产，妇女便成为典卖的对象。元代诗人马祖常有一首《养马户》，诉说一位站户妇女的悲惨遭遇：

官家日有事，陆续使者出。使者贵臣子，骑驰日逐毂。驿吏报马毙，鞭挞寡妇哭。寡妇养马户，前年夫死役。占籍广川郡，有田种菽粟。翁姑昔时在，城邑复有屋。连岁水兼旱，涝饥瘴不淑。夫死翁姑亡，田屋尽质鬻。寡妇自养马，远适雕窝谷。绩纺无麻丝，头葆胫肤黑。塞下藜苋小，空釜煮水泣。驿吏鞭买马，磨笋向山石。安得天雨金，马壮口有食。③

这个家庭原来有屋有田，但因遇到灾荒，丈夫又因当站役死亡，田屋典卖，留下寡妇仍要到驿站所在地养马，饥寒交迫，还遭驿吏鞭打。另一位诗人许有壬见到这首诗后，写了《养马户·次同年马伯庸中丞韵》，对养马户的遭遇表示同情。④ 马祖常的诗是写实的，由此可见站户女性生活之艰辛。

三　匠户中的女性

元代政府直接经营的手工业称为官手工业，规模庞大，门类很多，主要有纺织、制盐、军器、食品加工等。元朝政府征调大量人户到官手工业机构

---

① 《经世大典·站赤》"至大三年十一月"条，《永乐大典》卷一九四二〇，中华书局影印本。
② 《经世大典·站赤》"至大四年九月"条，《永乐大典》卷一九四二〇。
③ 马祖常：《石田文集》卷一。
④ 许有壬：《至正集》卷三。

中劳动。在制盐系统服役者称为盐户,在纺织和其他系统服役者称为匠户。官手工业的劳动者主要是男性,但一些从事纺织的局、院中则有部分女性工人。元朝政府规定:"诸匠户子女,使男习工事。女习黹绣,其辄敢拘刷者禁之。"① 匠户的女儿必须学习刺绣,无疑是官府局、院的需要。有记载说:"先是,收天下童男童女及工匠,置局弘州。"② 弘州即今河北阳原,这是北方官营纺织业的中心之一,便有一定数量的女工。元成宗时,以海运起家的显贵朱清、张瑄被人告发,朱清、张瑄被杀。"诸王有欲奴朱、张后者",经过请求,将作使忻都"为奏占匠户,诸女亦入绣局"。到武宗时,有人代为"奏免匠役绣工"③。朱、张家女性所入应是大都的绣局,亦说明绣工中有女性。南方福建亦有类似情况。"闽有绣工,工官大集民间子女居肆督责。"④ 元武宗时爱育黎拔力八达为皇太子,曾"命福建取绣工童男女六人",被人谏止。⑤ 可说明福建男女绣工是很有名的。"闽州土俗户不分,生子数岁学绣文。围绷坐肆杂男女,谁问少年曾识君。""那更诛求使者急,鞭棰一似鸡羊群。""官胥掊克常十八,况以鸠敛夺耕耘。"⑥ 福建男女绣工都受官吏的剥削和压迫。除了官府局、院中的女性绣工之外,匠户家庭内的女性和农民家庭女性一样,既要从事各种家务劳动,又要做一些与手工业有关的辅助劳动,也是很辛苦的。

四 盐户中的女性

元朝从事盐业生产的人户在国家户籍上称为盐户。盐户有的世代从事盐业生产,有的则是入元以后在民间签发的。制盐是很辛苦的劳动,而盐业生产完全在政府控制之下,盐户受官吏的重重剥削和压迫,因而普遍生活艰难。盐业生产主要是男性承担的,但盐户中的妇女除了日常家务劳动之外,还要参加某些盐业生产劳动。元代盐务官员陈椿作《熬波图》,有图有诗文,形象地表现了海盐生产的整个过程。其中多处涉及女性的活动。如:"盖池井屋"即在池井上盖屋防雨,"穿凿池井完,上盖数椽屋。老妇挽茅柴,壮

---

① 《元史》卷一〇三《刑法志二·户婚》。
② 《元史》卷一二〇《镇海传》。
③ 王逢:《梧溪集》卷四下《张孝子诗序》。
④ 《元史》卷一三七《阿礼海牙传》。
⑤ 《元史》卷一七八《王约传》。
⑥ 范梈:《范德机诗集》卷四《闽州歌》。

丁担竹木"。"棹水泼水",即"不分男女"用桶打水,"灌湿摊场,浥露一夜,次日绝早摊灰"。"健妇肩灰何火急,不顾饥儿扳担泣。""担灰摊晒",即将灰铺在摊场上,"男子妇人,若老若幼。夏日苦热,赤日行天则汗血淋漓。严冬朝风则履霜蹑冰,手足皴裂。悉登场灶,无敢闲惰"。"扒扫聚灰","灶丁晒灰,才至午后,灰已成咸。丁工老幼男女,分布场上,用扫帚木扒,扫闭推聚成堆"。"出扒生灰","工丁不分男妇,逐担挑出盐场"。此外,"起盖灶舍""敲泥拾草""削土取平""筛水晒灰""炼打草灰""装泥样缝""上卤煎盐"等幅图上,都有女性的出现。可知在盐业生产中,女性是男性不可缺少的伙伴,起着重要的作用。

五 儒户妻

元朝户籍中有儒户一种,顾名思义,属于儒户的是读书人。北方的儒户是经过考试产生的,南方的儒户则采取基层组织申报的办法。儒户的义务是每户必须有人到地方学校读书,可以得到免除赋役的优待。元朝前期没有实行科举,儒生除了作吏和做学官之外,没有进入仕途的机会。元朝中期实行科举,但名额有限,而且中间曾停止数年。总的来说,元朝儒户出路有限,他们中很多人穷困潦倒,只能依靠家中的女性以纺织维持生计。江阴(今属江苏)陆文圭,妻殷氏。陆文圭说,他在南宋灭亡后,"落魄不偶,杜门索居……略不事生产作业。妇乃力勤纺织,手自纫绽,以补予乏"①。鄱阳(今江西波阳)李存说,妻赵安"生二十有一归于我,家甚贫,无婢奴,躬汲炊,曰:'子勿以为意,吾能安也。'……寒暑衣余子女四人,皆出朝暮纫绩,凡二十余年"②。兴元(今属陕西)蒲道源,从儒士何坤章读书,"先生(何坤章)怜其颇可教,遂[以女]妻之";"时道源家贫,至于二亲甘旨有所不充,宜人(妻何氏)布衣菲食,躬汲与爨,勉力供养,虽淡薄咸得欢心。一家之缝纫补缀,灯火达旦,不以为苦"③。陆文圭、李存、蒲道源都是元代有名望的儒生。但家境贫寒,都赖妻子辛勤劳动,才得以支持。儒户家庭一般都讲究家法,严格男女内外之别。"儒家女服习礼训,养成淑质,宜

---

① 陆文圭:《墙东类稿》卷一三《亡室殷氏墓志铭》。
② 李存:《仲公李先生文集》卷二五《自书赵氏圹记》,《北图古籍珍本丛刊》影印明永乐三年(1405)李光刻本。
③ 蒲道源:《闲居丛稿》卷二五《何氏宜人墓铭》,元至正十年(1350)刊本。

不与流俗庸妇同。"① 高平（今属山西）王德舆，笃信理学。"家法之严，尤谨于内、外男女之别。诸妇送其子女止于中门，男宾未有辄至中门者。有事，择书童幼而谨愿者以将至造命。"② 不少儒户家的女性足不出户。完全把自己禁锢在家庭之内，如金华宋婴，是元、明之际著名文人宋濂之妹，"归乌伤贾明善。足不妄逾户阈，虽家人弗闻其语笑声。一宗欢曰：是端简静默也，贾氏有妇矣"③。从贾氏宗族的反映，亦可见当时社会舆论对妇女足不出户的肯定。

第五节 "三姑六婆"及其他

一 三姑六婆

元代有"三姑六婆"之说。元末学者陶宗仪说："三姑者，尼姑、道姑、卦姑也。六婆者，牙婆、媒婆、师婆、虔婆、药婆、稳婆也。"④ "三姑六婆"在一定意义上可以称为当时的职业妇女。尼姑、道姑、虔婆在本书其他章节中已经提及。算卦以卜吉凶在当时很流行，杂剧《朱砂担滴水浮沤记》《施仁义刘弘嫁婢》都有此类描述。卦姑应是为人算卦以卜吉凶的女性。"靖观，东海妇也。其家世业儒。未笄时，大父异其警悟，授五行书，长而益深其学，推贵贱祸福往往奇中。中年，家祚落，从其夫沧洲生游江海间……靖观清且弱，日推数人，得钱给薪米即谢客，过其门者，莫不目而骇之。"⑤ 靖观以算命为生，可以说是卦姑。杂剧《桃花女破法嫁周公》（作者佚名）写的就是卦姑桃花女与开卦铺周公斗法的故事。⑥ 但以此为生的女性是很少的。

（一）师婆

师婆是从事巫术活动的女性。宫廷中有师婆，皇帝、皇后到上都避暑，要"命师婆涓吉日"，返回大都。⑦ 烧饭园（蒙古祭祀的场所）举行祭祀时，

---

① 刘埙：《水云村泯稿》卷八《陆郡彭氏墓志铭》。
② 蒲道源：《闲居丛稿》卷二六《西轩王先生行实》。
③ 宋濂：《宋文宪公全集》卷四九《宋烈妇传》。
④ 陶宗仪：《辍耕录》卷一〇《三姑六婆》。
⑤ 宋僖：《庸庵集》卷一一《送靖观序》，按，杨维桢作《慧观传》（《东维子文集》卷二八），所述与宋僖文相同，靖观、慧观疑是一人。
⑥ 《元曲选》，第1015—1040页。
⑦ 《析津志辑佚》，第221页。

"烧饭师婆以国语祝祈，偏洒湩酪酒物"①。"以国语（蒙古语）祝祈"的师婆，无疑是蒙古人。至元十一年（1274）"都堂钧旨"中说：元朝都城"大都街上多有……跳神师婆"，下令禁断。②大都如此，南北其他地方亦都存在。涿州（今属河北）有王媪，"为巫余五十年"③。零陵（今属湖南）"县有巫妪，曰'国母'，自诡能言祸福。为书数通，使弟子行民间，愚者争愿标名其上，由是趋门日众"。后被地方官府取缔。④涿州、零陵的女巫，当然是汉人、南人。"师婆"一词屡见于杂剧。如《罗李郎大闹相国寺》中说："也不索唤师婆擂鼓邀神。"⑤《荆楚臣重对玉梳记》中，"俺娘自做师婆自跳神"。⑥亦说明从事这种职业的人是不少的。

（二）药婆

药婆顾名应以售药治病为生。元代文献中似未见药婆的记载，但以医为业的女性则确有其人。最有名的是许国桢母韩氏。许国桢家世代以医为业，许国桢是忽必烈时代最有名的宫廷医生，官至集贤大学士、光禄大夫（从一品）。他的母亲韩氏"亦以能医侍庄圣太后，又善调和食味，称旨。凡四方所献珍膳旨酒，皆命掌之。太后闵其劳，赐以真定宅一区，岁给衣廪终身，国桢由是家焉"⑦。庄圣太后是忽必烈的母亲唆鲁禾帖尼，韩氏可以称为宫闱医生。汾州（今山西汾阳）人任东乡，祖、父均以医名于世，其父移居汉中。"君（任东乡）先考之嬖人刘氏，颇知经史，善医药。父卒，为黄冠别屋以居，医道大行于汉中，家用饶足。"⑧刘氏是以黄冠（女道士）面目在民间行医的女医生。

（三）稳婆

与药婆相近的是稳婆，亦即以接生为业的女性。"世谓稳婆曰老娘"⑨，这是因为稳婆一般都由老年妇女充当之故。大都"又有稳婆收生之家，门首

---

① 《析津志辑佚》，第115页；《元史》卷七七《祭祀志六》。
② 《元典章》卷五七《刑部十九·诸禁·禁聚众·禁跳神师婆》。
③ 揭傒斯：《揭傒斯全集·文集》卷七《敕赐汉昭烈帝庙碑》。
④ 柳贯：《柳待制文集》卷一〇《周东扬墓志铭》，《四部丛刊》本。
⑤ 张国宾：《罗李郎大闹相国寺》，《元曲选》，第1576页。
⑥ 贾仲名：《荆楚臣重对玉梳记》，《元曲选》，第1410页。
⑦ 《元史》卷一六八《许国桢传》。
⑧ 蒲道源：《闲居丛稿》卷二六《任君行状》。
⑨ 陶宗仪：《辍耕录》卷一四《妇女曰娘》。

以大红纸糊篾筐大鞋一双为记,专治妇人胎前产后以应病证,并有通血之药"①。杂剧《散家财天赐老生儿》中,财主刘从善年老无子,一日侍妾小梅说自己有半年身孕,刘从善"便教人请稳婆去"。稳婆到来为小梅把脉,断定"是个厮儿胎"②。杂剧《包待制智赚灰阑记》中,妻妾争子,告官裁判,请出两个老娘作证,一个是"收生"的,另一个是"剃胎头"的。③

(四) 牙婆

"六婆"中有牙婆。元代各种交易往往有人从中说合,称为牙人。牙人有男有女。牙婆即女性牙人。大德十年(1306)礼部的一件文书中说:"切见禁治贩卖良民,官司所行非不严切。其间一等不务生理男子、妇人作牙,多于贫穷之家诱说男女,指乞养过房为名,得到钱物,中间分要入己,却将人口转贩他处,营落利息……今后若有首告,令各处官司排门粉壁,严责两邻、社长人等常切觉察,禁治此等纠合牙婆各务生理,不许似前以乞养过房为名,说诱人家男女,展转贩卖。"④ 可知从事人口贩卖的妇人即牙婆不在少数。此外还应有在其他行业买卖中取利的牙婆。

(五) 媒婆

"六婆"中还有媒婆,是说合男女婚姻的女性。媒婆有官府指定者,至元八年(1271)七月户部拟议并经中书省批准的文书中说:"今后媒妁从合属官司、社长、巷长、耆老人等,推举选保信实妇人充之,官为籍记姓名,仍严切约束,无得似前多取媒钱及滥余设立,违者治罪。"⑤ 至元十九年(1282)四月,山东东西道提刑按察司的文书中重申:"今后各处官司,斟酌居民多寡,询问社长人等,推举年高信实妇人为媒,须要钦依圣旨,定到聘财求娶,不得中间多余索要财礼、钱物,亦不得拾分中取要壹分媒钱。如有违犯之人,谕众断决。"⑥ 这种经官府认可充当媒婆的妇人是官媒。元代戏曲中涉及男女婚姻时常有官媒出场。杂剧《桃花女破法嫁周公》中,周公要聘桃花女为媳,"写婚书要立官媒",便叫个媒婆去提亲。⑦ 在南戏《琵琶记》

---

① 《析津志辑佚》,第 208 页。
② 武汉臣:《散家财天赐老生儿》,《元曲选》,第 368—369 页。
③ 李行道:《包待制智赚灰阑记》,《元曲选》,第 1118—1119 页。
④ 《元典章》卷五七《刑部十九·诸ересса·禁诱略·禁乞养过房贩卖良民》。
⑤ 《元典章》卷一八《户部四婚姻·婚礼·女婿财钱定例》。
⑥ 《通制条格》卷四《户令·嫁娶》,《校注》,第 171 页。
⑦ 《元曲选》,第 1026—1030 页。

中，牛宰相要招蔡伯喈为婿，也要差官媒婆去提亲。① 媒婆为了撮合男女婚姻，言语中往往弄虚作假。杂剧《㑳梅香骗翰林风月》中，官媒上场时说："我做媒婆古怪，人人说我嘴快。穷的我说他有钱，丑女我说他娇态。讲财礼两下欺骗，落花红我则凭白赖。"②

二　其他职业妇女

除了虔婆之外，"三姑六婆"中其他成员的活动，主要以妇女为对象。当时一般女性都被禁锢在家庭之内，对于能够为她们带来各种信息的"三姑六婆"（虔婆除外）大多持欢迎的态度。但她们走门串户，免不了传播是非，造成纠纷，甚至导致家庭内部矛盾。而一些封建观念强烈的男性往往对之加以排斥："人家有一于此，而不致奸盗者几希矣。若能谨而远之，如避蛇蝎，庶乎净宅之法。"③

还有一些妇女从事商业活动，也应在职业妇女之列。杭州女子徐妙安，"归里中卢翁。翁业坐肆贩缯，母（徐妙安）常佐之。操奇赢，联什一，稍稍致饶裕"④。杭州另一位女子汤慕贞，其夫王常"至正乙未出商番禺，已而之桂林，后六年死焉。慕贞二十七矣，遥望南海，泪眼无干。时上承舅姑，米薪盐醯之费，靡不经度。不足，使苍头贸易以给"⑤。徐妙安与丈夫一起开店，贩卖丝织品，汤慕贞则显然继承了已故丈夫的长途贸易活动。总的来说，能够从事有一定规模商业活动的妇女是极少数，有不少贫苦家庭的女性，从事货物的贩卖，小本经营，勉强度日。"江上提鱼妇，朝朝入市闸。""卖菜深村妇，休嗟所获微。"⑥ 她们卖的鱼和蔬菜，应该都是自己家庭捕捞或生产所得。还有一些妇女，为生活所迫，从事非法的私盐贩卖。元文宗至顺三年（1332）十月，"两浙盐运使王克敬言：'各处解到盐徒，多有妇人女子，押解在路，男女无别，败俗伤风，事干治体。'"刑部与户部经过研究认为："妇人有犯私盐，如夫老疾，其子幼弱，或无夫无子，就养他人，而买卖私盐者，罪坐本妇，止从元发官司发落。如无夫而有子成人，或无子而

---

① 《琵琶记》第十一至十四出，见高明《高则诚集》，浙江古籍出版社1992年版，第111—119页。
② 《元曲选》，第1167页。
③ 陶宗仪：《辍耕录》卷一〇《三姑六婆》。
④ 柳贯：《柳待制文集》卷一一《卢氏母碣铭》。
⑤ 宋濂：《宋文宪公全集》卷二七《王节妇汤氏传》。
⑥ 舒岳祥：《阆风集》卷三《十妇词》。

有夫壮健，纵令犯法，罪坐男夫。"中书省批准这一建议。① 显然，贩卖私盐的"妇人女子"数量是相当可观的，才会震动朝廷，为之立法。

元末名诗人迺贤有诗《卖盐妇》②，全文是：

> 卖盐妇，百结青裙走风雨。雨花洒盐盐作卤，背负空筐泪如缕。三日破铛无粟煮，老姑饥寒更愁苦。道旁行人因问之，拭泪吞声为君语。妾身家本住山东，夫家名在征籍中，荷戈崎岖戍明越，妾亦万里来相从。年来海上风尘起，楼船百战秋涛里。良人贾勇身先死，白骨谁知填海水。前年大儿征饶州，饶州未复军尚留。去年小儿攻高邮，可怜血作淮河流。中原封桩音信绝，官仓不开口粮缺。空营木落烟火稀，夜雨残灯泣呜咽。东邻西舍夫不归，今年嫁作商人妻，绣罗裁衣春日低，落花飞絮愁深闺。妾心如水甘贫贱，辛苦卖盐终不怨。得钱籴米养老姑，泉下无惭见夫面。君不见，绣衣使者浙河东，采诗正欲观民风，莫弃吾侬卖盐妇，归朝先奏明光宫。

这位妇女是军人的家属，亦即军户。家在山东，丈夫应征，她伴随到浙东。不幸丈夫战死，两个儿子又随军出征，自己生活来源断绝，只好背筐卖盐，勉强度日。元代盐是国家垄断的物资，盐价高昂，导致私盐盛行。诗中卖盐妇应该是私盐贩卖者。迺贤这首诗和前述同一作者的《新乡媪》、王冕的《江南妇》都是写实之作，用诗歌的形式真实地反映了元朝末年的社会面貌和下层妇女的痛苦。

还有不少女性从事娱乐业，即女性演员。元代宫廷中设教坊司，其中有大量女演员。民间亦有众多剧团，有为数可观的女演员。这在本书第七章中有所叙述。

---

① 《至正条格·断例》卷一一《厩库·妇人犯私盐》。
② 《元诗选初集》，第1475—1476页。按，此诗一说杨维桢作，见《铁崖古乐府补》（《四库全书》本）。又见《两浙盐法志》卷一六《艺文下》（乾隆重镌本），署名陈椿。

第四章 女性与婚姻(上)

第一节 婚姻礼制

元朝是个多民族国家,各个民族的婚姻礼制各不相同。

生活在草原上的蒙古族,分成若干部,如蒙古部、克烈部、弘吉刺部等。这些部又分为若干氏族,同一氏族被认为出自同一祖先,"因此,须娶其他族系的氏族的女子为妻"。草原牧民中存在"某个氏族的人都从其他同一氏族娶妻的习惯"[①]。成吉思汗铁木真9岁时,其父也速该沿袭传统,带着他到"母舅斡勒忽讷兀惕氏处索女儿与铁木真做妻",路遇弘吉刺部首领特薛禅,后者将女儿孛儿帖许给他。[②] 后来蒙古部首领与弘吉刺部首领便世代结为婚姻。在女方同意婚事后,要"饮布浑察儿","布浑察儿"就是"许亲酒"[③]。男方要送聘礼,也速该为铁木真交付的聘礼是一匹从马。[④] 铁木真将自己的妹妹铁木伦许给亦乞列思部孛秃,孛秃有马30匹,"请以马之半为聘礼"[⑤]。正式成婚时男方要去女方家中迎亲,女方家长要送女儿到夫家。新媳妇要向公婆献礼。铁木真成年后,与兄弟一起去弘吉刺部迎亲,其岳父、岳母送女儿、女婿回家,岳父中途回去,岳母一直送到家。孛儿帖带来献给公婆的礼物是黑貂鼠袄子。[⑥] 婚礼同时也是宴会,13世纪20年代,长春真

---

① [苏]符拉基米尔佐夫:《蒙古社会制度史》,刘荣焌译,中国社会科学出版社1980年版,第76、77页。
② 《蒙古秘史》卷一。
③ 《元史》卷一《太祖纪》。
④ 《蒙古秘史》卷一。蒙古人外出时,骑乘的马称为正马,另带一匹马作为换乘之用,称为从马。
⑤ 《元史》卷一一八《孛秃传》。
⑥ 《蒙古秘史》卷二。

人邱处机应成吉思汗之召前往中亚,途经蒙古草原,"时有婚嫁之会,五百里内首领皆载马湩助之,皂车毡帐,成列数千"①。婚礼成为草原上盛大的聚会。草原上的蒙古人,还流行抢亲的风俗,即用武力夺取其他部的女子,强迫成亲。铁木真的十世祖孛端察儿抢了个怀孕的妇人作妻子,后来他的父亲也速该看见篾儿乞部也客乞列都的新婚妻子诃额仑"生得有颜色",便抢来作自己的妻子。诃额仑就是成吉思汗铁木真的母亲。②蒙古族实行多妻制,富人和有权势者可娶多个妻子。并实行收继婚,这在后面将有专门论述。

汉族一般为一夫一妻制,但很多男性(特别是有权势者和富人)除妻子外,还可以娶妾。汉族的婚姻礼俗无论南北都大体相同。至元八年(1271)九月,礼部上报尚书省说:"契勘人伦之道,婚姻为大……据汉儿人旧来体例,照得朱文公《家礼》内婚礼,酌古准今,拟到各项事理。"经尚书省批准颁行。这件文书所规定的"汉儿人"婚姻礼仪分成以下几个步骤:议婚,纳采(下定),纳币(下财),亲迎,妇见舅姑,庙见,婿见妇之父母。③ 朱文公就是南宋理学家朱熹。"汉儿人"就是当时北方的汉族。文书规定的婚姻礼制过于繁杂,主要适用于汉族的中层以上家庭,下层家庭则比较简单。大体来说,汉族的婚姻礼制,无论贫富,原则是父母之命、媒妁之言,具体可分三个步骤,即议婚、下聘礼和举行婚礼。

议婚是婚礼的开始。传统封建礼教,不许青年男女自由交往,必须"凭媒说合"④,"必先使媒氏往来通言,俟女氏许之,然后纳采"⑤。媒人就是撮合男女婚嫁的人,一般为女性,由民间推举,地方政府指定。男女婚姻,要通过官媒说合。至元二十三年(1286)袁州路(路治宜春,今属江西)发生一起军户家属再嫁纠纷案件,是由"官媒人"从中说合的。⑥ 元代杂剧《桃花女破法嫁周公》《温太真玉镜台》《㑳梅香骗翰林风月》和南戏《琵琶记》等,以男女婚姻为题材,都出现了媒婆这个角色,除《桃花女》外,其余三剧的媒婆都明确是官媒。似可认为,官媒在媒人中占有重要地位,当然也存在未经官府认可的私媒。在媒人说合的基础上,再由双方家长做主决

---

① 李志常:《长春真人西游记》卷上,《海宁王静安先生遗书》本。
② 《蒙古秘史》卷一、卷二。
③ 《通制条格》卷三《户令·婚姻礼制》,《校注》,第138—140页。
④ 《通制条格》卷三《户令·收嫂》,《校注》,第150页。
⑤ 《通制条格》卷三《户令·婚姻礼制》,《校注》,第139页。
⑥ 《元典章》卷一八《户部四婚姻·嫁娶·通奸成亲断离》。

定。"嫁女皆由祖父母、父母,父亡随母婚嫁。"① 父死母在,女儿婚姻便由母亲做主,兄长无权做主。② 男方娶媳也是一样。作为婚姻主角的青年男女则是没有发言权的。

男女婚姻也有双方家长直接说合的,"指腹为婚"便是直接说合的一种形式。男女双方家长在怀孕时便商定互为婚姻,有的还割衫为证。咸宁(今陕西西安)郭好德曾为安西王府说书,长期从事教学。"素善渭南曹显道立,阅其妻有娠,约通婚姻。既产,曹男而己女。历十有八年,显道夫妇死已久。君曰:'吾可失信于故友耶!'乃资其女妇曹氏。"③ 又如,元代文坛领袖吴兴(今浙江湖州)人赵孟頫与钱唐(今杭州)崔敦友好,两家媳妇同时怀孕,"公(赵孟頫)与处士之大父(崔敦)约曰:'使崔氏而女赵氏而男也,以妇吾家。赵氏而女崔氏而男也,以妇崔氏。庶吾二姓之好有永弗替。'"后来崔氏生男崔复,赵氏生女赵淑端。赵孟頫死,"崔氏以成言来请婚",赵孟頫之子赵雍"遵遗命遂以夫人(赵淑端)归焉"④。元代不少杂剧都以"指腹为婚"为题材,如《钱大尹智勘绯衣梦》《秦脩然竹坞听琴》《孟德耀举案齐眉》《包龙图智赚合同文字》等,反映出这种定婚方式相当普遍。指腹为婚,男女双方的命运在出生以前已经决定,比起媒人说合来,是更加无奈的。

在婚姻对象的选择上,"门户相当"是普遍奉行的原则⑤。家庭的社会地位和财富都起重要作用。徽州歙县(今属安徽)郑昭祖是南宋官宦之后,入元曾任奉训大夫、江淮财赋都总管府副总管,"其婚娶尤尚门阀",父子两代都以"令族"为对象。⑥ 婺州永康(今属浙江)吕氏,"子女婚嫁,必择故家名族,未尝论财"⑦。农民一般也选择与自家身份相当、居地相近的人家通婚:"农家值丰年,乐事日熙熙。黑黍可酿酒,牢羊豕肥。东邻有一女,西邻有一儿。儿年十五六,女大亦可笄。财礼不求备,多少取随宜。冬前与冬后,婚嫁利此时。但愿子孙多,门户可扶持。"⑧

---

① 《通制条格》卷三《户令·嫁娶所由》,《校注》,第153页。
② 《元典章》卷一八《户部四·婚姻·嫁娶·母在子不得主婚》。
③ 同恕:《榘庵集》卷八《郭君秉彝墓志铭》。
④ 徐一夔:《始丰稿》卷六《崔母赵夫人墓志铭》,《文渊阁四库全书》本。
⑤ 《元典章》卷一八《户部四·婚姻·官民婚·官员部内结婚》。
⑥ 虞集:《郑侯昭祖墓志铭》,陈敏政辑:《新安文献志》卷八五,《文渊阁四库全书》本。
⑦ 黄溍:《金华先生文集》卷三四《水西翁吕公墓志铭》。
⑧ 赵孟頫:《松雪斋文集》卷二《题耕织图二十四首》。

地方的世家大族之间往往世代联姻。相（今河南安阳）女真粘合氏与党项逸的氏"姻连三世"①。婺源（今属江西）江、吴两族相隔二十里，"世为婚姻家"②。元代后期著名文学家黄溍是婺州义乌（今属浙江）人。黄氏与当地王氏"世姻"，而王氏与李氏亦世代联姻。③ 兴国（今属江西）谢氏，"世与王氏姻娅"④。世代联姻，很自然形成中表婚。临川（今属江西）詹氏"与黄氏世昏也"，进士黄昭的母亲詹氏"生十八年而归黄，以侄从姑也"⑤。又如吉水（今属江西）"维周与李，甥舅相承"。"两家相依，休戚与同。"周闻孙的妹妹嫁给表哥李光远，李光远又是周闻孙的妻兄。下一代两家继续联姻。⑥ 还有很多家庭议亲时亦以中表为首选。婺州路兰溪（今属浙江）女子徐柔嘉，其夫早死，遗腹子刘潜成人后，"为之聘舅女而女焉"⑦。泰和（今属江西）郭宗，"女兄适杨公明，生子自立。甫六十日，女兄死，抱自立鞠于家。长则训迪之，凡十七年，妻以女而厚其赍"⑧。有的论著认为元代禁止中表婚，实际情况并非如此。

　　议婚既定，要签订婚书。至元六年（1269）十二月户部提出："据各处见行婚礼，事体不一，有立婚书文约者，亦有不立婚书止凭媒妁为婚者。已定之后，少有相违，为无婚书，故违元议，妄行增减财钱，或女婿养老、出舍争差年限，诉讼到官。其间媒证人等，徇情偏向，止凭在口词因，以致争讼不绝，深为未便。"经研究决定："今后但为婚姻，须立婚书，明白该写元议聘财，若招召女婿，指定养老或出舍年限，其主婚、保亲媒妁人等，画字依理成亲，度免争讼。"⑨ 关于婚书，官府还有更明确的规定："凡婚书不得用粉语虚文，须要明写聘财礼物，婚主并媒人各各画字。女家回书，亦写受到聘礼数目，嫁主并媒人亦各画字。仍将两下礼书背面大书合同字样，分付各家收执。如有词语朦胧，别无各各画字并合同字样，争告到官，即同假

---

① 许有壬：《至正集》卷五八《粘合公妻逸的氏墓志铭》。
② 戴表元：《剡源文集》卷一六《吴孺人江氏墓志铭》。
③ 黄溍：《金华先生文集》卷四〇《外舅王公墓记》。
④ 陈谟：《海桑集》卷八《王祖母谢孺人墓志铭》，《文渊阁四库全书》本。
⑤ 虞集：《道园类稿》卷四九《黄母詹宜人墓志铭》。
⑥ 周闻孙：《祭节妇李氏妹文》，引自《全元文》第51册，第150—152页。
⑦ 柳贯：《柳待制文集》卷一三《刘节妇传》。
⑧ 陈谟：《海桑集》卷八《峻极郭先生墓志铭》。
⑨ 《通制条格》卷三《户令·婚姻礼制》，《校注》第145页。

伪。"① 可见，婚书中最重要的是写明聘礼财物，如是赘婿，则要写明养老或出舍年限。这是因为聘礼财物是引起多数婚姻纠纷的主要问题。而养老或出舍年限则是赘婿婚的焦点。如能订立措辞清楚、有关各方共同认可并签字画押的婚书，便可减少许多婚姻纠纷，一旦发生，亦可以此作为判决的主要依据。

双方交换婚书，婚姻关系就正式确定下来。婚书中最重要的内容是聘礼的种类和数量。关于聘礼财物，政府在至元八年（1271）曾做出明确规定：

> 婚姻聘财表里头面诸物在内，并以元宝钞为则，以财畜折充者听。若和同不拘此例。
> 品官：一品、二品五百贯；三品、四品三百贯；六品、七品二百贯；八品、九品一百二十贯。
> 庶人：上户一百贯，中户五十贯，下户二十贯。②

中统钞初行时，"交钞一贯买绢一匹，钞五、方十文买丝一两，米石钞六、七百文，麦石钞五、六百文，布一端钞四、五百文"③。在一段时间内，物价基本稳定。④ 元朝将全国人户按财产丁力分三等，即上、中、下户。按此计算，平民中上户的财礼折合米一百五十石以上，下户亦折合米三十石，这无疑是相当沉重的负担。"若和同不拘此例"就是说，只要双方协商同意，可以不按标准办。事实上，这个规定并未严格执行，实际财礼远远超出政府的规定数目："又如婚姻聘财，明有官庶高下折钞之例，而今之嫁女者重要财钱。品官、富人或索七十锭、一百锭，市庶之家不下二三十锭，更要表里、头面、羊酒等物，与估卖驱口无异。"⑤ 钞法一锭等于五十贯，相差之大是惊人的。特别在货币贬值、物价飞涨之后，负担更重。所以有人建议重定标准："婚姻聘财虽有定例，立格之日民已不从，盖缘后有'自愿者听之'一言故也。又兼立格之年绢一匹直钞一贯，今即绢一匹直八贯，他物类皆长价八九倍、十倍，虽严加罪责勿逾定例，民亦不从。百贯宝钞能买几多段匹

---

① 《元典章》卷一八《户部四·婚姻·婚礼·嫁娶写立礼书》。
② 《元典章》卷一八《户部四·婚姻·婚礼·嫁娶聘财体例》。
③ 胡祗遹：《紫山大全集》卷二二《宝钞法》。
④ 全国统一前后，米价大约是每石中统钞1贯；见长谷真逸《农田余话》卷上。
⑤ 郑介夫：《一纲二十目》，《元代奏议集录（下）》，第82—83页。

里绢金银头面？不若再立上、中、下三等嫁财，定立上户嫁财段子里绢各几匹，金银头面各钱两，非品官之家不得衣金衣服，中、下户递减一等，永为定例。逾越者各杖七十七下。"① "自愿者听之"，应指上述文书中 "若和同不拘此例" 而言。大德八年（1304）正月，元成宗颁布诏书，其中说：

> 男女居室，人之大伦。近年聘财无法，奢靡月增。至有倾资破产，不能成礼，甚则争讼不已，以致嫁娶失时。蒙古、色目人各依本俗，及品官另行定夺。其民间聘财，命中书省从宜定立等第，以男家为主，愿减者听。亲礼宴会，务从省约。
> 上户：金壹两，银伍两，彩段陆表里，杂用绢肆拾匹。
> 中户：金伍钱，银肆两，彩段肆表里，杂用绢叁拾匹。
> 下户：银叁两，彩段贰表里，杂用绢拾伍匹。②

中统钞初行时的标准，金每两相当中统钞 15 两（贯），银每两等于中统钞 2 贯，绢每匹等于 1 贯，彩缎价不详，但不会太高。按此折算，大德八年（1304）重颁的聘财等第应与至元八年（1271）的规定差不多。值得注意的是，元朝政府一再就聘财作出规定，是针对 "聘财无法，奢靡日增" 而发的，要对聘财加以限制，以免 "嫁娶失时"。实际上，政府的这种规定是没有多大效力的。元代中期，彰德路总管王结说："近年婚姻之家，贪慕富贵权势，不为男女远图，或结婚之后随即乖争，计较聘财多寡，责望资装厚薄，兴讼连年，紊乱官府，以致男大不婚，女长不聘，妇姑不和，翁婿相怨，伤风害义，莫此为甚。"③ 聘财争执成为一大社会问题，而新婚夫妇（特别是妻子）因此成为受害者。

聘书中都要写明男女双方的年龄。关于男女成婚的年龄，元朝政府并无明确的规定。至元八年（1271）二月的圣旨中说："为婚已定，若女年十五以上，无故五年不成，及夫逃亡五年不还，并听离，不还聘财。"④ 则政府认可的适婚年龄应为 15 岁。元代各种文献中有关女性婚龄的记载颇多。著名理学家吴澄的文集《吴文正公全集》中，女性婚龄可考者 19 人，内 14 岁成

---

① 胡祗遹：《紫山大全集》卷二二《革昏田弊榜文》。
② 《通制条格》卷三《户令·婚姻礼制》，《校注》第 143—144 页。
③ 王结：《善俗要义》，《文忠集》卷六。
④ 《通制条格》卷四《户令·嫁娶》，《校注》第 162 页。

婚1人，"及笄"成婚1人，16岁5人，17岁2人，18岁1人，19岁2人，20岁2人，21岁、22岁、24岁、28岁、39岁各1人。① 著名作家虞集的文集《道园类稿》中载女性婚龄可考者6人，16岁成婚1人，17岁2人，18岁、19岁、21岁各1人。② 元末明初著名作家宋濂的文集《宋文宪公全集》中有关女性婚龄的资料最多，共35人，内13岁1人，"不及笄"1人，15岁3人（内"及笄"2人），16岁2人，17岁4人，18岁4人，19岁5人，20岁6人，21岁、22岁、23岁、28岁各2人，30岁1人。③ 元末明初学者王祎的文集《王忠文公集》中载女性婚龄可考者5人，内女性出嫁17岁、18岁各1人，20岁2人，35岁1人。④ 综合以上4种文集记载，女性婚龄可考者65人，其中15岁至20岁年龄段共46人，21—25岁年龄段共10人，14岁以下3人，26岁以上仅6人。可知当时女性出嫁集中于15岁至20岁这一年龄段，其次为21岁至25岁，14岁以下和26岁以上都很少。杂剧《裴少俊墙头马上》描写官宦之女李千金"年方一十八岁"，想"寻一门亲事"，她叹息道："至如个穷人家女孩儿到十六七，或是谁家来问亲，那家来做媒。"⑤ 杂剧《温太真玉镜台》《郑月莲秋夜云窗梦》《西游记》中待嫁的女儿也都是18岁。⑥ 杂剧的描写正可说明18岁前后是当时女性成亲的集中年龄段。见于记载女性婚龄最大的有两位：一位是金溪（今江西金溪）刘天麒的继室邓懿惠，"年三十九归于刘"⑦。另一位是东阳（今浙江东阳）胡助的继室陈氏，"夫人生三十有七年，归胡氏"⑧。婚龄最小的是福建邵武诗人黄镇成之妻龚氏，结婚时年十一岁。⑨ 39岁、37岁和11岁都是不大合理的，应有特殊的原因。

男女双方交换婚书并送交聘礼以后，择定吉日，便可举行婚礼。婚礼包

---

① 见明成化本卷一四、三四、三六、三七、三八、三九、四〇、四一、四二。
② 见明初覆刻抚州路学本卷三一、四五、四八、四九。
③ 《四部备要》本卷六、一一、一四、一五、一八、二〇、二一、二三、二五、二七、三三、三四、三五、四〇、四二、四三、三九、五〇、五二有关各篇。
④ 《四库全书》本卷二二、二三、二四有关各篇。
⑤ 白仁甫：《裴少俊墙头马上》，《元曲选》，第333页。
⑥ 关汉卿：《玉镜台》，《元曲选》，第84页；佚名：《云窗梦》，《元曲选外编》，第791页；杨景贤：《西游记》，《元曲选外编》，第670页。
⑦ 吴澄：《吴文正公集》卷四二《邓氏墓志铭》。
⑧ 黄溍：《金华先生文集》卷三九《宜人陈氏墓志铭》。
⑨ 黄镇成：《秋声集》卷一〇《故妻江夏郡龚氏墓志铭》，转引自《全元文》卷三六，第528页。

括众多环节，宴会占有重要地位。至元七年（1270）四月，太原路（路治今山西太原）报告说："本路人氏嫁女娶妻，不量己力，或夜宴动作肴馔三二十道，通宵不散。其中引惹斗讼。及问妻室之家，先备筵宴饮膳一二十道，妆簇按酒三二十桌，不惟废耗，有损无益，乞行革去。"中书省户部认为："既是于民无益，今后嫁娶，只就白日，至禁钟以前。筵会除聊备按酒外，饮膳上、中户不过三味，下户不过二味，无致似前废耗。"① 至元八年（1271）二月的圣旨，在规定婚姻聘礼标准的同时，还规定：

> 宴会高下男家为主。品官不过四味；庶人上户、中户不过三味，下户不过二味。②

当时民间的婚宴过于奢侈，使许多家庭难以忍受。和聘礼一样，政府对宴会规模加以限制，旨在防止奢靡，引起众多社会矛盾。但这种规定同样是无效的，大德八年（1304）正月的诏书对聘礼做出新的规定，而对婚宴只说："亲礼宴会，务从省约。"③ 表面上仍维持原有的规定，实际上已不起作用。

元朝政府明令禁止某些婚姻行为：（1）同姓不婚。唐、宋法律中都有同姓不婚的规定。元朝继承了下来。至元八年（1271）二月的圣旨中，除规定聘礼和宴会的等级外，还规定："同姓不得为婚，自至元八年正月二十五日为始，已前者准已婚为定，已后者依法断罪。听离之。"④ 至元二十五年（1288）十月，忽必烈重申这一法令："在先做了夫妻的每根底，休交听离。从今后同姓为夫妻的每，交禁约者。"⑤ 不但强制离婚，而且要处刑："至治二年（1322）十一月，刑部议得：'东平路刘成将女嫁给刘海男为妻。既是同姓，主婚人等各笞四十七下，离异，元下财钱没官。媒人量笞二十七下。'都省准拟。"⑥ （2）良贱不能为婚。至元十四年（1277）十一月，中书省的文书中说："今后禁治良人家女孩儿每，并不得嫁与人家驱口为妇，若是嫁

---

① 《元典章》卷三〇《礼部三·礼制·婚礼·禁夜筵宴例》。
② 《元典章》卷一八《户部四·婚姻·婚礼·嫁娶聘财体例》。
③ 《通制条格》卷三《户令·婚姻礼制》，《校注》第143页。
④ 《元典章》卷一八《户部四·婚礼·嫁娶·聘财体例》。
⑤ 《通制条格》卷三《户令·婚姻礼制》，《校注》第146页。
⑥ 《至正条格·断例》卷八《户婚·同姓为婚》。

与的，便做奴婢。"① 这一原则曾多次重申，但做过一些调整，多少照顾到妇女的利益。顺帝元统元年（1333）九月，"户部与刑部议得：'良人嫁驱，自愿者听，已有定例。其巧立名色，捏写婚书，妄冒求娶良家子女转配驱奴者，所生男女俱合随母为良，别立户名，收系当差。主婚妄冒之人，笞五十七下，有职役者解任别叙。保亲、媒合人等，减贰等科断。'都省准拟"②。
（3）禁止指腹并割衫为婚。指腹并割衫为婚，都在怀孕时。待到双方成年，都要经历十余年。时间一长，双方家庭情况发生变化，往往引发悔婚纠纷。杂剧《钱大尹智勘绯衣梦》中，汴梁王员外与李十万指腹成亲，后来李十万穷了，王员外便悔婚。③ 至元六年（1269）户部的一件文书中说："议得男女婚姻或以指腹并割衫襟为亲，既无定物、婚书，难成亲礼，今后并行禁止。"④ 但实际效果似不明显。这种现象仍然相当普遍。（4）其他有关婚姻的禁令。至元七年（1270）十二月户部的文书中说，自至元八年（1271）正月起，丧制期内婚嫁者"依法断罪，听离"⑤。大德二年（1298），均房翼奥鲁府千户王继祖父死娶妻，拜灵成亲。判决杖八十七下，罢职离异，财钱没官，妇人不坐。⑥ 又，"诸祖父母、父母患重及在囹圄者，不得婚嫁。若祖父母、父母有命以成礼者听，即不得作宴会"⑦。

上面所述是汉族夫妻婚姻的一般情况。此外，元代汉族中还有收继婚、典雇婚、赘婿婚、官方指婚等多种形态，后面将分别加以说明。

色目人包括很多民族，其婚俗各不相同。其中不少民族（如畏兀儿、汪古等）都流行收继婚，下一节将作介绍。至元六年（1269），大都路有一起婚姻案件："麻合马状告，至元二年正月内凭媒人法都马等作媒说合女阿赊与阿里男狗儿为妇……有阿里下与讫麻合马金脚玉板环儿一对，红绒丝一个，绢二匹，盖头一个，羊二口，面一担，酒三十瓶。"但尚未成婚，狗儿病死，阿里便要狗儿之弟骡骡收继。大都路总管府"就问得回回大师不鲁溪等称：回回体例，女孩儿不曾娶过死了的孩儿，若小叔接续，女孩儿底爷娘

---

① 《通制条格》卷三《户令·良贱为婚》，《校注》第158页。
② 《至正条格·断例》卷八《户婚·冒娶良人配驱》。
③ 关汉卿：《钱大尹智勘绯衣梦》，《元曲选外编》，第71页。
④ 《通制条格》卷四《户令·嫁娶》，《校注》第166页。
⑤ 《元典章》卷一八《户部四·婚姻·服内婚·服内成婚》。
⑥ 《至正条格·断例》卷八《户婚·居丧嫁娶》。参见《元典章》卷一八《户部四·婚姻·服内婚·停尸成亲断离》。
⑦ 《至元杂令》，《事林广记》（泰定本）壬集卷一。

肯交收呵收者，不肯交收呵，下与的财钱回与一半"，户部同意这个办法。①据此可知，回回人婚姻亦由媒人说合，男方要支付聘礼。回回人亦通行收继婚。另据记载，回回"娶妇，其昏礼绝与中国殊，虽伯叔姐妹，有所不顾"②。元顺帝后至元六年（1340）十一月，"监察御史世图尔言，宜禁答失蛮、回回、主吾人等叔伯为婚姻"③。他的建议为朝廷接受，为此颁布了法令：

> 至元六年十一月初五日，中书省奏："御史台备着南台御史文书里呈'普颜笃皇帝时分，答失蛮、回回、主吾人等，叔伯成亲的，教住罢了来。近年以来，答失蛮、回回、主吾人等，仍于叔伯自相成亲，理合禁止。'么道，与将文书来的上头，刑部同礼部议得：夫妇乃人伦之本。兄弟实骨肉之亲，同姓尚不为婚，叔伯岂容配偶。今后似此成婚者，合比同姓为婚例，加二等。各杖六十七下，并令离异。婚合人等，答四十七下。许诸人首告到官，于聘财内给中统钞一十定充赏。遍行为例遵守的说有。依部家定拟来的行呵，怎生？"奏呵。奉圣旨："那般者。"④

"普颜笃皇帝"是仁宗的蒙语庙号。延祐三年（1316）中书平章政事柏铁木尔上"奏：'回回不速儿麻氏僻在西陲，未沾圣化，其俗兄弟自为婚姻，败常乱伦，莫此为甚。乞严禁以正人伦，厚风俗。'制可其奏，下有司，制为令"⑤。上述文书中所说普颜笃皇帝"教住罢了来"应即此事。但此项禁令效果如何是不清楚的。

第二节 离婚与再嫁

一 离婚

离婚是夫妻婚姻关系的终结。在封建社会，离婚大多是由男方提出的，女性处于被动的地位。当然也有女性主动要求离婚的情况，但为数甚少。还

---

① 《元典章》卷一八《户部四·婚姻·夫亡·未过门夫死回与财钱一半》。
② 陶宗仪：《辍耕录》卷二八《嘲回回》。
③ 《元史》称四〇《顺帝纪三》。
④ 《至正条格·断例》卷八《户婚·禁叔伯成婚》。
⑤ 黄溍：《金华先生文集》卷四二《太傅文安忠宪王家传》。

有一类是因为某些婚姻行为触犯法律，经人检举，官府判决强制离婚。

中国封建社会"离婚之原因，依礼与法，其要有三，曰违律为婚，曰义绝，曰七出。三者而外，更有以其他原因而离异者，随代多有"①。"违律为婚"就是"依律不合作婚，而故违者"②。唐律所定违律为婚应行离异者十二条，这些条文多数在元代仍起作用，如同姓结婚、有妻更娶、居父母夫丧嫁娶、奴娶良人为妻等。至元八年（1271）二月，"中书省奏定民间婚姻聘财等事"，其一是"有妻更娶妻者，虽会赦，犹离之"③。这项规定便属于"依律不合作婚"。其他如同姓结婚、奴娶良人为妻、居丧嫁娶等违律为婚判处离婚的条文，后来亦陆续公布。"义绝"指夫对妻及其亲属有打、杀、奸等行为，或妻殴詈夫之亲属、与夫之亲属通奸、妻欲害夫等。从元代具体案例来看，定为"义绝"的行为有将妻转嫁卖休、逼令妻妾为娼、男妇告翁奸、翁调戏男妇、女婿虚指丈人奸女、殴伤妻母、夫虐妻损伤身体、强奸妻前夫男妇等。④"旧例……犯义绝者，离之，违者断罪。""旧例"指的是金朝法律，元朝政府对此是认可的。⑤ "七出"是中国古代传统的离婚条件，"旧例弃妻须有七出之状：一无子，二淫泆，三不事舅姑，四口舌，五盗窃，六妒嫉，七恶疾。虽有弃状而有三不出之理：一经持舅姑之丧，二娶而贱后贵，三有所受无所归，即不得弃。其犯奸者不用此律"。三者之中，"七出"最集中地表现了男尊女卑的观念，在中国封建社会成为一条重要的法律，历代相承。⑥ 但是，从现存元代文献来看，以"七出"为理由判决离婚的事例为数甚少。⑦ "违律为婚"和"义绝"两类案件很多。

此外离婚还有其他原因，比较常见的有以下几类：

1. 夫逃亡听离

至元八年（1271）二月"中书省奏定民间婚姻聘财等事"中规定"为

---

① 陈鹏：《中国婚姻史稿》，中华书局1990年版，第606页。
② 《唐律疏议》卷一四《户婚》，中华书局1983年版。
③ 《通制条格》卷四《户令·嫁娶》，《校注》第162页。
④ 陈鹏：《中国婚姻史稿》，第608—611页。
⑤ 《通制条格》卷四《户令·嫁娶》，《校注》第174页。
⑥ 元末刘基说，"七出"是"后世薄夫之所云，非圣人意也"。这是很大胆的。但他怀疑的是"七出"中的"恶疾与无子"，因为两者"岂人之所欲哉，非所欲而得之。其不幸大矣，而出之忍矣哉"。见《郁离子》，《诚意伯文集》卷四。
⑦ 江宁县高三为妻阿程无子将其休弃，是一个以"七出"休妻的例子（《元典章》卷一八《户部四·婚姻·官民婚·外甥转娶舅母为妻》）。但这类事例是个别的。

婚已定，若女年十五以上，无故五年不成（故谓男女未及婚年甲，或服制未阙之类，其间有故，以前后年月并计之），及夫逃亡五年不还，并听离，不还聘财"①。

2. 夫犯罪听离，但限于未成婚者

"诸女子已许嫁而未成婚，其夫家犯叛逆应没入者，若其夫为盗及犯流远者，皆听改嫁。已成婚有子，其夫虽为盗受罪，勿改嫁。"② 元朝政书《通制条格》卷四《户令·嫁娶》收了4个案例，3个案例是"定婚未嫁，其夫作盗"，允许离婚，另行改嫁。1个案例是男女成婚"已有所出，虽曾作贼，经断"不许离异。③

3. 夫妻不睦导致离婚

此类案件大多是男方提出的。当时把离婚称为"休弃""休妻"，说明是男方的主动行为，女性是被动的一方。杂剧《赵盼儿风月救风尘》中，周舍为了另娶赵盼儿，便把原来妻子宋引章休了。④ 亦有女方要求离婚之事，则多因男方贫穷之故，这在赘婿婚中时有发生。杂剧《朱太守风雪渔樵记》中，刘二公嫌女婿朱买臣贫穷，"不肯进取功名"，便逼着女儿玉天仙提出离婚。⑤《救风尘》《渔樵记》都是文艺作品，但在一定程度上都是现实社会生活的反映。提出离婚，必须要经家长同意："又嫁女、弃妻皆由所由，若不由所由，皆不成婚，亦不成弃。"⑥"所由"即所主、所从，指家长。

凡离婚都须立休书。元朝政府规定："若以夫出妻妾者，分明写立休书，赴官告押执照，即听归宗，依理改嫁，以正夫妇之道。"也就是说，离婚后男方一定要给女方"休书"，经地方政府核准，才算完成。⑦ 女方提出离婚，也要男方出具休书。杂剧《救风尘》中，周舍为了娶赵盼儿，便将妻子宋引章赶走，给了她"一纸休书"。休书上有周舍的"手模印五个指头"。后来打官司，休书成了重要的物证。⑧ 杂剧《渔樵记》中，玉天仙向朱买臣索要

---

① 《通制条格》卷四《户令·嫁娶》，《校注》第182页。
② 《元史》卷一〇三《刑法志二·户婚》。
③ 《校注》，第164—165页。
④ 关汉卿：《赵盼儿风月救风尘》，《元曲选》，第193—205页。
⑤ 佚名：《朱太守风雪渔樵记》，《元曲选》，第859—881页。
⑥ 《通制条格》卷三《户令·娘家所由》，《校注》第153页。
⑦ 《元典章》卷一八《户部四·婚姻·休弃·离异买休妻例》。
⑧ 《元曲选》，第203—205页。

休书，上面写道："任从改嫁，并不争论。"并有"左手一个手模"①。应该指出的是，大德七年（1303）发生一起离婚案件，"东昌路王钦因家私不和，画到手模，将妾孙玉儿休弃归宗。伊父母主婚，将本妇改嫁殷林为正妻。王钦却行争悔"。刑部认为，"王钦虽画手模将妾休弃，别无明白休书，于理未应……今后凡出妻妾，须用明立休书，即听归宗，似此手模，拟合禁治"，中书省批准。②据此可知，原来用"画手模"休弃妻妾的做法是流行的，到大德七年（1303）才被禁止，要求必须"明立休书"。元代休书的文本已不可见，推测大德七年（1303）前的休书应是在纸上写明休妻或妾，写明"任从改嫁，并不争论"，画手模（五个指头）为证。大德七年（1303）后的休书则写明休妻或妾，除上述文字及本人手模外，还应有相关人氏的签名或手模，并经官府印押认可。《救风尘》《渔樵记》中的休书是前一种，如在大德七年（1303）以后，就不能在打官司时作为证据了。

元代文献中常见"卖休买休"字样。丈夫以休弃为名卖妻称为卖休，他人出钱要丈夫休妻称为买休。至元八年（1271），御史台的一件文书中说："陕西道按察司申，'体知得京兆府一等夫妇不相安谐者，卖休买休'。若不禁断，败坏风俗。"③这是因夫妻不和引发的买卖妻子。杂剧《赵盼儿风月救风尘》中，妓女宋引章被周舍诱骗成亲，屡遭毒打，写信回家向姐姐赵盼儿求救。赵盼儿对宋母说："奶奶，我有两个压被的银子，咱两个拿着买休去来。"宋母回答道："他说来，有打死的，无卖休买休的。"④赵盼儿的意思是将银子给周舍，让他休妻，以此使宋引章获得自由，即买休。这对周舍来说就是卖休，但周舍坚持不肯"卖休买休"。"卖休买休"实际上是一回事。至元三十一年（1294）御史台的一件文书说："山东廉访司申：去岁灾伤，百姓饥荒，以致父子兄弟离散，质妻鬻女，不能禁止。又有指称买休，明受其价，将妻嫁卖。礼部议得：'父子夫妇，人伦至重，比年阙食，往往嫁卖，俱系违法，拟合禁约。'都省准呈。"⑤这是因贫困收钱卖妻，却用休弃的名义。桂阳路（路治今湖南桂阳）谭八十一"为过活生受，写立休书，得讫谭四十三财钱，将妻阿孟转嫁与本人为妻。据谭八十一与本妇已是义

---

① 《元曲选》，第 868 页。
② 《通制条格》卷四《户令·嫁娶》，《校注》第 173 页。
③ 同上书，第 174 页。
④ 《元曲选》，第 198 页。
⑤ 《通制条格》卷四《户令·嫁卖妻妾》，《校注》第 194 页。

绝，又系卖休买休，俱各违法"。地方官府判处"谭四十三与阿孟离异归宗，其谭八十一元受财钱依数追没相应。各人罪犯已经钦遇释免。别无定夺"①。在这起案件中，谭四十三是买休，谭八十一是卖休。无论是夫妻不和或是贫穷导致的卖休买休，都是用钱赎买的，女性完全成了商品。

二 再嫁

离婚的妇女以及夫死的寡妇，都会面临改嫁的问题。从秦汉到宋朝，尽管有人提倡守节，但妇女再婚为社会所认可，再嫁妇女一般不受歧视。② 到了元代，一则是前代社会风气的延续，二则是受蒙古收继婚的影响，女性再嫁无论在"汉地"或是南方，都是普遍存在的。大德七年（1303）江南行御史台的一件文书中说"江南风俗浇薄……夫亡不嫁者，绝无有也"。③ 至大四年（1311）上都留守的一件呈文中说："妇女夫亡守节者甚少，改嫁者历历有之，乃至齐哀之泪未干，花烛之宴复盛。伤风败俗，莫此为甚。"④ 由两件文书可以看出，无论南北，妇女改嫁都是社会风气认可的。元末诗人陈高感叹道："烈女无异志，兹事今罕闻。风俗日以降，朝寡暮求姻。"⑤ 可与以上文书相证。郑州（今属河南）妇女尹氏的例子很可以说明问题。郑州霍耀卿，妻尹氏。"至元间，尹氏夫耀卿殁，姑命其更嫁。尹氏曰：'妇之行一节而已，再嫁而失节，妾不忍为也。'姑曰：'世之妇皆然，人未尝以为非，汝独何耻之有？'尹氏曰：'人之志不同，妾知守妾志尔。'姑不能强。"⑥ 从这段对话可以看出，妇女再嫁不仅是普遍的，而且为社会舆论所认可，并不认为是可耻的事情。大剧作家关汉卿的名作《望江亭中秋切脍》中，作者着力描绘一个机智勇敢的女性谭记儿，便是夫死再嫁的寡妇。⑦ 元代的日用类书《新编事文类要启札青钱》刊载有妇女再嫁的《聘启》和《回启》，⑧ 另

---

① 《元典章》卷一八《户部四·婚姻·休弃·离异买休妻例》。
② 董家遵：《从汉到宋寡妇再嫁习俗考》，《中国古代婚姻史研究》（1934），广东人民出版社1995年版；张邦炜：《宋代妇女再嫁问题探讨》，《宋代婚姻家族史论》，人民出版社2003年版第149—180页。
③ 《元典章》卷四二《刑部四·谋杀一·误杀·打死强要定亲媒人》。
④ 《元典章》卷一八《户部四·婚姻·官民婚·命亡夫死不许改嫁》。
⑤ 陈高：《不系舟渔集》卷三《汪节妇诗三首》，《散乡楼丛书》本。
⑥ 《元史》卷二〇〇《列女传》。
⑦ 《元曲选》，第1656—1669页。
⑧ 《新编事文类要启札青钱》别集卷三《婚礼门》，影日本德山毛利家藏元泰定本。

一种日用类书《事林广记》载有《夫亡无子告据改嫁状式》。① 这些文书格式堂而皇之出现在当时流行的日用类书中，正是再婚普遍和社会舆论认可的明证。

　　社会各阶层女性都存在再婚现象。富贵之家虽然衣食无虞，但夫妻生活是人类正常的生理和心理要求，而且在男性为中心的社会里，妇女寡居有诸多的不便，特别是容易受人欺凌，因而即使是富贵人家的离异女性或夫死寡妇亦很自然向往再婚。陶宗仪记录叶县军人李清之妻张春儿殉夫事，为之感叹道："春儿生长寒微，不闲礼节，而知夫妇大义如此。顾世之名门巨族，动以衣冠自眩，往往有夫骨未寒而求匹之念已萌于中者，岂不为春儿万世之罪人也与！"② 另一位元末文人孔齐说："表兄沈教授圭常言：'妇女以不嫁为节，不若嫁之以全其节。兄弟以不分为义，不若分之以全其义。'此论若浅近，然实痛切，盖因不得已而立是言也……今大家巨族往往有此患，守志之不能终，阴为不美，同居之不能久，心怀不平，未若此言之为愈也。"③ 可见名门巨族的女性企求再婚亦是普遍的。至于贫困的家庭，寡妇生活更是备极艰辛。当时有人说："妇人之苦，莫苦于家贫、子幼而夫早丧。"④ 元、明之际著名作家宋濂说："呜呼，妇之青年丧夫最号多艰。傥居贵富，家有仆媵足以备驱役，阊庐足以蔽风雨，粟帛足以供衣食，犹可自安。苟或茕茕吊影，室如悬罄，忍寒夜织，机声与候虫齐鸣，达曙不休，自非铁石心肠，未必不为之动也。"⑤ 宋濂笃信理学，写了不少颂扬妇女贞节的文章，但他不得不承认守节对妇女特别是贫家妇女来说是很艰难的事情。上述夫亡无子申告改嫁的《状式》中写道：夫亡无子，"当目户下别无事产可以养赡，委是贫难生受。若不具告给据改嫁，情实寡居过活生受"。这种因贫困而被迫改嫁的状况相当普遍，所以才会列为一种《状式》。应该说明的是，女性再嫁一般并不需政府批准，但对于夫亡无子的人户来说，妇女再嫁就意味着这一户在户籍上消除，所以要经官府核准。

　　元朝政府尽管提倡贞节，但对妇女再婚一般采取比较宽容的态度。只对几种情况加以限制：

---

① 《事林广记》（至顺本）别集卷四《公理类告状新式》。
② 陶宗仪：《辍耕录》卷二〇《夫妇同棺》。
③ 《至正直记》卷二《妇人不嫁为节》。
④ 梁寅：《刘节妇传》，《石门先生集》卷三，清光绪十五年（1889）刊本。
⑤ 宋濂：《宋文宪公全集》卷二七《五节妇汤氏传》。

1. 服内改嫁

元朝沿袭前代的制度，妇女在夫死后需要守制三年（实为二十七个月），守制期满后，便可改嫁。① 如在守制期改嫁，就要断罪判离。至元十五年（1278）漳州路（路治今福建漳州）妇女杜阿吴丈夫在正月十二日病死，二十八日便改嫁他人。被告发后，判决杜阿吴"杖断七十七下，听离，与女真娘同居守服，以全妇道"。后夫、媒人分别杖断四十七下、四十下。② 后来类似的案例，改嫁妇女杖断六十七下，离异。媒人等亦断罪。③ "守服"就是守制。

2. 朝廷命妇

至大二年（1309）九月，元武宗在立尚书省的诏书中宣布，对官员父母妻子行封赠之制。④ 至大四年（1311）上都留守上言："见今尚书省奏准封赠流官父母妻室，颁行天下，妇人因夫子得封郡县之号，即与庶民妻室不同。既受朝命之后，若夫子不幸亡殁，不许本妇再醮，立为定式。如不遵式，即将所受宣敕追夺，断罪离异。"他的建议得到礼部和中书省批准施行。⑤ 延祐三年（1316）中书省颁发"封赠通例"，其中规定："妇人因夫、子得封者，不许再嫁。"⑥ 到了延祐四年（1317），又有监察御史提出："除蒙古人外，汉人职官正室如系再醮失节之妇，不许受封。庶几士夫之家敦尚节义，妇人女子亦知有耻。"亦经皇帝批准施行。⑦ 不许受封妇人再嫁和不许再嫁之妇受封，实际上是一回事。应该指出的是，尽管朝廷一再重申不许命妇再嫁，仍有命妇公然反对："某帅妻诣官自陈，愿上所受封，比齐民得自嫁。"⑧ 这位"帅妻"是很有勇气的。当然，她敢于这样做，主要还是当时再嫁在社会上并不受歧视。

此外，朝廷还不许几种妇女再嫁：一种是交趾（今越南北部）出征军人的家属。至元二十六年（1289）广南宣慰司的一件文书中说："出征交趾军

---

① 《元典章》卷一八《户部四·婚姻·嫁娶·舅姑不得嫁男妇》。
② 《元典章》卷一八《户部四·婚姻·服内婚·焚夫尸改嫁》。
③ 《元典章新集》《户部一·婚姻·服内成亲·夫亡服内成亲断离与男同居》；《至正条格·断例》卷八《户婚·居丧嫁娶》。
④ 《元典章》卷一一《吏部五·职制·封赠·流官五品以上封蹭》。
⑤ 《元典章》卷一八《户部四·婚姻·官民婚·命妇夫死不许改嫁》。
⑥ 《元典章》卷一一《吏部五·职制·封赠·流官封赠通例》。
⑦ 《元典章》卷一一《吏部五·职制·封赠·失节妇不封赠》。
⑧ 程文：《节妇汪夫人传》，《新安文献志》卷九八。

人多有隔绝溃散，各家为见久不回还，父母将各军妻小改嫁，以致分居，殆失人伦，咨请定夺。"礼部认为，"出征军人未知存亡，抛下妻小，其父母不合一面改嫁，合咨本省改正。仍将主婚人等断罪相应"。中书省批准这一意见。① 这个问题带有普遍性，对于其他地区出征军人家属也应是适用的。还有一种是两广官员的遗孀。大德三年（1299）广东道廉访司的一件文书中说："切见广东烟瘴重地，北来官员离家万里，不伏水土染病身死者不可胜数。抛下妻妾不能守志，改适他人，将前夫应有资财人口席卷而去。亡殁官员骨肉未寒，家私人口已属他人。况在广亡殁官员老小，出广已有应付站船定例，如蒙行移合属，严加禁约，今后在广仕宦官员，若有身故抛下老小，听从本处官司依例起遣还家，不得擅自改嫁。如有违犯事发到官，断罪听离。前夫家私若有散失，勒令赔偿。"礼部同意这一建议，中书省批准。② 需要指出的是，这个规定是不许官员遗孀在广东改嫁，要将她们起遣回家，至于回家以后改嫁，则不在限制之列。

第三节　贞节观的流行和节妇

上一节讲到，元代女性再嫁现象是很普遍的。但另一方面，励节自守、不愿再嫁者亦有之。《元史》的《列女传》中便载有数十人，其他文献（主要是元人文集中）亦有不少节妇的事例。节妇都是"少年丧夫，处人之所难堪"③。有的甚至是"未及合卺"夫死守寡。④ 她们平时过着"屏脂泽不御，寒幌青灯，孤影相照"的生活。有的孤身一人，无依无靠，挣扎度日。有的含辛茹苦，上养公婆，抚育子女。如乌伤（今浙江金华）楼氏在夫死后"断发誓不食他姓，家日单，冻馁交攻，当风雪凄楚，青灯夜织，鸡再号，犹轧轧闻机杼声，人弗能堪，夫人裕如也"⑤。寡妇是社会的弱势群体，她们还要应付来自各方面的种种压力和骚扰。值得注意的是，从有关节妇的记载来看，守节者多数受到父母、公婆或族人的压力，要求她们改嫁，仅《元史·列女传》所载即有十余例，由此亦可见当时的风气，以及守节之不易。

---

① 《元典章》卷一八《户部四·婚姻·军民婚·出征军妻不得改嫁》。
② 《元典章》卷一八《户部四·婚姻·官民婚·广官妻妾嫁例》。
③ 宋濂：《宋文宪公全集》卷三三《柳氏二节妇传》。
④ 张养浩：《张文忠公文集》卷二三《节妇柳氏传》；《元史》卷二〇一《列女传二》。
⑤ 宋濂：《宋文宪公全集》卷四三《贞则堂记》。

宋濂作文歌颂婺州（今浙江金华）节妇楼氏时感叹道："求如夫人者，十或不能二三。"① 总的来说，元代守节者的比例是偏少的。

秦汉以来，历代王朝大多一方面对再婚采取宽容的态度，一方面又提倡贞节，两者并行不悖。元朝政府沿袭这种做法。对再婚的宽容，见上一节所述，在提倡贞节方面，则有一系列的政策。至元八年（1271）二月的圣旨中宣布："妇女夫亡守志并欲归宗者听，其舅姑不得一面改嫁。"至元十三年（1276）蒲台县一妇女夫亡不愿改嫁亦不与小叔续亲，户部提出处理意见："今后似此守志妇人，应继人不得搔扰，听从所守。如却行召嫁，即各断罪，仍令收继。"中书省同意。② 以上两条规定都是承认妇女有守志的权利，不许他人干扰。

旌表节妇的举措，始于何时有待查考，但至迟在至元五年（1268）到至元九年（1272）间已实行。③ 至元十年（1273）二月，监察御史报告说，大都居民魏阿张"孝奉老姑，守节不嫁，钦依圣旨事意，官为养济。仍令除免差役，更加旌表，以励风俗"，得到中书省批准。④ 可知此时对"节妇"已有"旌表"和"除免差役"等优待措施。但是，在相当长的一段时间内，元朝政府从中央到地方对于贞节的表彰并不热心，大多是虚应故事，常被富强之家用来作为规避差役的一种手段。

到了元成宗铁穆耳时期（1295—1307），元朝政府提倡守节的力度有所加强。唐、宋时期，妇女再嫁或归宗（回娘家）可以带走原来的嫁妆。进入元代，仍然如此。成宗大德七年（1303）徽州路总管朵儿赤建议：

> 随嫁奁田等物，今后应嫁妇人不问生前离异、夫死寡居，但欲再适他人，其元随嫁奁田财产，一听前夫之家为主，并不许似前般取随身。

礼部审议认为："除无故出妻，不拘此例，合准已拟相应。"中书省批准礼部的意见，下发各地。⑤ 随嫁奁田财产，历来归妇女所有，夫家无权干预。

---

① 宋濂：《宋文宪公全集》卷四三《贞则堂记》。
② 《通制条格》卷三《户令·夫亡守志》，《校注》第 148 页。
③ 王恽：《秋涧先生大全集》卷八五《论节妇雷姑状》，按，此状作于王恽任监察御史时（1268—1272）。
④ 《通制条格》卷一七《赋役·孝子义夫节妇》，《校注》第 516 页。
⑤ 《元典章》卷一八《户部四·婚姻·夫亡·奁田听夫家为主》。

例如，义乌（今属浙江）楼约，妻王氏，有女名妙清，王氏召内侄王堃入赘。"然王氏爱妙清甚，乃于湖塘上造屋一十七间，别置薪山若干亩，蔬畦若干亩，腴田若干亩，召妙清夫妇谓曰：'此皆吾捐嫁赀所营，毫发不以烦楼氏，今悉畀尔主之，尔其慎哉。'"① 可知嫁赀和夫家财产是有严格区别的。现在寡妇和离婚妇女再嫁，原来属于她的妆奁财物都要被剥夺，留归夫家所有。这是中国历史上首次明确禁止妇女携带妆奁再嫁的法令，实际上是从经济上对妇女再嫁加以限制。紧接着，大德八年（1304）正月的诏书中称："妇人服阕守志者，从其所愿。若志节卓异，无可养赡，官为给粮存恤。"② 这是现在所见首次以朝廷的名义明确表示要对节妇提供资助。同年八月，礼部呈文中说：

> 议得义夫、节妇，旌表门闾，本为激励薄俗，以敦风化。今各处所举，往往指称夫亡守志，不见卓然异行，多系富强之家，规避门役，廉访司亦不从公核实，以致泛滥。今后……举节妇者，若夫亡在三十之前，柏舟自誓，守志至五十以后，行露不侵。执节不回，如文宁女。临难不避，如义宗妻。似此之类，听各处保明。

中书省研究认为：

> 义夫、节妇、孝子、顺孙旌表门闾，本欲敦民俗而厚风化，必得行实卓越、节操超绝者，方可垂劝将来。迩者各处官司不详此意，往往不核名实，泛常保举，以致谬滥，甚非所宜。今后举节妇者，若三十已前，夫亡守志。至五十以后，执节不易，贞正著明者，听各处邻佑、社长明具实迹，重甘保结，申覆本县，牒委文资正官，体覆得实，移文附近不干碍官司，再行体覆，结罪回报。凭准体覆牒文，重申保结，申覆本管上司，更为核实保结，申呈省部，以凭旌表。仍从监察御史、廉访司体察，如是富强之家，别无实迹，慕向虚名，营求保举，规避门役，及所保谬滥不实，即将邻佑、社长并元保体覆官吏，取招治罪。③

---

① 宋濂：《宋文宪公全集》卷二一《王氏义祠记》。
② 《通制条格》卷三《户令·夫亡守志》，《校注》第148页。
③ 《通制条格》卷一七《赋役·孝子义夫节妇》，《校注》第517—518页。

原来的节妇表彰弊端甚多，元朝政府进行改革，明确了节妇的标准，必须三十以前守志、五十以后不嫁，才具备条件。① 同时制定了旌表的步骤，先由基层的邻佑、社长申报，本县查实，再由附近官司复核，申报到本管上司（行省、路），再上报中书省礼部。中间还要经过监察部门调查核实，的确符合标准，没有作弊，才能旌表。如有不实，邻佑、社长和有关官吏都要治罪。标准和步骤的确立，意味着将节妇旌表制度化，这在中国历史上也是首次。

根据以上法令，妇女如守节，便可保留属于自己的妆奁，可以得到旌表，受社会的尊重，可以免除差役，家境困难的甚至会得到一定的资助。如果改嫁，就会丧失奁田财物，这样改嫁者只能孤身进入新的家庭，将会处于难堪的地位。而整顿称号的做法，无疑会提高"节妇"称号获得者的荣誉感。成宗朝接连发布的几项法令，从不同方面推动了守节行为的发展。

以上所说成宗朝几项政策法令出台的背景是不清楚的，很可能两方面的因素起了作用：一方面，理学在元代日益兴盛，理学家重视守节的思想对政府制定有关政策法令产生影响。另一方面是蒙古人对家庭和婚姻的观念。蒙古人认为，妇女结婚以后即是夫方家族的财产，死去丈夫的妇女只能由本家族成员收继，其财产亦不能转移到家族之外。提出再嫁妇女要将妆奁留于夫家建议的朵儿赤应是蒙古人或色目人，他的想法显然受到蒙古观念的启示，其出发点与江南原有的婚姻习惯不同，却产生了推动守节的效果。②

此后，武宗至大二年（1309）九月，尚书省上奏说：

> 有各省咨将文书来，为妇人夫亡不于夫家守志，却他家爹娘家去了，服内接受别人羊酒财钱，一面改嫁去了也。俺商量的，他爹娘重要了两遍财钱有。元娶的男妇的翁婆根脚里羊酒段匹钞定取来，是他孩儿死了，更将他男妇要了财钱改嫁去了。为这般上头，渐渐的翁婆家消乏了也。今后妇人夫亡，自愿守志，交于夫家守志。没小叔儿续亲，别要改嫁呵，从他翁婆受财改嫁去呵，怎生？

---

① 元代后期许有壬说："法：三十前夫亡，六十后不嫁，表厥宅里。"（《至正集》卷五五《田氏墓志铭》）

② 参见［美］柏清韵《元代的收继婚与贞节观的复兴》，《宋元时代的法律思想与社会》，台北编译馆1999年版，第387—428页。

武宗批准了这一建议。① 上面说过,至元八年(1271)二月的圣旨允许寡妇"归宗"(回娘家)守节,"其舅姑不得一面改嫁"。新的法令则规定妇女必须在夫家守节,这样,再嫁的聘礼不归娘家而改归夫家,实际上意味着改嫁必须由夫家翁婆做主。再嫁财礼归夫家可以说是寡妇再嫁将奁田财物留在夫家规定的延伸,两者都是将妇女视为家族的财产,都是为了维护夫家的利益。"1309年的法令奇怪地汇合了草原文化和儒家理想的要求,史无前例地支持黄幹对寡妇的理想:在夫家守节和侍奉公婆。"② 在客观上同样起到限制再嫁和提倡守节的作用。

早在世祖忽必烈时代,程朱理学便受到朝廷的重视,在社会上的影响也不断扩大。贵溪(今属江西)的一位普通妇女便"尝叹美程子'孀妇饿死事小、失节事大'之语"③,真定南宫(今属河北)军户李兴战死,有人劝其妻赵氏改嫁,赵氏也说:"饿死事极小,失节事为大。生何以立于世,死将何以见其夫于地下。狗彘之行,吾不为也。"④ 可见理学家的贞节观念已相当普及。元代中期相继公布的上述政策法令,更有力地推动了贞节观念的传播。元代中期起,贞节观的影响较之以前有明显的扩大,具体表现在以下几个方面:一是收继婚的限制和取缔(见第五章第一节)。元朝前期政府以法令形式在汉人、南人中推行收继婚,实际上是对贞节观念的否定。收继婚在汉人、南人中受到不同程度的抵制,因而收继的范围不断缩小。至顺元年(1330),元朝政府正式在汉人、南人中取缔收继婚,无疑有助于守节行为的扩展。二是守节行为日益受到社会的重视。据《元史·文宗纪》记载,文宗一朝(1328—1332)受朝廷旌表的节妇即有20余人,这是以前诸帝的《本纪》中没有的。⑤ 元代后期文人歌颂守节行为的诗文较之前期作者的同类作品明显增多。前期可以王恽的《秋涧先生大全集》为例,此书共100卷,数量之大在元人文集中是罕见的,但其中有关节妇的文章仅2篇,另有诗4首。后期可以《宋文宪公全集》为例(宋濂由元入明,但他所记人物大多活动于元代),此书共53卷,内收有关节妇的文章20余篇。两者相比,变

---

① 《元典章》卷一八《户部四·婚姻·嫁娶·舅姑得嫁男妇》。
② [美]柏清韵:《元代的收继婚与贞节观的复兴》,《宋元时代的法律思想与社会》,第421页。黄幹是朱熹的女婿和门人,他有关婚姻和守节的言论,在柏清韵文中有所论及。
③ 吴澄:《吴文正公集》卷三六《贵溪翁十朋故妻李氏墓志铭》。
④ 陈敬:《李节妇赵氏传》,《全元文》第31册,第127页。
⑤ 《元史》卷三二—三六《文宗纪一—五》。

化是很明显的。三是蒙古、色目妇女中也有人讲究贞节。著名的有蒙古贵族鲁国大长公主祥哥剌吉，"孀寡守节，不从诸叔继尚"①。色目女性有于阗（今新疆和田）人萨法理，出身上层家庭，29岁时丈夫去世，守寡26年，"准律，可旌其门，曰贞节"②。民间亦有一些例子，如"贞妇火雷，蒙古人，寓滨之渤海。其夫幢兀带殁于军。誓曰：'夫，天也，天可背乎！'由是养姑抚遗息唯谨，逮今四十年。有司上其行，旌其门闾"③。蒙古、色目人中盛行收继婚，现在改而守节不嫁，这个变化是巨大的，无疑是受朝廷政策的影响。

总的来说，有元一代，妇女再嫁现象是具有普遍性的，但是贞节观念日益流行，元朝中期以后，守节的事例不断增加。元亡明兴，朱元璋继承了元朝的节妇标准和旌表办法，以及再嫁必须将妆奁留给夫家等规定，从而使妇女守节逐渐成为一种社会风气，再嫁者常受社会所鄙视。妇女守节和再嫁是一个问题的两面，是妇女社会地位的重要标志。守节的盛行和再嫁的减少，标志着妇女地位的进一步没落，这个变化可以说是从元代开始的。

除了守节不嫁的节妇之外，有一些女性"以夫死不忍独生"，以死从夫。④ 还有一些女性在战乱中为保全贞节而自杀或他杀。她们往往被文人称为烈妇或贞妇，⑤ 但亦可称为节妇。⑥ 贞妇、烈妇和节妇几种名称实际上没有多大区别。⑦ 政府对于自杀或他杀以全贞节的女性没有另外的规定，通常仿照节妇的旌表办法，她们中有的人可得到"褒表""赐钱赠谥"和"旌门复役""给钱助葬"等待遇。

第四节　族际婚姻

有元一代，政府将境内居民分成四等级，即蒙古、色目、汉人、南人。

---

① 《元史》卷三三《文宗纪二》。
② 马祖常：《石田文集》卷一四《容国夫人萨法理氏碑铭》；《元史》卷二〇〇《列女传一》。
③ 刘敏中：《中庵集》卷一九《贞妇火雷诗》，《北图古籍珍本丛刊》影印清抄本。
④ 《元史》卷二〇一《列女传二》。
⑤ 见宋濂《宋文宪公全集》卷四九《蒋贞妇传》《宋烈妇传》。
⑥ 金华谢敖在战乱中自杀，被称为节妇，见王祎《王忠文公集》卷二三《谢节妇传》。
⑦ 烈妇的称呼似更广泛，军人妻刺虎救夫，亦称烈妇。见赵孟頫《松雪斋文集》卷三《烈妇行》；任士林《松乡文集》卷四《烈妇胡氏传》，清光绪刊本。

这是有意制造民族矛盾，用以加强统治。在婚姻方面，政府规定："诸色人同类自相婚姻者，各从本俗法。递相婚姻者，以男为主，蒙古人不在此限。"① "递相婚姻"即各族之间通婚，这是允许的。"以男为主"是说此类婚姻的礼俗以男方为准，男方是色目，即按色目婚俗；男方是汉人，即按汉人习俗；但如女方是蒙古人，则不受此限制。这项规定，意在显示蒙古人的特殊地位。皇帝的后妃主要是蒙古女性，"劝君莫笑穹庐矮，男是公侯女是妃"②。亦有少数是色目人和高丽人，主要是在元代中期以后。正皇后一定是蒙古人，而且大多出于弘吉剌部。到顺帝时才有变化。顺帝的第一个皇后是钦察（属于四等人中的色目）人，第二个皇后也出于弘吉剌部，第三个皇后是高丽（属于四等人中的汉人）人。皇族女儿的婚姻，亦有严格的限制。"元室之制，非勋臣世族及封国之君则莫得尚主。"③ "勋臣世族"主要是蒙古人，也有一些色目人，如汪古部的首领。"封国之君"则是归附蒙古的一些政权首脑，如畏兀儿亦都护、高丽国王等。畏兀儿属于四等人中的色目。高丽属于第三等级的汉人，但高丽王室归附蒙古较早，故得到优遇。

　　蒙古贵族、官僚的婚姻范围，同样以蒙古族内部为主，但与色目、汉人通婚亦有相当比重。有的学者根据现存文献统计，元代蒙古四大家族（开国元勋博尔术、博尔忽、木华黎、赤老温）中，与皇族（成吉思汗家族的后裔）结亲有21例，与成吉思汗所封95千户的后裔（包括四大家族）联姻有16例，与其他蒙古家庭联姻有13例，与色目联姻有2例，与汉人联姻有8例。另氏族不详17例。可见，四大家族的婚姻对象以皇室和其他蒙古显贵为主，其中少数色目、汉人可考者亦是显宦之家。④ 顺帝元统元年（1333）科举考试录取进士100人，内有蒙古25人。其中母为汉人、南人者15人，为蒙古、色目者7人，缺载3人。妻为汉人、南人者10人，为蒙古、色目者4人，未娶7人，缺载4人。⑤ 能够考取进士的蒙古人一般应出身受中原

---

① 《通制条格》卷三《户令·婚姻礼制》。
② 杨允孚：《滦京杂咏》卷上。
③ 《元史》卷一○九《诸公主表》。
④ 萧启庆：《元代四大蒙古家族》，《元代史新探》，台北新文丰公司1983年版，第190—204页。
⑤ 萧启庆据《元统元年进士录》统计，原书少数文字残缺，故统计不完全。见萧氏《元代科举与菁英流动》，《元朝史新论》，第185页（台北允晨文化实业公司1999年版）。需要说明的是，萧氏统计只列"蒙古色目"与"汉人"两类。中选的蒙古进士有些来自江南。他们的母、妻很可能是南人，所以加上南人。

传统文化影响较深的中等官宦家庭，他们的婚姻状况不一定有代表性，但至少可以说明，到元代中期以后，蒙古官宦中与其他民族通婚的现象是相当多的，和上层蒙古贵族有明显的差别。义乌（今属浙江）王坚入赘楼约家，生两女，一女出嫁，另一女"延泰不华为赘婿，生一子野仙"。楼约"诸孙渊以女善归之"[①]。蒙古人泰不华、野仙两代都与南人通婚。楼家是个富裕的家庭，泰不华情况不详，野仙曾攻读儒书，出任江西宪府（肃政廉访司）奏差等职。似可作为蒙古普通家庭人物与南人通婚之例。至于蒙古下层劳动者中间，与其他民族通婚的现象应该更多。

色目人除了"同类"（即同族，如汪古、畏兀儿、回回等）自为婚姻外，与蒙古、色目中的其他种类乃至汉人通婚相当普遍，与南人通婚比较少见。汪古、畏兀儿的首领家族世代与成吉思汗家族通婚。钦察将领土土哈、创兀儿、燕铁木儿祖孙三代均有多妻，其中有的出身皇族，有的来自蒙古弘吉剌部、塔塔儿部[②]。在元统元年（1333）考取的进士中，有色目进士25人，其中母为汉人、南人者12人，为蒙古、色目者10人。妻为汉人、南人者6人，为蒙古、色目者7人，有5人未婚。另有若干记载残缺。[③] 可以看出，这批色目进士中，以汉人、南人和以蒙古、色目为通婚对象的，大体持平，与汉人、南人通婚的数量还不如蒙古进士。和蒙古进士的状况一样，色目进士一般出身受中原传统文化影响较深的中等官宦家庭，这类家庭与汉人、南人通婚的情况大概要比一般色目家庭高一些。

色目中层与其他民族的婚姻范围，还可以一个党项家族为例。至正十六年（1356）濮阳（今属河南）党项人崇喜请国子司业潘迪撰写《唐兀公碑铭》一文，记录自己家族的历史。[④] 这个家族是隶属于山东河北蒙古军都万户府的探马赤军户，世代任百户，家境富裕。第一代唐兀台，其妻九姐，族属不详。第二代闾马，妻哈剌鲁氏。第三代男5人，内4人娶汉姓妇女6人，另1人娶乃蛮氏。女1人，嫁哈剌鲁氏宝童。第四代男15人，内1人早死，1人未娶，其余13人中娶汉姓妇女9人，娶旭申氏2人，娶哈剌鲁氏、乃蛮氏、怯烈氏各1人（内1男先娶李氏，李氏死后续娶旭申氏）。女6人，分别嫁哈剌鲁氏（3人）、乃蛮氏、蒙古氏，另1女嫁武卫亲军千户所达鲁

[①] 宋濂：《宋文宪公全集》卷二一《王氏义祠记》。
[②] 虞集：《道园类稿》卷三八《句容郡王世绩碑》。
[③] 萧启庆：《元代科举与菁英流动》，《元朝史新论》，第185页。
[④] 见《元代西夏遗民文献（述善集）校注》，甘肃人民出版社2001年版，第137—152页。

花赤长安，族属不明，应为蒙古或色目人。第五代男21人，女14人，多数未婚，已婚男性分别娶哈剌鲁氏、高氏、乃蛮氏。已婚女性分别嫁旭申氏、国子生燕山、儒士间间、山东河北蒙古军都万户府镇抚宝宝、左翊蒙古侍卫关柱。后4人族属不详，但应是蒙古或色目则无问题。哈剌鲁、乃蛮均属色目，旭申又作许慎、许兀慎，与怯烈均属蒙古。

崇喜家族几代人的婚姻状况，有以下几个方面值得注意：第一，这个家族与蒙古以及其他色目人有密切的婚姻关系。山东河北蒙古军都万户所辖部队由不同民族组成，主要是蒙古人和色目人，统一战争结束后，定居在河南、山东、河北交界处，其成员的婚姻很自然地首先在万户府内部选择对象。第二，这个家族与汉人通婚的比重很大。蒙古制度，军人可携带家属出征，但总的来说有家属的军人仍是不多的。大批军人一旦定居下来，成家立业，在万户府这个群体内必然发生女性不足的问题，只能设法与当地土著通婚。这应是不少汉族女性进入这个家族的原因。第三，这个家族中女性出嫁的对象，均是蒙古、色目人，而男性娶妻则有不少汉族妇女。这种现象并非偶然，而是民族歧视和妇女地位低下的表现。在元代色目人、蒙古人和汉人、南人的相互婚姻中，这种情况是带有普遍性的。也就是说，元代行四等人制，蒙古、色目地位在汉人、南人之上，蒙古、色目的女子嫁给汉人、南人的少，蒙古、色目男子娶汉人、南人女子则是比较常见的事。①

在色目中占有重要地位的回回人，信奉伊斯兰教，他们一般都在内部通婚，不与其他宗教信徒通婚。但是元代确实存在少数回回人与汉人、南人通婚的现象，杨志玖先生曾举出4例，分别是：阿鲁浑人哈只哈心妻荀氏，其子哈散妻张氏。西域班勒纥人伯德那妻李氏。于阗人勘马剌丁妻蒋氏、周氏、龙氏。回回人职马禄丁妻冯氏。② 除了以上4例外，还有其他例子。元顺帝元统元年（1333）录取的进士中，明确记载为回回人氏的有5人，他们是：慕卨、乌马儿、穆古必立、阿都剌、剌马丹。另有答失蛮氏1人（默合谟沙），穆速鲁蛮氏1人（脱颖）。"答失蛮"即伊斯兰教士，"穆速鲁蛮"即穆斯林，因此这2人亦应归入"回回"之列。以上7人中，母为汉姓妇女者4人。婚姻状况记载不清4人，未婚1人。娶汉姓妇女1人。其中脱颖的

---

① 陈高华：《述善集两篇碑传所见元代探马赤军户》，《庆祝何兹全先生九十岁论文集》，北京师范大学出版社2001年版，第456—470页。

② 《元代回汉通婚举例》，见《元史三论》，人民出版社1985年版，第156—162页。

母亲胡氏，娶杜氏，两代皆与汉族通婚。① 元代回回人之所以与汉人、南人通婚，原因有二：一是回回人来到中原，以男性居多，女性很少，因而不得不求偶于其他民族。二是元代不少回回人很有权势，"彼等或以权势强娶汉女，汉人或以慕其权势，嫁女与之，皆有可能"②。值得注意的是，当时的"回汉通婚全为回人娶汉女，而不见回女之嫁汉人"。造成这种现象的原因是多方面的，如当时回回女性过少，回回的生活习惯、宗教信仰与汉人不同等。上面说过，元代四等级之间的通婚，大多为蒙古、色目的男性娶汉人、南人的女性，反之则不多。上述回回人的婚姻也证明了这一点。除了宗教等原因外，民族歧视和男女不平等也是起作用的因素。

四等级中的汉人包括北方的不同民族，有汉、女真、契丹、渤海等，高丽亦在汉人之列。四等级中的南人，主要是南方的汉族，还有其他少数民族。汉人、南人中各族的婚姻范围，以本族内部为主，元统元年（1333）科举考试录取的汉人、南人进士共50名，配偶均为汉姓女性。便是一个很好的例子。③ 但汉人、南人中的各族之间相互通婚，亦为数不少，特别是北方汉人各族之间。有的学者对元代文献中有关记载加以统计，契丹、女真、高丽、渤海女子嫁给汉族（包括北方和南方的汉族，但以北方为主）有43例，而汉族（同前）女子嫁契丹、女真、高丽、渤海者有57例。嫁娶之间，相差不大。文献记载都是个别的例子，汇合在一起也不足以全面反映汉人、南人内部各族之间的通婚情况，但至少可以看出这种情况确是相当普遍的。文献中所见汉人、南人与蒙古、色目之间通婚的例子更多一些。汉族（包括南北，主要是北方）娶蒙古女子和色目女子各有30例，而汉族（同前）女子嫁蒙古有52例，嫁色目人有110例。④ 这和前面所说四等级通婚的情况是一致的。

汉人和蒙古、色目的通婚，也有比较特殊的例子。耶律楚材之子、中书左丞相耶律铸有妻7人，她们分别是粘合氏、也里可温真氏、赤帖吉真氏、雪尼真氏、奇渥温真氏（二人）、瓮吉剌真氏。⑤ 耶律铸是契丹人，契丹人

---

① 萧启庆：《元统元年进士录校注》，《食货月刊（复刊）》（台北）第13卷第1、2期。
② 《元代回汉通婚举例》，《元史三论》。
③ 萧启庆：《元统元年进士录校注》，《食货月刊（复刊）》（台北）第13卷第1、2期。
④ 洪金富：《元代汉人与非汉人通婚问题初探》，《食货月刊（复刊）》（台北）第6卷第12期，第7卷第1、2合期。
⑤ 赵天民：《耶律公墓志铭》，《北京市文物研究所藏墓志拓片》，北京燕山出版社2003年版。

是北方汉人的一种。在他的7位夫人中，粘合氏是女真人，也里可温真氏属于色目，其余赤帖吉真氏、雪尼真氏、奇握温真氏（二位）、瓮吉剌真氏均是蒙古人，耶律铸的家庭与蒙古宫廷有密切关系，他可以说是蒙古化了的契丹人，受到蒙古皇室的恩宠。赤帖吉真氏即蒙古六皇后所赐。① 奇渥温真氏之一是皇族斡真大王（成吉思汗之弟）的孙女，由忽必烈指定下嫁的。② 从现存的文献来看，耶律铸的婚姻可以说是很罕见的，很难再找到类似的例子。同样与蒙古宫廷有密切关系、任上都留守的贺仁杰，却对宫廷赐婚抱另一种态度："前夫人刘卒，宫中欲女以国人，公以汉人不可偶是巨族，娶从圣武西征留使郑公师真之孙。"③ "国人"就是蒙古人。贺仁杰以汉人不宜与蒙古贵族联姻为理由，谢绝了宫廷指婚。

南人（主要是南方的汉族）和蒙古、色目通婚的也有一些例子。但比起北方的汉人来，南人与蒙古、色目通婚的明显要少，在上述关于汉族婚姻的统计中，汉族男子娶蒙古女性共30例，可考的南方汉族只有4例。汉族娶色目女性亦30例。可考的南方汉族为2例。汉族女性嫁蒙古共52例内可考的南方汉族3例。汉族女性嫁色目110例，内可考的南方汉族4例。④

元代中期，顺德路总管王结说：

> 闻府中人家亦有苟贪财贿，甘与异类为婚者。此乃风俗薄恶，家法污秽之极，可羞可贱，而他处所无有也。然皆父母兄长之过，闻吾言而思之，岂无愧耻之心哉。呜呼，良家女子安忍配偶异类之身乎！今后凡议婚姻，钦依元定聘财，选择气类相同良善之家……则人伦渐明、风俗渐厚矣。⑤

元末溧阳（今江苏溧阳）人孔齐说：

> 先人居家，誓不以女嫁异俗之类，尝曰："娶他之女尚不可，岂可

---

① 危素：《危太朴文续集》卷二《耶律公神道碑》。
② 马利用：《奇渥温氏墓志铭》，《北京市文物研究所藏墓志拓片》。
③ 姚燧：《牧庵集》卷一七《贺公神道碑》。
④ 洪金富：《元代汉人与非汉人通婚问题初探（一）（二）》。文中"汉人"即北方汉族，南人即南方汉族。
⑤ 王结：《文忠集》卷六《善俗要义》。

以己女往事,以辱百世之祖宗乎!"盖异类非人性所能度之,彼贵盛则薄此,必别娶本类以凌辱吾辈之女,贫贱则来相依,有乞觅无厌之患。金陵王起岩最无远识,以女事录事司达鲁花赤之子某者,政受此患,犹有不忍言者。世上类此者颇多,不能尽载。则我赵子威先生如此显仕有力量远识,一时为所误,尚使其女怀终身之恨。世俗所谓非我同类其心必异,果信然也。可不谨哉!①

王结、孔齐所说"异类",显然是指蒙古、色目而言的。他们反对汉族女性嫁给蒙古、色目,是民族感情的表现,但也说明这种情况是相当多的。元朝是个统一的多民族国家,南北都出现各民族杂居现象,各民族之间接触增多,必然导致族际婚姻的发生和发展。而元朝政府实行民族压迫和民族歧视的政策,又必然会激发反对族际婚姻的情绪。

以上对元代各民族之间通婚的情况作了简单的叙述,可以看出:(1)元代族际通婚现象是相当普遍的。(2)元代族际通婚,主要是蒙古、色目男性娶汉人、南人的女性,而汉人、南人男性娶蒙古、色目女性则不多,这与元朝推行民族压迫和民族歧视政策有密切的关系。

---

① 孔齐:《至正直记》卷三《不嫁异俗》。

第五章　女性与婚姻(下)

第一节　收继婚

　　草原上的蒙古人通行收继婚。所谓收继婚，即丈夫死后留下的寡妇，可由其丈夫的亲属再娶为妻。这种习俗在北方游牧民族中是很流行的。其原因是保护氏族或家族的财产不会因寡妇再嫁而流失。① 教皇使节加宾尼报道说：蒙古男子"在他们的父亲去世以后，可以同父亲的妻子结婚，弟弟也可以在哥哥去世以后同他的妻子结婚，或者，另一个较年轻的亲戚也视为当然可以娶她"。随后他指出说的是"后母"②。13世纪50年代访问草原的教士威廉·鲁不鲁乞也有类似的记述。③ 子收父妻是异辈收继，弟收兄妻是平辈收继。成吉思汗有一个宠妃木哥哈敦，在他死后，窝阔台和察合台都想收继，结果窝阔台取胜，④ 木哥成为窝阔台的三皇后。这是异辈收继的例子。平辈收继也很普遍。早在成吉思汗以前，蒙古人中已有"收嫂为妻"之例。⑤ 成吉思汗的后裔，察合台汗国的君主哈剌—旭烈兀去世，其堂弟阿鲁忽嗣位，便娶哈剌—旭烈兀的遗孀兀鲁忽乃哈敦为妻。⑥ 进入中原以后，在蒙古人收继婚的习俗仍然保留了下来。世祖之女囊家真，"适纳陈子帖木儿，再适帖木儿弟蛮子台"⑦。纳陈是弘吉剌部首领，世代尚主。囊家真"再适"，无疑

---

① 恩格斯：《家庭、私有制和国家的起源》，《马克思恩格斯选集》第4卷，人民出版社1995年版，第123页。
② 《出使蒙古记》，第8页。
③ 同上书，第121—122页。
④ 《史集》卷一第一分册，第244—245页。
⑤ 《蒙古秘史》卷二。
⑥ 《史集》卷二，第168页。
⑦ 《元史》卷一○九《诸公主表》。

是弟收兄嫂。① 元朝末代皇帝顺帝时,中书平章阔阔台有"侧室高丽氏",阔阔台死,高丽氏守节,其"正室子拜马朵儿赤说其色,欲妻之而不可得"。便去贿赂当朝太师伯颜,"伯颜特为奏闻,奉旨命拜马朵儿赤收继小母高丽氏"。高丽氏不从,伯颜"以为故违圣旨,再奏命省、台泊侍正府官鞫问……锻炼备极惨酷"②。皇帝下旨收继,不从竟遭刑讯,说明蒙古人的收继婚是受到官方许可和保护的。迁到江南的蒙古人,仍保持这一习俗。"俞俊,其先嘉兴人,今占籍松江上海县。娶也先普化次兄丑驴女。也先普化长兄观观死,蒸长嫂而妻之。次兄丑驴死,又蒸次嫂而妻之,俊妻母也。"③所谓"蒸长嫂""蒸次嫂"是汉人的观念,实际上就是弟收兄嫂。

元朝末年,不断有人建议禁止蒙古人的收继婚,如监察御史乌古孙良桢"以国俗父死则妻其从母,兄弟死则收其妻",不合纲常,建议禁止,"不报"④。至正十五年(1355)蒙古大斡耳朵儒学教授郑咺也提出同样的建议,又被置之不理。⑤ 乌古孙良桢是女真人,按当时的四等人制应属于汉人,郑咺应是南人或汉人,他们居然敢对"国俗"加以非议,受到冷淡是很自然的。当然,由于和汉人相处日久,受到中原传统礼俗的影响,在蒙古女性中也有人反对收继、讲究贞节,最有名的是元朝中期鲁国大长公主祥哥剌吉(见第四章第三节)。⑥

从现存的一些记载来看,色目人中的畏兀儿、汪古、党项、回回等族都有收继的习俗。据波斯史家记载,"按蒙古和畏兀儿的风俗,有权娶其父妻,跟她婚配"。畏兀儿人阔里吉思的父亲去世,继母要改嫁。阔里吉思向畏兀儿人首领亦都护(一种称号)提出控告,亦都护便要"执行旧法",即由阔里吉思收继。后来因他放弃这一权利,继母才得改嫁。⑦ 窝阔台汗将阿勒真别吉许配给亦都护巴而术阿儿忒的斤,"但在把她送给亦都护以前,亦都护

---

① 据《元史》卷一一八《特薛禅传》,纳陈之子斡罗陈尚囊加真公主,斡罗陈死,弟帖木儿袭封。帖木儿死,弟蛮子台袭封,"亦尚囊家真公主"。所述与《诸公主表》有出入。但存在嫂兄弟婚是无疑的。
② 陶宗仪:《辍耕录》卷一五《高丽氏守节》。
③ 陶宗仪:《辍耕录》卷二八《醋钵儿》。
④ 《元史》卷一八七《乌古孙良桢传》。
⑤ 《元史》卷四四《顺帝纪七》。
⑥ 关于元代蒙古人中的收继婚,洪金富先生有详细的讨论,见《元代的收继婚》,收在《中国近世社会文化史论文集》(台北"中研院"史语所1992年版)中。
⑦ [波斯]志费尼:《世界征服者史》,第586页。

已不在人世。后来，他的儿子怯失迈失入朝，成为亦都护，与阿剌真别吉成婚"①。这实际上也是异辈收继。以上两例都发生在畏兀儿本土。进入中原以后的畏兀儿人仍保持这种婚俗。忽必烈统治时，畏兀儿人真定路达鲁花赤起台不花娶刘氏，起台不花病死，其弟"踵故俗，迫以再醮"，刘氏求助于太子真金得免。②可见收继婚仍然盛行。汪古部在统一草原过程中站在成吉思汗一边，成吉思汗将自己的女儿阿剌海别吉嫁给汪古部首领阿剌兀思剔吉忽里。阿剌兀思剔吉忽里在内乱中被杀，成吉思汗便将阿剌海别吉赐给其长子不颜昔班。不颜昔班死，转嫁其堂兄镇国。镇国死，又转嫁给不颜昔班之弟孛要合。阿剌海别吉"一人四醮"，其中有异辈收继，又有平辈收继。③党项人原来就有收继的风俗，到了元代仍然如此，马可·波罗说，甘州（今甘肃张掖）的党项居民仍可娶"其父已纳之妇女为妻，然从不娶其生母"④。

回回在元代色目人中占有重要地位。回回人中也流行收继婚。前面说过，大都路女子阿赊凭媒说合，许给阿里之子狗儿，下过定礼。狗儿病死，阿里命狗儿之弟收继，阿赊不愿，告到官府。官府向宗教人士征求回回大师的意见，按"回回体例"处理，判决阿赊家退还一半财钱。⑤曹州（今山东菏泽）回回女子法都马夫死，夫弟阿散要收继，但法都马情愿守志，"与男同居当差"。官府判决不收继。⑥由此两案例可知，回回人实行收继婚，但如女方不愿，亦可免收继。

顺帝后至元六年（1340）七月，元朝政府"禁色目人勿妻其叔母"⑦。收继"叔母"的情况极少见，也许是"庶母"之误。由这项法令可以看出：（1）直到此时，收继婚仍普遍存在于色目人中。（2）不管是"叔母"或是"庶母"，这项法令显然是对色目人中的异辈收继加以限制，而同辈收继显然仍是许可的。

汉族实行一夫一妻制，但允许娶妾，已见前述。无论是异辈收继或是同辈收继，在汉族传统的道德观念看来，都是绝对不许可的。元代四等人中的汉人，包括北方的汉族和女真、契丹、渤海、高丽等族。在金朝统治时期，

---

① ［波斯］志费尼：《世界征服者史》，第 50 页。
② 刘敏中：《中庵集》卷四《将作院使哈飒不华昭先碑铭》。
③ 周清澍：《汪古部与成吉思汗家族世代通婚关系》，《文史》第 12 辑。
④ 《马可·波罗行纪》，第 129 页。
⑤ 《元典章》卷一八《户部四·婚姻·夫亡·未过门夫死回与财钱一半》。
⑥ 《元典章》卷一八《户部四·婚姻·不收继·守志·妇不收继》。
⑦ 《元史》卷四〇《顺帝纪三》。

女真人仍流行收继婚。① 女真"旧俗，妇女寡居，宗族接续之"②。这种风俗对金朝统治下的汉、渤海等族也有影响。金朝的法律规定"同类自相犯者，从本俗法"；"汉儿、渤海不在接续有服兄弟之限"，也就是不许收继。③ 但到大定九年（1169）正月，金世宗下诏："汉人、渤海兄弟之妻，服阕归宗。以礼续婚者听。"④ 就是说，汉族和渤海族的妇女在丈夫死后守服期满可以回娘家，但亦允许"以礼"收继。实际上是放松了对汉、渤海族收继婚的限制。由此可知，当时除女真族之外，汉、渤海族中亦应有收继现象存在。金、元之际连年兵火，北方社会动荡，人们原有的道德观念受到很大冲击。再加上蒙古、色目人大量内迁，各族杂居，风俗习惯互有影响。因此，元代北方的汉人中间，收继婚比起金代来更为普遍。至元八年（1271）以前，因收继导致的社会矛盾时有发生。官府在处理时似无统一的标准，有时许可收继，有时则引用"旧例"即金朝法律加以禁止。至元六年（1269），军户许德的赘婿刘瘦汉病死，引起纠纷。中书省判决刘瘦汉之弟刘犍犍收继。⑤ 至元八年（1271）二月发布的圣旨条画中规定："诸色人同类自相婚姻者，各从本俗法。"⑥ 此项规定与"旧例"同，即汉人不应收继。但到了同年十二月，中书省的一件文书中说："今月初八日，答失蛮、相哥二个文字译该：小娘根底、阿嫂根底休收者，行了文字来。奏呵。圣旨：疾忙教行文书者，小娘根底、阿嫂根底收者。么道。圣旨了也。"这件文书是说，原来颁发过文书，不许子收父妾（小娘）和弟收兄嫂，现在皇帝有旨，立即颁发文书，允许子收父妾、弟收兄嫂。皇帝的圣旨明显是针对汉人而发的。不许收小娘、嫂的文书和二月圣旨条画是一致的，为什么到此时突然明文允许汉人实行收继婚，其原因是不清楚的。自此以后，政府的政策导向，使收继婚在北方汉人中更加流行开来。

从后来发生的一些案例来看，当时北方汉人中收继的情况多种多样，有异辈收继，包括子收父妾、侄收婶母，也有同辈收继，包括兄收弟妻、弟收兄嫂等。但元朝政府认可的，只有弟收兄嫂一种形式。大德八年（1304）

---

① 唐长孺：《金代收继婚》，《山居存稿》，中华书局1989年版，第485—488页。
② 脱脱等：《金史》卷六四《贞懿皇后李氏传》，中华书局点校本。
③ 《元典章》卷一八《户部四·婚姻·不收继·汉儿人不得接续》。
④ 《金史》卷六《世宗纪》。
⑤ 《元典章》卷一八《户部四·婚姻·收继·弟收嫂出舍另居》。
⑥ 《通制条格》卷三《户令·婚姻礼制》，《校注》第143页。

"蒙古军驱"王火你赤死后,"本使"(驱口主人)要将其寡居的妻子配与王火你赤的亲侄王保儿为妻,礼部认为王保儿是"有姓汉人","侄收婶母,浊乱大伦,拟合禁止",中书省同意。① 王火你赤是蒙古军的驱口,他的"本使"无疑是蒙古人。按照蒙古人的观念,"侄收婶母"是允许的。但王火你赤是汉人,按照汉人的观念,这种行为是违犯伦理道德,是不允许的。礼部和中书省的判决,实际上是禁止异辈收继,就亲属关系而言,子收父妾比侄收婶母更近,无疑也在禁止之列。不仅如此,兄收弟妻亦不允许:至元十二年(1275)南京路总管田大成"收继弟妻阿赵",被兵部认为"废绝人伦,实伤风化,量情拟断八十七下,罢见职,阿赵拟断五十七下,与大成断异"。至元十四年(1277),高平县张义奉母命"将弟妻收继",官府认为"若不惩诫,浊乱典礼",判决一百七下,弟妻九十七下,离异,其母及说合人亦分别处五十七下、三十七下。② 大德十一年(1307)上都路(路治今内蒙古正蓝旗)刘君祥"收继弟妻","杖断离异"③。同是兄收弟妻量刑却有差别,可能因为田大成是官员之故。"一百七下"是杖刑中最高级,可知此类案件判决是很重的。排除了异辈收继和兄收弟妻,得到政府认可因而流行的只有弟收兄嫂一种形式。即使是弟收兄嫂,也加了限制,例如妇女自愿守节即可免予收继。④ 元朝政府禁止异辈收继的理由是"浊乱大伦",禁止兄收弟妻的理由是"浊乱典礼",但按照中原传统的伦理观念,弟收兄嫂同样是不允许的。元朝政府为什么作这样的区分,有关部门并没有明确的解释。

南人亦受到收继婚的影响。元朝的制度,军户需世代出丁当军,或出钱津助军役。元贞二年(1296)龙兴万户府属下的新附军人崔福去世,其妻阿王将女梅姑嫁与民户张提领为妻。江西行省认为:"军人正身亡殁,户下弟侄儿男理合承替军役。所据抛下妻室,若有必合收继者,依例收继。如有应收之人,拟合照依腹里婚嫁军人妻女,从其所愿相应。"⑤ 新附军是原南宋的军人,龙兴路治是今天的江西南昌。也就是说,为了保证南方的新附军人家庭有人承当军役,元朝政府允许他们可以和北方汉军一样,实行收继婚。延祐二年(1315),浙东道廉访司的一件文书中说:"绍兴路等处因值饥荒,典

---

① 《元典章》卷一八《户部四·婚姻·收继·收小娘阿嫂》。
② 《元典章》卷一八《户部四·婚姻·不收继·兄收弟妻断离》。
③ 《元典章新集·户部·不收继·兄收弟妻断离》。
④ 《通制条格》卷三《户令·夫亡守志》,《校注》第118页。
⑤ 《元典章》卷一八《户部四·婚姻·军殁妻女嫁例》。

卖妻室。其夫既已身死，适人之后，已有所出男女。前夫小叔又欲争理收继，即与常例收嫂事理不同，合准所言革拨。"礼部、中书省都表示同意。① 可知浙东绍兴路一带存在收继婚现象。延祐五年（1318），江阴州（今江苏江阴）缪富二"收继弟妇阿雇为妻"，"缘兄纳弟妻，大伤风化"，判决缪富二杖一百七下，阿雇九十下，离异。② 兄娶弟妻亦是收继，但在元朝却是违法的，见上述。总的来说，南方收继婚并不普遍：一则因为改朝换代以后南方原有的社会组织没有大的变化；二则由于蒙古、色目人迁入江南的为数有限，其影响比起北方要少得多。③

收继婚完全把女性看成男方家族的财产，根本不关心女性的要求和利益。女大男小，年龄悬殊，是收继婚中经常发生的现象。而对于抗拒收继的女性，男方则常常采用暴力手段，迫使女方就范，对妇女的身心都造成极大伤害。利州（今辽宁喀喇沁左翼蒙古族自治县）妇女阿段，夫死后在父家守志八年。"其叔田长宜赚去伊家，先令弟田禄儿看门，次唤［弟］田五儿将本妇两手捉拿，亲行用棍打拷，及揪捡头发，剥去衣服，强行奸讫。"④ 这是用暴力收继的事例，其性质之恶劣是显而易见的。

在汉人、南人中实行收继婚，与中原传统伦理截然相反，再加上它对女性的种种伤害，因此，很多女性对之持反对的态度。比较常见的是以守节来逃避收继，有的甚至以死来抗拒。例如内黄（今属河南）王氏，夫死守节，公婆劝其再醮，不从。"舅姑乃欲以族侄与继婚，王氏拒不从。舅姑迫之力，王氏知不免，即引绳自经死。"⑤

成宗时郑介夫向朝廷上书，其中说：

> 古者叔嫂不通问，所以别嫌疑，辨同异。今有兄死未寒，弟即收嫂，或弟死而小弟复收，甚而四十之妇而归未冠之儿。一家骨肉，有同聚麀。兄方娶妻而弟已有垂涎其嫂之想，嫂亦有顾盼乃叔之意。妻则以死期其夫，弟则以死期其兄，闺门之丑，所不忍言。旧例止许军、站续，又令汉儿不得收，今天下尽化为俗矣。若弟可收嫂，则侄可收婶，

---

① 《元典章》卷一八《户部四·婚姻·不收继·兄亡嫂嫁小叔不得收》。
② 《元典章新集·户部·婚姻·不收继·兄收弟妻断离》。
③ 杨毅：《说元代的收继婚》，《元史论丛》第5辑，中国社会科学出版社1993年版。
④ 《元典章》卷一八《户部四·婚姻·收继·田长宜强收嫂》。
⑤ 《元史》卷二〇〇《列女传》。

甥可收妗，子可收母，伯可收弟妇，但有男女之具者，皆可为种嗣之地。纵意所为，何所不至？此风甚为不美。除蒙古人外，所宜截日禁断。有兄亡而嫂愿改志及守志者并听。如收以为妻则比同奸罪更加一等。此可以厚风俗之二也。①

郑介夫建议除蒙古人外禁止收继，主要是指汉人、南人而言。当时未被接受。随着时间的推移，元朝统治上层受中原传统文化的影响不断加深，对收继婚的态度也发生变化。元朝中期民间编纂的法律文书汇编《元典章》，其中"户部"有"收继"门，收录了上述至元八年（1271）十二月允许收继的圣旨，另有"叔收兄嫂"案例7件，内6件发生在至元六年（1269）、九年（1272）、十年（1273），均得到政府有关部门的认可，只有延祐五年（1318）一起"田长宜强收嫂"案，被判有罪。事实上，至元十年（1273）傅望伯收嫂案和延祐五年（1318）"田长宜强收嫂"案，情况类似，都是采取强奸的手段，迫使女方就范。但前者判决是"合准已婚，令傅望伯收继为妻"。后者则是"田长宜所招罪犯，比依凡人强奸无夫妇人减等，杖断九十七下"。两种判决结果反映出对收继婚采取明显不同的法律标准。

元仁宗时编纂、并在英宗至治三年（1323）正式颁布的《大元通制》是一部法典。此书的《条格》"户令"部分，收录了元朝政府有关婚姻礼制的种种法令。其中"夫亡守志""收嫂""收继婶母"三门，均与收继婚有关。"夫亡守志"共4例，均许妇女在夫亡后守志不改嫁，其中一例户部同意妇女"不改嫁亦不与小叔续亲"，"今后似此守志妇人，应继人不得搔扰，听从所守"。"收嫂"门共8例，情况各不相同，但判决结果都是不许收嫂。"收继婶母"门只有上述王保儿收婶一例。更值得注意的是，上述至元八年（1271）十二月允许收继的圣旨却没有收入。作为一部法典，《大元通制》所收案例是各级政府审判时的重要依据。它的内容说明，到了仁宗、英宗时期，朝廷对于收继婚的态度是有保留的，是不提倡的。这和世祖时代明显不同。更大的变化发生在元文宗时期。至顺元年（1330）九月，"敕：'诸人非其本俗，敢有弟收兄嫂、子收庶母者坐罪。'"②敕书的全文是：

---

① 《元代奏议集录（下）》，第75页。
② 《元史》卷三四《文宗纪三》。

至顺元年九月二十三日，中书省奏："御史台备着监察每文书，俺根底与将文书来：'汉人殁了哥哥，他的阿嫂守寡其间兄弟每收继了多有。似这般呵，体例里不厮似一般有。如蒙定拟禁治'的与将文书来的上头，教礼部定拟呵。'今后汉人、南人收继庶母并阿嫂的，合禁治。'么道。定拟行有。依他每定拟的，教行呵，怎生？"奏呵。

奉圣旨："那般者。"

钦此。刑部议得："今后似此有犯男子、妇人，各杖八十七下，主婚者笞五十七下，媒合人四十七下。聘财一半没官，一半付告人充赏。虽会赦犹离之。"都省准拟。①

收继婚原来与中原传统文化相抵触，缺乏社会基础，现在朝廷又明令取缔，因而在汉人、南人中间很快就消失了。

顺帝时期编纂并发布的《至正条格》，是继《大元通制》以后的又一部法典。《至正条格》分《条格》和《断例》两部分，《断例》卷八《户婚》收录的都是关于婚姻的案例，但无一例与收继婚有关，这与《通制条格》是明显不同的。说明到此时收继婚已经不再是社会问题了。

第二节　典雇婚

典雇是中国古代常见的经济关系。典是借钱时以物作抵押，约定期限，到期加利息还钱取物。若以人作抵押则称为典身。雇是"以钱物召人应役也"②。也就是受人使唤，以换取一定数量的钱、物。人身典和雇有共同点，被典雇者原来是良人，但在约定的典雇期限内人身是不自由的，要归典雇者支配，被典雇者可以得到一定的钱、物作为报酬。因此，当时常常以典雇并提。凡以典雇的方式缔结的婚姻便称为典雇婚。

典雇男女之风由来已久，元代有人称之为"亡宋旧弊"③，其实可以追溯到更早。元代主要在南方盛行。"江淮之民，典雇男女。习以成俗。"④

---

① 《至正条格·断例》卷八《户婚·禁收庶母并嫂》。
② 徐元瑞：《吏学指南》，浙江古籍出版社1988年版。
③ 《元典章》卷五七《刑部十九·诸禁·禁典雇·典雇立周岁文字》。
④ 《元典章》卷五七《刑部十九·诸禁·禁典雇·典雇男女》。

"江南风俗浇薄，妇人有夫，尤受雇于人。"① 典雇男子，称为雇工人。典雇女子，则有两类不同的情况：一类是将妻子典雇与人；另一类是将女儿典雇与人。前一种典雇由丈夫做主，后一种典雇由家长做主，但无论哪一种典雇，被典雇者都成了换取钱财的抵押品。

一　将妻子典雇与人

至元二十七年（1290）五月，户部的文书中说："吴越之风，典雇妻子，成俗已久。"② 这是指贫穷人家将妻子典雇与人，其中有的成为婢女，供人使唤。如袁州路（路治今江西宜春）彭六十"为家贫将妻阿吴立契雇与彭大三使唤，三年为满，要讫雇身钱五贯足"③。有的则典雇为妻妾，即成为典雇者的生活伴侣。至元二十九年（1292）六月，浙东道廉访司的一件文牒中说：

> 盖闻夫妇乃人之大伦，故妻有齐体之称，夫亡无再醮之礼。中原至贫之民，虽遇大饥，宁与妻子同弃于沟壑，安得典卖于他人！江淮混一十有五年，薄俗尚且仍旧，有所不忍闻者。其妻既入典雇之家，公然得为夫妇，或为婢妾，往往又有所出。三年五年，限满之日，虽曰还于本主，或典主贪爱妇之姿色，再舍钱财，或妇人恋慕主之丰足，弃嫌夫主，久则相恋，其势不得不然也。轻则添财再典，甚则指以逃亡。或有情不能相舍，因而杀伤人命有之。即目官法，如有受钱令妻与人通奸者，其罪不轻。南方愚民，公然受价，将妻典与他人，数年如同夫妇，岂不重于一时令妻犯法之罪？有夫之妇，拟合禁治，不许典雇。若夫妇一同雇身，不相离者听。④

御史台将此件文牒转送中书省。礼部研究建议："将有夫妇人禁约典雇相应。"中书省批准，转发各地。从这件文书可以看出，当时江南穷困之家常将妻子典雇与人，有的成为典雇者的妻子，有的成为典雇者的婢、妾，时间一般为三至五年。期限一到，再还归本主。但是，将妻子典雇与人作妻

---

① 《元典章》卷四二《刑部四·诸杀一·误杀·打死强要定亲媒人》。
② 《通制条格》卷四《户令·过房男女》，《校注》，第192页。
③ 《元典章》卷五七《刑部十九·诸禁·禁典雇·典雇官为收赎》。
④ 《元典章》卷五七《刑部十九·诸禁·禁典雇·禁典雇有夫妇人》。

妾，违反汉族传统的道德观念。而且这种婚姻关系一旦缔结，典雇者、被典雇的妇女和妇女的丈夫之间，便形成了复杂的关系。年限满后，这种关系往往尖锐化，影响甚至破坏家庭和社会的安定。因此，至元二十九年（1292）元朝政府明令加以取缔。后来又曾多次重申，如大德六年（1302）刑部的一件文书中说："诸人违例，将妻典雇，即系违法事理。"妻子"断与完聚"，"价钱合行没官"①。元英宗时，修《大元通制》（完成于至治三年，1323），其《条格·户令》"典雇妻室"门，将上述至元二十九年（1292）浙东道文牒删节收入。《元史·刑法志》中有一条规定："诸受钱典雇妻妾者，禁。其夫妇同雇而不相离者，听。"②这显然来自上述浙东道文牒。《元史·刑法志》是根据《经世大典》中的"宪典"修成的，《经世大典》是一部官修政书，完成于元文宗至顺二年（1331），也就是说，浙东道文牒关于禁止典雇妻子的意见和中书省的批复，一直是作为国家法令得到肯定的。元顺帝至正六年（1346）颁布的《至正条格》，其《断例》卷八《户婚》有"典雇妻室"目，内收至治二年（1322）的一件文书：

> 至治二年九月十六日，中书省奏："江浙省官人每备着信州路文书，俺根底与将文书来：'至元二十九年，世祖皇帝时分，御史台呈备浙东道廉访司文字：南方百姓典雇有夫妇人，不许典雇。夫妇不相离一同典雇的，教听者。么道。禁治呵，到如今为不曾定拟到决断他每的罪名例有。'么道。与将文书来的上头，俺教刑部定拟呵，'今后若有受财典雇妻妾与人的，决断五十七下，本妇离异归宗，元钱没官。和同的本夫本妇并雇主同罪。引领媒保人等减一等决断。主首、豪霸人等因催官物，或索私债，以力逼勒典雇为妻妾的，决断六十七下，本妇责付本夫完聚，不追聘财'。么道。教礼部官人每再行定拟呵，'合依刑部定拟的体例禁治'。么道。与将文书来有。依着他每定拟来的教行呵，怎生？"奏呵。
>
> 奉圣旨："那般者，教禁治者。"

元朝政府多次下令禁止典雇妇女，但没有制定具体的处罚标准，这次根

---

① 《元典章》卷五七《刑部十九·诸禁·禁典雇·典雇有夫妇人赃钞》。
② 《元史》卷一〇三《刑法志二·户婚》。

据信州路和江浙行省的要求，中书省定拟，受财典雇妻妾的，雇主和被典雇的夫妇都答五十七下，夫妇离异，聘财没官。被迫典雇的，雇主杖六十七下，本妇付还本夫，不追聘财。

但值得注意的是，《元史·刑法志》中又有一条规定："诸雇人之妻为妾，年满而归，雇主复与通，即以奸论。"① 此项规定强调被雇年限到期回家后，雇主再与之发生性关系，要以奸论罪。至于"雇人之妻为妾"这件事本身。并无处罚的明文，显然是默许的。这和上述规定，明显是矛盾的。可以看出，元朝政府对于典雇妻妾的禁令，并不是很严格的。事实上，户部在处理此类案件时就曾表示："吴越之风，典妻雇子成俗久矣，前代未尝禁止，况遇饥馑之年，骨肉安能相保？"并不想认真追究。② 因而贫穷人家典雇妻子的现象一直存在。

二 将女儿典雇与人

将女儿典雇与人作妾、婢，同样风行于江浙一带。典雇妻子主要是贫穷所致，典雇女儿则比较复杂，有的因为贫穷，有的则以此为生财之道。"湖之长兴民俗生女则教琴筑歌舞，长利技色事人取赀，岁满则质他室。"③ "湖之长兴"即湖州路长兴县，属浙西。元末有人说："浙西风俗之薄者，莫甚于以女质于人，年满归，又质而之他，或至再三然后嫁。其俗之弊，以为不若是，则众诮之曰'无人要'者。盖多质则得物多也。苏、杭尤盛。"④ 有一首《钱塘歌》，写的就是这种情况："钱塘女儿十四五，鸦鬓垂肩学歌舞。黛眉染得吴山青，争把琵琶按新谱。婚期全不尊礼经，典与豪家侑尊俎。数年限满复相离，儿女相逢不相睹。妖娆再入豪家去，验色论财若夷虏……色衰嫁作良人妻，不事耕蚕愿生女。徒闻礼乐百年兴，吴越之风难复古，吴越之风难复古。"⑤ "钱塘"即杭州，属于浙西。女儿从小学歌舞，典与豪门作妾婢，数年限满再入他家，虽有儿女亦不相认。年老色衰再嫁人为妻，只求生女再学歌舞。女儿反复典雇与人，成了父母的摇钱树。元初著名文人方回

---

① 《元史》卷一〇四《刑法志三·奸非》。
② 《元典章》卷五七《刑部十九·诸禁·禁典雇·典雇妻妾》。
③ 姚燧：《牧庵集》卷二五《梁公神道碣》。
④ 孔齐：《至正直记》卷二《娶妻苟慕》。
⑤ 杨子承：《钱塘歌》，顾嗣立、席世臣编：《元诗选》癸集，中华书局2001年版，第1660页。

长期生活在浙西,"得一小婢曰'半细',曲意奉之……未几,此婢满,求归母家。拳拳不忍舍,以善价取之以归"①。半细正是典雇的女子,典雇期满要回娘家,方回又出高价,继续典雇。

典雇女子需要双方签订文书,其格式如下:

雇女子书式

厶乡厶里姓厶

右某有亲生女名几姐今已年高,未曾嫁事,诚恐耽误前程,遂与妻阿氏商议,情愿托得某人为媒,将本女不立年限,雇与厶里厶人为妾,即日交到礼物于后:

金钗一对、采段一合

以上共折中统钞若干贯文,交领足讫,更无别领。所雇本女几姐的系闺女,未曾许事他人。即日凭媒雇与某人为妾,是某甘心情愿,于条无碍。如有此色,且媒人并自知当,不涉雇主之事。或女子几姐在宅,向后恐有一切不虞,并是天之命也,且某更无他说。今恐无凭,立此为用。谨书。

年月日　父姓某号书
　　　　母阿氏号
　　　　媒人姓某号②

这是一件雇女儿文书的样本。典女儿的文书亦应大体相同。文书中所说"礼物",要折成元代通行的中统钞(纸币的一种),实际上就是女儿的卖身钱。"向后恐有一切不虞,并是天之命也。且某更无他说。"其含义是,该女儿被雇为妾以后,发生一切变故(包括死亡),都是天命,家中再不能追究。这就是说,被典雇者的人身完全归典雇者所支配。其在家庭中的地位可想而知。这件书式中写的是"不立年限",实际上更多的应有具体年限。

元朝政府曾规定:"诸以女子典雇于人,及典雇人之子女者,并禁止之。若已典雇,愿以婚嫁之礼为妻妾者,听。"③据此则政府不但禁止典雇妻子,

---

① 周密:《癸辛杂识》别集上《方回》。
② 《事文类聚启札青钱》外集卷一一《公私必用》。
③ 《元史》卷一〇三《刑法志二·户婚》。

亦曾明文禁止典雇女儿。但上述禁令颁发的情况不可考，从现存的一些记载来看，元朝各级官府对于典雇妻子的行为有时还加以查究，对于典雇女儿的行为就更不认真了。

至元三十一年（1294）五月御史台的一件文书中说，监察御史报告"切见北方诸色人等，或因仕宦，或作商贾，或军人应役，久居江淮迤南地面，与新附人民既相习熟，将南人男女以转房乞养为名，亦有照依本俗典雇之例，聊与价钱，诱致收养。才到迤北，定是货卖作驱……若论江淮之民，典雇男女，习以成俗，止就南方自相典雇，终作良人，权令彼中贫民，从本俗法可也……此等北人，虽有文凭，俱宜禁绝"。御史台批准他的意见。① 可知当时来到江南的北方官员、商人、军人常以典雇为名，将南人子女贩运到北方，变卖为驱（奴）。这种做法被政府取缔。典雇女子的身份在典雇期间与驱口没有多大区别，但典雇期满后仍是良人，与驱口是不同的。元仁宗延祐二年（1315）正月，"禁南人典质妻子贩卖为驱"②，具体内容不详。但以"典质妻子"与"贩卖为驱"为一事，应即至元三十一年（1294）监察御史的建议。

第三节　赘婿婚

在以男性为中心的社会里，缔结婚姻通常都是女性嫁到男家，成为男性家族中的一员。无论一夫一妻制或多妻制、妻妾制都是这样，收继婚也都在夫家举行。但是也存在男性到女性家中成亲，在女性家中生活的情况。男性到女家成亲，称为"作赘"，女方家庭接受女婿上门，称为"召婿"。这种婚姻一般就称为赘婿婚。元代，赘婿婚在南、北都普遍存在。北方"作赘招婿之家往往甚多"③。在南方，诗人王逢说："秦俗行，云间弊滋甚矣。"④ 商鞅相秦变法，令民"家贫子壮则出赘"⑤，"秦俗"即指赘婿之风。"云间"即松江（今属上海）。王逢反对赘婿，故称之为"弊"。由"弊滋甚矣"，可以想见当地赘婿婚是很流行的。王逢的学生杨遂"世儒族"，也在出赘之列。

---

① 《元典章》卷五七《刑部十九·诸禁·禁典雇·典雇男女》。
② 《元史》卷二五《仁宗本纪二》。
③ 《通制条格》卷三《户令·婚姻礼制》，《校注》第140页。
④ 王逢：《梧溪集》卷六《送杨生遂出赘》。
⑤ 《汉书·贾谊传》。

江南其他地区招婿入赘亦很普遍。本书前面曾提到义乌楼约有女名妙清，招王垩入赘。有趣的是，"妙清生二子，俱早世，唯二女存。长曰琇，归同里大姓楼如浚。次曰莹，妙清以无嗣，留莹于左右，延泰不华为赘婿"①。两代女性都招婿上门，第二代还是蒙古人。又如，"钱孝女者，吴郡田家之女也。父母喜其性婉顺，纳婿与居"②。"吴郡"即平江（今江苏苏州）。元代杂剧兴盛，内容涉及赘婿婚者甚多，如《朱太守风雪渔樵记》《罗李郎大闹相国寺》《孟德耀举案齐眉》《散家财天赐老生儿》等，亦非偶然。

  赘婿婚的产生，由来已久。"赘"是以身抵押或以身偿值之意，赘婿就是无力措置聘礼，上门以身偿值。③ 从元代的实际情况来看，赘婿的实际情况比较复杂。至元八年（1271）九月，礼部的一件文书中说："目今作赘召婿之家往往甚多，盖是贫穷不能娶妇，故使作赘。虽非古礼，亦难革拨。此等之家，合令权依时俗而行。"④ 可知愿意作赘婿者，大多因家庭贫困，或儿子众多，难以支付聘礼。例如真定（今河北正定）张德林"兄弟众且贫，既长，遂赘婿于"同郡"多财无子"的董家。"董氏多财无子，委君家事。"⑤ 至元九年（1272）七月中书省的一件文书中说："议得民间富实可以娶妻之家，止有一子，不许作赘。若贫穷止有一子，立年限出舍者听。"⑥ 这件文书讲到出赘有富户子弟，亦有穷人之子。对于富户的独子，不许作赘。这是因为富户能支付娶妻的财礼，独子如出赘，会影响国家赋役的承当。贫穷之家难以支付财礼，故虽独子亦可作赘，只许立限出舍，在一定年限后回家支撑门户，应当赋役。但不许作养老女婿，以免原来家庭父母去世后"户绝"，造成国家户籍的流失。由这件文书看出，男子出赘并不限于贫穷之家，富户独子亦常有作赘者，多子家庭更不在少数。这一文书是在全国统一以前颁发的，针对的是北方农业区即"汉地"。南方情况大体相同，作赘者穷人子弟居多，但富户亦不乏其人。《至正直记》的作者孔齐，其父曾"宦游江、浙间"，可知应是官宦子弟。⑦ 他"亦尝为赘婿"⑧。又如昆山张功懋是

---

① 宋濂：《宋文宪公全集》卷二一《王氏义祠记》。
② 谢应芳：《龟巢稿》卷一八《钱孝女传》，《四部丛刊三编》本。
③ 陈鹏：《中国婚姻史稿》，第742页。
④ 《通制条格》卷三《户令·婚姻礼制》，《校注》第140页。
⑤ 宋本：《真定张君墓表》，《国朝文类》卷五六。
⑥ 《通制条格》卷三《户令·嫁娶》，《校注》第177页。
⑦ 《至正直记》卷二《赘婿俗谚》。
⑧ 《至正直记》卷二《收贮古刻》。

当地富户，生有四个儿子，第三、第四子均出赘。① 上述义乌楼约，招王埜入赘。王埜是楼约妻王氏的内侄，应是门户相当的两家富户联姻，却采取赘婿的形式。

总的来说，"民间召婿之家，或无子嗣，或儿男幼小，盖因无人养济"之故。② 但其中亦有贫有富。贫穷之家或无子，或儿子幼小，"家贫别无男儿养活"只好招婿上门支撑门户。③ 他们招的上门女婿，毫无例外都是穷人。富户和官宦人家，或因无子，或不舍女儿出嫁，招婿上门。尉氏（今属河南）边氏是兄弟聚居的大族，边贤"轻财尚义……人称其长者"；"无子，有女七人，其六人皆归名族。以第六女纳赘婿孙某承其家"④。无子多女，留一女招婿支撑门户。潍州（今山东潍县）辛德，"以农桑起家，勤俭致富"。有四子三女，幼子三人早卒，长子为北海盐酒河泊税课提领。"长及季女各适于人，二姐居室，招瞳人李聚为半子，作养老之资。"⑤ 辛德虽有一子，但外出做官，故仍留一女在家招婿。富户招召的上门女婿有的是穷人，如上述张德林；有的则是门户相当的子弟，例如上述义乌王埜。又如慈溪黄正孙，出身南宋官宦家庭。他的岳父陈著与正孙祖父黄震是南宋同科进士，"由太学博士知台州"。两家门第相当。黄正孙"年二十，出为赘婿，居十有七年乃归"⑥。他的入赘是世家大族之间的联姻，显然与贫穷无关。

元代的法学著作《吏学指南》中说："赘婿……今有四等焉：一曰养老，谓终于妻家聚活者。二曰年限，谓约以年限，与妇归宗者。三曰出舍，谓与妻室析居者。四曰归宗，谓年限已满或妻亡并离异归宗者。"⑦ 赘婿的四种名称，是按照他们后来的出路来区分的。养老女婿就是终身在女家居住，赡养女方父母。年限女婿是在女家生活一定年限，到期便夫妇一同回本家。出舍女婿是上门女婿到一定年限后与女家析产分居，可以分得女家一部分财产。归宗女婿是年限已满，而女方或死亡，或离婚，男方独自回本家。实际上，四种情况可分两类：一类是终身在女家，即养老女婿；另一类则在一定

---

① 谢应芳：《龟巢稿》卷一九《张处士墓志铭》。
② 《元典章》卷一八《户部四·婚姻·嫁娶·女婿在逃依婚书断离》。
③ 《元典章》卷一八《户部四·婚姻·嫁娶·携女适人从母改嫁》。
④ 黄溍：《金华先生文集》卷三〇《边氏崇孝阡表》。
⑤ 赵学正：《辛公迁葬之记》，《[民国]潍县志》卷四〇，转引自《全元文》第32册，第90页。
⑥ 黄溍：《金华先生文集》卷三六《慈溪黄君墓志铭》。
⑦ 徐元瑞：《吏学指南》。

年限后离开女家，即年限女婿。"出舍"和"归宗"也都是年限女婿。原来约定的年限到期后，可以出舍另居，也可以归宗即回到男方家中。至元八年（1271）三月有关户口的圣旨条画中为"招召女婿"专立一款，下分"养老女婿"和"年限女婿"两目。[①] 同年七月户部的一件文书将"招召女婿"分为"养老女婿"和"出舍年限女婿"两类。[②] 至元十年（1273）十二月户部的一件文书中说："民间召婿之家……内有女家下财，召到养老女婿，图藉气力。及有男家为无钱财，作舍居年限女婿。"[③] "出舍年限女婿"与"舍居年限女婿"实际上都是年限女婿。年限女婿的"年限"，似无明确的规定，而是由双方协商。从现存文献来看，似以10年以上居多。上述慈溪黄正孙，赘婿17年，这是已知年限最长的例子。但他的情况与多数赘婿有所不同。其次有15年[④]、13年[⑤]、12年[⑥]等。男子入赘女家一般是在成年以后。

　　至元三年（1266）五月，中书省札付："依准婚嫁元约，养老者听从养老，出舍者听从出离，各随养老、出离去处，应当军民差发。"至元六年（1269）三月，户部行文，要求"招召女婿"和一般婚姻一样，必须签订婚书。至元八年（1271）二月，中书省"奏定民间嫁娶婚姻聘财等事"。具体规定"品官"和"庶人"的聘财标准。同年七月，户部符文根据二月的规定，"议到下项事理"，经尚书省、中书省批准施行。一是"招召养老女婿照依已定嫁娶聘财等事减半，须要明立媒妁婚书成亲"；二是"招召出舍年限女婿，各从所议，明立媒妁婚书，或男或女，出备财钱，依约年限，照依已定嫁娶聘财等第，验数以三分中不过二分"[⑦]。同年九月，礼部拟定婚姻礼制，其中说："目今作赘召婿之家往往甚多……合令权依时俗而行。"[⑧] 至元九年七月，中书省又颁布独子家庭作赘的规定，见上述。[⑨] 一系列与赘婿有关的法令相继公布，说明这种婚姻形态的流行以及政府的重视。从这些法令可以看出，政府对赘婿婚是认可的，并多方加以规范，明确提出：一是要有

---

① 《通制条格》卷二《户令·户例》，《校注》第24—25页。
② 《元典章》卷一八《户部四·婚姻·婚礼·女婿财钱定例》。
③ 《元典章》卷一八《户部四·婚姻·嫁娶·女婿在逃依婚书断离》。
④ 同上。
⑤ 《通制条格》卷三《户令·收嫂》，《校注》第149页。
⑥ 《至正条格·断例》卷八《户婚·逐ránd嫁女》。
⑦ 《元典章》卷一八《户部四·婚姻·婚礼·女婿财钱定例、嫁娶写立婚书、嫁娶聘财体例》。
⑧ 《通制条格》卷三《户令·婚姻礼制》，《校注》第140页。
⑨ 《通制条格》卷四《户令·嫁娶》，《校注》第177页。

媒妁；二是订立婚书；三是要下聘财。也就是说赘婿婚应与一般婚姻有同样的规则，只是婚书内容有所不同。赘婿婚的婚书必须写明是养老或是年限，若年限必须明确具体期限。聘财数量与一般婚姻的差别是，养老女婿聘财减半，出舍女婿为三分之二。应该指出的是，至元八年（1271）七月户部符文中说，"或男或女，出备财钱"。另有规定说："养老女婿……成亲则女家下财，男家受礼"；"年限女婿……女家受财"。① 前面提到，至元十年（1273）户部的一件文书中说："内有女家下财，召到养老女婿，图藉气力。"可知养老女婿通常由女方下财。但亦有例外。至元五年（1268），妇女阿李"受讫张小二定物绢五匹，欲召伊男张二与［女］婆安作养老女婿"②。则养老女婿亦须交纳财礼。卫辉路（治今河南卫辉）王聚"定问到孟顺女玉儿，作一十三年女婿，下讫财钱中统钞五定、表里、头面等物，与孟玉儿成亲"③。这是出舍女婿下财礼的例子。至元七年（1270），大都路李仲和"受讫石驴儿财钱一十五两，召入舍为婿"④。亦是男方出财钱。石驴儿应是出舍女婿。

原来，赘婿婚的婚书上还要写明赘婿的义务和不尽义务的惩罚办法。义务主要是听从指教、勤力作活，应当差役。惩罚办法是：男方"不肯作活，不绍家业"，或逃亡在外，便可离婚改嫁。⑤ 至元十二年（1275），汶上县（今属山东）尹杜闰认为："厚立婚书之理，大抵防男女妄冒之期，与夫聘礼多寡之限，以杜其奸，非期夫妇永与不永为立之也。后世薄俗，故有是议，此当禁而不可启也。"中书省接受这一建议，"行下合属禁约，毋得似前于婚书上该写'如有女婿在逃等事，便同休弃'，等语句"⑥。

元朝政府为什么关注和规范赘婿婚？这是因为：（1）赘婿婚很普遍，影响很大。（2）赘婿婚有助于户籍和赋役的稳定。一个家庭如果户主去世，家中只有女性，或年幼的儿子，生活就会发生困难，承担国家赋役也会成为问题。招召女婿可以起支撑门户承担赋役的作用。上述至元三年（1266）中书省札付要养老、出舍人户随处"应当军民差发"，便可看出政府关注所在。至元八年（1271），妇女徐阿杜状告："伊男绵和身死，抛下儿女无人养赡，

---

① 《元典章》卷一八《户部四·婚姻·婚嫁礼书》。
② 《元典章》卷一八《户部四·婚姻·嫁娶·携女适人从母改嫁》。
③ 《至正条格·断例》卷八《户婚·逐婿嫁女》。
④ 《元典章》卷一八《户部四·婚姻·嫁娶·定婚女再嫁》。
⑤ 《元典章》卷一八《户部四·婚姻·嫁娶·女婿在逃依婚书断罪》。
⑥ 《元典章》卷一八《户部四·婚姻·嫁娶·女婿在逃》。

难以当差,欲令男妇阿刘招召义男为夫。缘男绵和服制未阕,委是生受。"按服制,夫死妻守制三年实为二十七个月,阿刘守制未满,不能召婿。户部认为仍应守制,期满"从阿刘所欲","据徐阿杜户下差役,量加存恤"。亦即适当予以照顾。① 这是寡妇招婿,也是一种赘婿婚,其原因就是"养赡"和"当差"。汤阴县(今属河南)王兴祖"于本处薛老女家作舍居女婿一十年","承替丈人应当军役"。② 军户必须承当军役,王兴祖入赘为婿,便替丈人承当军役。

在一定意义上,可以认为,赘婿婚和典雇婚有相似之处。入赘的女婿实际上是终身或定期成为女方家庭的劳动力和传宗接代的工具。但他们得到的报酬不是钱钞,而是妻子。典雇婚是女性成为典雇的对象,赘婿婚是男性成为典雇的对象。养老女婿是终身被典雇,年限女婿是在一定年限内被典雇。原来赘婿婚的婚书中写道:"若女婿……游手好闲,打出调入,不绍家业,不伏丈母教令,此文字便同休离","但有一切横灾,不干丈人丈母之事"③。"年限不满,在逃百日或六十日,便同休弃,听从别嫁。"④ 从这些文字可以看出,和被典雇的女性一样,入赘的男性一般在女家是没有地位的,赘婿制下的夫妻关系也是不平等的。后来这些婚书文字被废除了,但不平等关系并未因此改变。"妻之家不以骨肉视赘婿,虽赘婿亦自不以我为妻家骨肉。"⑤ 赘婿常常受妻家歧视。他们要改从女方的姓。元末南方起义军领袖陈友谅,"沔阳渔家子也。本谢氏,祖赘于陈,因从其姓"⑥。杂剧《罗李郎大闹相国寺》中,主角李玉,"年幼时织造罗段为生,又在罗家入赘,人口顺都唤我做罗李郎"⑦。有"巨室婿某,老且有孙,而家庙仅有妻祖祢神主"⑧。成为赘婿,只能供奉女方的祖先,如此等等。这样的处境,必然会对赘婿心理上形成压力,甚至导致扭曲,严重影响家庭关系。身为赘婿的孔齐对此深有体会,他说:"人家赘婿,俗谚有云:三不了事件。使子不孝父母,妇不事舅姑,一也;以疏为亲,以亲为疏,二也;子强婿弱,必求归宗,或子弱婿

---

① 《元典章》卷一八《户部四·婚姻·嫁娶·舅姑不得嫁男妇》。
② 《通制条格》卷四《户令·亲属分财》,《校注》第178页。
③ 《元典章》卷一八《户部四·婚姻·女婿在逃依婚书断离》。
④ 《通制条格》卷四《户令·嫁娶》,《校注》第166页。
⑤ 宋本:《真定张君墓表》,《国朝文类》卷五六。
⑥ 《明史》卷一二三《陈友谅传》。
⑦ 张国宝:《罗李郎大闹相国寺》,《元曲选》,第1567页。
⑧ 王逢:《送杨生遂出赘》,《梧溪集》卷六。

强，必贻后患，三也。"①

因此，这类家庭中赘婿与妻子、与岳父母之间经常发生矛盾冲突。"作婿之人，就妻成婚之后，有父母者思归本家，无尊亲亦谋另居，虽有是心，计无得出，止于妻家不肯作活，非理饮酒，游手好闲，偷钱在逃，皆由此而生。其妻家陈告到官，累年不决，紊乱官司。深为未便。"②还有一些赘婿婚家庭，"纵其女之好恶，拣择贵贱，就舍贫富，妄生巧计，频求更嫁，不以为耻"③。在元代，赘婿婚家庭矛盾甚至破裂的情况，是相当普遍的。元代的日用类书中有一种"告女婿不绍家业"状式，文字如下：

厶村住人厶人

右厶年壮无病，伏为本家有女厶人，于厶年月日召到厶处厶人为婿过日，除外别无得力儿孙。自过门之后，并不肯勤谨作活，养赡家小。厶使令本人欲作买卖勾当，其本人诋触不伏驱使。念厶年老，私下难以钤束。今具状上告

某官，伏乞详状勾追婿厶人理落施行。伏取

裁旨

年　月　日　　厶人　状④

日用类书中保存了这种状式，正好说明赘婿和女家的矛盾，是相当普遍的。还有一些富户招婿上门，赘婿本为谋财而来，于是为争财形成矛盾。杂剧《散家财天赐老生儿》中，张郎"都则为这老的他有那泼天也似家私，寸男尺女皆无，所以上与他家做女婿。我满意的则是图他这家私"。后来老的收了婢女小梅，怀孕生子，便引发了矛盾。⑤也有相处和睦的例子，前述张德林入赘当地富民董氏家，"君长治生，久之，资益饶"。他还为董氏买妾，生子名笥。"亡几何，外舅、妾皆死，君夫妇鞠笥保抱乳哺之。壮，悉致家货以去。笥力留同居，不可，乃与田百亩、屋一区为报。君课家人耕

---

① 孔齐：《至正直记》卷二《赘婿俗谚》。
② 《元典章》卷一八《户部四·婚姻·嫁娶·女婿在逃依婚书断离》。
③ 《元典章》卷一八《户部四·婚姻·嫁娶·女婿在逃》。
④ 《事林广记》（泰定本）辛集卷一〇《词状新式》。
⑤ 武汉臣：《散家财天赐老生儿》，《元曲选》，第365—385页。

蚕，以自衣食。"① 但这样的例子是不多的。

第四节　其他婚姻形态

一　官方指婚

元代官方指婚之事相当多。官方指婚有两种：一种有特定对象。元朝皇帝皇后常为特定对象指婚，被指婚的女性，有宗室公主，有宫女，已见前述（第三章第一、二节），此外还有官宦之家的女儿。例如，忽必烈的谋士刘秉忠一直以僧人面目出现，至元元年（1264），有人建议"宜正其衣冠，崇以显秩"。忽必烈"即日拜光禄大夫，位太保，参领中书省事。诏以翰林侍读学士窦默之女妻之"②。忽必烈宠信尼波罗（今尼泊尔）人阿尼哥，先后"妻以宋景献太子孙女郡主赵氏""妻以戚里女囊合真"，前者是南人，后者是蒙古人。③南征大将阿里海牙，"元配特哩。帝（忽必烈）既才公，敕陈亳颖元帅郝谦女为亚妃。前卒，敕复以其妹为继。自陈三召，传至京师，顺圣皇后为加帼服，白金为两二千五百。"④

还有一类是群体性指婚。至元十三年（1276），南宋太后、皇帝到大都，随行的还有大批宫闱女性，没有多久，宫女被指配给大都工匠。诗人汪元量写道："其余宫女千余个，分嫁幽州老斫轮。"⑤ 汪氏还有一首诗，题为《北宋宫人分嫁北匠》："皎皎千婵娟，盈盈翠红围。辇来路迢递，梳鬟理征衣……君王不重色，安肯留金闺。再令出宫掖，相看泪交垂。分配老斫轮，强颜相追随。"⑥ 为军人指婚有多次。至元十一年（高丽元宗十五年，1274）三月，"壬寅，元遣蛮子媒聘使肖郁来。中书省牒云：南宋襄阳府生券军人求娶妻室，故差委宣使肖郁押官绢一千六百四十段前去下高丽国，令有司差官一同求娶施行。肖郁令选无夫妇女一百四十名，督之甚急。于是置结婚都监。自是至秋穷搜闾井独女，逆贼之女，僧人之女，仅盈其数。怨咨大兴。例给一女妆资绢十二匹，分与蛮子。蛮子即率北还"⑦。至元十三年（高丽

---

① 宋本：《真定张君墓表》，《国朝文类》卷五七。
② 《元史》卷一五七《刘秉忠传》。
③ 程钜夫：《雪楼集》卷七《凉国敏慧公神道碑》。
④ 姚燧：《牧庵集》卷一三《湖广行省左丞相神道碑》。
⑤ 汪元量：《湖州歌其八十二》，《增订湖山类稿》，中华书局1984年版，第55页。
⑥ 汪元量：《增订湖山类稿》，第63页。
⑦ 郑麟趾：《高丽史》卷二七《元宗世家三》，朝鲜平壤1957年印本。

忠烈王二年，1276）闰三月，"甲子，元遣杨仲信赍币帛来，为归附军五百人聘妻，王遣寡妇处女推考别监正郎金应文等五人于诸道"。但到四月，"丙子，元敕归附军辍其半以归，于是追还金应文等"①。这次高丽选女因故中途而废。至元十九年（1282）六月，"赏太子府宿卫军御盗之功，给钞、马有差，无妻者以没官寡妇配之"②。

无论哪一种官方指婚，都是带有强迫性的，被指派的女性只能服从，根本不考虑她们的意愿。

二 童养婚

女儿幼时养于夫家，待成年后结婚，称为童养媳，这是由来已久的一种民间婚姻习俗。从男方来说，可以节省聘礼。从女方来说，可以减少养育女儿的负担。磁州滏阳县"李伴姐父母主婚，立媒下财童养到高唤奴为妻，十三岁止才方成婚，十五岁上在逃"③。这是汉人童养媳之例。"至元三十年五月，礼部议得，'不鲁花求娶扎木罕女盼儿，与伊男阿剌帖木儿作童养媳妇。经今一十一年，不曾成婚，却将盼儿配与驱男塔剌赤为妻。不鲁花拟决五十七下，盼儿断付伊母扎木罕完聚，不追聘财。'都省准拟。"④ 这是蒙古人娶童养媳之例。元朝法令规定："诸以童养未成婚男妇转配其奴者，笞五十七，妇归宗，不追聘财。"⑤ 显然源自上述至元三十年（1293）的案例。这是童养关系首次见诸法律条文。大剧作家关汉卿的名剧《感天动地窦娥冤》，叙述的就是童养媳窦娥的悲惨遭遇。"一贫如洗"的窦秀才，借了蔡婆婆的高利贷，无力偿还。只好将七岁的女儿瑞云（后改名窦娥）送与蔡婆婆做儿媳妇。用窦秀才的话说："这个哪里是做媳妇，分明是卖与他一般。"⑥

三 拉郎配

元顺帝后至元三年（1337）六月，"民间谣言，朝廷将采童男女以授鞑靼为奴婢，且俾父母护送，抵直北交割。故自中原至于江之南，府县村落，

---

① ［朝鲜］郑麟趾：《高丽史》卷二八《忠烈王世家一》。
② 《元史》卷一二《世祖本纪十九》。
③ 《元典章》卷一八《户部四·婚姻·嫁娶·娶逃妇为妻》。
④ 《至正条格·断例》卷八《户婚·男妇配驱》。
⑤ 《元史》卷一〇三《刑法志二》。
⑥ 《元曲选》，第1499页。

凡品官庶人家，但有男女年十二三以上，便为婚嫁。六礼既无，片言即合……虽守土官吏，与夫鞑靼、色目之人亦如之，竟莫能晓。经十余日才息。自后有贵贱、贫富、长幼、妍丑匹配之不齐者，各生悔怨，或夫弃其妻，或妻憎其夫，或讼于官，或死于夭，此亦天下之大变，从古未之闻也"①。"丁丑夏，彗星现，天下童男女讹惑皆成配"。松江有杨氏女，"年十三，赘张都水子裕。十五生一女"②。慈溪乌本良，"父没，家无甔石储，日汲汲营奉母资弟……丁丑至钱塘，民间妄传朝廷选侲，男女咸仓卒婚娶。有愿以女配先生者，先生曰：'吾之来也，为母与弟求衣食计耳。衣食之谋未遂而先有室，人谓我何！'不听"③。这次谣言的传播，是元朝社会矛盾尖锐化的突出表现。它导致大范围的早婚现象给当事人特别是许多幼女的身心造成很大的痛苦。

四　自由恋爱

封建婚姻的基本原则是父母之命，媒妁之言，"不是由当事人决定的事情"④。元末孔齐说，士大夫之家，"甚至于淫奔失身者，亦有之，可为痛恨"⑤。所谓"淫奔失身"即不由父母做主，自由恋爱。这是封建卫道者"痛恨"的行为。元代杂剧《拜月亭》《西厢记》《墙头马上》等，都以男女自由恋爱为题材。《拜月亭》描写的是男女青年在逃难过程中互相帮助，心心相印，最后成为夫妻。后两剧则可以说用艺术手段对"淫奔失身"这一现象加以表现和歌颂。还有一些杂剧也在不同程度上涉及男女自由恋爱的内容。元代福建诗人陈普有一首《古田女》，其中说："一从文王没，声教不逾华。巴兜与闽粤，至今愧华夏。男不耕稼穑，女不专桑柘。内外悉如男，遇合多自嫁。云山恣歌谣，汤池任腾藉……吾闽自如此，他方我何暇。"⑥据此，则福建等处农村女性健壮不亚于男子，在婚姻上多能自主。但总的来说，在汉族中间，这种情况是不多的。

有些民族中自由恋爱之风盛行。据西方旅行家马可·波罗记述，党项人

---

① 陶宗仪：《辍耕录》卷九《谣言》。
② 王逢：《梧溪集》卷四下《经杨节妇故居》。
③ 乌斯道：《春草斋文集》卷五《先兄春风先生行状》，《四明丛书三集》本。
④ 恩格斯：《家庭、私有制和国家的起源》，《马克思恩格斯选集》第4卷，第71页。
⑤ 孔齐：《至正直记》卷一《婚姻正论》。
⑥ 陈普：《石堂先生遗稿》，见《元诗选三集》，第66页。

盛行多妻制和收继婚。[①] 但党项人还有抢亲之风："至元三十年七月，甘肃省咨：西夏番汉部落混处，各家男女私相诱说，强取为妻。刑部议得：'河西地面，男女强取成婚，为首者决杖八十七下，为从减贰等。有父母之言不待媒妁强取，为首者五十七下，为从者减贰等。'都省准拟。"[②] "私相诱说"显然是自由恋爱，"强取为妻"应是未经父母同意采用抢婚的形式结为夫妻。元朝政府的规定实际上是取缔恋爱自由，强制推行父母做主、婚妁说合的封建婚姻形态。云南的白人（今白族的先民），"处子孀妇，出入无禁。少年子弟，号曰妙子，暮夜游行，或吹芦笙，或作歌曲，声韵之中，皆寄情意。情通私耦，然后成婚"[③]。可知在白人中男女婚姻是完全自由的，不受父母或其他方面干涉。

[①] 《马可·波罗行纪》，冯承钧译，第129页。
[②] 《至正条格·断例》卷八《户婚·西夏私婚》。
[③] 李京：《云南志略》，《说郛》本。

第六章 女性的日常生活

第一节 家庭结构

元朝是一个统一的多民族国家。元朝的各个民族，生产、生活方式各不相同，家庭结构亦有很大差异。由于资料的局限，这里只能着重介绍以汉族为主的农业地区居民的家庭状况。

元代农业地区居民的家庭，大体可以分为三类：一类是核心家庭，即一对夫妻及其未婚子女；另一类是直系家庭，即三代或四代同堂的家庭；还有一类是复合家庭，即由数个甚至更多血缘团体组成的大家庭，这些血缘团体出自同一尊长，互为旁系亲属，维持着共财同炊的关系。

根据至元二十七年（1290）的户籍统计，全国有1319.6206万户，5883.4711万口①。按此计算，每户平均为4.4口左右。据研究，庆元路（路治鄞县，今浙江宁波）户口，应达到"户均4.5口的规模，与传统中国户均5口相近"②。镇江路（路治丹徒，今江苏镇江）土著10.0065万户，61.3578万口，平均每户6.13口。③镇江路每户的口数高于全国的平均数。由以上统计数字可以认为，元代多数家庭应是户人口为4—6口或稍多的核心家庭和直系家庭，以及为数不多的复合家庭。元代杂剧中涉及家庭时，常有"嫡亲的四口儿家属"（父母和子媳，或父母与子女）④、"嫡亲的三口儿

---

① 《元史》卷五八《地理志一》。
② 温海清：《元代庆元路口数考实》，《中国史研究》2004年第3期。
③ 《至顺镇江志》卷三《户口》。
④ 张国宾：《相国寺公孙合汗衫》，《元曲选》，第118页；秦简夫：《东堂老劝破家子弟》，《元曲选》，第206页；佚名：《庞居士误放来生债》，第294页；杨显之：《郑孔目风雪酷寒亭》，《元曲选》，第1001页。

家属"（父母和子或女）①、"嫡亲的五口儿家属"（父母和三子女）②等说，在很大程度上可以说是当时社会真实的反映。元代前期，胡祗遹论述农民生活时说："父母妻子身，计身五口，人日食米一升，是周岁食粟三十余石。"他以一家五口为基数，对农民的收支情况作了细致的计算，得出农民入不敷出必然冻馁的结论。③他所说"父母妻子身"五口之家，是三代直系家庭。至元三十年（1293），汴梁路（路治开封，今河南开封）为"三世同居"的民户赵毓申请旌表，礼部认为："方今自翁及孙，三世同居如赵毓者，比比皆是，若与旌表，纷纷指例，无益劝惩。今后五世同居安和者，旌表其门，似革泛滥。"④三世同居"比比皆是"，也就是说由三代人组成的直系家庭在当时是很普遍的。但由两代人组成的核心家庭一定更多。汴梁路才会将"三世同居"之家加以推荐，请求旌表。至于复合家庭，为数是很有限的。

应该指出的是，有血缘关系的核心家庭、直系家庭人口不多，这是就大多数家庭而言的。从元代的许多人物传记资料来看，富裕之家子女的出生率是相当高的。贫困家庭的出生率虽无明确的记载，但亦不应很低。那么，为什么每户平均人口数很低呢？原因是多方面的。首先，有元一代战乱不断，各种灾荒时有发生，而医疗条件总的来说是很差的，这些因素导致人口特别是婴儿的死亡率很高。许有壬屡任地方官，妻赵氏，婚后十七年死。"夫人生失五子一女，卒后又失一子。"⑤大名张氏，夫傅某，曾任行省照磨兼架阁文字。张氏死时四十六岁。有三子，两子早卒，唯长子存。⑥官员家庭尚且如此，百姓特别是贫困家庭可想而知。其次，占居民大多数的贫困家庭因为经济困难，无力赡养子女，常常采取溺婴的办法，以减少家庭的负担。甚至一些富裕人家亦有此类举动。湖州长兴（今属浙江）"民俗生女则教琴筑歌舞，长利技色事人取赀……生男谓无所于得，率不鞠，投弃诸水"。地方官不得不下令禁止⑦，浦江（今属浙江）"村氓王氏患多男子，［郑］仲涵至其家，闻儿啼声甚悲，盖氓将溺之于水。仲涵为陈父子至情，且惠以粟，氓大

---

① 佚名：《朱砂担滴水浮沤记》，《元曲选》，第386页。
② 关汉卿：《包待制三勘蝴蝶梦》，《元曲选》，第632页。
③ 胡祗遹：《紫山大全集》卷二三《匹夫岁费》。
④ 《通制条格》卷一七《赋役·孝子义夫节妇》，《校注》第522页。
⑤ 许有壬：《至正集》卷六四《亡室高阳郡夫人赵氏志》。
⑥ 刘楚：《槎翁文集》卷一七《张夫人墓志铭》，转引自《全元文》第57册，第625页。
⑦ 姚燧：《牧庵集》卷二五《梁公神道碣》。

感悟，生之"①。龙泉（今属浙江）"民苦嫁女育女，多溺死。君（季波）说以父子至理，有育女者，以粟六斛养之"②。至元三十年（1293）福建道肃政廉访司官员巡按地方时，发现浦城县（今属福建）有人将"产下男子，不容洗养，于桶中溺死"。又有闽清（今属福建）县尉张宁报告说："南方之民，有贫而不济，或为男女数多，初生之时，遽行溺死。"肃政廉访司提出："今后若有将所生男女不行举养者，许诸人告发到官。以故杀子孙论罪。邻佑、社长、里正人等失觉察者，亦行治罪"③。但是政府禁令有多大效果，是令人怀疑的。溺婴现象并不限于汉族地区，至元十三年（1276）有人上奏说："火州城子里人每的媳妇每，若生女孩儿呵，多有撒在水里淹死了。""火州"即今新疆吐鲁番，畏兀儿人居地。为此，忽必烈颁布圣旨说："今已后女孩儿根底，水里撒的人每，一半家财没官与军者。首告的人每若是驱奴呵，做百姓者"；"这圣旨宣喻了呵，女孩儿根底水里撒的人，面情看觑者，违奉圣旨。管民官每有罪过者"④。以上这些记载反映出溺婴之普遍。此外，堕胎现象相当流行（见本章第三节），亦影响家庭人口的增长。

　　在核心家庭中，丈夫是户主，妻子是家庭主妇。在直系家庭中，男性尊长（祖父或父）为户主，女性尊长（祖母或母）为家庭主妇。但在后一类家庭中，因健康或其他原因，常有由下一辈女性主持家务而成为实际主妇的情况。在复合家庭中，一般也由年长的男性为户主，年长的女性尊长主持家务。在各类家庭中，一般都以男性为户主。但是，有的家庭因男性户主死亡，没有男性继承人或男性继承人未成年，因而女性成为户主。这种情况是相当多的。例如，大都（今北京）居民赵荣祖、敬祖兄弟，娶妻徐氏、刘氏，兄弟相继去世，刘有一子，"族人以其（荣祖）配徐无所出，谓当付家事于刘。刘流涕固辞曰：'某年幼于事未通晓，嫂氏为家长，某当任其劳可也。'于是事无巨细，一一咨决于徐"⑤。赵氏兄弟没有分家，兄弟相继去世后，族人认为弟之妻刘氏有子应为家长，但刘氏谦让，因而由兄妻徐氏为家长。这是男性户主死亡而男性继承人未成年时妇女为家长（户主）的一个例

---

① 宋濂：《宋文宪公全集》卷一一《郑仲涵墓志》。
② 宋濂：《宋文宪公全集》卷三四《季君墓铭》。
③ 《元典章》卷四二《刑部四·诸杀一·杀卑幼·溺子依故杀论》。
④ 《通制条格》卷四《户令·女多淹死》，《校注》，第202—203页。
⑤ 危素：《危太朴文集》卷四《赵氏家法记》。

子。这种以妇女为家长（户主）的户便称为"女户"①。下面就是有关"女户"的一项记载：

> 至元八年六月，御史台承尚书省札付：来呈：河北河南道按察司申，南京路录事司民户张阿刘状告，先于壬寅年间，有故父刘涉川招到张士安作养老女婿，至今二十八年，同共作活。壬子年有故父刘涉川身故，母王氏作户讫，抄作女户。②

刘涉川病故，其妻王氏成为户主，这一家在户籍上便成"女户"。他生前曾招张士安为上门女婿，但是年限女婿，不是养老女婿，张阿刘状告不确。年限女婿要归宗，不能继承妻家的产业，因而不能作户主。除了这一条记载外，还有一些文献涉及"女户"。中统元年（1260）"诏书内一款节该：'诸路应有漏籍户并老疾、女户，截日并行分付本路管民官收系，其断事官元差头目尽行罢去。'"③ 世祖时，监察御史王恽上《论贫难军合从所属定夺事状》，其中说："切见天下新旧军户极有生受难以应当者，如贫难、年老、单丁、女户消乏者是也……况在前年分旧军中间，年老、单丁、女户消乏贫难数多，独不蒙分间优恤。"④ 由以上几条记载，可见元代户籍上确有"女户"一类。女户一般可以在赋役负担上得到照顾。应该指出的是，从现有记载来看，户籍中标明女户似是北方的做法。南方也有以妇女为户主的情况，但是否称为女户，尚有待进一步研究。

第二节　家庭主妇的职责

在核心家庭中，妻子是家庭主妇；直系家庭中，或由年长的女性（祖母、母）为主妇，或由儿媳、孙媳为主妇。家庭主妇的职责，大体可以归纳为以下几个方面：（1）管理家庭财务。（2）从事家务，包括饮食、清洁、缝纫等多项工作。有的家庭妇女自己从事这些工作，有的家庭妇女则安排、

---

① ［日］柳田节子：《元代女子财产继承》，《宋元社会经济史研究》，东京创文社1995年版，第261—276页。
② 《元典章》卷一九《户部五·田宅·家财，户绝家产断例》。
③ 《通制条格》卷二《户令·户例》，《校注》第15页。
④ 王恽：《秋润先生大全集》卷八七。

指挥家庭其他成员（子女、儿媳和侍妾、奴婢等）从事各种家务，也有一些主妇两者兼而有之。（3）侍候公婆生活起居，协调妯娌、邻里和家族内部关系。（4）教育、抚养子女。（5）生产劳动，以纺织为主。

男性是家长，家庭中妇女一般对丈夫采取顺从的态度。如宁海（今属浙江）黄珍，嫁同里郭仁寿，"夫人尊之甚异，动静必尊禀而行，毫末不敢欺"①。会稽（今浙江绍兴）禹淑静，配四明（今浙江宁波）吴守正，"治家井井有条，善虑事，多亿中。无巨细必咨禀其夫乃行。尝谓人曰：'妇人虽聪明，然闻见有限，其可自用乎！'"②但家庭财务多数是由主妇管理的。妇女当家，有的是因为男性家长懦弱无能或懒惰。建阳（今属福建）女子丁临，嫁同里陈腾实，"君故仕宦家子，又早孤，时经丧乱，横赋重敛，日暴月虩。君素懦弱，常破产应之，家遂以削。孺人入门，检括内计，尽得空隙，曰：此岂犹不可为手！稍出其智，补窒罅穴，芟除荟翳，未久而生道裕如。阅十三年，君即世，孺人益自力于俭勤，躬操簿书，手执算筹，虽一钱一孔之出入，必使节叶可寻，而根株可以覆按。广田畴，新室庐，诸凡润饰先业，有男子志虑所不能及者"；"晨兴，坐堂理家政，问繇赋，问米盐，言人人殊，而出语应之，各中肯綮，或时过午，食不下咽，僮隶意其倦且休矣，而区画靡密，滋无惰容"③。这是一个精明的地主家庭主妇形象。有的家庭则因丈夫懒散，不愿过问家事，一切财务开支便由主妇做主。新淦（今属江西）萧氏，嫁同里廖师奭，其夫不问家事，"凡理财用，供丝枲麻绵，治食饮，虽寒暑靡懈，而家益富饶"④。浦江（今属浙江）戴如玉，嫁赵良本，"相夫具盐醯，时种作，广垣屋，凡供养、教育、婚姻、丧祭之费，一资于经画。夫好简静，晚益耽慕老庄之无为，置家事不问。夫人调护听顺，必称所欲"⑤。金溪（今属江西）余懿静，嫁刘允恭，"至于米盐出内，田园生殖，一不以烦其夫子。允恭怡然自适，若无家累者，夫人之助也"⑥。

还有很多家庭，因为丈夫出仕，或奔走谋职，或在外教学，远离家庭，以致重担不能不落在妇女身上。粘合氏是官宦世家，"一门千口，里南北连

---

① 宋濂：《宋文宪公全集》卷二七《故宁海郭君妻黄氏墓铭》。
② 王祎：《王忠文公集》卷一七《禹烈妇传》。
③ 柳贯：《柳待制文集》卷一一《丁孺人墓碣铭》。
④ 傅若金：《傅与砺诗文集》卷一一《廖母萧夫人墓志铭》，《嘉业堂丛书》本。
⑤ 戴良：《九灵山房集》卷二九《赵君夫人戴氏墓铭》。
⑥ 危素：《危太朴文续集》卷六《余氏墓志铭》。

阡陌，中宪（粘合世臣）縻于官，漫不暇省，需糜不赀。夫人苴补移掇，不使见罅缺，宿臧老狯皆慴伏"①。当涂（今属安徽）喻德常，嫁陶安。喻氏"善理家，事无巨细，皆井井有条。用是先生得不以猥务琐故婴其心，日致力于文艺，所造益深矣"②。鄞县（今属浙江）蒋氏，嫁郑觉民。郑觉民有文名，"贵人家暨闾里之族竞以厚币聘为塾师，家政悉仰于夫人，夫人不动声色，具有条序，米盐细故，日亲莅之而不惮烦，虽贫贱患难有不恤也"③。义乌（今属浙江）王祎娶何妙音。王祎"方从黄文献公（黄溍）学，绝不为家谋，夫人挺身任之，不以一发贻其忧。待制君（王祎入明后任翰林待制）能以文辞鸣海内者，夫人之助为多"④。陶安、王祎后来都成为明朝开国著名文臣，与妻子的支持是分不开的。黄岩（今属浙江台州）黄丑，夫杨载至为衢州清献书院山长，"中岁宦游，惟经理大务，至于理田园，建堂第，延师教子，一切皆孝妇（黄丑）力也"⑤。丈夫死后，妇女独力主持家务，更是常见的现象。慈溪（今属浙江）翁氏嫁方琬，夫死寡居，"乃益经纪家政，夜张灯、纺织，昼课童奴树艺，岁时奉祀，一如琬在时"⑥。

需要指出的是，女性嫁到夫家以后，对于陪嫁的妆奁（包括田地、家具和首饰等），仍有自主权，丈夫和公婆都不能干预。但事实上，在夫家遇到经济或其他困难时，作为媳妇就要将自己的妆奁贡献出来，只有这样才能博得好名声。榆次（今属山西）贺氏，嫁同里杜质，"处姒娌以和，诸姑及笄，而贫不能嫁，则脱簪珥、发筐箧以与之，无所靳"⑦。抚州（今江西临川）黎慧清，嫁同郡熊万初，"夫人旧有私藏，悉归万初女弟之在室者，绝无顾靳意"⑧。贵溪（今属江西）倪瑞真嫁同里薛昶，薛死，家人"虑无以为葬，夫人乃尽出嫁时衣服簪珥，以为棺椁"⑨。金溪（今属江西）何永年，嫁曾严卿，"家甚贫，夫人安焉。尝归宁而还，[祖母]章夫人与之银钗，及门既午，无以饭，即脱市米。它日，四小姑以次适人，夫人斥衣服、簪珥

---

① 许有壬：《至正集》卷五八《逸氏墓志铭》。
② 王祎：《王忠文公集》卷二二《喻夫人传》。
③ 宋濂：《宋文宪公全集》卷二五《郑母蒋夫人墓志铭》。
④ 宋濂：《宋文宪公全集》卷二五《故王母何夫人墓志铭》。
⑤ 朱右：《白云稿》卷三《杨孝妇传》。
⑥ 戴良：《九灵山房集》卷二〇《安节堂记》。
⑦ 黄溍：《金华先生文集》卷三九《宜人贺氏墓志铭》。
⑧ 宋濂：《宋文宪公全集》卷一五《故贤母熊夫人碣》。
⑨ 危素：《危太朴文续集》卷六《元故薛君思永配倪夫人墓铭》。

得于母家者资遣之无靳色"①。元末溧阳（今属江苏）孔齐说："浙西风俗太薄者，有妇女自理生计，直欲与夫相抗，谓之私。乃各设掌事之人，不相统属，以致升堂入室，渐为不美之事。"②他所说"妇女自理生计"，显然是女性自己的妆奁，可以自己经营，故与夫家"不相统属"。当然，只有富贵之家的妇女有大量妆奁，才有可能如此办理。

"妇人之职，主中馈、养舅姑而已。"③"主中馈"就是操持各种家庭日常事务，包括饮食、清洁、缝补等。莆田（今属福建）林道外在婚后"凡主馈，非精凿弗敢进，烝尝宾燕悉中条序，必洁必丰。尤不能自暇逸，箕帚烹饪之事，咸亲莅之。时挟媵人莳园葵，畜鸡豚，唯恐有不及。所获肴羞上诸耆长，己则食淡，虽不至饫弗恤也"④。这是一个富裕家庭主妇的家务，头绪繁多。番易（今江西临川）李存之妻赵氏，结婚以后，"家甚贫，无婢奴，躬汲炊"。而且丈夫和子女的衣着都亲自缝补。⑤这是一个贫寒家庭主妇的家务，比较简单，但亦要付出巨大的精力。

凡有"舅姑"（公婆）在世的，侍奉"舅姑"便是家庭主妇的另一项重要工作，也是衡量她是否称职的一个重要标志。在封建家庭中，"舅姑"特别是"姑"（婆婆）与媳妇之间关系是很复杂的。女性"以柔顺为法"，但"柔顺"是对丈夫、对公婆而言的。"姑"与媳之间，大都采取严厉的态度。婺源（今属江西）女子江秀，嫁吴克珍。"嗣主家政……惟训饬子妇，则严不可犯。"⑥义乌（今属浙江）女子娄庆，嫁同里楼光亨，"其姑童氏御家属以严，纤芥有失，辄郁郁不乐，家介间鲜有获其欢心者"⑦。这类常见的记载，充分说明为人妇之难。龙泉（今属浙江）项氏，嫁同邑胡深。胡深在外为吏，其母早死，继母李氏"恐夫人（项氏）与家政也，使居于外。夫人无以自给，与媵人日事机杼，风雨潇潇，青灯明灭于一室间。人不能堪，夫人则怡然处之。父母怜其劳勚，将夺其志。夫人指庭前水曰：'俟此水西流，吾志却当改耳。'不听"⑧。婆婆是丈夫的继母，更难相处。金溪（今属江

---

① 危素：《危太朴文续集》卷四《曾夫人何氏墓碣铭》。
② 孔齐：《至正直记》卷二《浙西风俗》。
③ 王祎：《王忠文公集》卷二四《陆夫人墓志铭》。
④ 宋濂：《宋文宪公全集》卷一五《故陈母林夫人墓志铭》。
⑤ 李存：《仲公李先生文集》卷二五《自书赵氏圹记》，《北图古籍珍本丛刊》本。
⑥ 戴表元：《剡源文集》卷一六《吴孺人江氏墓志铭》。
⑦ 宋濂：《宋文宪公全集》卷二〇《楼母娄氏墓版文》。
⑧ 宋濂：《宋文宪公全集》卷六《项夫人墓志铭》。

西）妇女陆氏对自己的儿子说："吾为汝家妇时，唯恐得罪舅姑。"① 在"舅姑"面前小心翼翼，战战兢兢，这是当时众多妇女的共同心态。浦江（今属浙江）戴如玉，嫁赵良本，"姑尤性严难犯，夫人承之以恭，事之以谨，威怒之教，始终不形"②。金陵（今南京）王霖说："吾祖母治家严明，吾母柔婉承顺，凡饮食起居节适，早莫寒暖之宜，奉侍不少懈怠。"③ 当涂（今属安徽）女子喻德常，"嫔同郡陶先生安，姑徐氏，方毅以礼束群下，不可越尺寸，鸡始鸣，夫人（喻氏）往候起居，察颜色，荐羞能获姑心"④。一些贫家的主妇，虽然自己食不果腹，也要想方设法满足"舅姑"的需要。东阳（今属浙江）陈氏嫁给同县傅贺，贺早死，"贺世儒家素贫，节妇（陈氏）居丧尽礼，昼夜自力于纺织……而养其姑甚谨，己虽箪食弗给，而甘旨柔毳之养必使常过于厚"⑤。德安应城（今属湖北）赵氏，"早寡，事姑孝。家贫，佣织于人，得美食必持归奉姑，自啖粗粝不厌"⑥。元末高明的名著南戏《琵琶记》中，媳妇赵五娘，在饥荒年代里，她千方百计让公婆吃饭，自己则吃糠充饥。⑦ 赵五娘是作者理想化的贤妇形象，但比较真实地反映了当时媳妇的处境。

公婆有病，媳妇更要小心侍奉，甚至采取吮痈、割股等愚昧的行为，以表孝心。丽水（今属浙江）潘妙真，"［姑］徐夫人晚苦足疾，每起居，必亲抱持。殆病革，县君（潘妙真）焚香默祷，刲股作肉糜以进，翌日遂愈"⑧。鄞县（今属浙江）蒋氏"事舅姑甚恭谨，衣之燠寒，食之早莫，咸悬悬入念虑，唯恐有弗及……姑殁，舅春秋高，卧疴不能兴，在衽席者数年，夫人烹炼药剂，候火性刚柔，必尽其功乃进，久而愈虔"⑨。巢县（今属安徽）翟氏婚后"孝养舅姑甚至，婉愉其容色，唯恐有怫可意。昼食之间，未馈食不敢先饭，或遇有疾，具鼎烹药剂尝而后献"⑩。莘县（今属山

---

① 李存：《仲公李先生集》卷二五《陆氏孺人墓志铭》。
② 戴良：《九灵山房集》卷二九《赵君夫人戴氏墓志铭》。
③ 吴澄：《吴文正公集》卷三九《故王夫人于氏墓志铭》。
④ 宋濂：《宋文宪公全集》卷五〇《陶先生妻喻氏墓志铭》。
⑤ 柳贯：《柳待制文集》卷一三《傅节妇传》。
⑥ 《元史》卷二〇〇《列女传一》。
⑦ 高明：《高则诚集》，第137—143页。
⑧ 贡师泰：《玩斋集》卷八《龙泉县君潘氏墓志铭》。
⑨ 宋濂：《宋文宪公全集》卷二五《郑母蒋夫人墓志铭》。
⑩ 宋濂：《宋文宪公全集》卷二〇《故金母翟氏夫人墓志铭》。

东）王士美之妻张氏，"事舅姑有过人行，舅病背痈，久未勿药，吮之而愈"①。武康（今属浙江）徐淑清，"姑尝有疾，剔股肉食之，乃愈"②。阿儿温氏亦福的哈儿丁，先娶夫人虎笃，"姑尝有病，侍粥药，目不交睫者累昼夜，虽疲极无倦容"。虎笃病死，继娶真定史氏。"史夫人……事姑尤孝谨。一日起居者三，饮食必请所欲，品尝旨否乃敢进。及暮，则枕衣席温清已乃敢退。遇有疾，则日夕坐卧榻下，衣不解带。虽厕牏便器，亦躬为洗涤。姑年八十，感剧疾，三日不苏。夫人割臂肉为粥，焚香泣祷，曰：'天乎！天果恤阿儿温家，吾姑食此，庶其生乎！仍愿减妾五龄，以益姑寿。'明日果愈。"③ 阿儿温氏是色目的一种，虎笃亦应是色目人，史氏则是汉人。显然，这个家庭中的婆媳关系受到中原汉族传统的影响。值得注意的是，一旦媳妇成为婆婆，她又会照样对待自己的媳妇。济宁金乡（今属山东）耿氏，"始年二十，归于刘氏，逮事其姑。姑性严肃，治家有法，夫人能适其意。及主内事，蚕绩烹饪，课责诸妇，一如姑之诲"④。

子女的教育，常常亦落在主妇的身上。母亲的激励，常是儿子学习的动力。四明（今浙江宁波）陈思礼便是一个例子。思礼七岁父死，"母石氏誓以节自守，夙夜励思礼以学，遇之极严，虽大雪没胫，必使挟册以往。思礼或少懈，辄对之泣曰：'尔父为名儒，唯生一子，吾所以忍死鞠育者，欲尔取法也，奈何背之。'思礼惶惧却立，若无从匿身，徐母怒稍解，辄去篝灯诵书，自是不至夜分弗休"⑤。当时富裕人家，"有子，延师教之，厚其礼币"⑥。常由家庭主妇安排。对一般特别是比较贫困的家庭，学费则是一项较大的负担。文献中记载不少"贤母"，节衣缩食或纺纱织布为儿子筹措学费。安阳（今属河南）胡氏，其夫从军战死，"夫人当盛年，以贞节刻苦自励，日夜力针纫机杼，取其赢供师资费，二孤赖教督皆成人"⑦。瑞安（今属浙江）妇女林廉，在元末动乱中家产荡尽，"夫人躬操杵臼，以执炊事，食或不充，攻丝枲以贸易之。然犹市书教荃（其子）从名人游，脱簪珥以代束

---

① 张养浩：《张文忠公文集》卷二〇《有莘王氏先德碑铭》。
② 陈基：《夷白斋稿》卷一二《沈母传》。
③ 贡师泰：《玩斋集》卷八《双孝传》。
④ 苏天爵：《滋溪文稿》卷二一《彭城郡君耿夫人墓志铭》。
⑤ 宋濂：《宋文宪公全集》卷一三《书陈思礼》。
⑥ 危素：《危太朴文续集》卷六《余氏墓志铭》。
⑦ 戴表元：《剡源文集》卷一五《安阳胡氏考妣墓志铭》。

脩，且曰：'家虽废，学不可废也。'"① 赵郡（今河北邯郸）滑氏守寡，"子尚幼，夫人事舅姑尽孝谨。家甚贫，抽丝绩纩，于劳事无所避，或时采掇于野以自给。告之曰：'今我为汝母，顾不能使汝成人，何面目见汝父于地下。'"其子"学十年而仕"②。

元代推行科举取士制，推动了读书的风气。一些蒙古、色目家庭的主妇也用心培养儿子读书。蒙古军官马马其，娶妻张氏，生子哈剌台，"初，皇庆科举诏下，哈剌台甫十余岁，县君（张氏）呼而教之曰：'我昔居父母家，岁时亲戚小儿来者，吾亲必祝之曰长大作状元。自我为汝家妇，恒在军旅，久不闻是言矣。幸今朝廷开设贡举，汝能读书登高科，吾复何恨。'于是悉资给之，俾从师授业"③。

家庭中的女儿在成长过程中要接受两方面的教育，一种是家务劳动和生产技能的教育，一种是文化知识的教育。除了少数贵族、官僚家庭之外，大多数家庭都很重视前一方面即对女儿进行家务劳动和生产技能的教育。就汉族和与汉族生活方式相近的民族来说，家务劳动主要有烹饪、清洁洗濯、缝补等活动，生产技能主要有采桑、养蚕、纺织等劳动。这方面的教育既是为了减轻家中主妇的负担，也为出嫁为人妇作准备。元代后期的名臣许有壬，妹妹许巽贞"未笄，尊稚衣履皆出其手"④。金溪（今属江西）张氏，"家虽富而能勤俭，且善女红"⑤。另一种是文化知识的教育。中等以上家庭对此比较重视。女儿的文化知识教育一般都在家中进行，父母便是教师。有关情况见本书第七章第一节。女儿的文化知识教育，与男儿有所区别，除了学习《四书》《孝经》之外，还有《列女传》《女诫》一类专门进行"妇德"教育的著作，即教导妇女应遵守的道德规范。汴（今河南开封）孙淑出嫁前的日常生活是有代表性的："生六岁，母卒，父教以书。稍长，习女工。晨起，独先盥栉，适父母所，问安毕，佐诸母具食饮。退治女工。晡时，观经史，或鸣琴自休。既夕，聚家人暝坐，说古贞女孝妇传。烛至，治女工如初。"⑥至于贫困家庭的女儿，从小便要从事家务和生产劳动，能够学习文化的更是

---

① 宋濂：《宋文宪公全集》卷五〇《瑞安吴门三贞母墓版文》。
② 杨载：《贞节堂记》，原载《柏乡县志》卷七，转引自《全元文》第25卷，第575页。
③ 苏天爵：《滋溪文稿》卷二一《长葛县君张氏墓志铭》。
④ 许有壬：《至正集》卷六四《亡妹赵宜人志》。
⑤ 危素：《危太朴文续集》卷六《刘中立故妻张氏墓志》。
⑥ 陶宗仪：《辍耕录》卷一三《绿窗遗稿》。

少数。

家庭主妇从事纺织是相当普遍的，贫困的家庭主妇普遍以纺织为谋生的手段。乌伤（今浙江义乌）妇女楼莹，丈夫死后家境贫困，于是"勤纺织，以夜继日，虽风雪凌厉，亦鸡鸣乃已"①。石城（今属江西）一带，元初因动乱"荒凉人所不堪"。何廉"捆屦卖卜，弟造箬笠，母隆冬练衣，昼夜不下机，不停梭，共营二子一母之衣食"②。很多官员和比较富裕家庭的妇女也勤于纺织，本书第二章第三节已有论述。还可以举一些例子。义乌（今属浙江）妇女石端静"虽处丰厚而自奉极俭约，常纺织不废"。儿子劝说："家幸给足，何自苦为！"她回答说："妇人之事女工，犹男子之事学业，宁可因贫富为勤息乎！"③她的话相当典型地说出了当时一般妇女的心态。男耕女织是中国古代社会的基本生产结构，纺织很自然被视为女性必备的一项技能。类似的例子如上虞（今属浙江）冯淑贞，出生于"贵富家"，夫家亦以"赀雄于时"，她在婚后"年逾五十犹服勤丝枲不衰"④。

以上所说是一般家庭主妇的日常工作。此外，她们还要从事祭祀祖先、处理亲族和邻里关系等。中等以上家庭大多有妾和婢女、奴仆，主妇还要承担管理的责任。有关情况见本书第三章第一节。

第三节 女性的生育、医疗和丧葬

一 女性的生育

生育是家庭生活中的大事。"男女婚姻，五常之始。有夫妇然后有父子，有父子然后有上下。合二姓之好，为一家之亲，盖所以承宗事嗣后世也。"⑤结婚为的是传宗接代，生育子女特别是儿子，是已婚妇女的神圣职责。中国古代有"七出"之说，即在七种情况下可以离婚，第一条就是"无子"。"七出"在元代继续有效。⑥

妇女无子，或怀孕求生儿子，常要乞求神灵保佑。杭州净慈寺中有五百

---

① 王祎：《王忠文公集》卷二四《故傅母楼夫人墓碣铭》。
② 吴澄：《吴文正公集》卷三五《石城胡际叔妻徐氏墓表》。
③ 王祎：《王忠文公集》卷二四《喻母石夫人墓表》。
④ 宋濂：《宋文宪公全集》卷二七《冯夫人墓志铭》。
⑤ 《元典章》卷一八《户部四·婚姻·嫁娶·定婚不许悔亲别嫁》。
⑥ 《通制条格》卷四《户令·嫁娶》，《校注》第174页。

罗汉堂，建于南宋初，是当地一大名胜。在元代仍是游人必到之处。五百罗汉中，"其第四百二十二位阿湿毗尊者……妇人祈嗣者必诣此炷香，以手摩腹，黑光可鉴"①。杂剧《相国寺公孙合汗衫》中，南京张员外之子张孝友，媳妇李玉娥怀孕，有人告诉他应去徐州东岳庙祈祷："我那徐州东岳庙至灵至圣，有个玉杯珓儿。掷个上上大吉，便是小厮儿。掷个中平，便是个女儿。掷个不合神道，便是鬼胎。"张孝友听说以后，立即带着妻子前往。②

专门接生的妇女，称为稳婆。这在本书第三章第五节中已有说明。

生了孩儿以后，"生产之家，门悬草圈，上系以红帛，则诸人不相往来"③。一直到满月为止。满月时亲戚邻里间都要送礼贺喜，生产之家要请吃满月酒。《包待制智赚灰阑记》中，官府审判两个妇女争夺孩子时，街坊人等作证说："五年前因他大娘子养了个儿子，小的们街坊邻里各人三分银子与他贺喜，那员外也请小的每吃满月酒。"14 世纪中叶高丽的汉语教科书《朴通事》中对妇女生产满月有一段描写：

你姐姐曾几时吃粥来？恰三日也。小厮儿那女孩儿？一个俊小厮。好，好！只怕产后风、感冒。说与你姐姐，好生小心着，休吃酸甜腥荤等物，只着些好酱瓜儿就饭吃。满月过了时，吃的不妨事。

满月日老娘来，着孩儿盆子水里放着。亲戚们那水里金银珠子之类，各自丢入去。才只洗了孩儿，剃了头，把孩儿上摇车。买将车子来，底下铺蒲席，又铺毡子，上头铺两三个褯子。着孩儿卧着，上头盖着他衣裳，着绷子绷了，把溺葫芦正着那窟笼里放了，把尿盆放在底下。见孩儿啼哭时，把摇车摇一摇便住了。做满月，老娘上赏银子、段匹。百岁日又做筵席，亲戚们都来庆，把孩儿又剃了头，顶上灸。那一日，老娘上又赏。

如今自奶那寻奶子？寻一个好妇人奶。一个月二两奶子钱，按四时与他衣服。养孩儿好难。可知难里！怀耽十月，乳哺三年，推干就湿，千辛万苦，养大成人。因此上，古人道：养子方知父母恩。④

---

① 田汝成：《西湖游览志》卷三《南山胜迹》，《武林掌故丛编》本。
② 张国宾：《相国寺公孙合汗衫》，《元曲选》，第 124 页。
③ 《析津志辑佚》，第 208 页。
④ 佚名：《朴通事谚解》卷中，《奎章阁丛书》本。

《朴通事》的编写是为了让高丽人了解元朝的生活习俗，内容是写实的。上面几段叙述，生动地表现了元朝富裕人家女性生育的情景。生产以后，女性要注意饮食。满月时要将婴儿洗澡、剃头，然后放在摇车里。亲戚都要送礼祝贺。百日时又要剃头，举办筵席，亲戚也要送礼。为了哺育婴儿，要花一定代价请一位奶娘。普通人家在婴儿满月和百岁时也要有洗儿、剃头、送礼、请酒等活动，但不会有这样的排场。

　　洗儿是普遍流行的习俗。蒙古国时期，大臣耶律楚材之孙耶律希亮，生于和林，"六皇后……赐洗儿酒果、襁负之物甚厚"[①]。"六皇后"就是窝阔台汗的皇后脱列哥那。显然，满月洗儿、送礼，在蒙古人中也是流行的。当时专有妇女给婴儿剃头，上面引用的《包待制智赚灰阑记》中便有专剃胎头的张二嫂。

　　生育主要为了继宗祀，因而重男轻女。上引杂剧《相国寺公孙合汗衫》中，掷珓求卜，上上大吉是得男孩儿，中平是女孩儿。男女明显不同。生了儿子要大事庆贺，生了女儿大不相同。《散家财天赐老生儿》中，刘员外的朋友们得知小梅怀孕后便说："若得个女儿便罢，得一个小厮儿呵"，就要刘员外"做一个大大的庆喜筵席"[②]。杂剧《翠红乡儿女两团圆》中，财主俞循礼的妻子王民怀孕，俞循礼要外出讨债，走前吩咐道"若得一个小厮儿，就槽头上选那风也似的快马，着小的到城中来报我。我若到的家中，杀羊造酒，做个庆喜的大筵席。若得一个女儿，便打灭休题者"。[③] 这两出杂剧的描写，正是生育中重男轻女观念的真实表现。

　　当时女性堕胎现象是相当普遍的。女性堕胎，原因很多，主要是因为贫困。但亦有因家中多子女而不愿再生育的。元末孔齐说："吾近以家人多产，又在客中不便，常服堕胎之药。"他的亲友李汉杰之妻黄氏，"凡数十孕多男子，惮夫产育之劳苦"，服堕胎药。[④] 又有一种因为不正当的性关系导致怀孕，便以堕胎逃避责任。孔齐记其五叔再娶寡妇濮氏，"濮与陈富一通，凡数堕胎，皆邻媪臧氏济其奸事"[⑤]。还有一种是妓女怀孕，被鸨母强迫打胎。至元十七年（1280），彰德路（路治安阳，今属河南）的一件文书中说：

[①] 危素：《危太朴文集》卷二《耶律公神道碑》。
[②] 《元曲选》，第369页。
[③] 杨文奎：《元曲选》，第460页。
[④] 孔齐：《至正直记》卷四《堕胎当谨》。
[⑤] 孔齐：《至正直记》卷二《娶妻苟慕·又》。

"娼馆之家若有妊孕勒令用药打胎,陈告到官,将犯人断罪,娼女为良。"中书省批准这一处理办法,成为正式的法令。① 可知这种现象之普遍。还有一种是家庭中的妾、婢,怀孕以后被正妻欺凌而堕胎。李子昭的"侧室刁氏有娠,妻怒之,棰挞苦楚,昼夜不息……窃自念曰'我若就蓐,亦必死耳。等死,何自求早死之为幸。'因多食海蜇与冷水。胎既落,血上冲心。而身遂亡"②。

至元五年(1268)十二月,提点太医院上奏,请求对医药行业加以整顿,其中说:"又有一等妇人,专行堕胎药者,作弊多端",要求加以取缔。③ 可知当时此风颇盛。但当时服用的堕胎药大多是民间偏方,效果不佳,往往导致其他疾病。孔齐说他的岳母"尝在三月之期服堕胎之剂,至四阅月而旋下血块或腐肉块,盖受毒烂胎之故也"。上述黄氏"服桂姜行血之剂,过于三月后,胎虽不堕,漏血不止"。所以,他提出"堕胎不可不谨"。并指出:"或惧孕育之繁者,夫妇之道亦自有术,盖以日计之也。不然,则在三月之间、前两月之间服为犹可,若过此则成形难动,动必有伤母之患。今人或以村妇法用牛膝等草带于产户者,深非细事,不致于殒绝者鲜矣。"④ 计日(以月经为准)防止怀孕,是民间的一种经验。但堕胎限于怀孕三月内,过此"必有伤母之患",亦是经验的总结,是合理的。

二 女性的医疗

有元一代,各种战争频繁,多种自然灾害连年不断,加上城乡卫生条件普遍很差,人们缺乏卫生常识,因此各种常见病(呼吸道病症、消化系统病症等)的发病率是很高的,大规模的传染病亦时有发生。女性还有妇产科方面的各种疾病。因此,无论男女寿命总的来说是比较短的。当时妇女得病以后,治疗的方法大体上有四种:一种是自己或亲人根据民间偏方抓药治疗;一种是请医生看病;一种是求助于巫觋或道士施行巫术、法术,驱除病魔;一种是祈祷上天、神祇怜悯,给予救治。

女性得病后,家人或亲戚根据民间偏方抓药治疗是相当普遍的。一则因为当时医生缺乏,求助不易;二则因为医生出诊,需一定费用,一般人家难

---

① 《通制条格》卷四《户令·娼女妊孕》,《校注》第199页。
② 陶宗仪:《辍耕录》卷九《阴府辩词》。
③ 《通制条格》卷二一《医药·假医》,《校注》第598—599页。
④ 孔齐:《至正直记》卷四《堕胎当谨》。

以负担。不少人便搜集各种偏方，自己或家人、亲戚有病时按方抓药。当时的民间类书如《事林广记》，列有"医学类"，介绍各种医学知识和治疗方法，其中有专门治疗妇女各种病症的药方（"妇人奶痈""产后泻痢""崩漏下血""妇人心痛""产后血晕"等），以及"孕妇药忌""孕妇食忌"等。①建昌路总管萨德弥实"莅官余暇，犹注意于医药方书之事"，辑成《瑞竹堂经验方》一书，其中有"妇人门"，收录治疗妇女各种病症的药方十余个。②这些都是适应民间百姓的需要。丽水（今属浙江）林定老之妻潘妙真，"尤通医书，家人遇小疾，辄自剂善药疗之"③。但自行抓药，容易有误。元代名医罗谦益在他的著作《卫生宝鉴》中举过两个女性病例。一个是何秀才之女十三岁时"因伤冷粉，腹中作痛，遂于市药铺中赎得神芎丸服之"，结果是"脐腹渐加冷疼，时发时止，今逾七八年不已"。罗谦益对此评论说："何氏女子不以病源告医，而求药于市铺；发药者亦不审其病源，而以药付之。以致七八年之病，皆昧此理也。"另一个是"高郎中家好收方书及得效药方，家人有病，自为处治，亦曾有效。中统庚申五月间，弟妇产未满月，食冷酪、苦荬及新李数枚，渐觉腹中痛。太夫人以自合槟榔丸七十丸服之，至夜痛尤甚。恐药力未达，又进五十丸。须臾间大吐且泻，其痛增极，肢体渐冷，口鼻气亦冷，急求医疗，未至而卒。"罗谦益说："如此死者，医杀之耳，非天命也……后之用药者，当以此为戒之。"④

比较富裕的家庭，女性有病，会请医生诊治。医生通过望闻问切，确定病情，或开药方服用，或用针灸。杂剧《降桑椹蔡顺奉母》中，汝南蔡员外的妻子延氏"感了些寒气，一卧儿不起，饮食少进，睡卧不宁"。其子蔡顺"去街市上""请下个高手的医者，便来调理母亲的病证"⑤。元代医学分十科，其中之一是"产科兼妇人杂病科"⑥。但实际上，专门的妇科医生极少，除婴儿接生由稳婆担任外，当时一般医生都兼通各科。元代不少名医都有为妇女治病的案例，如上述罗谦益，他的著作《卫生宝鉴》中多处涉及妇女病症及治疗方法。义乌（今属浙江）人朱震亨，其医术在江南享有盛名，被后

---

① 《事林广记》（后至元郑氏积诚堂本）戊集卷下，参见《事林广记》（泰定本）辛集卷一一六。
② 《重订瑞竹堂经验方》，人民卫生出版社1982年版。
③ 贡师泰：《玩斋集》卷八《龙泉县君潘氏墓志铭》。
④ 罗谦益：《卫生宝鉴》卷三《轻易服药戒》《妄投药戒》，人民卫生出版社1963年版。
⑤ 刘唐卿：《降桑椹蔡顺奉母》，《元曲选外编》，第426—427页。
⑥ 《元典章》卷三二《礼部五·学校二·医学·医学科目》。

代尊奉为金元四大家之一。他的医疗生涯中有不少女性病例,如"一妇人病不知人,稍苏即号叫数四而复昏";"一女子病不食,面北卧者且半载,医告术穷";"一贫妇寡居病癞"等。① 仪真人滑寿,号撄宁生,以医术"知名吴、楚间"。有人为之作传,历举40余件病例,其中女性病例将近一半。② 其他名医如周贞、项昕、吕复,③ 倪维德④等,都有类似的情况。但是当时医术高明的医生很少,沽名钓誉者甚多。《降桑椹蔡顺奉母》中,蔡顺请来为母亲治病的两位高手医生,实际上是江湖骗子,"他有一分病,俺说做十分病;有十分病,说做百分病。到那里胡针乱灸,与他服药吃。若是好了,俺两个多多的问他要东西钱钞,猛可里死了,背着药包望外就跑"⑤。这段描写,虽有调侃的成分,但大体反映了当时的现实。元朝官方的一件文书中便说"庸医之辈,惟利是图,诊候中间,弗察虚实,不知标本,妄投药剂,误插针穴。侥幸愈者自以为能,谬误死者皆委于命。"文书中还举出一个妇女被庸医害死的例子:"至元七年,益都府医人刘执中针犯也速歹儿元帅娘子肠胃身死,本人所犯,拟决一百七下,追给烧埋银两,以充营葬之费。"⑥ 死者是元帅夫人,所以严格追究责任。如果是一般平民,也许就不了了之。元朝不断有人提出要取缔庸医,⑦ 但事实上良医有限,取缔是无法实行的。

有病求助于巫师相当普遍。"娄俗尚淫祀,祠庙遍村墟。疾病罔医药,奔走讯群巫。"⑧ "娄"是松江(今属上海)的古称。昆山(今属江苏)"病或不事医药,惟听命于神,祈赛施舍,竭产不悔"⑨。著名医学家朱震亨举过一个例子。有一"金氏妇"得病,"言语失伦"。朱震亨认为,"此非邪,乃病也,但与补脾清热导痰,数日当自安"。但"其家不信,邀数巫者喷水而咒之,旬余乃死"⑩。治病的另一种方式是向上天神灵诉许愿祈祷,许愿的内容大多是愿减寿或以身相代,有的则采取刲股、刲肝甚至刲脑等方法。本章

---

① 戴良:《九灵山房集》卷一〇《丹溪翁传》。
② 朱右:《白云稿》卷一一《撄宁生传》。
③ 戴良:《九灵山房集》卷二七《周贞传》《抱一翁传》《沧洲翁传》。
④ 宋濂:《宋文宪公全集》卷二五《故倪府君墓志铭》。
⑤ 《元曲选外编》,第429页。
⑥ 《元典章》卷三二《礼部五·学校二·医学·禁治庸医》。
⑦ 如王恽便曾提出"禁庸医"的建议(《秋涧先生大全集》卷八六《论禁庸医事状》)。
⑧ 袁华:《耕学斋诗集》卷一《娄侯庙》,《文渊阁四库全书》本。
⑨ 《至正昆山郡志》卷一《风俗》。
⑩ 朱震亨:《格致余论》"虚病痰病有以邪祟论",续《金华丛书》本。

第二节叙述媳妇为公婆割股的一些事例。女性为父母、祖父母、丈夫祈祷和采取刲股、刲肝举动的例子更多。上层家庭女子如顺天（今河北保定）张柔之女张文婉，"外而事母夫人病尽忧，至三刲股肉以进。痛溃，则亲为吮之无难色"①。丽水女子陈妙珍，大母（祖母）病，"刲股杂淖糜以进，疾遂瘳"。后再次发病，"妙珍计无所出，爇香右臂上，稽颡吁天，乞以身代，复不应"。后梦中有人说："剔肝食之，则愈矣。"妙珍果然割肝，并"爇香自誓云：'大母倘得生，终身持菩萨戒，不复适人矣。'寻取肝聂而切之，杂竹萌烹之，大母食才下咽，其疾顿失"。后来妙珍"复然顶，申前誓，弃家为优婆夷"②。"优婆夷"即尼姑。济南邹平（今属山东）张氏，其夫"出戍数千里外"，"家贫无宿储"。双方有四位老人（父母公婆），只靠张氏养蚕纺织来赡养。"四老人病，凡四刲肌骨，救之不懈。"③海盐（今属浙江）工匠之女胡泰，"母患手足挛，不能行动举持，积年不愈"；"泰伤母病无瘳，时乃剔股饵母，不效"。后听说"刃胸"有效，"一日，俟家人出，即引刀刃胸，取肉杂他肉以进"。但其母"疾如故"④。可以看出，刲股、刲胸之类行为在当时是相当流行的。实际上，刲股、刲胸并不是因为股、胸肉有药效，而是想用此类极端的行为感动上天神祇。当时有人说："亲亲，仁也。苟可报罔极之深恩，缓终天之巨痛，虽生有所不爱，于尺寸之肤何爱焉。捐父母生我之身以还父母，一念之烈，虽通神明感天地可也。如虑其因毁灭性，则自古皆有死，鲜闻以刲股死者。不惟不死，父母疾鲜不因以瘳者。"⑤这段话把刲股、刲肝的动机讲得很清楚。还应指出的是，有不少贫困家庭的妇女，无力延医，更易采用这种方式。上面所举邹平张氏、海盐胡泰都是如此。

在妇女群体中，有不少寡妇，虽然生病，但因受贞节观念的影响，往往拒绝应有的治疗。大都（今北京）柳氏守寡，"夙感气疾，每发即呻吟连日，阖家不忍闻，欲谒医治之。柳曰：'妾闻妇人寡者为未亡人，我年二十六归赵氏。今且半百，天若我怜，得死此疾，实莫大幸，奚医为？'"⑥钱塘（今浙江杭州）马氏，夫死守寡，"乳生疡，或曰：'当迎医，不尔且危。'

---

① 刘因：《静修文集》卷一七《郭君夫人张氏墓志铭》。
② 宋濂：《宋文宪公集》卷二三《丽女陈孝女传碑》。
③ 贡师泰：《济南张氏传》，陶宗仪编：《草莽私乘》，转引自《全元文》第45卷，第297页。
④ 陈高：《不系舟渔集》卷一三《胡孝女传》。
⑤ 梅时举：《李昌期妻孝妇何氏记》，原载《东莞县志》卷九一，转引自《全元文》第11册，第105页。
⑥ 张养浩：《张文忠公集》卷二三《节妇柳氏传》。

马氏曰：'吾杨氏寡妇也，宁死此疾，不可男子见。'竟死，时年四十余"①。

三 女性的丧葬

元代无论男女，病故以后的埋葬，有两种方式：一种是土葬；另一种是火葬。以土葬为主，但火葬相当流行。

和男性一样，女性病故以后，都要举行一定的仪式，接受亲友的吊唁。死者入棺后，一般先找临时停放之所，以僧寺居多，称为"殡"，以后再寻求风水适宜之地正式埋葬。这一过程往往有数年之久，有的甚至长达一二十年。② 大名（今山东聊城）张氏，"夫人之没也值兵乱，殡庐陵城西，后七年乃获吉卜，改厝于某乡某山之原"③。宣州（今安徽宣城）张公亮之母魏氏死于杭州，藁殡于西湖雷峰之下，因战乱，"雷峰之殡且不妥"，将"权厝于慈南岭之安福山"④。杭州徐妙安，"归里中卢翁"，夫妻经商。徐妙安去世，其子卢德恒"买美槚为椁，具袭衣为敛，治丧制服，壹遵礼经。践雨风，涉涛江，行求茔域冈阜间，兢兢惴惴，恐若或失之"。费了三年时间，才找到合适的墓地，将母棺入土。⑤

夫妇死后大多合葬，一方先死，经营墓穴时便留有余地。安阳（今属河南）胡士谦父在至元十四年（1277）战死，归葬家乡。士谦在杭州任职，其母王氏随行。大德五年（1301）王氏病死。士谦"奉柩归"，归葬于其父之兆。⑥ 昆山王蕙，为卢观妻，子熊。"初，府君（卢观）之葬，熊为夫人豫作寿藏。兵后他冢悉发，而府君墓独无恙，至是竟合祔焉。"⑦ 另一种情况是，一方先死已葬或殡，以后另一方去世埋葬，将先葬或殡者移来合葬。1964 年在苏州盘门外发现元末张士诚的父母合葬墓。张士诚是泰州人，其父早死，葬于泰州。元末动乱，张士诚起兵占有浙西，割据一方。其母曹氏病死，葬于苏州盘门外，并将其父遗体从泰州移来，合葬在一起。⑧ 山东邹县

---

① 元明善：《清河集》卷七《节妇马氏传》，《藕香零拾》本。
② 《元典章》卷三〇《礼部三·礼制三·葬礼·禁治停丧不葬》。
③ 刘楚：《张夫人墓志铭》，《全元文》第 57 册，第 625 页。
④ 贡师泰：《玩斋集》卷八《故张母夫人权厝志》。
⑤ 柳贯：《柳侍制文集》卷一一《卢氏母碣铭》。
⑥ 戴表元：《剡源文集》卷一五《安阳胡氏考妣墓志铭》。
⑦ 殷奎：《强斋集》卷四《故卢府君夫人王氏墓志铭》，《文渊阁四库全书》本。
⑧ 苏州市文管会、苏州市博物馆：《苏州吴张士诚母曹氏墓清理简报》，《考古》1965 年第 6 期。

李裕庵墓，也是夫妻合葬，"女性骨架显然是二次葬入的"①。有的妻、妾与丈夫都合葬在一起，如奉元（今陕西西安）李德玉，"妻孙氏，前卒。再娶孙氏，侧室汲氏，亦卒"。李德玉死，"葬南宫新茔，孙氏、汲氏祔焉"②。

元代火葬颇为流行。在北方，至元十五年（1278）中书省的一件文书中转引地方官员的报告说："伏见北京路百姓，父母身死，往往置于柴薪之上，以火焚之。"③ 北京路辖地约当今辽宁、内蒙古和河北交界地区。中都（即后来的大都）"父母之丧，例皆焚烧以为当然。习既成风，恬不知痛"④。在都人匠赵春奴之母阿焦身死，"只于当晚焚烧了当"⑤。另据大都地方志载，"城市人家不祠祖祢，但有丧孝，请僧诵经，喧鼓钹彻宵。买到棺木，不令入丧家，止于门檐下，候一、二日即舁尸出，就檐下入棺。抬上丧车，即孝子扶辕，亲戚、友人挽送而出，至门外某寺中。孝子家眷止就寺中少坐，一从丧夫烧毁。寺中亲戚饮酒食肉，尽礼而去。烧毕，或收骨而葬于累累之侧者不一。孝子归家一哭而止，家中亦不立神主。若望东烧，则以浆水酒饭望东洒之。望西烧，亦如上法。初一、月半，洒洒饭于黄昏之后"⑥。由此可知，火葬亦要举行宗教仪式，亲戚、友人都来吊唁。

南方亦有类似的现象。杭州："杭故俗，家有丧，用浮屠老氏之法，建坛场，设斋祠，歌叹作乐，越月逾时。举柩畀之炎火，拾烬骨投之深渊。燕娭娱宾，费数巨万，以此相高，漫曰：'吾不俭其亲矣。'"⑦ 平江（苏州）："苏之俗嗜浮屠法，丧亲以烬骨水瘗为贵。"林以义之母张夫人去世，"卒后六日。奉柩化于吴江之东门外，遂之垂虹亭、观音阁下归骨焉"⑧。淮南儒学提举戴良之妾李氏"感暴疾而亡……亡后三日，用浮屠法火，厝于吴东门外，函其骨葬灭度桥水裔"⑨。"吴"亦即今苏州。可知杭州、苏州等地女性去世后火化是相当流行的，而火化以后的骨灰则投到水中。姑苏（今苏州）王斌为吏，"母没，斌执丧哀恸昂立。吴俗葬其亲以火，斌恻然追伤其父不

---

① 山东邹县文管所：《邹县元代李裕庵墓清理简报》，《文物》1978年第4期。
② 同恕：《榘庵集》卷五《从仕郎李君墓表》。
③ 《元典章》卷三〇《礼部三·礼制三·丧礼·禁约焚尸》。
④ 王恽：《秋涧先生大全集》卷八四《论中都丧祭礼薄事状》。
⑤ 王恽：《秋涧先生大全集》卷八六《弹赵春奴不孝事》。
⑥ 《析津志辑佚》，第209—210页。
⑦ 袁桷：《清容居士集》卷一一《卢氏母碣铭》，《四部丛刊》本。
⑧ 宋濂：《宋文宪公全集》卷三四《姑苏林君母墓铭》。
⑨ 戴良：《九灵山房集》卷一三《亡妾李氏墓志铭》。

及营一砖穴，衰绖具棺，葬母阊门外之原"①。昆山（今属江苏）曹氏去世，"吴俗尚佛氏，死者火之。其子辙卓然能矫俗之弊，以礼葬石浦之原，与处士同域"②。可见，女性死后不用火葬而用土葬，反而引人注意。南方女性举行火丧时亲戚、朋友要登门吊唁，要举行宗教仪式超度。戴良之妾李氏死后，"吴之士友自学士陈公而下咸来归赙"，后一月，戴良之妻"命子礼择道士之有功行者，为醮以度之"。

以上所说主要是汉族女性的丧葬。蒙古族的丧葬方式原来比较简单："盖北俗丧礼极简，无衰麻哭踊之节。葬则剫木为棺，不封不树，饮酒食肉无所禁，见新月即释服。"但不少蒙古人内迁以后，受周围环境的影响，逐渐采用汉族的丧葬仪式。有的前代"弈葬不如礼"（指汉族传统丧葬仪式），子孙还重新改葬。③

第四节　女性的交游和迁徙

一　女性的交游

元代妇女和他人见面时，互相请安问候，以双手在衿前合拜，口称"万福"。妇女"万福"之礼，至迟在宋代已经流行，元代沿袭了下来。杂剧《西厢记》中，张生与红娘首次相遇，张生说："小娘子拜揖。""拜揖"就是作揖。红娘回答说："先生万福。"④ 张生与红娘两人原不相识，见面时以"拜揖"和"万福"表示敬意。杂剧《两军师隔江斗智》中，孙权之妹孙安受母亲呼唤，出来见母亲和哥哥孙权时说："母亲、哥哥万福。"⑤ 杂剧《望江亭中秋切鲙》中，谭记儿见到道观主持白姑姑时说："姑姑万福。"她化装成渔家女见到杨衙内侍从李稍时说："哥哥万福。"见到杨衙内时说："相公万福。"⑥ 可见"万福"对女性、男性、平辈、尊长都是适用的。杂剧《鲁大夫秋胡戏妻》中秋胡做官回来，在桑园见到一女子正在采桑，秋胡一面作揖一面口中说"小娘子支揖"。女子还礼，唱道："我慌还一个庄家万

---

① 杨维桢：《东维子文集》卷一七《思亭记》。
② 谢应芳：《龟巢稿》卷一九《吴处士妻墓志铭》。
③ 黄溍：《金华先生文集》卷二八《答禄乃蛮氏先茔碑》。
④ 王实甫：《西厢记》，《元曲选外编》第265页。
⑤ 佚名：《两军师隔江斗智》，《元曲选》，第1301页。
⑥ 关汉卿：《望江亭中秋切鲙》，《元曲选》，第1657、1663、1664页。

福。"① 可知农村的庄家妇女也以"万福"作为见面的礼节。但当祭祀和举行祝寿等仪式时,女性中晚辈要对尊长行跪拜之礼。

一般来说,农业区汉族女性从小在家庭中长大,出嫁后成为夫家的主妇,她们与外界的来往,主要限于亲戚和邻里。元代很多地方聚族而居,而男女婚姻的对象,大多限于同县,很多是同村、同里,因此,女性交游的地理范围是很小的。但是,亲戚、邻里之间的交往,在某些男权思想浓厚的人看来也要加以严格的限制。元末孔齐提出:"人家往往习染不美者,皆由出游于外,与妇客燕集,习以成风,始则见不美者消之,终则效之。"② "人家兄弟异居者,此不得已也。妇女相见,亦不可数,或岁首一会,春秋祭祀家庙各一会,一岁之中不过三次可也。盖庆贺吊问,非妇人之事。尝见浙西富家兄弟,有异居数十里,妇女辈不时往复,以为游戏之常,要于夜宴,过三更归,或致暗昧奸盗不可测。"③ 按照孔齐的意见,妇女与亲族的"庆贺吊问"都在禁止之列,邻里往来更不用说了。孔齐的言论是有相当代表性的,在一些封建士大夫心目中,女性有交游便会发生"暗昧奸盗"之事,最好完全禁锢在家中。事实上,当时有不少家庭,便对女性的交游采取种种极端严格的措施。燕(今北京)人张弘纲,官万户,"家法整肃,内外截截。女子无大故,不出中门"④。汉中(今陕西汉中)王得舆,"家法之严,尤谨于内外男女之别,诸妇送其子女,止于中门;男宾未有辄至中门者。有事,择书童幼而谨愿者以将命"⑤。著名的浦江(今属浙江)郑氏,聚族而居,"妇唯事女红,不使预家政";"内外极严,舆台通传,不敢越堂"⑥。

受封建礼教的影响,当时不少女性自动把自己束缚在家庭中,而这种行为常常受到文人的表彰。在北方,元代前期名臣王恽,母靳氏。据王恽说,靳氏嫁到王家以后,"非大故未尝逾外阃。姻党有以合二姓会诸亲者,先妣(靳氏)与焉。里中诸媼至顾而不知为谁"⑦。南郑(今陕西汉中)蒲道源之妻何氏"平生寡言笑,不事妆饰,简出入,虽其弟家相距不越数里,十余年

---

① 石君宝:《鲁大夫秋胡戏妻》,《元曲选》,第551页。
② 孔齐:《至正直记》卷一《妇女出游》。
③ 孔齐:《至正直记》卷一《兄弟异居》。
④ 吴澄:《吴文正公集》卷三五《齐国张武定公墓表》。
⑤ 蒲道源:《闲居丛稿》卷二六《西轩王先生行实》。
⑥ 宋濂:《宋文宪公全集》卷四《郑氏孝友传》。
⑦ 王恽:《秋涧先生大全集》卷四九《先妣夫人靳氏墓志铭》。

不一二至，从可知也"①。唐县（今属河北）王氏，婚后"执妇道，非馈食堂上，履不过寝门"②。在南方，黄岩（今属浙江台州）王顺荣，出嫁前，"性庄毅，日处深闺，人不见其面"③。江西著名儒生李存妻赵安，"平居寡言笑，旬朔不出户庭"④。临江（今江西清江）刘妙福，"终日不出闺门，即出，足迹有恒度，可坐而数也"⑤。山阴（今浙江绍兴）女子韩妙静，嫁朱居仁，"尝从郎中（朱居仁曾任福建行省郎中）官钱唐，姑苏亲戚或载酒馔请游湖山间，夫人终不一出，曰：'游观非妇人事也。'"⑥

元代寡妇再嫁相当普遍，但亦有一部分妇女，夫死后不再改嫁。其中不少人为表示守节的决心，更倾向于自我封闭。不再化妆，很少出门甚至不出门，尽量少与甚至不与邻里交往。名臣康里人不忽木之妻王氏，在丈夫死后"称未亡人，非归宁不至门外"⑦。莘县（今属山东）妇女孙妙贞，三十六岁守寡，"却铅泽，服素缟，以严俭持家。终其身，虽比邻无故少游接"⑧。临海（今属浙江）谢正一，"自初寡辄不御藻泽，蓬首垢面，不妄逾闽阈，秉志慎别终身焉"⑨。长清（今属山东）赵野之妻柳氏守寡，"日率僮婢缉生理，虽邻妇里妪，亦不以接"⑩。绛州（今山西新绛）李氏，夫死后家道中落，"织纴纺绩以为业，而亲戚吉凶问遗，行礼不废，而未尝出户限"⑪。

上面所说妇女被迫或自我禁锢主要见诸汉族士人和官宦家庭中的女性，一般农民和其他劳动者家庭中的女性必须从事体力劳动，相对来说所受限制要轻一些。就是士人或官宦家庭的妇女，也有很多人难以忍受禁锢，寻求更多的外界交往。

在元代，衙门、学校等公共场所都将妇女拒之门外。各种商品市场也很难看到妇女的身影。只有各种宗教庙宇对男性、女性一样开放。大都（今北京）的庆寿寺，每年七月十五日"为诸亡灵做盂兰盆斋"，前来参加的"僧

---

① 蒲道源：《闲居丛稿》卷二五《何氏宜人墓铭》。
② 马祖常：《石田文集》卷一五《王氏传》。
③ 宋濂：《宋文宪公全集》卷三《王贞妇传》。
④ 李存：《仲公李先生文集》卷二五《自书赵氏圹记》。
⑤ 宋濂：《宋文宪公全集》卷二五《故段母夫人刘氏石表辞》。
⑥ 贡师泰：《玩斋集》卷八《朱夫人韩氏墓志铭》。
⑦ 吴澄：《吴文正公集》卷三七《鲁国太夫人王氏墓志铭》。
⑧ 戴表元：《剡源文集》卷一七《宋氏墓表》。
⑨ 周仔肩：《张节妇传》，载《草莽私乘》，转引自《全元文》第39册，第666页。
⑩ 张养浩：《张文忠公文集》卷二三《节妇柳氏传》。
⑪ 虞集：《道园类稿》卷四五《河东李氏先茔碑》。

尼道俗，善男信女，不知其数"。元朝末年，高丽著名僧人步虚（普愚）到江南求法，回国途中经过大都。元顺帝命他在永宁寺"开场说法"，"说三日三宿"，"诸国人民，一切善男善女，不知其数，发大慈心，都往那里听佛法去"①。大都每年二月中旬游皇城，上都则在六月中旬游皇城，都是佛教的宗教活动，无论男女都可聚观，"蚩氓聚观汗挥雨，士女簇坐唇摇风"②。元至大四年（1311），监察部门的一件文书中说：陕西安西路（路治今陕西西安）开元寺举行水陆资戒大会七昼夜，聚集各地"僧众万人，及扇惑远近俗人男子妇人前来受戒，观者车马充塞街衢，数亦非少。僧俗混殽，男女淆乱，深为未便"③。奉化（今属浙江）妇女每年四月八日"群集大伽蓝饭僧诵佛书以求利益，动以数千计"④。以上是妇女参加佛教活动的例子。道教宫观同样有吸引力。正月"十九日，都城人谓之燕九节，倾城士女曳竹杖，俱往南城长春宫、白云观。宫、观藏扬法事烧香，纵情宴玩以为盛节，犹有昔日风纪"⑤。这是纪念全真道领袖邱处机的节日。明代的地方文献说："今都人正月十九致浆祠下，游冶纷沓，走马蒲博，谓之燕九节。又曰宴丘。相传是日，真人必来，或化冠绅，或化游士冶女，或化乞丐。故羽士十百，结圜松下，冀幸一遇之。"⑥均州（今湖北均县）武当山万寿宫，"岁三月三日，相传神始降之辰，士女会者数万，金帛之施，云委川赴"⑦。和宗教信仰相近的，还有各种神祇崇拜，也有许多男女信徒。其中影响最大的是东岳崇拜。三月二十八日是东岳大帝的生辰，大都东岳庙"自二月起，倾城士庶官员、诸色妇人，酬还步拜与烧香者不绝"⑧。"是日，沿道有诸色妇人，服男子衣，酬还步拜，多是年少艳妇。前有二妇人以手帕相牵阑道，以手捧窨炉，或捧茶、酒、渴水之类……妇人女子牵挽儿童，以为赛愿之荣。"⑨昆山（今属江苏）居民，"其朝岳祠者，比屋举家，岁往常熟之福山"⑩。"比屋举

---

① 佚名：《朴通事谚解》卷中。
② 袁桷：《清容居士集》卷一六《皇城曲》。
③ 《元典章》卷五七《刑部十九·诸禁·禁聚众·禁治聚众作会》。
④ 宋濂：《宋文宪公全集》卷一四《项君墓志铭》。
⑤ 《析津志辑佚》，第213页。
⑥ （明）刘侗、于奕正：《帝京景物略》卷三《城南内外·白云观》，北京古籍出版社1983年版。
⑦ 程钜夫：《雪楼集》卷五《均州武当山万寿宫碑》。
⑧ 《析津志辑佚》，第217页。
⑨ 同上书，第55页。
⑩ 《至正昆山郡志》卷一《风俗》。

家"当然包括女性。泰山东岳庙规模最大，每年东岳大帝生辰都有成千上万男女信徒前去烧香。① 城隍崇拜在安庆（今属安徽）盛行，"五月之望，里俗相传以神生之日也，民无贫富男女，旄倪空巷闾，出乐神，吹箫代鼓，张百戏，游像舆于国中，如是者尽三日而后止，其祠眠郡为特盛"②。此外，关羽、天妃崇拜的情况也大体类似。在中国古代，宗教节庆和各种神祇崇拜所举行的活动，可以说是群众的狂欢节，也是妇女能够在公共场合自由活动的机会。

此外，一些民间节庆，妇女亦能离家到外面活动。比较突出的如清明踏青和端午龙舟。三月清明前后，大都"北城官员士庶、妇人女子，多游南城，爱其风日清美而往之，名曰踏青斗草"③。无论南北清明踏青是普遍举行的。五月端午，很多地方都有划龙舟的习俗，"男女水陆聚观，无所不为。日为娱乐一时之兴。江淮、江西、福建、两广诸路，皆有此戏"④。

汉人、南人女性平时很少出门。富裕人家女性出门则以坐轿、乘车代步。元代名诗人萨都剌写道："燕姬白马青丝缰，短鞭窄袖银镫光。御沟饮马重回首，贪看杨花飞过墙。"⑤ "燕京女儿十六七，颜如花红眼如漆。兰香满路马尘飞，翠袖短鞭娇滴滴。"⑥ "燕姬"就是大都的女子。另一位诗人迺贤在描写大都春日风光时也写道："新样双鬟束御罗，叠骑骄马粉墙过。回头笑指银瓶内，官酒谁家索较多。"⑦ 可知大都街头，常有年轻女子骑马来往，成为人们关注的景观。可以认为这些敢于抛头露面骑马奔驰的女子并非汉人，应是蒙古或色目的姑娘。

二　女性的迁徙

元代有人说："汉人凿井而饮，耕田而食，蚕绩而衣，凡所以养生者不地著则不得也。故安先世之田宅，服先畴之畎亩，守前人之世业，十世百世，非兵革易代，掳掠驱逐，则族坟墓恋乡井不忍移徙。此汉人之恒性，汉

---

① 《元典章》卷五七《刑部十九·诸禁·杂禁·禁投醮舍身烧儿赛愿》。
② 余阙：《青阳文集》卷二《安庆城隍显忠灵祐王碑》，《四部丛刊续编》本。
③ 《析津志辑佚》，第216页。
④ 《元典章》卷五七《刑部十九·诸禁·杂禁·禁约桦棹龙舡》。
⑤ 萨都剌：《雁门集》卷四《京城春日》。
⑥ 萨都剌：《雁门集》卷四《燕姬曲》。
⑦ 迺贤：《金台集》卷二《京城春日二首》。

人之生理，古今不易者也。"① 农业地区的居民，一般来说，"恋乡井不忍移徙"，只有迫不得已，才会移徙他乡。农业地区的女性，平时出门的机会都很少，更不用说离别乡里了。但事实是，有元一代人口流动的现象是相当普遍的，女性转迁他乡者亦大有人在。这一时期女性的迁徙与战争和灾害有密切关系，此外还有一些其他原因。

战争是导致女性的流徙的重要因素。有元一代，战争不断，大批女性成为俘虏，被迫转迁他乡。金朝中都（今北京）、汴京（今河南开封）先后陷落，大批女性成为战利品，被转徙到草原上。长春真人邱处机前往中亚，途经内蒙古草原，在镇海城"有章宗二妃曰徒单氏、曰夹谷氏，及汉公主母钦圣夫人袁氏号泣相迎"②。这位袁夫人"住沙漠十年，后出家回都"③。还有很多被俘的女性只能在沙漠终老。元军南下，很多地方亦发生掳掠女性之事。南宋朝廷投降，都城临安（今浙江杭州）宫廷中的后妃、宫女也被转送到大都（今北京）。其中宫女千余人，"分嫁"大都的工匠。④ 这批来自江南的女子，分配给工匠为妻，也就成为大都的新居民。她们的命运还是比较好的，还有许多女子，被掳掠到北方后，成为人家的妾或婢女。南宋灭亡后，江南反元起事不断。元朝出动军队镇压，杀戮之外，很多妇女成为军人的战利品。蒲城（今属福建）妇女全氏便因此被蒙古军人带到了河南唐州（今河南唐河县）。二十余年后其子北上寻回。⑤ 全氏晚年能回家乡无疑是幸运的，更多的被俘妇女只能永远流落他乡。除了被俘的女性之外，灭金和灭宋战争还造成大批人口四处流散，到处流亡，其中有很多妇女。

灾害是造成女性异地迁徙的又一重要原因。有元一代各种自然灾害频繁发生，几乎无年无之。进入14世纪以后，更加严重。灾害导致大量流民，纷纷脱离故土，觅求生路，其中很多妇女，在他乡卖身为婢。例如顺帝至正四年（1344），"河南北大饥，明年又疫，民之死者过半"⑥。于是饥民大批渡江南下，"转卖与人为奴为婢"⑦。"客行浙河东，妇女满路啼。徘徊耐驱

---

① 胡祗遹：《紫山大全集》卷二二《论逃户》。
② 李志常：《长春真人西游记》卷上。
③ 尹志平：《葆光集》卷中《临江仙》，《正统道藏》本。
④ 汪元量：《增订湖山类稿》，《湖州歌其八十二》，第55页。
⑤ 陶宗仪：《辍耕录》卷三〇《祖孝子》。
⑥ 余阙：《青阳集》卷五《书合鲁易之作颍川老翁歌后》。
⑦ 孔齐：《至正直记》卷三《乞丐不置婢仆》。

遭，云是流人妻。昔岁遭饥凶，售身生别离。"①

此外妇女迁徙还有多种原因：一种是被人贩卖，易地为婢。元朝监察部门的一件文书中说："切见北方诸色目人等，或因仕宦，或作商贾，或军人应役，久居江南迤南地面，与新附人民既相习熟，将南人男女以转房乞养为名，亦有照依本俗典雇之例，聊与价钱，诱致收养。才到迤北，定是货卖与驱。"② 另一种是随同夫、父、子到他处出仕或谋生，就在他处落户。榆次（今属山西）贺氏，嫁同里杜质。杜质先后到大都、金陵（今江苏南京）等处任职，贺氏随行。杜质死，贺氏"嫠居去乡井远，虽食贫而教其子不废，皆至于成人"，后死于金陵。③ 西京（今山西大同）赵氏，嫁史正甫。正甫早卒，其子史任之"任江西榷茶提领，将母而南，侨寓真州"。后在真州（今江苏仪征）病故。④ 金溪（今属江西）欧阳氏，夫死，"抚育其孤子升至于成立。外家世蓄疡医良方，夫人悉取以授之。艺成，俾出游四方，以广见闻，而升不忍去膝下。夫人察其情，乃与之俱至京师。升稍出其术，效验如神……夫人居而安焉"⑤。还有一种是军人妻女，随军迁徙。元军征南宋时，"诏军将各以其家从行"，许多军人妻子便随部队行动。其中很大一部分在南方屯戍，在各处安家。例如黄冈（今属湖北）张氏，嫁蒙古人马马其。其夫南征后驻守池州（今安徽贵池），张氏便在当地落户。⑥ 浚仪（今河南开封）赵时妙，嫁杨某。南征时赵时妙"从在军"。杨"开府临、袁，后专临江"，赵氏及其家便居于临江（今江西清江）。后其子为新昌州（今浙江新昌）判官，又从行，"卒于官所"⑦。

在元代，有不少蒙古、色目妇女因丈夫从军或仕宦而迁到汉人、南人居住地区。还有一些色目女性，则随同丈夫不远万里来华经商，就在中国落户。福建泉州在元代是首屈一指的国际贸易港，许多海外商人、水手在当地居留。有些人带来妻子、女儿。泉州近年出土大批伊斯兰教墓碑，其中不少属于女性。⑧

---

① 吴师道：《吴礼部集》卷二《归妇行》。
② 《元典章》卷五七《刑部十九·诸禁·禁典雇·典雇男女》。
③ 黄溍：《金华先生文集》卷三九《宜人贺氏墓志铭》。
④ 吴澄：《吴文正公集》卷三七《史振之墓志铭》。
⑤ 黄溍：《金华先生文集》卷三九《危母欧阳氏墓志铭》。
⑥ 苏天爵：《滋溪文稿》卷二一《元故长葛县君张氏墓志铭》。
⑦ 虞集：《道园类稿》卷四九《赵夫人墓志铭》。
⑧ 吴文良：《泉州宗教石刻》，科学出版社 2005 年版，第 77、78、79、80、82、90、103、104 页。

第七章　女性的文化生活

第一节　女性与教育

　　和前代一样，元代两性受教育的权利是不平等的。元代的教育机构，中央有国学，地方有各级官学，还有书院，民间有私学，都以传授中原传统文化为教育宗旨。它们都是面向男性青少年的，女性没有上学的权利。元代劳动者家庭中的女性，文盲是普遍的。但地主阶级特别是官宦和儒生家庭中的女性，读书识字的数量是相当多的。她们主要接受家庭的教育。现存元代女性的墓铭和传记中对此有不少记载。

　　下面是一些元代女性读书识字的例子。在北方，顺天（今河北保定）万户张柔之妻毛氏，"出阀腴华胄"，"喜为学，阴阳图传，药石之术，老、佛之书，诗文之艺，皆能究竟"。她的女儿"幽闲执礼，有母氏之风，赋诗弹琴，窈窈物外人"①。御史中丞董守简之妻乌氏，"国朝名士冲之女，于经、史无不通，动必协于阃范"②。乌冲是汴梁（今河南开封）的著名学者。真定学校提举凌其轴之女凌其淑媛，"幼聪慧，即教之知书。既笄，容止幽闲，组绣剪制，巧有余思。班经、女诫，皆通晓大义"③。真定学校提举即真定路（路治真定，今河北正定）教育系统的长官，凌其轴也是有名的儒士。

　　在南方，鄱阳（今江西波阳）徐妙静，"生六岁而失所恃，天性慧敏，外大父钟爱之，教以《列女传》等书，靡不通晓"④。鄱阳张良孙之妻胡氏，出于"望族"，"幼通《论语》大义"，"晚尤素诵唐人绝句诗，隽永若有

---

① 郝经：《临川文集》卷三五《公夫人毛氏墓铭》。
② 黄溍：《金华先生文集》卷二六《御史中丞董公神道碑》。
③ 王恽：《秋涧先生大全集》卷五二《千户董侯夫人碑铭》。
④ 王祎：《王忠文公集》卷二四《刘母徐夫人墓碣铭》。

得"。"诗书之教，著于中闺，本家训然也。"① 富州（今江西丰城）朱静淑，"幼读《论》《孟》，了大意"②。庐陵（今江西吉安）周应卓之妻李氏，"邑士人李某之女也。幼聪慧，涉书史，服勤女事，得父母之爱，为淑女"③。抚州（路治今江西临川）黎慧清，"生七年，母卒，茕然无依，养于外家。外家妇孙氏，澹轩先生辙从女，能推澹轩诗、礼之教，故夫人通《孝经》《论语》，及涉猎史传，趣向绝出流俗万万"④。金溪（今属江西）黄氏，"乡先生以权之女……以权无子，惟一女，爱之甚，教之治儒学，昼夜不辍"⑤。六合（今江苏六合）女子郭丑，"其父授之《书》《诗》，辄通大旨"⑥。对《古列女传》尤其熟悉。南雄（今属广东）谢氏女守节，"节妇少尝读《孝经》《小学》书，通达义理，故能尽妇道云"⑦。丽水（今属浙江）潘妙真，"幼专静，能诵《小学》《四书》《诗》《礼记》及诸女史"⑧。黄岩（今属浙江）女子黄丑，"八岁闲于女红。诸昆弟皆习业家塾，迪功（黄丑之父黄荀龙在宋朝为迪功郎、宿松县尉）俾授《内则》《孝经》《论语》，不期月终卷，皆成诵"⑨。元代南北经济、文化有明显的差异，总的来看，南方女性读书识字者似比北方要普遍一些。以上所举北、南女性读书识字的例子，都是汉人（乌氏可能是女真人）、南人，大多出生于士人家庭，接受父母或亲戚的教导。

元代王义山说："今世称妇人之贤曰'事舅姑以孝也，处妯娌以和也，勤以治家也，俭以足用也'。妇人皆能是。虽然，此妇人职分当然也。天下惟妇人能教子为可书。""古今称妇人必曰：功、容、言、德。虽然，常事耳，不必书，惟能教子者为贤母。"⑩ 不少有文化的女性担当了教育子女的责任。慈溪（今属浙江）黄正孙之妻陈润，奉化（今浙江奉化）人。"《诗》《书》《语》《孟》及《女诫》《女则》等篇，皆能成诵。[子]玠方幼，口

---

① 邓文原：《巴西文集》《胡氏墓志铭》，《北图古籍珍本丛刊》影印清抄本。
② 吴澄：《吴文正公集》卷三六《朱氏静淑墓志铭》。
③ 程钜夫：《雪楼集》卷二一《周应卓妻李氏墓志铭》。
④ 宋濂：《宋文宪公全集》卷一五《故贤母熊夫人墓碣》。
⑤ 危素：《危太朴文续集》卷九《书吴泰发妻黄氏戒子诗后》。
⑥ 宋濂：《宋文宪公全集》卷二三《贞妇郭丑小传》。
⑦ 宋濂：《宋文宪公全集》卷三三《谢节妇传》。
⑧ 贡师泰：《玩斋集》卷一〇《龙泉县君潘氏墓志铭》。
⑨ 朱右：《白云稿》卷三《杨孝妇传》。
⑩ 《稼村类稿》卷二九《汪母孺人李氏墓志铭》《亡嫂孺人周氏墓志铭》。

授以书程，督严于外傅。"黄玠后来"以文名一时"①。北方著名理学家窦默之女"贤淑聪慧，日记千言。尝作《勤学文》警诸子，虽古女师何以尚"②。南阳（今属河南）智仲谦之母刘氏，"少而嫠居，仲谦甫髫龄，夫人杜门教以《诗》《书》。长而宦学有闻，家日以盛"③。欧阳玄是元朝首科进士，文章大家。他的母亲李氏"读书能文，亲授《孝经》《论语》《小学》诸书"。欧阳玄"八岁已能成诵"，为后来的成就打下了良好的基础。④ 虞集是元代中期享有盛名的学者、诗人，他的母亲杨氏是南宋工部侍郎、国子祭酒杨文仲之女，"杨公世以《春秋》名家，而从弟参知政事平舟先生栋以濂洛之道自任。夫人未笄时，即尽通其说，至近代掌故亦贯穿不遗"⑤。虞集晚年回忆说：当宋、元换代之际，"干戈中，旦暮不相保，无书册可携。先夫人置我兄弟于膝下，口授《论语》《孟子》《诗》《书》等"。虞集把父、母都看成传统文化在时代动荡中的继承者，而他和兄弟虞槃又从父母处接过了薪火："嗟夫！故宋衣冠之世家，百年以来几已尽矣，而遗经道学之传尤鲜焉。先君、先夫人抱先世遗教于万死一生之余，忍贫茹蔬，使我兄弟得以就学。"⑥以上都是女性向儿子讲授文化知识的例子，至于督促儿子用功读书的情况，更是普遍。上述抚州黎慧清，"生三子：鼎、涣、晋，仅五岁，夫人皆自教督，及就外傅，俨然若成人。鼎、涣尝治进士业，读书每至鸡号。夫人纫治丝枲坐其侧听之，凛然若严师"⑦。遂昌（今属浙江）王延洪之妻李淑贞是处州教授之女，"教授君博极群书，而传业在其女"。王延洪早死，李淑贞抚养三子，"择以傅就学，学回必亲试其所诵书，探其课对工拙为赏罚，故三子克有成立"⑧。江阴（今属江苏）王逢之母李靖真，"其训子严有法，日给膏烛诵书，约丙夜止。或逾约辍诵，至旦，罚余食。出就外傅，乏贽师物，躬纺绩以资之"⑨。

---

① 黄溍：《金华先生文集》卷三六《慈溪黄公墓志铭》。
② 吴澄：《吴文正公集》卷三七《刘侯墓志铭》。
③ 程钜夫：《雪楼集》卷九《南阳智夫人刘氏贞节序》。
④ 危素：《圭斋先生欧阳公行伏》，《圭斋文集》卷十六附录。
⑤ 赵汸：《东山存稿》卷五《虞公行状》。
⑥ 虞集：《道园学古录》卷四三《亡弟仲常墓志铭》。
⑦ 宋濂：《故贤母熊夫人墓碣》。
⑧ 杨维桢：《东维子文集》卷二五《华亭县主簿王佳母夫人李氏墓志铭》。
⑨ 杨维桢：《东维子文集》卷二五《王母李氏墓志铭》。

此外，有的女性还"辟馆授徒"，如平阳薛延年母董氏①。又如浦城（今福建浦城）郑旼之母李智贞，"聪惠而静淑，能孝于亲，义于夫。又晓艺术，以儒学为女师"，为人师表，讲授儒学。② 临川于珪之母张氏，"有妇德，能为里中女子说《礼记内则》、曹大家《女戒》，常以明经勖其子"③。张氏为里中女子讲说，亦应是一种授徒的教育行为，但总的来说这种状况并不多见。

　　有关色目女性受教育的记载不多。伟吾氏（畏兀儿）月伦石护笃"生而聪慧，稍长，能知书，诵《孝经》《论语》《女孝经》《列女传》甚习，见前史所记女妇贞烈事，必再三复读而叹慕焉"。月伦石护笃的母亲廉氏，"中书右丞布鲁迷失海牙之女"④。畏兀儿人布鲁海牙任廉访使，故以廉为姓。⑤ 布鲁迷失海牙应是布鲁海牙的后人⑥。布鲁海牙之子廉希宪"笃好经史"，忽必烈称之为廉孟子。⑦ 廉氏家族是元代畏兀儿人中最显赫的家族之一，以文化修养著称。月伦石护笃所受儒学教育可能来自母系。畏兀儿人贯云石（小云石海涯）出身世家，是元朝享有盛名的学者、诗人。贯云石的母亲廉氏，是布鲁海牙的孙女。贯云石的成就应亦与母系有关。他的孙女"适怀庆路总管段谦，有学识，能文章"⑧。可惜名字没有留下来。汪古部女子赵鸾字善应，是名臣赵世延的女儿。赵世延深究儒学，赵鸾"幼时古文歌诗入耳辄能记。七岁诵《周易》，善属对。九岁使颛学女事，则《论语》《孟子》《小学》书皆成诵矣"⑨。回回女子丁月娥，"诸伯氏皆明经，工举子业。月娥随而诵说，通奥义"。其弟丁鹤年"富于经史，有操行，幼时读书，皆月娥口授"⑩。元代有很多色目家庭接受中原传统文化，出现了一批有名望的学者、

---

① 萧㪺：《勤斋集》卷三《元故文学薛君寿之墓志铭》，《文渊阁四库全书》本。
② 陈旅：《安雅堂集》卷六《静方诗集序》。
③ 吴澄：《吴文正公集》卷四二《张氏墓志铭》。
④ 黄溍：《金华先生文集》卷三九《魏郡夫人伟吾氏墓志铭》。
⑤ 《元史》卷一二五《布鲁海牙传》。
⑥ 至元二十一年十一月，忽必烈任命不鲁迷失海牙为中书参知政事（《元史》卷一三《世祖纪十》）。钱大昕考证，《元史》卷一一二《宰相年表》中"至元二十二年参知政事"条有"廉"姓无名一人，即不鲁迷失海牙（《廿二史考异》卷九二《元史七》）。此"不鲁迷失海牙"应即"布鲁迷失海牙"。布鲁海牙有子10人，廉希宪最有名。时廉希宪已死，不（布）鲁迷失海牙应是廉希宪弟兄中之另一人。
⑦ 《元史》卷一二六《廉希宪传》。
⑧ 欧阳玄：《圭斋文集》卷九《贯公神道碑》。
⑨ 陈旅：《安雅堂集》卷一一《故鲁郡夫人赵氏墓志铭》。
⑩ 乌斯道：《春草斋集》卷七《月娥传》。

诗人。上述色目女性的文化修养，主要都来自家庭的熏陶。①

元朝宫廷和皇族中的女性亦有人接受中原传统文化的教育。渤海人高觿"事世祖皇帝潜藩"，也就是在忽必烈称帝前已为之服务。世祖即位后，高觿为东宫太子真金的属官，深得信任。真金死后，外迁为河南宣慰使。至元二十七年（1290）死。高觿之妻葛氏，有子名师颜。"公（高觿）薨时，葛夫人方盛年，师颜幼。隆福太后追念公之昔事裕皇也，驿召母子以至。葛夫人习于《诗》《礼》，通古今，常以经义为女师宫中……师颜事母夫人如严君，夙夜无违无息。延祐三年（1316），有司以葛夫人贞节上闻，有诏表其门闾。兴圣太后召葛夫人讲《资治通鉴》，论古今政治得失。仁宗尤念之。今上皇帝以天历改元之十月，即自大同召师颜奉葛夫人以来，曰：'旧家老人，壶内师表，赐德辉之号，俾侍中宫赞六宫之教焉。'……葛夫人贞节至老，以妇仪母德，致美号，崇礼于当时，他族未之有也。"②继忽必烈之后即位的是真金之子铁穆耳，是为成宗。他追谥真金为裕宗，真金之妻阔阔真则被尊为皇太后。阔阔真居隆福宫，故称隆福太后。继成宗即位的是海山，后称武宗，他尊崇母亲答己为皇太后。答己居兴圣宫，故称兴圣太后。"今上皇帝"即文宗图帖睦尔，他是武宗海山的儿子。成宗、武宗、仁宗、文宗都出于真金一系，高觿是真金的亲信，因而其妻葛夫人得到真金后裔的特别青睐，数度被召入宫，为宫中女性讲解经义、《通鉴》。"壶内师表"，这样的优遇在有元一代是仅见的。金朝设有宫教，"诸宫女皆从之学"③。从葛氏经历来看，元朝宫廷中应该亦有这样的职务。至元二十九年（1292），"秦王妃闻平阳薛氏董母贤，召之。其子延年寿之扶舆而西，至则以经训辅导。明年春，得告，赐金帛，官其子开成教授而归"④。秦王原是宗王忙哥剌的封号，王府在长安、六盘两地，六盘因此建开成路。忙哥剌死后，阿难答嗣为秦王。秦王妃应是阿难答的王妃，她请董氏前去，或是教授秦王的女儿，或是宫女，也可能为了自己。王府中的女性主要是蒙古人。此外还有邸彦通，父为千户，亦曾在安西王王府中任职。后到大都跟随著名雕塑家阿尼哥学艺。"至大德壬寅，皇太后时为太子妃，召赐银钞、衣服、粮食，分付宫女数十人，

---

① 陈垣：《元西域人华化考》卷七《女学篇》，《励耘书屋丛刻》本。
② 虞集：《道园学古录》卷一七《高庄僖公神道碑》。
③ 《金史》卷六四《后妃下·章宗后妃李氏》。
④ 萧㪺：《勤斋集》卷三《元故文学薛君寿之墓志铭》。

令彦通以古今列女传训诲。"① 蒙古贵族鲁国大长公主祥哥剌吉喜爱中原传统文化（其事迹见本章第二节），亦应受过儒学教育，但无记载可考。由以上几个事例可知，元朝宫廷和皇族家庭的女性亦有一些人学习中原传统文化，而权势很大的阔阔真太后和答己太后对儒家文化都有一定的了解。此外，顺帝的皇后奇氏是高丽人，初入宫为宫女，后受宠幸立为第二皇后，第一皇后伯颜忽都皇后死后，奇氏"正位中宫"；"后无事，则取《女孝经》、史书，访问历代皇后之有贤行者为法"②。奇氏显然具备相当的中原传统文化修养，这与她出身高丽有关。这在元朝宫廷中是比较特殊的。

以上所说是汉人、南人以及蒙古、色目女性接受教育的情况。她们学习的课本可以分为两大类：一类是儒家的基本经典，以《论语》《孟子》《孝经》为主，这几种是当时儒学教育的基本教材。其次则有《诗经》《尚书》《礼记》等。还有一种《小学》，是理学家朱熹编写的书，和《论语》等三书同列为儒学教育的基本教材。③ 另一类是前代有关女性教育的著作，有刘向《列女传》、班昭《女诫》、《礼记·内则》、郑氏《女孝经》等。宋朝司马光的《书仪》一书，规定了儒生家族应遵守的各种礼仪，对后代影响很大。其中关于女性教育部分的规定是："六岁……男子始习书字，女子始习女工之小者。七岁……[男子]始诵《孝经》《论语》，虽女子亦宜诵之。八岁……男子诵《尚书》，女子不出中门。九岁，男子读《春秋》及诸史，始为之讲解，使晓义理，女子亦为之讲解《论语》《孝经》及《列女传》《女诫》之类，略晓大义。十岁男子出就外傅，居宿于外……女子则教以婉娩听从及女工之大者。"④ 元代官宦及儒士家庭女性的教育显然遵循司马光的设计。即在识字的同时，了解儒学的基本理念，特别是女性应遵守的道德法则，学会做孝女、贤妇、慈母，并不要求她们有太多的文化修养。这和男子的教育是有很大差别的。会稽（今浙江绍兴）女子禹淑静，"生五岁，从父宦居钱唐。性聪睿，授以古文，日诵数百言。稍长，习书记，凡文字过目辄不忘。一日，忽自警曰：'此非女子所宜先也。'乃潜心女红之事，咸精其能"⑤。家务是女性的基

---

① 贾汝舟：《重修邸氏先茔碑》，《光绪曲阳县志》卷一三，转引自《全元文》卷三九，第191页。
② 《元史》卷一一四《后妃传一》。
③ 佚名：《庙学典礼》卷五《行台坐下宪司讲究学校便宜》，《文渊阁四库全书》本。
④ 司马光：《书仪》。
⑤ 王祎：《王忠文公集》卷二一《禹烈妇传》。

本职责，其他都是分外之事。这种观念长期流行，对女性的教育有很大的消极影响。禹淑静的"自警"，实际上是社会舆论的压力。也有少数女性，在文化教育方面有较多的追求，例如从事诗词、散曲的创作（见下）。又如钱塘（今浙江杭州）张泽之的母亲费氏，"生柔淑，性颖悟，总角鬘帨，在父母侧诵《论语》《孟子》，知大义。学李夫人书，习九宫筹学"①。在学习儒家经典之外，还学书法和算学，这在当时女性中是很罕见的。

我国学术大师陈垣先生在研究金元全真道时曾指出："自昔女学不兴，利禄之途又不行于闺阃，故女子聪明无用，惟出家学道，则必须诵经通文艺，方能受度……夫然，故最低限度，女冠无不识丁者，是儒学无女学，道家有女学也。"② 必须识字，才能诵经。出家学道，亦可视为学习文化的一种途径。出家为尼，亦是如此。这可称之为寺院女性的教育。

蒙古、色目女性学习本民族语言文字的情况不很清楚。高丽忠宣王娶晋王甘麻剌之女蓟国大长公主宝塔实怜。"公主妒赵妃专宠，作畏吾儿字书付随从阔阔不花、阔阔歹二人，如元达于皇太后。"③ 可知蒙古贵族女性亦有学习畏兀儿蒙古字者。蒙古人别里哥帖木儿是开国功臣木华黎的后裔。"蚤孤，太夫人教以国书。"④ "国书"即蒙古文字。别里哥帖木儿的祖母能教孙子学习"国书"，她自己一定掌握这方面的知识。

第二节　女性与文学艺术

一　女性与诗词创作

在元代，诗、词仍是文学活动的重要形式，有些女性亦从事诗、词的写作。

宋、元易代之际，大批宫女跟随南宋小皇帝北上，以后就在北方终老。这些宫女中不乏诗歌爱好者。至元二十五年（1288）追随小皇帝北上的宫廷琴师汪元量得到忽必烈的允许南还，南宋旧宫人十余人"分韵赋诗为赠"。另有旧宫人作词相赠。这些诗词，主要表达了她们对江南的怀念，以及羁留他乡的哀愁。"塞北江南千万里，别君容易见君难，何处是长安。""燕塞

---

① 任士林：《松乡文集》卷三《夫人费氏墓志铭》。
② 陈垣：《南宋初河北新道教考》，中华书局1962年版，第42页。
③ 郑麟趾：《高丽史》卷八九《后妃二》。
④ 黄溍：《金华先生文集》卷二五《札剌尔公神道碑》。

月，缺了又还圆。万里妾心愁更苦，十春和泪看婵娟，何日是归年。"① 南宋亡国以后，诗坛涌现了一批遗民诗人，汪元量就是杰出的代表人物。遗民诗词是元代诗史的重要组成部分，而作为一个特殊的群体，这些旧宫人的诗词在遗民诗词中是不应被忽视的。

元代诗坛中比较有名的女性作者仅有管道升、孙淑、郑允端、刘燕歌等人。管道升（1260—1319），字仲姬，吴兴（今浙江湖州）人。她是赵孟頫的妻子。赵孟頫多才多艺，是元代文坛、艺坛的领袖人物。管道升"生而聪明过人……翰墨辞章，不学而能"②。也是元代文艺领域的杰出人物。但她的成就主要在书画方面，传世的诗词作品很少。有《渔父词四首》，其中之二是："身在燕山近帝居，归心日夜忆东吴。斟美酒，鲙新鱼，除却清闲总不如。""人生贵极是王侯，浮利浮名不自由。争得似，一扁舟，弄月吟风归去休。"③ 赵孟頫出仕元朝，在大都得居高位。但其作为赵宋宗室的特殊身份，加上政坛风波险恶，内心经常处于矛盾之中。管道升的词，用意显然是劝说赵孟頫脱离京师名利场，归隐田园，寻求解脱。遗憾的是，赵孟頫在延祐六年（1319）辞职回家，管道升病死于途中，未能回到她日夜思念的江南水乡。孙淑（1306—1328），字蕙兰，汴梁（今河南开封）人。"早失母，父周卿先生以《孝经》《论语》及凡女诫之书教之，诗固未之学也。因其弟受唐诗家于庭，取而读之，得其音格，辄能为近体五七言，语皆闲雅可诵，非苟学所能至者。然不多为，又恒毁其稿。家人或窃收之，令勿毁。则曰：'偶适情耳，女子当治织纴组紃以致其孝敬，辞翰非所事也。'"因而保存下来的不过十余首。23岁时，孙淑与傅若金结婚，5个月后去世。傅若金搜集她的作品编为《绿窗遗稿》。孙淑作品清新自然，主要描述少女的日常生活，常常流露出寂寞之感，以及淡淡的哀愁。这种情绪在封建时代是带有相当普遍性的。④ 郑允端（1327—1356），字正淑，吴郡（今江苏苏州）人。家境富裕，有"半州"之称。她本人有很好的文学修养，爱好诗歌写作。和同郡施伯仁结婚，夫妻和睦。元末动乱，起兵于淮东的张士诚于至正十六年（1356）占领平江，郑允端家毁于兵火，因此郁郁致病，死时仅30岁。她的诗集名《肃雝集》。作者的自序中写道："尝怪近世女子作诗，无感发惩创

---

① 汪元量：《增订湖山类稿》，第231、232页。
② 赵孟頫：《松雪斋文集》外集《魏国夫人管氏墓志铭》。
③ 唐圭璋编：《全金元词》，中华书局1979年版，第809—810页。
④ 陶宗仪：《辍耕录》卷一三《绿窗遗稿》。

之义，率皆嘲咏风月，陶写情思，纤艳委靡，流连光景者也。余故铲除旧习，脱弃凡近，作为歌诗，缄诸箧笥，以候工宗斤正，然后出示多人。今抱病弥年，垂亡有日，惧没而无闻，用写别楮，诠次成帙，藏诸家塾，以示子孙。"郑允端病故后，施伯仁加以整理，编次成书，请人作序，保存了下来。从自序可以看出，她的诗歌创作力图突破女性闺怨的局限，放眼更大的世界。《肃雝集》收诗150首，其中女性闺阁生活仍占有相当大比重，如《咏镜》《红指甲》等，但也有题画、咏史的作品，表达了对人生的思索。特别可贵的是反映社会现实之作，如《读文山丹心集》《吴人嫁女辞》等。《读文山丹心集》歌颂文天祥的气节，"藉甚文丞相，精忠古所难"。《吴人嫁女辞》题下有注"余见寻常百姓家，多以女嫁达官贵人，虽夸耀于一时，而终不得偕老。故作是诗以警之。时至正丙申岁也"。诗云："种花莫种官路旁，嫁女莫嫁诸侯王。种花官路人取将，嫁女王侯不久长。花落色衰情变更，离鸾破镜终分张。不如嫁与田舍郎，白首相看不下堂。""丙申岁"是至正十六年（1356），当时张士诚已占领平江，自称诚王，部下纷纷封官拜爵，成为新贵。郑允端此诗，显然是有感于新贵们作威作福、民间趋炎附势而发。[①] 刘燕歌"善歌舞。齐参议还山东，刘赋[太常引]以饯云：'故人别我出阳关，无计锁雕鞍。今古别离难，兀谁画蛾眉远山。一尊别酒，一声杜宇，寂寞春又残。明月小楼间，第一夜相思泪弹。'至今脍炙人口"[②]。刘燕歌应是元代前期的歌妓，这首词情真意切，传诵一时。但除此以外没有别的作品流传下来。管道升、孙淑、郑允端、刘燕歌等人的社会地位和经历各不相同，她们诗歌作品的题材和风格也有明显的差异。

元顺帝至正八年（1348），旅居杭州的名诗人杨维桢写下数首《西湖竹枝词》，很快流传开来。"竹枝词"是体裁短小精练的七言绝句，由民歌演化而来。大江南北很多诗人都有和诗，成为当时诗坛的盛事。在和诗作者中有两位钱塘（杭州）女子，一位是曹妙清，另一位是张妙净。曹妙清号雪斋，"钱唐民家女，居湖曲，姿仪秀彻，辞对清华"[③]。她的和诗是"美人绝似董娇娆，家住南山第一桥。不肯随人过湖去，月明夜夜自吹箫"。刻画出

---

① 郑允端：《肃雝集》，《涵芬楼秘笈》本。
② 夏庭芝：《青楼集笺注》，第98—99页。
③ 陶宗仪：《书史会要》卷七《大元》，武进陶氏景印明洪武本。

孤芳自赏的女性形象。① 事实上，在此以前，曹妙清与杨维桢已有往来。至正五年（1345）杨维桢作《曹氏雪斋弦歌集序》云："予居钱塘间，女士有曹雪斋氏，以诣称于人，尝持所著诗文若干篇介为其师者丘公其见，自陈幼获晋于酸斋贯公、恕斋班公，而犹未及见先生也，幸先生赐一言以自励。今年予在吴兴，又偕乳母氏访予洞庭太湖之上，为予歌诗鼓琴。"杨维桢将她的作品加以删取，编成《曹氏弦歌集》②。《序》中所说"酸斋贯公"是贯云石，畏兀儿人，是著名的散曲作家。"恕斋班公"是班惟志，著名书法家。两人都是当时文坛的名士。曹妙清是个民间女子，多才多艺，会作诗，能鼓琴，还长于书法（见下），在当时女性中是很难得的。元代女性普遍被禁锢在家庭中，曹妙清主动与有名的文人墨客交游，她的行为在当时是罕见的。可惜的是，除了上面这首竹枝词外，其余作品都没有流传下来。张妙净的和诗是："忆把明珠买妾时，妾起梳头郎画眉。郎今何处妾独在，怕见花间双蝶飞。"③ 写的是弃妇的闺怨。她也没有其他作品留下来。

总的来说，现存元代女性的诗词作品是比较薄弱的，其中原因：一则女性接受文化教育的不多；二则当时的社会舆论对此非议。前述许氏《女教书》中，"歌诗有戒"④。上面提到，孙淑"恒毁其稿"，原因是她认为女子只应从事纺织，"辞翰非所事也"。建阳（今属福建）女子丁临，字淑道，"幼慧，读《论语》《孝经》《孟子》，识其大意，古人文字，经目辄成诵。处室时，伯父县丞公戒曰：'妇人职知妇道，诗非所宜习。'盖终身服之，不敢言文"⑤。所谓"妇道"，就是要女性当孝女、贤妇，学诗对此无益，当然被认为不宜了。前述金溪黄氏，受家庭教育，夫死守节。"泰定三年，赋诗一章三十韵训其子，稍传之四方。"又作有《祭夫文》和其他文字。但"词章非其所乐……初亦不以示人"。在她看来："妇人之有善可称，非其幸也，可悲也，而非可愿也。"⑥ 当然，在男尊女卑的社会里，女性作家的诗词作品

---

① 杨维桢：《西湖竹枝集》，《武林掌故丛编》本。明初叶子奇《草木子》卷四上《谈薮篇》引此诗（文字略有不同）云："造语颇工。"
② 杨维桢：《东维子文集》卷七。
③ 杨维桢：《西湖竹枝集》。
④ 许有壬：《至正集》卷七三《跋临川黄孺人训子诗》。
⑤ 袁桷：《清容居士集》卷一一《丁孺人墓碣铭》。
⑥ 危素：《贞节传序》，《康熙东乡县志》卷七，转引自《全元文》第四八册，第254页；危素：《书吴泰发妻黄氏戒子诗后》，《危太朴文续集》卷九。许有壬亦有《跋临川黄孺人训子诗》，可知当时影响颇大。

比起男性作家来，不受重视，更易散失，也是一个重要的原因。上述曹妙清的《曹氏弦歌集》早已失传。金溪黄氏的诗文曾"类录而刻之"，亦已散失。上一节提到的奉化陈润，"间作小诗，亦有思致，尝为二子赋诗若干韵，有关于伦纪，可裨于治化，学士大夫咸称诵之"①，诗作也没有流传下来。浦城（今属福建）女子李智贞有诗集《静方集》，亦不传。②又如元代前期诗人、曲作家胡祗遹，写过一篇《朱氏诗卷序》，文中所说朱氏是杂剧艺人，"以一女子，众艺兼并"③，能演多种角色。很可能就是著名演员珠帘秀。这本诗卷也未能流传下来。

二　女性与散曲创作

散曲是金代出现的一种新的诗歌形式，在元代得到蓬勃发展。散曲包括小令、套曲两类。小令是单只曲子，形式短小，语言精练，适合抒情写景，是散曲的主体部分。套曲合数支曲子而成，可以包含比较复杂的内容。据《全元散曲》统计，有作品传世的散曲作家约200人，其中女性作者有张怡云、珠帘秀、真氏、王氏、一分儿、张玉莲、刘婆惜、张氏等。她们的作品，以小令为主，个别亦有套曲。这些女性散曲作者，不外三种人，即是承应官府的教坊乐人，或是梨园的优伶，还有青楼的娼妓。这是因为散曲常用来演唱，而从事演唱的女性艺人正是这三种人（参见本章第三节）。这些女性艺人中不少人文思敏捷，出口成章，除了演唱男性作者的作品外，她们自己亦往往即兴创作，以博取声誉。张怡云"能诗词，善谈笑，艺绝流辈，名重京师……又尝佐贵人樽俎，姚、阎二公在焉。姚偶言'暮秋时'三字，阎曰：'怡云续而歌之。'张应声作［小妇孩儿］，且歌且续曰：'暮秋时，菊残犹有傲霜枝，西风了却黄花事。'贵人曰：'且止。'遂不成章。张之才亦敏矣"④。"佐贵人樽俎"即陪贵人饮酒。"姚"是姚燧，"阎"是阎复，两人都是大都文坛的重要人物，又是元朝政府中的官员。张怡云的歌唱在当时享有盛名，她的即兴创作更令人赞赏，而这一首没有完成的小令也成为她唯一传世的散曲作品。流传至今的张玉莲、一分儿、刘婆惜所作小令，也都是即兴之作。当时能够创作散曲的艺人应不在少数，但流传下来的作品很少。

---

① 黄溍：《金华先生文集》卷三九《慈溪黄君墓志铭》。
② 陈旅：《安雅堂集》卷六《静方诗集序》。
③ 胡祗遹：《紫山大全集》卷八。
④ 夏庭芝：《青楼集笺注》，第64—65页。

如梁园秀，"姓刘氏，行第四。……所制乐府，如［小梁州］、［青歌儿］、［红衫儿］、［挝砖儿］、［寨儿令］等，世所共唱之"①。"乐府"即指散曲小令而言。梁园秀的很多作品曾风行一时，但均已失传。总体来说，女性散曲作者以从事演唱的艺人为主，她们的身份低贱，这和上述女性诗词作者形成鲜明的对比。

三　女性与书画创作

书法和绘画是中国传统的两种艺术形式。在元代，书、画创作有很高的成就，名家迭出。但是有影响的女性书画家，只有管道升一人。赵孟𫖯在书法和绘画两个领域都有很高成就，管道升"亦能书，为词章，作墨竹，笔意清绝"②。赵孟𫖯说"天子（元仁宗）命夫人书《千文》，敕玉工磨玉轴，送秘书监装池收藏。因又命余书六体为六卷，雍（赵、管之子）亦书一卷，且曰：'使后世知我朝有善书妇人，且一家皆能书，亦奇事也。'又尝画《墨竹》及《设色竹图》以进，亦蒙圣奖，赐内府上尊酒。"③可知管道升的书画得到皇帝的赏识，这在当时是特殊的荣誉。她以画竹著名，有《墨竹卷》《竹石图》等传世。管道升还长于刺绣，所绣《十八尊者》图册流传至今，被推崇为"希世之珍"。

见于记载的女性书法家、画家还有曹氏，即上面提到的曹雪斋，"能琴棋，书亦可赏"。又有刘氏，"不知何许人，孟运判妻也。性巧慧，能临古人字，咄咄逼真"④。"喜吟小诗，写墨竹，效金显宗，亦可观。"⑤柯氏，"天台人，九思之女。通经史，善笔札"⑥。柯九思是元代中期著名书法家、画家，他的女儿继承家学。此外，还有蒋氏、张氏等，但她们都没有作品传世。

元朝公主祥哥剌吉，与武宗海山、仁宗爱育黎拔力八达同出于顺宗答剌麻八剌。她下嫁弘吉剌部的首领琱阿八剌。弘吉剌部首领封鲁王，世代相袭，并与皇室联姻。武宗时琱阿八剌袭封鲁王，并封祥哥剌吉为皇妹鲁国大

---

① 夏庭芝：《青楼集笺注》，第61页。
② 杨载：《赵公行状》，《松雪斋文集》附录，第275页。
③ 赵孟𫖯：《松雪斋文集》外集《魏国夫人管氏墓志铭》。
④ 陶宗仪：《书史会要》卷七《大元》。
⑤ 夏文彦：《图绘宝鉴》卷五《元朝》，《宸翰楼丛书》本。
⑥ 陶宗仪：《书史会要》卷七《大元》。

长公主，仁宗即位后改封皇姐鲁国大长公主。文宗是武宗的儿子，在文宗朝又改称祥哥八剌为皇姑鲁国大长公主。她的女儿是文宗的皇后。因此，祥哥剌吉在朝廷中备受尊崇。祥哥剌吉曾两度遣使祭祀孔庙，① 在丈夫去世以后，"蚤寡守节，不从诸叔继尚"②，说明她深受中原文化礼俗影响。她喜爱中原传统的书画艺术，收藏了前代和元代书家、画家的大量作品。英宗至治三年（1323）三月，"鲁国大长公主集中书议事执政官，翰林、集贤、成均之在位者，悉会于南城之天庆寺……酒阑，出图画若干卷，命随其所能，俾识于后。礼成，复命能文词者，叙其岁月，以昭示来世"③。这是一次以女性做主人的文人雅集，参与者大多是当时有名的学者、诗人。在宴会之余，鲁国大长公主拿出自己收藏的书画，请与会者题跋。这次雅集，是元代文化史上的一件盛事。祥哥剌吉的收藏品上，钤有"皇姊珍玩""皇姊图书"印，有些一直流传至今。④ 祥哥八剌是一个蒙古女性，却能钟情于书画收藏，在艺术史上自有其值得重视的地位。

第三节　女性与舞台表演艺术

元朝的表演艺术有戏曲、音乐、歌舞、说唱伎艺等多种形式，可以分为宫闱、官府、民间三大系统。从事各种表演艺术的艺人中，女性占有很大比重。

一　宫中乐舞表演

元朝宫闱中有大量宫女，其中一部分专门从事歌舞，供帝、后娱乐，或在某些仪式中演出。明初朱有燉据元宫人所述，作《元宫词一百首》，"皆宫中实事"。其中之一是："恻恻轻寒透凤帏，夜深前殿按歌归。银台烛烬香销鼎，困倚屏风脱舞衣。"写的是宫中舞女夜晚表演以后困倦的姿态。又一首云："内中演乐教师教，凝碧池头日色高。女伴不来情思懒，海棠花下共

---

① 毕沅辑：《山左金石志》卷二二《皇妹大长公主懿旨碑》、《皇妹大长公主鲁王祭孔庙碑》（以上两者实为一碑，至大元年），卷二三《皇姐大长公主孔庙降香碑》（泰定四年）。
② 《元史》卷三三《文宗纪二》。
③ 袁桷：《清容居士集》卷四五《鲁国大长公主图画记》。
④ 关于祥哥剌吉的书画收藏，可参看傅申《女藏家皇姊大长公主—元代》（台北《故宫季刊》第13卷第1期），姜一涵《元代奎章阁及奎章人物》（台北联经出版事业公司1981年版）第一章第二节"元宫廷艺术的播种者——鲁国大长公主祥哥剌吉"。

吹箫。"宫中"演乐教师"教导的无疑是宫中的歌舞宫女。① 元代有一种舞蹈，称为"十六天魔舞"，在当时影响很大。诗人萨都剌在《上京即事》中写道："行殿参差翡翠光，朱衣花帽宴亲王。绣帘齐卷熏风起，十六天魔舞袖长。"② 这首诗说的是十六天魔舞在宫廷宴会上演出。诗人张昱在《辇下曲》中亦有类似的描写："西方舞女即天人，玉手昙华满把青。舞唱天魔供奉曲，君王长在月宫听。"③ 这首诗说的是十六天魔舞为皇帝表演。还有佚名《渔家傲南词》中有一首："四月吾皇天寿旦，丹墀华盖朝仪灿，警跸三声严外辩。听呼赞，千官虎拜咸欢忭。礼毕相君擎玉盏，云和致语昌宫宴，十六天魔呈舞旋。大明殿，齐称万寿祈请宴。"④ 这首词说的是皇帝生辰庆祝仪式上演出十六天魔舞。从以上几首诗词来看，十六天魔舞有舞有唱，在宫廷多种活动中演出。上述诗词都作于元朝后期。至元十八年（1281）十一月，"提点教坊司申，闰八月二十五日，有八哥奉御、秃烈奉御传奉圣旨：道与小李，今后不拣什么人，十六天魔休唱者，杂剧里休做者，休弹唱者，四天王休妆扮者，骷髅头休穿戴者。如有违犯，要罪过者"⑤。可知早在忽必烈时期已有十六天魔舞，而忽必烈的这一指示，是将十六天魔乐舞限制在宫廷以内，不许民间演出。

元朝末代皇帝顺帝对十六天魔舞情有独钟："时帝怠于政事，荒于游宴，以宫女三圣奴、妙乐奴、文殊奴等一十六人按舞，名为十六天魔。首垂发数辫，戴象牙佛冠，身披璎珞、大红绡金长短裙，金杂袄，云肩，合袖天衣，绶带鞋袜，各执加巴剌般之器，内一人执铃杵奏乐。又宫女一十一人，练槌髻，勒帕，常服，或用唐帽、窄衫。所奏乐用龙笛、头管、小鼓、筝、篥、琵琶、笙、胡琴、响板、拍板。以宦者长安迭不花管领，遇宫中赞佛，则按舞奏乐。宫官受秘密戒者得入，余不得预。"⑥ 三圣奴等在当时以歌舞闻名。朱有燉《元宫词百首》中有几处提到这几位宫女："队里惟夸三圣奴，清歌妙舞世间无。御前供奉蒙深宠，赐得西洋塔纳珠"；"按舞婵娟十六人，内园乐部每承恩。缠头例是宫中赏，妙乐、文殊锦最新"；"月夜西宫听按筝，文

---

① 傅乐淑：《元宫词百章笺注》，第43、100页。
② 萨都剌：《雁门集》卷二。
③ 《张光弼诗集》卷二，《四部丛刊续编》本。
④ 《析津志辑佚》，第217页。
⑤ 《元典章》卷五七《刑部十九·诸禁·禁治妆扮四天王等》。
⑥ 《元史》卷四三《顺帝纪六》。

殊指拨太分明。清音浏亮天颜喜，弹罢还教合凤笙。"① "加巴剌般之器"是藏传佛教僧侣所用以人头盖骨制成镶有金银珠宝的法器。"铃杆"也是藏传佛教的法器。表演者头戴象牙佛冠。由以上种种道具，可以认为，十六天魔舞应与藏传佛教有密切关系。朱有燉《元宫词百首》中还有二首是："十六天魔按舞时，宝妆缨络斗腰支。就中新有承恩者，不敢分明问是谁"；"背番莲掌舞天魔，二八娇娃赛月娥。本是河西参佛曲，把来宫苑席前歌。"② "河西"指原西夏王朝。西夏亦信奉藏传佛教，十六天魔舞很可能是由西夏故地传入元朝都城的。而上述记载说明，宫廷中的十六天魔舞是山宫女十六人表演的。至于"宫女一十一人"表演的，应是为十六天魔舞伴奏的音乐。应该指出的是，这段记载有些地方是不准确的，如前所述，十六天魔舞在宫廷内多种场合演出，并不限于"赞佛"，也不会仅限于"受秘密戒者得入"③。

名诗人揭傒斯有一首诗，题为《李宫人琵琶引》，前有序云："鄠县尢主簿言，有李宫人者，善琵琶。至元十九年以良家子入宫，得幸，上比之昭君。至大中，入事兴圣宫。比以足疾，乃得赐归侍母。给内俸如故。"诗中说："茫茫青冢春风里，岁岁春风吹不起。传得琵琶马上声，古今只有王与李。李氏昔在至元中，少小辞家来入宫。一见世皇称艺绝，珠歌彩舞忽如空。君王岂为红颜惜，自是众人弹不得。玉觞未举乐未停，一曲便觉千金值。广寒殿里月流辉，太液池头花发时。旧曲半存犹解谱，新声万变总相宜。三十六年如一日，长得君王赐颜色。形容渐改病相寻，独抱琵琶空叹息。兴圣宫中爱更深，承恩始得遂归心。时时尚被宫中召，强理琵琶弦上音。琵琶转调声转涩，堂上慈亲还伫立。回看旧赐满床头，落花飞絮春风急。"④ "兴圣宫"指武宗时皇太后答己。这位李姓宫人擅长琵琶，为几代皇帝、太后所喜爱。在宫中三十六年始得放归。由李宫人的事迹可知，宫廷中还有专门弹奏乐器侍奉帝、后的女艺人。

二 官府乐舞表演

官府拥有庞大的表演队伍。和前代一样，元代官府的表演队伍有"雅

---

① 傅乐淑：《元宫词百章笺注》，第59—61、67页。
② 同上书，第31—32页。
③ 杨维桢诗《续奁集》中一首，题为《习舞》："十六天魔教已成，背反莲掌苦嫌生。夜深不管排场歇，尚向灯前蹋影行。"（《杨维桢诗集》，第403页）又，《王左辖席上夜宴》云："南国遗音夸壮士，西蛮小队舞天魔。"（同上，375页）可知元末天魔舞已在江南民间流传。
④ 《揭傒斯全集·诗集》卷四。

乐"和"燕乐"之分。"雅乐"是正乐，起于先秦，使用钟、磬、鼓、瑟等古老乐器，专门在郊庙祭祀时演奏，旨在营造庄严肃穆的气氛。"燕乐"则是节庆宴会时演奏的，旨在营造热烈欢快的气氛。"燕乐"的乐器和曲调各个朝代都有变化，大多在前代基础上吸收当代的民间音乐和其他民族音乐加以改造而成。元朝设太常寺，后改名太常礼仪院，掌管祭祀礼仪。下有大乐署，专门负责"雅乐"的演出。"雅乐"的表演者有乐工、歌工、舞人。又在礼部内设仪凤司和教坊司，负责"燕乐"的演出。仪凤司管理演奏各种乐器的乐工，教坊司管理表演各种技艺的"优人"①。"雅乐"的表演者以男性为主，是否有女性，尚不清楚。"燕乐"的表演队伍中则有大量女性。大都每年二月十五日举行规模宏大的"游皇城"仪式，"与众生祓除不祥，导迎福祉"。仪凤司、教坊司的乐工、优人都要参加游行表演，其中教坊司属下"兴和署掌妓女杂扮队戏一百五十人，祥和署掌杂把戏男女一百五十人"②。皇帝每年要到上都（今内正蓝旗境内）避暑，抵达时，"俱下马徒行，独至尊骑马直入，前有教坊舞女引导，且歌且舞。舞出'天下太平'字样，至玉阶乃止"。举行宫廷宴会时，"教坊美女必花冠锦绣以备供奉"③。以上记载都明确说明"燕乐"系统有女性演员。"燕乐"系统的艺人除了在宴会等宫廷活动中表演歌舞外，还要演出杂剧。《元宫词百首》中云："尸谏灵公演传奇，一朝传到九重知。奉宣赏与中书省，诸路都教唱此词。""初调音律是关卿，伊尹扶汤杂剧呈。传入禁垣官里悦，一时咸听唱新声。"④都应是教坊在宫廷演出杂剧的例证。"燕乐"系统的歌舞、杂剧都有大量的女性艺人。

教坊艺人除了在宫廷宴会和节庆时表演外，还要随时应召为皇帝演出。京师的达官贵人也可邀请教坊艺人到酒宴或其他场合演出。如玉莲儿，"端丽巧慧，歌舞谈谐，悉造其妙。尤善文揪握槊之戏。尝得侍于英庙，由是名冠京师"⑤。"英庙"即元英宗。只有教坊艺人才有机会侍奉皇帝，玉莲儿应是教坊中人。元代教坊最有名的演员是顺时秀，原名郭芳卿，"性资聪敏，色艺超绝，教坊之白眉也"⑥。诗人张昱曾在朝廷任职，他的组诗《辇下

---

① 陈高华：《元朝宫廷乐舞简论》，《中国社科院学术委员会集刊》第1辑（2004年）。
② 《元史》卷七七《祭祀志六》。
③ 杨允孚：《滦京杂咏》卷上。
④ 傅乐淑：《元宫词百章笺注》，第11、29页。
⑤ 夏庭芝：《青楼集笺注》，第137页。"文揪握槊之戏"指双陆。
⑥ 陶宗仪：《辍耕录》卷一九《妓聪敏》。

曲》，以大都城市生活为题材，其中之一是："教坊女乐顺时秀，岂独歌传天下名。意态由来看不足，揭帘半面已倾城。"① 显然，这位教坊女艺人是当时大都最有轰动效应的人物。顺时秀能演杂剧，"杂剧为闺怨最高，驾头、诸旦本亦得体"。但最擅长的是歌唱："刘时中待制尝以'金簧玉管，凤吟莺鸣'拟其声韵。"② 时代稍后于张昱的另一位诗人高启写道："文皇在御升平日，上苑宸游驾频出。仗中乐部五千人，能唱新声谁第一。燕国佳人号顺时，姿容歌舞总能奇。中官奉旨时宣唤，立马门前催画眉。建昌宫里长生殿，芍药初开敕张宴。龙笙奏罢凤笙停，共听娇喉一莺啭。遏云妙响发朱唇，不让开元许永新……当筵按罢谢天恩，捧赐缠头蜀都绮。晚出银台酒未消，侯家主第争相邀。宝钗珠袖尊前赏，占断春风夜复朝。"③ 可知顺时秀享有"第一"的美誉，元文宗时常应诏到宫廷中演唱，帝王权贵都为之倾倒。高启在记述顺时秀的才艺后又着力描写她的弟子陈氏："世间遗谱竟谁传，弟子犹怜一人在。曾记《霓裳》学得成，朝元殿里艺初呈。九天声落千人听，丹凤楼前月正明。狭邪贵客回车马，不信芳名在师下。"后来，"风尘一旦禁城荒，谁是花前听歌者。从此飘零出教坊，远辞京国客殊方"。陈氏也是教坊演员，曾在宫廷演出歌舞，与其师齐名。但在"禁城"荒芜之后，被迫远离大都，漂流他方。这样，生活在江南的高启才有可能听到她的歌唱，不胜今昔之感，为她写下上述诗篇。诗中所说"风尘"，应指元末动乱而言。与高启同时的杨基，写了一首诗《听老京妓宜时秀歌慢曲》："春云阴阴围绣幄，梨花风紧罗衣薄。白头官妓近前歌，一曲才终泪才落。收泪从容说姓名，十二歌学郭芳卿。先皇最爱芳卿唱，五凤楼前乐太平。鼎湖龙去红妆委，此曲宜歌到人耳。潜向东风作慢腔，梨园不信芳卿死。从此京华独擅场，时人争识杜韦娘。芙蓉秋水黄金殿，芍药春屏白玉堂。风尘回首江南老，衰鬓如丝颜色槁。深叹无人听此词，纵然来听知音少。"④ 杨基是高启的友人，都列名"吴中四杰"。他们笔下的陈氏和宜时秀，都是顺时秀的弟子，都曾在宫廷中演唱，师徒齐名，后来又都流落江南，显然是一个人。也就是说，陈氏艺名宜时秀。杨基诗中的"先皇"应指文宗。"鼎湖龙去红妆委"，

---

① 《张光弼诗集》卷二。
② 夏庭芝：《青楼集笺注》，第102页。
③ 高启：《听教坊旧妓郭芳卿弟子陈氏歌》，《高青丘集》，第330—331页。许永新是唐开元时的歌妓，唐玄宗说她"歌直千金"。
④ 杨基：《眉庵集》卷二，《四部丛刊三编》本。

应指文宗死后不久顺时秀亦下世，其弟子宜时秀（陈氏）继起，在京师"擅场"。

元朝文人王恽有一篇《乐籍曹氏诗引》，其中说："乐籍曹锦秀，缓度清歌。一日，来为余寿。因询之曰：'汝以故家人物，才色靓丽，风韵闲雅，知名京华，为豪贵招致，逞妙艺而佐清欢，日弗暇及。不知何取于予而得此哉？'曰：'妾虽不慧，颇解之无，猥以薄技，陈述古今兴亡，闺门劝戒，必探究所载记传诗咏，掇采端倪，曲尽意趣。久之，颇有感培，欲为效颦。'"① "乐籍"应指列名教坊乐人户籍。曹锦秀的技艺是"陈述古今兴亡，闺门劝戒"，应是诸宫调或杂剧的表演者。她"知名京华，为豪贵招致，逞妙艺而佐清欢"，亦即在豪贵聚会时表演。成书于 14 世纪中叶的高丽王朝汉语教科书《朴通事》，叙事以元朝大都社会生活为中心。开头便是一伙上层人物的聚会，"咱每儿个好弟兄，去那有名的花园里，做一个赏花筵席"。为此，差人"叫教坊司十数个乐工和做院本、诸般杂技的来"。"弹的们动乐器，叫将唱的根前前来，着他唱。"散筵席时，"把上马杯儿，如今唱达达曲儿，吹笛儿着"②。这都是教坊乐人为权贵表演的记载。

元朝把全国居民分成若干种户，如民户、军户、站户等，都由政府来确定，不能随便改动。仪凤司和教坊司管辖的乐工、艺人也是一样，都有专门的户籍，世代相传，在仪凤司和教坊司管理下，为朝廷各项典礼服务，不能随便脱离。元朝政府规定："诸乐艺人等服用与庶人同，凡承应妆扮之物不拘上例。"③ 也就是说，"诸乐艺人"的身份与一般百姓是相同的。至元十五年（1278）教坊司的一件文书中说："本管乐人户计，俱于诸路云游。"④ 显然，除了必须参加的朝廷各种仪式之外，教坊艺人可以自谋生路。散曲名家张可久有一首小令《［中吕］朝天子·席上有赠》："教坊，色长，曾侍宴丹墀上。可怜新燕妒新妆，高髻堆宫样。芍药多情，海棠无香，花不如窈窕娘。锦囊，乐章，分付向樽前唱。"⑤ 张可久生活在元代中期，一生未离开江南。这位女性"教坊色长"，显然来到江南，在酒席上演唱。这些女艺人年

---

① 王恽：《秋涧先生大全集》卷四三。
② 佚名：《朴通事谚解》卷上。
③ 《元典章》卷二九《礼部二·礼制·贵贱服色等第》。
④ 《元典章》卷一八《户部四·婚姻·乐人嫁女体例》。教坊艺人分部、色，色长即某种伎艺的负责人。见南宋耐得翁《都城纪胜·瓦舍众伎》。
⑤ 《全元散曲》，第 888 页。

轻美貌，擅长歌舞，很自然成为达官贵人和富人猎取的对象："今即随路一等官豪势要富户之家……强将应有成名善歌舞妇人，暗地捏合婚证，娶为妻妾"。女艺人的流失，"失误当番承应"，即不利于朝廷各种典礼上的演出，因而皇帝几次下令："乐人每的女孩儿，别个百姓根底休聘与者……他自己其间里聘者。"① 乐人只许内部通婚，以此来保证教坊演出队伍的稳定。其他各种户都没有这样的限制，这是很特殊的措施。也就是说，教坊女艺人的身份实际上是不自由的。至于上述教坊女艺人上述陈氏、宜时秀流落到江南，则应是元末动乱所致。

三 民间杂剧和歌舞表演

除了属于官府的演艺机构和艺人外，元代民间亦有很多表演团体，演出杂剧或歌舞。艺人称为"路歧""散乐"，其中有很多女性。她们一般既能演杂剧，又能歌舞，但往往有所偏重。女艺人中以杂剧著名的有珠帘秀等，以歌舞著名的有解语花、张怡云、梁园秀等。当时城市中有构栏，即固定的演出场所，城市中的艺人有的在构栏中演出，有的则应召到酒宴上或其他场合表演。农村中有戏台，可供演出之用。山西洪洞明应王庙元代壁画上有"大行散乐忠都秀在此作场"字样。"忠都秀"无疑是女性演员的艺名。壁画表现的是杂剧在农村戏台演出的情景，"忠都秀"便是其中的主要演员。

珠帘秀"姓朱氏，行第四，杂剧为当今独步。驾头、花旦、软末泥等，悉造其妙……至今后辈以朱娘娘称之者"②。珠帘秀活跃于元代前期的大都，后来移居南方。她与当时有名的诗人、曲家关汉卿、胡袛遹、王恽、冯子振、卢挚等多有交往。她善于表演多种角色，演技出神入化，得到他们很高的评价。珠帘秀的弟子有赛帘秀、燕山秀等。赛帘秀"朱帘秀之高弟……中年双目皆无所睹，然其出门入户，步线行针，不差毫发，有目莫之及焉。声遏行云，乃古今之绝唱"。燕山秀"姓李氏……朱帘秀之高弟，旦末双全，杂剧无比"③。珠帘秀可以说是元代杂剧领域一颗光彩夺目的明星，"朱娘娘"的称呼反映出她在这一领域的崇高地位。元代有名的杂剧女艺人还有不少，特别值得提出的是米里哈，"回回旦色，歌喉清宛，妙入神品。貌虽不

---

① 《元典章》卷一八《户部四婚姻·乐人婚》。
② 夏庭芝：《青楼集笺注》，第 82 页。
③ 同上书，第 141、222 页。

扬，而专工贴旦杂剧"①。回回女子从事杂剧表演而且享有"神品"之誉，这在元代甚至中国古代戏曲史上都是很罕见的。

解语花"姓刘氏，尤长于慢词。廉野云招卢疏斋、赵松雪饮于京城外之万柳堂，刘左手持荷花，右手举杯，歌'骤雨打新荷'曲，诸公喜甚。赵即席赋诗云：'万柳堂前数亩池，平铺云锦盖涟漪。主人自有沧洲趣，游女仍歌《白雪》词。手把荷花来劝酒，步随芳草去寻诗。谁知咫尺京城外，便有无穷万里思。'"②廉希宪（1231—1280），号野云，畏兀儿人。忽必烈时代名臣。卢疏斋即曲家、诗人卢挚，赵松雪即赵孟𫖯。万柳堂雅集为元代及后世文人所津津乐道，但实际上以上记载是有问题的，廉希宪死于至元十七年（1280），而赵孟𫖯在至元二十三年（1286）才到大都。因此，招饮卢、赵举行雅集的，应是廉希宪的子侄辈中人物，但由此可见当时习俗，即酒宴时招致艺人歌唱劝酒。解语花在这一次酒宴上的演唱，得以名闻遐迩。前面说过的张怡云、梁园秀，既能写作散曲，亦是杰出的歌手。

还有一些艺人，善于用琵琶一类弹拨乐器边弹边唱，称为"弹唱"。散曲作家徐再思在一首题为《［双调］寿阳曲·弹唱佳人》的小令中写道："玉纤流恨出冰丝，瓠齿和春吐怨辞，秋波送巧传心事。似邻船初听时，问江州司马何之，青衫泪，锦字诗，总是相思。"③其中用的是唐代诗人白居易《琵琶行》的典故，可见描写的是用琵琶弹唱的女艺人。艺人陈婆惜"善弹唱，声遏行云……在弦索中，能弹唱鞑靼曲者，南北十人而已"④。"鞑靼曲"指蒙古歌曲。陈婆惜能弹唱蒙古歌曲。在当时是很难得的。又有孔千金，"善拨阮，能慢词，独步于时"⑤。阮即阮咸，也是一种弹拨乐器。

四　说唱伎艺

说唱伎艺在中国有悠久的历史。元代的说唱伎艺有说话、诸宫调、说唱货郎儿等。说话有的只说不唱，有的说唱并用。表演者中女性占很大的比例。说话的内容有小说、讲史、说经几类。元朝末年，"胡仲彬乃杭州构栏

---

① 夏庭芝：《青楼集笺注》，第192页。
② 同上书，第76页；《辍耕录》卷九《万柳堂》。
③ 《全元散曲》，第1056页。
④ 夏庭芝：《青楼集笺注》，第188页。
⑤ 同上书，第223页。

中演说野史者，其妹亦能之"①。可知这位胡姓女演员和她的兄长是在杭州舞台上演出的，"演说野史"属于讲史一类。元末著名诗人杨维桢记述了杭州另一位女性说唱演员的活动："丙午春二月，予荡舟娱春，过濯渡，一姝淡妆素服，貌娴雅，呼长年舣棹，敛衽而前，称朱氏名桂英，家在钱塘，世为衣冠旧族，善记稗官小说，演史于三国、五季。因延至舟中，为予说道君艮岳及秦太师事，座客倾耳听，知其腹笥有文史，无烟花脂粉。予奇之曰：使英遇思陵太平之朝，如张、宋、陈、陆、史辈，谈通典故，入登禁壶，岂久居瓦市间耶！"②"长年"指船夫。"道君"指宋徽宗，"秦太师"即秦桧。"思陵"指宋高宗。"张、宋、陈、陆、史"是以说话伎艺侍奉宋高宗的艺人。女艺人朱桂英演说的是北宋末期和南宋初期的历史故事。西湖是游人集中之地，这位女艺人乘坐小舟往来湖上，随时应游客之召，到游船上演出。

元代诗人王恽有词《鹧鸪引·赠驭说高秀英》："短短罗衫淡淡妆，拂开红袖便当场。掩翻歌扇珠成串，吹落谈霏玉有香。由汉魏，到隋唐，谁教若辈管兴亡。百年都是逢场戏，拍板门锤未易当。"③这位女性艺人演说的显然是汉魏隋唐兴亡的历史故事。又有时小童，"善调话，即世所谓小说者，如丸走板，如水建瓴。女童童，亦有舌辩"④。"驭说""调话"都是说话的别名。从以上这些记载，可知当时从事说话的女艺人是相当多的，而她们的表演亦颇受欢迎。

诸宫调是宋、金时代颇为流行的民间说唱伎艺。它用同一宫调的若干曲牌联成短套，首尾一韵，再用不同宫调的许多短套联成长篇，杂以说白，用来说唱长篇故事，诸宫调一名即由此而来。演出时采用歌唱和说白相结合的方式，并有器乐配奏。元代杂剧的结构和表演方式，都与诸宫调有密切关系。由于杂剧的流行，诸宫调在元代呈萎缩状态，但仍有一定市场。当时记载，女演员赵真真、杨玉娥"善唱诸宫调"，秦玉莲、秦小莲"善唱诸宫调，艺绝一时，后无继之者"⑤。

宋、元时期往来于城乡贩卖物品的商贩，往往一面敲锣或摇蛇皮鼓，一面随口说唱物品名称、特色，以广招徕。说唱的调子逐渐定型化，称为"货

---

① 陶宗仪：《辍耕录》卷二七《胡仲彬聚众》。
② 杨维桢：《东维子文集》卷六《送朱女士桂英演史序》。
③ 王恽：《秋涧先生大全集》卷七六。
④ 夏庭芝：《青楼集笺注》，第151页。
⑤ 同上书，第91、126页。

郎儿"。大都是元朝都城,亦有"唱琵琶词货郎儿人等,聚集人众,充塞街市"①。可见这种伎艺颇有吸引力。但货郎儿一般只能在农村市集、城市街头摆地摊表演,不能进入勾栏。演唱货郎儿的有男有女。杂剧《风雨像生货郎旦》便描写张三姑与张撇古一同以唱货郎为生,张三姑说:"我本是穷乡寡妇,没甚的艳色娇姿,又不会卖风流弄粉调脂,又不会按宫商品竹弹丝。无过是赶几处沸腾腾热闹场儿,摇几下桑琅琅蛇皮鼓儿,唱几句韵悠悠信口腔儿,一诗一词。都是些人间新近希奇事,扭捏来无诠次,倒也会动的人心谐的耳,都一般喜笑孜孜。"② 相对于其他说唱伎艺来,说唱货郎儿更是大众化的、通俗的。演唱货郎儿的不是经过严格训练的专业演员,而是像张三姑这样普通贫困家庭的女性。

第四节　女性的游戏

元代男性娱乐可以分为体力游戏和智力游戏两大类,项目很多。但女性的娱乐项目则是不多的,特别是体力游戏更是有限,常见的只有蹴鞠和打秋千两项。

一　蹴鞠

蹴鞠是一种球类活动。"蹴"是用脚踢的意思,"鞠"是球。"蹴鞠"就是用脚踢球。蹴鞠用的球称为"气毬",是用皮制成的,使用时吹气,使之膨胀,便可玩耍,可用来比赛。在元代,蹴鞠在城市青少年中间很流行,大剧作家关汉卿说"惟蹴鞠最风流"③。女性中喜好蹴鞠的,主要是艺人和妓女,她们以此玩耍,或用来作为表演的伎艺。佚名杂剧《月明和尚度柳翠》中,"风尘妓女"柳翠说:"母亲,将过气毬来,我和师父踢一抛儿咱。"④名诗人萨都剌有一篇散曲套数,题目是"妓女蹴鞠","红香脸衬霞,玉润钗横燕。月弯眉敛翠,云軃鬟堆蝉。绝色婵娟"。这是写妓女美貌。"毕罢了歌舞花前宴,习学成齐云天下圆。""圆社"就是蹴鞠,这是讲妓女学习蹴鞠。"素罗衫垂翠袖低笼玉笋,锦勒袜衬乌靴款蹴金莲。占官场立站下人争

---

① 《元典章》卷五七《刑部十九·诸禁·杂禁·禁弄蛇虫唱货郎》。
② 《元曲选》,第1649—1650页。
③ 《［越调］斗鹌鹑·女校尉》,《全元散曲》,第178页。
④ 《元曲选》,第1346页。

羡，似月殿里飞来的素女，甚天风吹落的神仙。"这是描写妓女蹴鞠时的穿着，以及在蹴鞠场上出现时的轰动。"打着对合扇拐全不斜偏，踢着对鸳鸯扣且是轻便。"这是描写蹴鞠种种动作。"猛然，笑喘，红尘两袖纤腰倦，越丰韵越娇软。罗帕香匀粉汗妍，拂落花钿。"这是写蹴鞠带来的兴奋与刺激。① 萨都剌生动地描写了蹴鞠的全过程。另一位散曲作家邓玉宾的套数以《仕女圆社气毬双关》为题，对蹴鞠的种种姿态有生动的描述。"似这般女校尉从来较少，随圆社常将蹴鞠抱抛。占场儿陪伴了些英豪。那丰标，体态妖娆，错认范的郎君他跟前入一脚，点着范轻轻的过了。打重他微微含笑。那姐姐见毬来忙把脚儿跻。"② 作者笔下的女性应是陪伴"郎君"一起踢毬的，她的身份亦应是妓女或艺人。元末名诗人杨维桢有《蹋鞠歌》，下注"赠刘叔芳"。诗中云："绮襦珠络锦绣裆，草茵漫地绿色凉。揭门缚彩观如堵，恰呼三三唤五五。低过不和蹴忽高，蛱蝶窥飞燕回舞。步矫且捷如凌波，轻尘不上红锦靴。"③ 观者"如堵"，显然带有表演性质。杨维桢还有《蹋鞠篇》，下注"为刘娘赋也"④。"刘娘"显然就是刘叔芳。以"娘"称呼，无疑是女艺人或妓女。也就是说，普通人家特别是官宦、儒士家庭的女性一般不会从事这项活动。

二　荡秋千

荡秋千是一项由来已久的游戏。在元代，每到春天，特别是寒食、清明前后，社会各阶层无不以秋千为戏，参加者以女性居多。"春三月，花满枝，秋千惹绿杨丝。"⑤ 元朝都城大都在此期间，"上至内苑，中至宰执，下至士庶，俱立秋千架，日以嬉戏为乐"⑥。"清明寒食，宫廷于是节最为富丽，起立彩索秋千架，自有戏蹴秋千之服。金绣衣襦，香囊结带，双双对蹴，绮筵杂进，珍馔甲于常筵。中贵之家，其乐不减于宫闱。达官贵人，豪华第宅，悉以此为除祓散怀之乐事，然有无各称其家道也。"⑦ 诗人张昱的《宫中词》写道："频把香罗拭汗腮，绿云背绾未曾开。相扶相曳还宫去，笑说秋千架

---

① 《全元散曲》，第699页。
② 同上书，第306—308页。
③ 《杨维桢诗集》，第346页。
④ 同上书，第34页。
⑤ 无名氏：《十二月·三月》，《全元散曲》，第1724页。
⑥ 《析津志辑佚》，第216页。
⑦ 同上书，第203页。

下来。"① 朱有燉《元宫词一百首》之一是："彩绳高挂绿杨烟，人在虚空半是仙。忽见驾来频奉旨，含羞不肯上秋千。"② 荡秋千不仅是游戏，而且在季节更换时还有消除不祥、舒散胸怀的意义。这本是中原传统的游戏，但在元代显然已为蒙古、色目人普遍接受，并成为风靡都城朝野的盛大活动。南方最大的都市杭州，"暖日宜乘轿，春风堪信马，恰寒食有二百处秋千架"③。大都、杭州如此，其他城市亦如此。杂剧《百花亭》（作者佚名）中说，清明时节，"郊外踏春"，"管弦拖曳，王孙仕女斗豪奢，梨花院秋千、蹴鞠，牡丹亭宝马香车"④。艺术作品的语言正是当时城市生活的真实反映。事实上，不仅城市，农村中的年轻女性在寒食时节也要荡起秋千，迎接春天的到来："桑柘外秋千女儿，髻双鸦斜插花枝。"⑤

荡秋千有单人、有双人。"四时惟有春无价，尊日月富年华。垂杨影里人如画。锦一攒，绣一堆，在秋千下。语笑忻恰，炒闹喧华。软红乡，簇定个小宫娃。彩绳款拈，画板轻踏，微着力，身慢举，曳裙纱。众矜夸，是交加，彩云飞上日边霞。体态轻盈那闲雅，精神羞落树头花。"⑥ 春天时节，女性聚会，一位年轻女子跳上秋千荡起来，赢得众人的称赞。"静悄悄幽庭小院，近花圃相连着翠轩，仕女王孙戏秋千。板冲开红杏火，裙拂散绿杨烟。[脱布衫]见金莲紧间金莲，胸前紧贴胸前，香肩齐并玉肩，宝钏压着金钏[醉太平]那两个云游在半天，恰便似平地上登仙，晚来无力揽红绵。下秋千困倦，慢腾腾倚定花枝颤，汗漫漫湿透芙蓉面。金钗不整鬓云偏，吁吁气喘。[货郎煞]倒摺春衫做罗扇搧。"⑦ 则是描写两位青年女子肩并肩、胸贴胸同荡秋千的欢乐情景。

三　踏青斗草

与荡秋千联系在一起的，是"踏青斗草"之戏。"踏青"就是到园林或城郊原野去游玩，荡秋千正是"踏青"的重要节目。荡秋千之余，年轻女子便相互"斗草"，用各种草比赛。大都有南北城，北城是新城，南城是辽、

---

① 《张光弼诗集》卷二。
② 傅乐淑：《元宫词百章笺注》，第71页。
③ 马致远：《[双调]新水令·题西湖》，《全元散曲》，第266页。
④ 《元曲选》，第1425页。
⑤ 卢挚：《寒食新野途中》，《全元散曲》，第126页。
⑥ 无名氏：《[南吕]骂玉郎过感皇恩采茶歌》，《全元散曲》，第1680页。
⑦ 无名氏：《[正宫]货郎儿》，《全元散曲》，第1792—1793页。

金时的旧城，多园林。春季"北城官员士庶妇人女子多游南城，爱其风日清美而往之，名曰踏青斗草"①。关汉卿的杂剧《诈妮子调风月》中，侍女燕燕恋上了小千户，寒食踏青，"却共女伴每蹴罢秋千，逃席的走来家，这早晚小千户敢来家了也。〔中吕粉蝶儿〕年例寒食，邻姬每斗来邀会。去年时没人将我拘管收拾，打秋千，闲斗草，直到个昏天黑地。今年个不敢来迟，有一个未拿着性儿女婿"②。贾仲名的杂剧《铁拐李度金童玉女》中，描写金安寿夫妻到郊外踏青，只见"佳人斗草，公子妆么，秋千料峭，鼓吹游遨"③。杂剧的这些描写，是现实生活的反映。说明斗草是年轻女性踏青时的重要节目。

四　智力类游戏

女性的智力类游戏有棋类、双陆、顶真续麻、拆白道字等。围棋、象棋由来已久，元代朝野仍盛行。张昱《宫中词》中写道："残却花间一局棋，为因宣唤赐春衣。近前火者催何急，惟恐君王怪到迟。"④ 这是宫廷中女子以棋消遣。杂剧《竹坞听琴》中老道姑"善能抚琴下棋"，有个小姐在她跟前"学琴下棋"。她下的棋称为"手谈"，可知是围棋。⑤《日月和尚度柳翠》中，风尘女子柳翠会下围棋。⑥ 女性下棋似以围棋为主。双陆是起源于印度的一种游戏，和棋类一样，也是两人对局，唐朝曾风靡一时。南宋时境内几乎绝迹，但金统治下的北方仍很普遍。到了元代，双陆在全国范围内流行开来，特别为青年男女所喜爱。一些女艺人、妓女也以此作为博取达官贵人欢心的伎艺。前面说过，教坊艺人玉莲儿"尤善文楸握槊之戏"，即双陆。⑦ 散曲名家张可久有小令，题为《观张氏玉卿双陆》："间锦笙，罢瑶筝，花阴半帘春昼永。斗草无情，睡又不成，佳配两相停。手初交弄玉拈冰，步轻挪望月瞻星。双敲象齿鸣，单走马蹄轻。赢，夜宴锦香亭。"⑧ 这位张玉卿显然是歌舞艺人或妓女。

---

① 《析津志辑佚》，第 216 页。
② 《元曲选外编》，第 83 页。
③ 《元曲选》，第 1096 页。
④ 《张光弼诗集》卷二。
⑤ 石子章：《竹坞听琴》，《元曲选》，第 1442 页。
⑥ 《元曲选》，第 1345—1346 页。
⑦ 夏庭芝：《青楼集笺注》，第 137 页。
⑧ 《全元散曲》，第 880 页。

在关汉卿的杂剧《赵盼儿风月救风尘》中，娼女宋引章"拆白道字，顶真续麻，无般不晓"①。拆白道字、顶真续麻是风尘女子需要具备的技艺，用来作为酒宴或其他聚会场合应酬的手段。其他女性亦喜爱这种女伴相聚时可以增进乐趣的游戏。拆白道字就是将一个字拆成两个字，作为谈笑的材料。在杂剧《西厢记》中，张生与崔相国之女莺莺两情相好，相国之甥郑恒要娶崔莺莺，侍女红娘对他说："高低远近都休论，我拆白道字辩与你个清浑。""君瑞（张生名珙，字君瑞）是个'肖'字这壁著个立'人'。你是个'木寸''马户''尸巾'。"②"肖"边立个"人"是"俏"字，"木寸""马户""尸巾"合起来是"村驴屌。""顶真续麻"又作"顶针续麻""真字续麻"，也是一种文字游戏。一人一句，可以是诗，也可以是词、曲，上一句的末一字即下句的第一字，如此连续不断。散曲名家张可久有一首题为《元夜宴集》的小令："绿窗纱银烛梅花，有美人兮，不御铅华……可喜娘春纤过茶，风流煞真字续麻，共饮流霞。"③ 描写女性在宴会上举行"真字续麻"的游戏。具体的例子如："断肠人寄断肠词，词写心间事。事到头来不由自，自寻思，思量往日真诚志。志诚是有，有诚谁似。似俺那人儿。"④ 写女性对情人的思念，很可能是女性的作品。

元代还有两种专属于女孩儿的游戏，一种是乞巧，另一种是结羊肠。元代有很多节庆，其中七夕节（七月七日）称为乞巧节，又称女孩儿节。七夕节有多种活动，都是以女孩儿乞巧为中心的。"宫廷、宰辅、士庶之家咸作大棚，张挂七夕牵牛织女图，盛陈瓜、果、酒、饼、蔬菜、肉脯，邀请亲眷小姐女流，作巧节会，称曰：女孩儿节。觇卜贞咎，饮宴尽欢，次日馈送还家，亦古今之通俗也。""市中小经纪者，仍以芦苇夹棚，卖摩诃罗巧神泥塑，人物大小不等，买者纷然。"⑤ "天孙一夜停机暇，人世千家乞巧忙。"⑥ 传统的乞巧方式主要有二，一是"对月穿针"。一是"以小蜘蛛贮盒内，以候结网之疏密，为得巧之多少"⑦。元代仍然盛行。"七月都城争乞巧，荷花

---

① 《元曲选》，第1432页。
② 《元曲选外编》，第317页。
③ 《全元散曲》，第774页。
④ 《［越调］小桃红·情》，《全元散曲》，第1731页。
⑤ 《析津志辑佚》，第220页。
⑥ 佚名：《［中吕］喜春来·四节》，《全元散曲》，第1701页。
⑦ 四水潜夫：《武林旧事》卷三《乞巧》。

旖旎新棚笮。龙袖娇民儿女狡，偏相搅，穿针月下浓妆佼。"① "鹿顶殿中逢七夕，遥瞻牛女列珍羞。明朝看巧开金盒，喜得氍丝笑未休。"② 前一首讲的是对月穿针，后一首讲的是以蛛丝辨得巧多少。结羊肠是大都民间的风俗。诗人揭傒斯写道："正月十六好风光，京城女儿结羊肠。焚香再拜礼神毕，剪纸九道尺许长。捻成对绾双双结，心有所期口难说。为轮为镫恒苦多，忽作羊肠心自别。邻家女儿闻总至，未辨吉凶忧且畏。须臾结罢起送神，满座欢欣杂憔悴。但愿年年逢此日，儿结羊肠神降吉"③ 另一位诗人张昱的《宫中词》亦提到这一游戏："纸绳未把祝炉香，自觉红生两脸旁。为镫为轮俱有喜，莫将组结作羊肠。"④ 这是一种剪纸游戏，用来祈祷自己的幸福。乞巧曾长期流传，结羊肠后来似乎没有了。

　　掷色（骰）子是一种女性常用来消遣的游戏。色（骰）子是一种用牙或骨制成的六面物体，分别刻有一至六点数。参加者掷色（骰）子或比数字大小，或比拼合的图样，以分输赢。杂剧《月明和尚度柳翠》中，和尚问："这两块骨头唤做什么？"柳翠说："师父，这个不唤做骨头，这个唤做色数儿。"和尚说："我试看咱，一对着六。"柳翠接着说："师父，不唤做一，唤做么。"⑤ 另一种杂剧《钱大尹智宠谢天香》中，谢天香与另一侍妾掷色数儿，谢天香唱："么四五般着个撮十，二三二趁着个夹七。一面打个色儿也当得，么二三是鼠尾。""我将这色数儿轻放在骰盆内，二三五又掷个乌十，不下钱打赛，我可便赢了你两回。"⑥ 柳翠用的是两颗色（骰）子，谢天香用的是三颗色（骰）子。色子的不同组合都有固定的名目，同样是十，由么四五组成称为"撮十"，由二三五组成则称"乌十"⑦。掷色（骰）子"不下钱打赛"是游戏，如"下钱"便是赌博。

---

① 欧阳玄：《圭斋文集》卷四《渔家傲南词》。
② 傅乐淑：《元宫词百章笺注》，第90页。
③ 揭傒斯：《揭傒斯全集诗集》卷四《结羊肠辞》。
④ 《张光弼诗集》卷二。
⑤ 《元曲选》，第1346页。
⑥ 关汉卿：《月明和尚度柳翠》，《元曲选》，第150页。
⑦ 关于色子数字组成的色目，参见类书《事林广记》（至顺本）续集卷六《文艺类打马》。在该书中，么四五称为"银十"，二三五是"胡十"。"乌""胡"音相近。又"幺""么"通。

第八章 女性的宗教信仰

第一节 宫闱女性的宗教信仰

12世纪末13世纪初，蒙古草原各部林立，多数信奉主张万物有灵的萨满教，但克烈、乃蛮、汪古部诸部则信奉景教，景教是基督教的一支。成吉思汗统一草原，建立大蒙古国，不断向外扩展，逐渐接触到道教、佛教、伊斯兰教、基督教等多种宗教。

在前四汗时期，蒙古宫闱中女性的宗教信仰比较复杂，传统的萨满崇拜仍然盛行。窝阔台的皇后脱列哥那摄政时最信任的法提玛，后来被控告施行妖术，显然是个女巫。① 而贵由之妻海迷失摄政时"整天跟珊蛮策划于密室，以实现他们的妄想和狂想"②。蒙哥汗对来访的西方传教士说："海迷失是最坏的女巫，由于她的巫术，她毁了她的整个家族。"③ 但基督教也占有比较突出的地位。拖雷的妻子唆鲁禾帖尼是克烈部首领之女，克烈部信奉基督教，因此唆鲁禾帖尼是基督教徒。大概是在她的影响下，蒙哥汗宫廷中有些后妃也信奉基督教。据西方传教士鲁不鲁乞记载，蒙哥的宫廷周围有各种宗教教士，其中有不少"聂斯脱里派教士"。正后忽都台可敦是基督教徒，尊奉基督教的礼拜仪式，并向教士赠送礼物。蒙哥汗还有一个妻子，"是一个基督教徒"。这个妻子的女儿昔里纳，也信奉基督教。④

前四汗时期，蒙古宫闱中后妃与"汉地"的佛、道两教都有接触。北方道教全真派领袖邱处机应成吉思汗之召前赴中亚，道教自此得到蒙古宫廷的

---

① ［波斯］志费尼：《世界征服者史》中译本，第288页。
② 同上书，第310页。
③ 《鲁不鲁乞东游记》，《出使蒙古记》，第222页。
④ 同上书，第172、180、184页。

庇护。邱处机死于丁亥年（1227），其弟子尹志平继主全真道事。"壬辰，帝南征还，师迎见于顺天。慰问甚厚，仍命皇后代赐香于长春宫，贶赉优渥。""甲午……时皇后遣使劳问，赐道经一藏。"① 壬辰是窝阔台汗四年（1232），"帝南征还"是窝阔台汗攻金后北还。甲午是窝阔台汗六年（1234）。这是已知的宫闱妇女关心道教的最早记录，但不知是窝阔台的哪一位皇后。现存有一件"也可合敦大皇后懿旨并妃子懿旨"，颁发于窝阔台汗十二年（1240）三月，内容是："沁州管民官杜丰雕造道藏经并修盖等事，可充提领大使勾当者。"② "也可合敦"是蒙语音译，"也可"义为大，"合敦"义为皇后。"也可合敦"与"大皇后"是同一个意思，指的是窝阔台汗的皇后脱列哥那。"妃子"应是窝阔台的妾，已不可考。皇后、皇太后、妃子发布的命令称为懿旨，用以与皇帝的圣旨、诸王的令旨、帝师的法旨相区别。这道懿旨应是对全真道要求刊印《道藏》的回应，亦反映出后妃对全真道的兴趣。忽必烈之母唆鲁禾帖尼有两道懿旨与道教有关：一道是丁未年（贵由汗二年，1247）授予太一道领袖萧辅道以中和仁靖真人称号；另一道懿旨与旭烈大王令旨一起发布，内容是允许"杨大师"给予道教人士名号、道服、法服、名额等权力，时间不明。③ 蒙古国实行分封制度，宗王都在"汉地"有自己的领地。这两道懿旨显然是颁发给拖雷分地中的道士的。金代，北方农业区佛教影响很大，佛教中势力最盛的是禅宗。蒙古军进入"汉地"，禅宗中的临济宗僧人海云与蒙古上层建立联系，被尊称为小长老。"丁酉正月，太祖皇帝二皇后以光天镇国大士号奉师。"丁酉是窝阔台汗九年（1237），"乙巳，奉六皇后旨，于五台为国祈福"④。"六皇后"便是窝阔台汗的皇后脱列哥那，乙巳是脱列哥那摄政四年（1245）。西京（今山西大同）华严寺住持园明，是海云的弟子，"癸丑中，有独谟干翁主者，太祖之女也，权倾朝野，威震一方，仰师硕德，加佛曰园照徽号焉"⑤。"癸丑"是蒙哥汗三年

---

① 弋毂：《尹宗师碑铭》，陈垣编：《道家金石略》，文物出版社1988年版，第568页。按，李志全《清和真人仙迹之碑》云："壬辰四月。车驾南还，师领众郊迎，谒见于行宫。……翌日，皇后嫔妃幸长春宫，降香设斋，特赐三洞四辅道经一藏，令旦望看读，为国焚修，与民祈谷者。"（《道家金石略》，第539页）与弋毂所述略有出入。
② 《一二四〇年济源十方大紫微宫圣旨碑》，蔡美彪：《元代白话碑集录》，科学出版社1955年版，第7页。
③ 《太清观懿旨碑》，《道家金石略》，第840页；《重阳延寿宫牒》，同上，第768页。
④ 释念常：《佛祖历代通载》卷二一《大元》。
⑤ 释祥迈：《华严寺明公和尚碑》，《山右石刻丛编》卷二五。

(1253),"独谟干翁主"是拖雷之女,蒙哥汗之姐妹。① 从以上这些片断的记载,可以认为,蒙古宫闱中的女性,和蒙古几位大汗一样,对各种宗教都采取保护、崇敬的态度,当然仍以萨满崇拜为主。

忽必烈建立元朝后,在宗教政策方面作了调整,主要崇敬佛教,特别是其中的藏传佛教,其次是道教和其他宗教。宫闱女性的信仰,以佛教为主,其次是道教。基督教的影响在宫闱中近于绝迹,萨满教的某些仪式仍保持下来。

"至元七年秋,昭睿顺圣皇后于都城西高良河之滨大建佛寺而祝禧焉。"至元七年是公元1270年,昭睿顺圣皇后是忽必烈的皇后察必。这座高梁(良)河畔的佛寺称为大护国仁王寺。"三年而成……以佛法不徒行,必依于人,人不可以无食。中宫乃斥妆奁,营产业以丰殖之。已而效地献利者随方而至,物众事繁,建总管府统于内,置提举司、提领所分治于外。"② 据元代中期统计,仅隶属于这所寺院的水陆田地在10万顷以上。其他资财极多。由察必皇后发起的大护国仁王寺是大都规模最大的佛寺之一。成宗铁穆耳嗣位,其母阔阔真的支持起了重要作用,因此即位以后"奉事太后惟谨"。根据阔阔真的要求,成宗下令在五台山大建佛寺,动用了大量人力、物力,当时有人上疏说:"伏见五台创建寺宇,土木既兴,工匠夫役不下数万人,附近数路州县供亿烦重,男不暇耕,女不暇织,百物踊贵,则民将有不聊生者矣。"可见五台建寺规模之大,害民之深。佛寺建成后,阔阔真"亲临五台,布施金币,广资福利",又对百姓造成了很大的扰害。③ 由此亦可见阔阔真是忠实的佛教信徒。元贞二年(1296),瑞州路(路治高安,今江西高安市)北乾明尼寺的尼姑到大都来活动,得到皇帝的护持玺书,"寻觐太后、妃子,敬奉懿旨,隶入位下,仍度其徒出入宫闱"④。"太后"即阔阔真,可知北乾明寺的女尼已能进入宫闱。成宗的皇后不鲁罕与佛教的关系,由以下记载可

---

① 屠寄:《蒙兀儿史记》卷一五一《诸公主表》。
② 程钜夫:《雪楼集》卷九《大护国仁王寺恒产之碑》。
③ 李元礼:《谏幸五台》,《国朝文类》卷一五。按,李元礼奏疏作于元贞二年(1296)五月,其中云:"伏愿中路回辕,端居深宫,俭以养德,静以颐神。"则阔阔真后已在去五台途中。《元史》卷一七六本传云:"[元贞]二年,有旨建五台山佛寺,皇太后将临幸。元礼上疏曰:……台臣不敢以闻。"应已成行。但《元史》卷一九《成宗纪二》载,大德元年(1297)三月,"五台山佛寺成,皇太后将亲往祈祝,监察御史李元礼上封事止之。应即一事。似阔阔真后受阻未能成行。两者时间不同,疑《纪》有误。
④ 任士林:《松乡集》卷一《瑞州路妙高峰北乾明尼寺记》。

见一斑。"大德间，僧胆巴者，一时朝贵咸敬之。德寿太子病癃蘬，不鲁罕皇后遣人问曰：'我夫妇崇信佛法，以师事汝。止有一子，宁不能延其寿邪？'答曰：'佛法譬犹灯笼，风雨至乃可蔽，若烛尽，则无如之何矣。'"①这是一段关于生死的有名对话。胆巴是当时极受尊奉的藏传佛教僧人。

　　武宗海山、仁宗爱育黎拔力八达兄弟两人之母答己被尊皇太后，英宗时则被尊为太皇太后。答己也笃信佛教。武宗即位后，在至大三年（1310）发布的《皇太后尊号玉册》中说："臣在先朝，受诏漠北，往抚诸军，可谓远役。以义割恩，纵舆其行，迨轫河阳，永怀弥切。亲至五台，祷于佛乘，尚凭阴骘，早遂振旅。"② 此文用武宗海山的口气，前面几句讲海山自己在成宗时奉命抚军漠北，而答己和爱育黎拔力八达则被发遣到怀州。怀州和孟州毗邻，合为怀孟路。"河阳"是孟州的古名。文中的"迨轫河阳"，即指答己母子前往怀州。下文"亲至五台，祷于佛乘"，显然答己母子在前往怀州时曾绕道到五台山祈求佛祖保佑。果然，后来一切顺利，海山登上了皇帝的宝座。此文又说："往岁銮辂，再到五台，净供大修，以毕凤愿。"也就是说，在海山称帝后，答己又上五台山，祀佛还愿。据史载，"太后幸五台山，作佛事"。时间是至大二年（1309），爱育黎拔力八达和高丽王王璋随行。③ 皇庆元年（1312），答己在大都城西高良河畔建大智全寺。④ 皇庆二年（1313）答己还下旨在怀州她原居地建佛寺，"以衍皇祚于无穷"。两年后建成，"皇太后赐名大兴龙寺"⑤，赐田三百顷。大都名僧定演，先后主持崇国寺、昊天寺，"皇太后闻师道行，亦降懿旨以护其法"⑥。"皇太后"即答己。《大藏经》的刊刻，历来被视为佛教信仰者的一大功德。元代有多种大藏经刊刻问世。其中之一是，"兴圣慈仁昭懿寿元皇太后命刻《大藏经》于武昌"⑦。雕成后运到大都，印刷流通。"兴圣慈仁昭懿寿元皇太后"是答己的尊号，这部《大藏经》的雕版发行完全是答己一手促成的。以上种种，说明答己对佛教是很虔诚的。

---

① 陶宗仪：《辍耕录》卷五《僧有口才》。
② 姚燧：《牧庵集》卷一《皇太后尊号玉册文》。
③ 《元史》卷二三《武宗纪二》，卷一一六《后妃二》，卷一三一《拜降传》，卷一七八《王约传》。
④ 刘敏中：《中庵集》卷一四《敕赐大都大智全寺碑》。
⑤ 赵孟頫：《松雪斋文集》卷九《敕建大兴龙寺碑铭》。
⑥ 赵孟頫：《松雪斋文集》卷九《演公塔铭》。
⑦ 程钜夫：《雪楼集》卷一八《大慈化禅寺大藏经碑》。

武宗海山有一位伯忽笃皇后，曾随答己前往怀州。武宗死后"仍事兴圣宫（答己）"，深得信任，英宗时被指派先后主持太祖皇后完颜氏斡耳朵和世祖皇后迭只斡耳朵。"圣母（答己）尝言：覃怀获归，弘济圣业，非祖宗在天之灵默佑曲护，罔有今日。故力事崇构，资福于佛，为祖宗报。"成宗死后，通过宫廷政变，武宗、仁宗相继称帝，答己成为皇太后，命运的巨大变化是答己崇信佛教的主要原因。伯忽笃长期侍奉答己，耳濡目染，也成为佛教的忠实信徒。她自己出资在大都昌平史村建崇源寺，为武宗"资荐冥福"，又在大都城内买地建顺圣寺"以报圣母"。崇源寺"三年迄功"，内有武宗的神御殿，是一所僧寺。顺圣寺"历十年而始有成"，内有"圣母"即答己的神御殿，是一所尼寺。①

文宗图帖睦尔建大承天护圣寺，皇后不答失里"出大庆礼赐白金，从户部易钞四万笏，及割田赋之在荆襄者以资之"；"西殿庋金书《大藏经》，皇后之所施也"②。文宗死后，其侄妥懽帖睦尔嗣位，尊不答失里为太皇太后。当时有人说："恭惟太皇太后夙尊是教，自文皇晏驾之后，尤切归崇。供佛饭僧，惟日不足。"③图帖睦尔毒死自己的哥哥和世㻋夺得皇位，临死以前，心中内疚，承认弑兄行为是"平生大错"，指定和世㻋之子妥懽帖睦尔继承皇位。④不答失里在图帖睦尔死后特别崇佛，其心态亦应与此有关。不少佛寺都受她布施。后至元四年（1338），高丽王城兴王寺重建，"又蒙典瑞使申当住等奉太皇太后之命，降香币，用光佛事"⑤。

从蒙哥朝到忽必烈朝，曾先后举行数次佛道辩论，忽必烈明显倾向佛教，辩论均以佛胜道败告终。至元十八年（1281），忽必烈下令焚毁除《道德经》以外的道教经典，对道教是沉重的打击。但忽必烈当政期间，道教仍受到宫闱后妃的相当尊重。至元六年（1269）冬，大都郊外高梁河有蛇、龟出现，议者以为是"玄武之灵"，"于是皇后分禁中供用之物……即于所见之地兴建庙貌以奉香火"⑥。建成后赐名昭应宫。"皇后"即忽必烈的正妻察必。见于记载的昭应观提点王氏金莲，"早尘椒掖，晚谢蕊宫"，原应是宫廷

---

① 许有壬：《至正集》卷四六《敕赐崇源寺碑》《敕赐顺圣寺碑》。
② 虞集：《道园学古录》卷二五《大承天护圣寺碑》。
③ 李榖：《稼亭集》卷六《大都大兴县重兴龙泉寺碑》。
④ 权衡：《庚申外史》卷上。
⑤ 李榖：《稼亭集》卷四《兴王寺重修兴教院落成会记》。
⑥ 王磐：《元创建昭应宫碑》，《道家金石略》，第1102页。

中的女性。她死后"特赠渊静玄素真人"①。由此可见这是一所由女冠主持的道观。全真派女道士奥屯妙善（后改名弘道）是邱处机的弟子，"岁乙卯"（蒙哥汗五年，1255）主持亳州（今安徽亳州）洞霄宫，"至元四年至七年，累奉皇后及贤妃懿旨，赐圣母金冠，云罗法服"，"至元八年，赐诏护持宫中事，及中书省禁约榜文……师与其徒任惠德辈，以淳诚得誉贵近，获入觐禁闱，中宫及诸贤妃皆尝赐召，锡予极优渥"②。"中宫"即察必。可知洞霄宫女冠已进入禁闱。忽必烈时代，"中宫"还曾"召见"北方真大道掌教岳德文，"亲赐袍焉"③。至元十一年（1274），"昭睿顺圣皇后命公（孙德彧）侍安西王掌祠事，祈祷歆格，即充京兆路道录"④。孙德彧是全真道在陕西的首要人物。安西王忙哥剌是昭睿顺圣皇后察必的爱子，封地在陕西。察必命孙德彧侍奉安西王，说明她对全真道的重视。元朝平南宋后，南方道教正一道领袖张宗演和门徒张留孙前来大都觐见。忽必烈将张留孙留在朝中，"上幸日月山，昭睿顺圣皇后病甚，诏公祷之。即有奇征，病良愈。自宫禁邸第大臣之家，皆事之如神明"⑤。张留孙得到特殊的恩宠，受封为上卿、玄教宗师，玄教自此成为元代道教中的一个重要支系。忽必烈临死以前，"遣内侍谕隆福太后曰：张上卿朕旧臣，必能善事太子"⑥。"太子"指真金之子铁穆耳，"隆福太后"即真金之妻、成宗铁穆耳之母阔阔真。忽必烈的临终嘱咐，说明阔阔真对道教至少持友好态度。"至元十有七年，世祖皇帝诏征女冠炼师邵君于临川。昭睿顺圣皇后说其言，留居禁中，以主秘祠，赐号广诚灵妙演法真人。"⑦临川是抚州路（路治今江西抚州市）的古名，邵炼师出家于临川东庭观，名邵灵瑞。她以一个南方的女冠，居然能"通章帝阙，备问宫闱"，得到"昭睿顺圣皇后"（忽必烈皇后察必）的优遇，这是一个很值得注意的例子，足以说明即使在忽必烈奉行尊佛抑道方针时，道教在宫闱女性中仍有一定的影响。⑧抚州路邻近正一道祖庭龙虎山，

---

① 袁桷：《清容居士集》卷三七《昭应宫提点王氏金莲特赠渊静玄素真人》。
② 任志润：《女炼师奥敦君道行碑》，《道家金石略》，第686页。
③ 虞集：《道园学古录》卷五〇《真大道教第八代崇玄广化真人岳公之碑》。
④ 邓文原：《巴西文集·孙公道行之碑》。
⑤ 虞集：《道园学古录》卷五〇《张宗师墓志铭》。
⑥ 袁桷：《清容居士集》卷三四《玄教大宗师张公家传》。
⑦ 危素：《危太朴文续集》卷三《黄君寿藏碑》。
⑧ 袁桷：《清容居士集》卷三七《广诚灵妙演法真人江南诸路女冠诸宫观都提点邵灵瑞特追封宗师》。

东庭观应是正一道的道观。

铁穆耳即位后，积极扶持道教复兴，对张留孙特别尊重，加封特赐上卿、玄教大宗师。"以公生日，赐玉冠、上尊、良马，隆福宫、中宫皆有赐赍，自是岁以为常。"成宗死，武宗嗣位，"兴圣太皇太后还自怀孟，以公（张留孙）先朝旧臣，加礼尤重"①。张留孙的再传弟子王寿衍也受到成宗的重视，"被玺书提点住持杭之佑圣观"；"大德丁酉，奉香诣阙下，隆福太后有旨，命公（王寿衍）求经箓江南"。"隆福太后"是铁穆耳之母阔阔真。武宗海山时，王寿衍"被玺书及兴圣太后旨，加开元等九宫观，且代祀诸名山"。仁宗爱育黎拔力八达即位，"先是，杭之九宫观财用出纳隶都财赋府，及是太后有旨，都府勿有所为"。"兴圣太后""太后"均指武宗、仁宗之母答己。②"都财赋府"即江浙等处财赋都总管府，其职责是"掌江南没入赀产，课其所赋，以供内储"③。"内储"指宫禁。原来杭州的九处道教宫观都要向江浙都财赋府缴纳贡赋，答己下令免除，这是很大的优惠。龙虎山正一道三十六代天师张宗演之妻周惠恭屡受封号，"又明年（至大三年，1310），皇太后降旨，护所领真懿、华山二观"④。"皇太后"亦是答己。上述"女冠"邵炼师继续得到宠遇。"成宗赐地西成坊以作玄元宫。"⑤ 玄元宫的全称是玄元万寿宫，"玄元万寿宫，官建，命女冠邵真人住持"⑥。大德七年（1303），邵灵瑞从临川东庭观招青年"女冠"黄居庆前来大都，"入觐成宗皇帝，即命祠北斗"。黄居庆北上，主要是为了接续邵的法系，保持这一道教支派在宫廷中的地位。邵的徒弟卢行益受封为冲靖灵妙凝真法师、玄元万寿宫提点⑦，黄居庆被指定成为卢的弟子。黄北上后不久，邵去世，卢袭封为真人。"泰定二年，中宫留卢君内廷，黄君遂摄祷祠事。明年，卢君化去……自是承应宫壸，日不暇给。乃召女弟仁实于东庭，摄祷祠事。天历初，皇后尤加敬异。集贤以闻，授渊靖冲素崇道真人，住持玄元万寿宫。元统二年，今皇后有旨，命加真人。集贤以闻，授端静冲粹通妙真人、江南诸路女冠都提点，住持大都玄元万寿宫、抚州路东庭观、常德路乾明观事，特

---

① 赵孟頫：《上卿真人张留孙碑》，《道家金石略》，第 912 页。
② 王祎：《王忠文公集》卷一六《元故弘文辅道粹德真人王公碑》。
③ 《元史》卷八八《百官志四》。
④ 赵孟頫：《松雪斋文集》卷九《敕赐玄真妙应渊德慈济元君之碑》。
⑤ 危素：《危太朴文集》卷三《黄君寿藏碑》。
⑥ 《析津志辑佚》，第 94 页。
⑦ 袁桷：《清容居士集》卷三七《冲靖灵妙凝真法师玄元万寿宫提点卢行益袭封真人》。

命文臣行词表异之，又降玺书护其宫。"[①] 邵灵瑞、卢行益、黄居庆祖孙三代女冠得到世祖、泰定帝、文宗、顺帝历朝皇后的敬重，"承应宫壸"，这在元朝是很特殊的。英宗至治元年（1321），皇太后向保定路易州（今河北易县）龙兴观等道教宫观颁发护持懿旨。[②] 这是现存的唯一的由皇太后颁发的护持道观的懿旨，这位皇太后应是仁宗的皇后阿纳失里。

尽管佛教已成为宫廷女性的主流信仰，蒙古传统的萨满崇拜在宫廷中仍然存在。萨满被认为是神鬼的代言人，有预言吉凶、治病驱邪的能力。诗人张昱有"三宫除夜例驱傩，偏洒巫臣马湩多"之句。"三宫"应指顺帝初年太皇太后（文宗皇后）和帝、后而言。除夕之夜，三宫都要由巫师（萨满）偏洒马奶，驱除邪神。[③] 此外，每年十二月下旬，宫中要举行"射草狗"仪式。"束秆草为人形一，为狗一。剪杂色采段为之肠胃，选达官世家之贵重者交射之……射至糜烂，以羊酒祭之。祭毕，帝、后及太子、嫔妃并射者各解所服衣，俾蒙古巫觋祝赞之。祝赞毕，遂以与之，名曰脱灾。国俗谓之射草狗。"还有一种仪式："每岁十二月十六日以后，选日，用白黑羊毛为线，帝、后及太子自顶至手足，皆用羊毛线缠系之，坐于寝殿。蒙古巫觋念咒语，奉银槽贮火，置米糠于其中，沃以酥油，以其烟薰帝之身，断所系毛线，纳诸槽内。又以红帛长数寸，帝手裂碎之，唾之者三，并投火中。即解所服衣帽付巫觋。谓之脱旧灾、迎新福云。"这两种都是萨满教的仪式。前者皇后和嫔妃都要参加，后者皇后参加。帝、后的丧葬也有浓厚的萨满教色彩，装有棺木的舆车"前行，用蒙古巫媪一人，衣新衣，骑马，牵马一匹，以黄金饰鞍辔，笼以纳失失，谓之金灵马"。安葬以后，"送葬官三员，居五里外，日一烧饭致祭，三年然后返"[④]。"烧饭"即将死者生前使用的物品焚烧作为祭品，此俗盛行于北方各族中间，亦与萨满崇拜有关。凡此种种，都可以说明萨满崇拜在宫廷女性中仍有不容忽视的影响。

第二节　民间女性的宗教信仰

元朝民间女性的宗教信仰，以佛教为主，其次是道教，再次是基督教和

---

① 危素：《危太朴文集》卷三《黄君寿藏碑》。
② 《一三二一年易州龙兴观懿旨碑》，《元代白话碑集录》，第78页。
③ 《张光弼诗集》卷二《辇下曲》。
④ 《元史》卷七七《祭祀志六·国俗旧礼》。

伊斯兰教。在元朝的四等人（蒙古、色目、汉人、南人）中，汉人、南人主要信仰佛教和道教，还有各种神祇的崇拜。巫术亦很流行。色目人中有的信仰伊斯兰教，有的信奉基督教，也有人信仰佛教。蒙古人的宗教信仰多样化，信奉萨满教、佛教（特别是藏传佛教）、基督教的都有。由于资料的局限，元朝各阶层女性信奉基督教、伊斯兰教、藏传佛教、萨满教的情况不很清楚，本节只能就元朝女性信奉佛、道两教的情况加以论述。

佛教信仰在宫闱之外各阶层女性中都很流行。蒙古国时期汉人万户张柔之妻毛氏，"日读佛书为课，焚香静坐，澹然若与世遗者"①。临川（今江西抚州）徐妙英，"晚节颇信浮屠法，徼福利"②。钱塘（今杭州）费氏，"性慧天通，日课梵典，若有顿解"③。临川（今属江西）儒士巫敏予之妻龚氏，夫死后独立持家，待其子成婚，"乃清静以居，读佛书而求其礼，又康健者三十有余年。或劝其事佛良苦，则告之曰：'我自乐之，不为劳耳，且非汝等所知也。'"④东阳（今属浙江）胡助之妻陈氏，"幼通书，晚好佛者之说，置像设而事之甚谨"⑤。黄岩（今属浙江台州）陈氏夫死守节，待子女成立，"内外事毕，凡三十年，而陈氏安老矣"。陈氏对诸子说："或谓佛氏之教，能为之者获福，吾不能必其信否。吾但为退休之所，托佛以事之，聊以塞吾暮年之惑，毋必不可乎！"⑥安成（今属江西）女子彭妙寿，"中年喜佛书，意若有所领悟，遂长斋，屏鱼肉"⑦。赣州（今属江西）女子刘福真，丈夫去世，主持家务。"晚年奉浮屠教尤谨，朝夕诵佛书，累至数千卷，其于世事澹如也。"⑧值得注意的是，以上提到的女性大多在晚年虔诚信佛，显然为了寻求精神上的寄托。有的女性还因信佛获得神通："京师薛氏妇久寡，佣赁为食，一日自言观音梦授《金刚准提咒》，日夜持诵，可以已人之疾，可以衣食终身，既而果然，人皆异之，号曰准提师。"⑨

佛教庙宇每年都要举行各种宗教活动，宣扬教义，祈福禳灾，超度亡

---

① 郝经：《临川文集》卷三五《公夫人毛氏墓铭》。
② 吴澄：《吴文正公集》卷四二《彭从龙故妻徐氏墓志铭》。
③ 任士林：《松乡文集》卷三《夫人费氏墓志铭》。
④ 虞集：《道园类稿》卷四九《王母龚孺人墓铭》。
⑤ 黄溍：《金华先生文集》卷三九《宜人陈氏墓志铭》。
⑥ 陈旅：《乐善堂记》，《台州府志》卷七四，转载自《全元文》第37册，第364页。
⑦ 贡师泰：《玩斋集》卷八《瓯宁县太君彭氏墓志铭》。
⑧ 宋濂：《宋文宪公全集》卷一五《吕母夫人刘氏碣》。
⑨ 程钜夫：《雪楼集》卷二三《书赠准提师序后》。

灵。这些活动不但吸引男性信徒，而且都有许多女性信徒踊跃参加。"天下名山胜地，多建佛刹，而穷檐蔀屋妇人女子信好尤笃。"① 如大都庆寿寺每年七月十五日举行盂兰盆斋，来参加的"僧尼道俗，善男信女，不知其数"②。安西路（路治今陕西西安）开元寺举办水陆资戒大会七昼夜，"聚集山东、河南、冀宁、晋宁、河中并凤翔迤西等处僧众万人，及扇惑远近俗人男子妇人前来受戒，观者车马充塞街衢，数亦非少"③。奉化（今属浙江）"州之女妇岁以四月八日群集大伽蓝饭僧诵佛书以求利益，动以数千计"④。各地都有一些尼寺，对女性信徒更有吸引力。

　　道教信仰在女性中也很普遍。安阳（今属河南）县令王信之妻左氏，"甫三十九而寡，即以不再醮为誓……服除，脂粉色服，屏弃不再御，萧然寄心于清净寂灭"。子女婚嫁后，"乃于后庭隙地，筑环堵室，礼天庆宫李真人，受业野服黄冠，赐名守宽，以道自居"⑤。房山贾和娶田氏，贾和病死，无子，"君卒时田氏年二十余，誓不他适，屏去簪珥，遂着女道士服，深居不出凡四十年"⑥。彰德（今河南安阳）妇女杨守和，"年四十一，夫李义死，誓不再醮，携一女受道服"⑦。丽水（今属浙江）女子周元静，"知攻书，旁爱道术家言，严斋戒以事神明"⑧。道教庙宇举行法事时，女性信徒积极参加活动。均州（今湖北均县）武当山万寿宫，"岁三月三日，相传神始降之辰，士女会者数万，金帛之施，云委川赴"⑨。杭州吴山上多道教宫观，吸引许多年轻女性前去烧香许愿："十八姑儿浅淡妆，春衣初试柳芽黄。三三五五东风里，去上吴山答愿香。"⑩

　　元代佛、道两教互相攻击，矛盾很深。但女性同时信奉佛、道两教却很常见，真州路经历安阳（今属河南）人吕郁，"妣夫人李亦儒家，读书知文，于老、佛学亦造其微"⑪。宜春（今属江西）易氏之妻刘淑新，夫死守

---

① 萧廷宸：《观音堂记》，原载《[同治]平江县志》，转引自《全元文》第58册，第450页。
② 佚名：《朴通事谚解》卷下。
③ 《元典章》卷五七《刑部十九·诸禁·禁聚众·禁治聚众作会》。
④ 宋濂：《宋文宪公全集》卷一四《项君墓志铭》。
⑤ 胡祗遹：《紫山大全集》卷一七《女冠左炼师墓碑》。
⑥ 苏天爵：《滋溪文稿》卷一九《房山贾君墓碣铭》。
⑦ 胡祗遹：《紫山大全集》卷一七《集真观碑》。
⑧ 宋濂：《宋文宪公全集》券四二《丽水二贤母墓碣铭》。
⑨ 程钜夫：《雪楼集》卷五《均州武当山万寿宫碑》。
⑩ 田汝成：《西湖游览志余》卷一一《才情雅致》。
⑪ 姚燧：《牧庵集》券二三《吕君神道碑铭》。

节，"子既室，传家事，专意道、释二教，每日诵经，寒暑不辍……六十三得微疾，越八日，盥频而坐，命人诵《金刚经》于侧，听至'如梦幻泡影，如露亦如电'而逝"①。丰城（今属江西）揭应强之妻何妙静，"抚诸孙尽其爱，晚好释、老氏，盖贤妇也"②。鄱阳（今江西波阳）张良孙任应昌路判官，其妻胡至静"通佛、老氏，或兴废者，亦施予弗倦"③。佛、道两家都宣扬因果报应、死生轮回，对于寻求精神寄托的女性来说，两者完全可以兼信并容，两教上层的争斗对她们完全没有影响。

元代学者吴师道站在儒学的立场，斥责佛、道是"异端"，但他不能不承认两者在群众中有广泛影响，对女性吸引力尤大："释、老氏之教，震动四海。其言死生轮回入地狱受诸苦状，尤能慑怖愚俗，从之者如水趋下，非一日矣。男子刚明者间不惑，至于妇人女子，阴暗荏弱，其误而溺焉，毋怪也。""异端惑世崇诞诬，张皇鬼伯司幽都，妇柔惟怯尤易趋。"举世滔滔，而新安（徽州）吴谧之母汪氏"临终戒不用缁、黄"，因而吴师道大加称赞，"伟哉果胜大丈夫"④。不过像吴母汪氏这样在当时是比较罕见的。

第三节　尼姑与女冠

出家修行的女性佛教徒称为尼姑、比丘尼。至元二年（1265）二月的圣旨条画内规定："僧人每三年一次试五大部经，仰总统所选择深通经义有名师德于各路置院，选试僧人，就设监坛。大德登坛，受具足戒，给具祠部，然后许令为僧。仍将选中僧人，造簿申总统所类攒，呈省闻奏。"⑤ 出家为尼，也要履行类似的手续，获得度牒，才有国家认可的正式身份。滑州（今河南滑县）弥勒院尼海实，"幼聪悟……中统三年，受总统具牒度为尼，称尚座，仍号清慧大师"⑥，便是一例。各阶层女性中都有人出家为尼。高昌畏兀儿女子沙蓝蓝"八岁从其亲至京师，入侍中宫真懿顺圣皇后，爱其明敏，恩顾尤厚。成宗之世，事皇太后于西宫，以侍从既久，勤劳之多，诏礼帝师

---

① 吴澄：《吴文正公集》卷四二《宜春易君妻刘氏葬志》。
② 程钜夫：《雪楼集》卷二〇《何氏墓志铭》。
③ 邓文原：《巴西文集》《胡氏墓墓铭》。
④ 《吴礼部集》卷一一《汪氏宜人不用缁黄赞》。
⑤ 《通制条格》卷二九《僧道·选试僧人》，《校注》第703页。
⑥ 《重修滑州净行寺北弥勒院碑》，原载《［民国］滑县县志》卷七，转引自《全元文》第36册，第172页。

迦罗斯巴斡即儿为师,薙染为尼。服用之物皆取给于官"。沙蓝蓝在大都建造妙善寺,在五台山建造普明寺,"各置佛经一藏,恒业有差"①。妙善寺当时又称沙蓝蓝姑姑寺。② 大兴贾氏是以"典司御食"供奉宫廷的世家,第三代有一女儿,"长侍中宫,即笄,愿披剃为比丘尼,赐号崇教大师"③。宫女常氏,年二十四"奉旨适近臣瓮吉剌歹",瓮吉剌歹官至资德大夫、会福院使。常氏信奉佛教,"英宗即位,恳请上前,始听出家"。在文宗和"后妃藩邸、将相大臣"的资助下,在大都建造了大兴国寺。④ 以上几个是宫女出家的例子。宫女出家为尼,或出于信仰,或因宫廷生活种种矛盾,更容易使她们看破红尘,以求解脱。南宋的全太后,到大都后亦出家为尼。⑤"宋太后削发为尼,诵经修道。帝(忽必烈)深加敬仰,四事供养。帝宣宋室二宫人至,皆祝发为尼。帝云:三宝中人也。命归山学佛修行,供送衣粮。"⑥ 对于亡国的太后和宫人来说,这也许是最好的出路。

官宦之家的女性出家为尼亦不少见。窝阔台汗二年(1230),契丹人石抹万户病死,"三夫人术甲氏削发为尼,在家修行"⑦。南宋末代宰相陈宜中是永嘉(今属浙江)人,南宋灭亡,陈宜中逃亡海外,其侄三人被元朝政府作为人质送往大都。次侄陈萍成为佛教界的领袖人物,历任要职。长侄陈芹"未及仕而遽卒"。陈芹之妻江氏"平居刻意于梵典,日诵《法华》《金刚》诸经。嫠居后,以靡他自誓,因断发为比丘尼。事闻宫掖,赐名净行,俾祝禧于内祠,岁给衣粮及侍从者五人"。"女一人,三曰娟,亦为比丘尼,居禁苑。"⑧ 永嘉陈氏家族几位女子都出家为尼,或与其家族的遭遇有关。金城(今山西应县)韩氏是"翊运勋臣之后","削发为比丘尼",法名妙德。在繁峙(今属山西)建立报恩寺。"名达于徽仁裕圣皇后,召见命坐,赐之僧衣。而元贞玺书及皇太后教两下,以麻卫其事。是年,裕圣幸五台,德实

---

① 释念常:《佛祖历代通载》卷二二。
② 《析津志辑佚》,第78页。
③ 王恽:《秋涧先生大全集》卷五一《贾氏世德之碑》。
④ 许有壬:《至正集》卷六〇《大兴国寺碑》。
⑤ 《元史》游一六《世祖纪十三》;汪元量:《全太后为尼》,《增订湖山类稿》,第110页。
⑥ 释念常:《佛祖历代通载》卷二二。
⑦ 李源:《石抹公墓志铭》,《[嘉靖]鲁山县志》卷九,转引自《全元文》第39卷,第466页。
⑧ 黄溍:《金华先生文集》卷三九《江氏墓志铭》。

从，眷睐优渥。"① 福建参知政事王积翁出使日本在海上遇害，元朝以其子王都中为平江路治中。都中之母张普贵"即以贞节自誓，祝发于京之净垢寺惠公为尼"。后来又随王都中到平江（今江苏苏州），主持妙湛寺。"朝夕翻经礼拜，归诚于佛。""寻奉玺书护持，锡号宏宗圆明佛日大师。"② 王积翁有夫人五位。除张氏外，还有一人在杭州明慧寺出家。有女六人，"四适名门，二为尼"③。副万户赵伯成有女三人，"幼为比丘尼"④。由以上事例看来，官宦人家女性为尼，在元代是相当普遍的。原为宫人和官宦家庭出身的比丘尼，出家以后，往往成为尼寺的主持，有的甚至能够出入宫闱，享有特殊的社会地位。

比丘尼中出身其他阶层的为数更多。章丘（今属山东）王德，金蒙战争时曾为百户，有女三人，长女招婿上门，次女出嫁，第三女"为尼，名广通。广通九岁，祝发济南永安院，慧悟殊绝"⑤。汤阴（今属河南）苗氏，"始自妙龄在家剪发，澄心入道，素志疏澹，冥慕宗门"。中经战乱。"二十年疏衣不卸"。后来礼拜邢台开元寺万安老人广恩为师，正式薙发，成为比丘尼。⑥

出家修行的女性道教徒称女冠、道姑。全真道首领尹志平有一首《临江仙》词，序中说："袁夫人住沙漠十年，后出家回都，作词以赠之。"词中说："十载饱谙沙漠景，一朝复到都门，如今一想一伤魂。休看苏武传，莫说汉昭君。过去未来都拨去，真师幸遇长春，知君道念日添新。皇天宁负德，后土岂亏人。"⑦ 这位袁夫人应是金朝宫闱或官宦家庭中女性，金亡后流落漠北，幸遇西游的长春真人邱处机，出家为女冠，得以回到燕京。南宋灭亡后，大批宫女随太后和小皇帝到大都。隆国夫人王昭仪在随行女性中是身份较高的一个，后来成为"女道士"⑧。钱塘人钱善道，南宋理宗时"生十

---

① 姚燧：《牧庵集》卷一二《报恩寺碑》。
② 牟巘：《陵阳文集》卷一一《敬愍侯祠记》，《吴兴丛书》本；章嚞：《本斋王公孝感白华图传》，原载《铁网珊瑚》，转引自《全元文》第32册，第135页。
③ 黄溍：《金华先生文集》卷二九《王公祠堂碑》。
④ 苏天爵：《滋溪文稿》卷一五《副万户赵公神道碑》。
⑤ 刘敏中：《中庵集》卷八《故河南王君墓表》。
⑥ 释守显：《河内县南岳村尼首座崇明修释迦之院记》，原载《[道光]河内县志》卷二一，转引自《全元文》第10册，第574页。
⑦ 尹志平：《葆光集》卷中。
⑧ 汪元量：《女道士王昭仪仙游词》，《增订湖山类稿》，第108页。

有三年，入侍宫掖"。"宋灭，随其君来朝，留京师。奉睿圣皇后懿旨，于其年之九月望日，俾居昭应宫，礼其宫提举通妙大师为师，度为女冠，赐紫衣。"① 上面两个女性都来自前朝，出家显然由于政治的原因，类似的情况应该不少。元朝宫女亦有出家为女冠者。中统二年（1261）七月，忽必烈"命炼师王道妇于真定筑道观，赐名玉华"②。这位王道妇又称王姑姑、老王姑，"事显懿庄圣皇太后（拖雷之妻唆鲁禾帖尼）多历年所"，又是忽必烈的保姆，因此获得特殊的优遇。③ 应指出的是，从现有记载看来，宫女出家为尼者颇多，而宫女出家为女冠则只是个别的。

陈垣先生在他的名著《南宋初河北新道教考》的《全真篇下》中，专门列有"妇女之归依"一节。他说："曩读《道藏》全真家集，类多与某姑某姑之诗词，心窃异之……于以知全真女冠之盛，见诸文字者如此，其不见于文字者，何啻三千七十乎！"④ 他注意到金元之际大量女性皈依全真的现象，这是很有意义的发现。他举出的例子有：泽州（今山西晋城）女冠张守微夫亡"舍俗出家"，其师出于长春真人门下。张守微在兵乱以后修建修真观。⑤ 安阳（今属河南）荣守玉是"农家女，自幼贞静，视纷华泊如，闻道家言喜之。国朝甲午岁，中虚魏大师以全真学主盟彰德之修真观，时师方龀龆，出家往事焉。既笄，经明行修，披戴为道士，复研精正一科式法箓，号称习熟。至元乙亥，嗣主观事"⑥。彰德（治今河南安阳）杨守玉，"夫死，携一女受道服"。后受道号"纯素散人"于真常真人（全真领袖李志常）。⑦ 安阳县令王信之妻安氏（见上）。汴梁（今河南开封）栖云观女冠李妙元，"父早没，与母王氏俱入道"。她是全真宗师栖云真人王志谨的再传弟子。⑧ 任城（今山东济宁）神霄观，"女师所居也"，世代相传。至元庚寅（二十七年，1290）全真掌教张志仙将观改名为神霄万寿宫。⑨ 陈先生列举的以上

---

① 蒲道源：《闲居丛稿》卷二四《守素大师女冠钱善道墓志铭》。
② 《元史》卷四《世祖纪一》。
③ 刘岳申：《申斋集》卷七《玉华宫碑》；王恽：《秋涧先生大全集》卷八二《中堂事记下》。
④ 陈垣：《南宋初河北新道教考》，第42页。
⑤ 李俊民：《庄靖集》卷八《重建泽州修真观圣堂记》。
⑥ 王恽：《秋涧先生大全集》卷四〇《崇玄大师荣君寿堂记》；参见胡祗遹《紫山大全集》卷一一《荣炼师信斋记》。
⑦ 胡祗遹：《紫山大全集》卷一七《集真观记》。
⑧ 刘将孙：《养吾斋集》卷一七《汴梁路栖云观记》，《文渊阁四库全书》本。
⑨ 刘敏中：《中庵集》卷一二《神霄万寿宫记》。

全真女冠，分布在今山西、河南、山东各地。

见于文献记载的全真女冠还有不少。例如，"壬辰后，女冠冲靖大师董妙真同冲妙大师赵智亨、希真散人成守全等，结为伴侣，诣修武县马坊清真储福宫礼冲和至德通慧真人为师，莫不苦志励行以进其善道。"后来她们协力在武陟县建立了玉真观。① 修武、武陟今名同，都在今河南省北部。汴梁城隍庙在蒙金战争中被毁，河南路兵马都总管刘福重建，"敦请女冠孟景礼、向妙顺、朱妙明辈相与住持，贪奉香火"。景礼、妙顺相继去世。"岁甲辰，刘侯命侍人周氏、韩氏披戴礼栖云王真人为师，训周曰妙元，韩曰妙温，与妙明为徒侣，所需衣粮皆出刘侯资给。""甲辰"是蒙古乃马真后三年，1244年。"栖云王真人"即全真道宗师王志谨。此后，妙温、妙元又辞世。"刘侯第四子保定路总尹某卒，夫人徒单氏痛伉俪之中睽，感荣华之易歇，聿来栖迹，法号妙真，道俗咨叹，祠宇为增重焉。"妙元、妙真重修庙宇，"蒙洞明真人称赏，加妙元以纯贞素德散人之号"。"洞明真人"即全真掌教祁志诚。女冠"景礼、妙明、妙元、妙真等咸出于诗礼名家"②。金朝女官斡勒守坚，"至大朝隆兴天下，长春国师丘神仙应诏还燕，参受道法，载以师礼事焉。神仙委以燕北教化，之云之朔，至于宣德。太傅相公洎太夫人一见，待之甚厚，创庆云观住持，以舍人宝童相公、百家奴相公寄贺于门下，度女官张净淳等十数人"。后来"太傅相公有征于秦蜀，抚定关中"，又迎她到京兆（今陕西西安），主持龙阳观。全真掌教尹志平"赐玉真清妙真人号"③。"太傅相公"，即契丹人耶律秃花，有功"拜太傅、总领也可那延，封濮国公"④。斡勒守坚受尊奉并非偶然，耶律秃花全家都是全真信徒，邱处机往返中亚，经过宣德，便得到他的热情接待。

以上都是"汉地"的女冠。众所周知，元代"汉地"道教有三派，全真势力最盛，此外还有大道（后称真大道）和太一。从现有文献看来，只有全真道系统有女冠。金朝后期，全真道兴起，其创始人王嚞有七大弟子，内一人是女性，即孙不二。蒙古灭金后，全真道势力大盛，门下女冠也激增。"癸丑春正月，奉上命作金箓大醮，给散随路道士、女冠普度戒

---

① 弋彀英：《新修玉真观记》，《道家金石略》，第670页。这篇文章后讲到全真和长春真人，可知是全真女冠。
② 王恽：《秋涧先生大全集》卷四〇《汴梁路城隍庙记》。
③ 孙志恭：《龙阳观玉真清妙真人本行记》，《道家金石略》，第542页。
④ 《元史》卷一四九《耶律秃花传》。

牒，以公为印押大宗师。"① "公"即全真掌教李志常。"癸丑"是蒙哥汗三年（1253）。戒牒是道士、女冠的凭证，由此可见，出家为女冠亦须履行与出家为尼类似的手续。蒙古前四汗时期，没有统一管理道教的机构，全真道把持发放戒牒的权力。这对全真道门下女冠的激增肯定有很大的作用。后来元朝成立集贤院管理道教，发放道士、女冠戒牒的权力也归于集贤院。

关于江南女冠的记载相对少一些。镇江路录事司（今江苏镇江）有"全真女冠庵五"，另有"守真庵，在堰军巷，女道士吴氏舍宅建"。"通真庵，在夹道巷，女冠处之。"② 上一节说到，临川东庭观女冠得到宫闱的优遇。③ 东庭观很可能是龙虎山正一道系统。浙东廉访司监司黄头之妻马时闻，是南宋枢密马天骥之女。马天骥无子，马时闻亦无子，黄头死后，马时闻认为："我于黄头氏虽无子，赖有他室子，可以不为其宗忧。顾以一身承吾先人显宦之余，而女子又义于从人，不可以继世。纵子他氏继之，势或不能叹永。思所以永之者，远经而近宜，莫若身为老氏学。为老氏学，则士夫良家之女，乐从吾游者，即吾从也。即吾从，则必能世世祀吾所自出无斁也。"因此，她自己出家为女冠，将马天骥的府第改为道观。皇帝皇后先后降旨护持。④ 她出身官宦家庭，出家为女冠是为了保全父系的财产，使父系世世有人祭祀。

女冠出家前的身份多种多样。除了少数出自元朝宫闱和来自前朝的女性外，有的出身官宦家庭，如上述马时闻。有的出身富裕之家，如清苑（今属河北）张守度，"张氏巨富，家贮万缗"⑤。也有出身农家，滕州（今属山东）极真万寿宫住持发冠仙姑田氏"本济宁肥城农家女"⑥。

尼姑、女冠出家的原因亦各不相同，真正由于信仰的原因固然有之，也有少数出于政治的考量，因丧夫而遁入空门者亦相当多，有如上述。此外还有两个因素也起很大的作用：一是因疾病。有的因患病许愿而出家，如平阳杜义，父死军中，"时甫五岁，两目几失明"。其母陈氏祷于神："若此子目

---

① 王鹗：《真常真人道行碑》，《甘水仙源录》卷三。
② 《至顺镇江志》卷一〇《道观》。
③ 危素：《危太朴文续集》卷三《黄君寿藏碑》。
④ 李存：《仲公李先生集》卷一四《玄真宫记》。
⑤ 李德渊：《口真散人张守度墓志》，《道家金石略》，第1093页。
⑥ 张养浩：《张文忠公文集》卷一七《敕赐极真万寿宫碑》。

复明，自愿为黄冠以答神贶。"后杜义目如初，陈氏便出家为女冠。① 有的则希望出家以得到神佛的保佑将病治好。党项人刘沙剌班官至江西湖东道肃政廉访使（正三品），其女刘宣奴病危。"母曰：'医无遗策矣。用浮屠说，度汝为尼，脱积业，何如？'曰：'不可。''为女道士何如？'又曰：'不可。'曰：'人之生，有定分。岂以尼、女道士遂得不死乎！'"② 疾病被认为是"积业"所致，当医生无计可施时，便想以出家为尼、为女道士来寻求出路，这是民间流行的观念。还有一个重要原因则是贫困。仪真（今江苏仪征）人周贞，行医浙西，"故人夏德辅有女欲度女尼，贞曰：'以女为尼，独吝遣嫁耳。'乃育为己女，命故人子李嗣宗为赘婿"③。无钱置办嫁妆，只好将女儿送去为尼。这种情况应是不少的。已嫁妇女出家，必须得到夫家的同意，否则无效："诸妇人背夫、弃舅姑出家为尼者，杖六十七，还其夫。"④ "元贞元年十月，河南省咨：'蕲州路祝汝成妻阿张，为夫风瘫不能动止，不令翁姑并所生儿女知觉，私自投妙胜院主雷东堂削发为尼。'都省议得，'祝阿张所犯，拟决六十七下，分付伊夫收管。外据雷东堂辄将有夫妇人削发为尼，依例断罪'。"⑤

尼姑、女冠真心修行者固然有之，但亦有不少人以出家为谋生的手段，不守清规，生活奢侈腐化。有的与俗人家庭中的妇女交往密切，搬弄是非，多生事端，甚至引发奸盗之事。最奇特的要数"尼站"："临平明因尼寺，大刹也。往来僧官每至，必呼尼之少艾者供寝，寺中苦之，于是专作一寮，贮尼之尝有违滥者，以供不时之需，名曰'尼站'。"⑥ 世祖末年，赵天麟上《太平金镜策》，对时政提出建议。其中之一是"汰僧道"。他主张对僧道严加管束："凡令下之后，食酒肉，衣文绣，并及非所当为而为者，坐以重罪。凡男众有妻室及女流荒淫者，系愚昧不移无耻过甚之人，勒令归俗，约为军民。凡僧尼不得交杂往来，道士、女官（冠）亦同此例。"⑦ 大德七年（1303）七月，"御史台呈：江北淮东道廉访司申，僧道既处净门，理宜洁身奉教，却有犯奸作盗，甚伤风化。拟合一体断遣还俗。刑部议得：僧、尼、

---

① 蒲道源：《闲居丛稿》卷二五，《提领杜君墓志铭》。
② 虞集：《通园类稿》卷四九《张掖刘氏下殇女子墓志铭》。
③ 戴良：《九灵山房集》卷一九《周贞传》。
④ 《元史》卷一〇三《刑法志二·户婚》。
⑤ 《至正条格·断例》卷七《户婚》。
⑥ 周密：《癸辛杂识》别集上"尼站"。临平在杭州郊区。
⑦ 赵天麟：《太平金镜策》卷五《畅八脉以鼓天下之正风·汰僧道》。

道士、女冠，有犯奸盗，俱合一体断罪还俗。都省准拟"①。可见当时尼姑、女冠与僧、道"交杂往来"者有之，"犯奸盗"者有之。这与陶宗仪所说"不致奸盗者几希矣"可以互相印证。

---

① 《通制条格》卷二九《僧道·奸盗》，《校注》第708页。

第九章　女性的服饰

第一节　服装

元代蒙古妇女和汉族妇女的服装有很大的不同。

13世纪20年代访问蒙古的南宋使臣赵珙说，蒙古妇女"所衣如中国道服之类……又有大袖衣，如中国鹤氅，宽长曳地，行则两女奴拽之"[1]。他的叙述比较简单。所谓"道服"应指道士的服装，比较宽大。"鹤氅"是道士在举行法事时穿的外套，上绣白鹤，故有此名，又名羽衣。13世纪40年代出使蒙古的欧洲教士加宾尼对蒙古妇女的服装作了如下说明："男人和女人的衣服是以同样的式样制成的。他们不使用短斗篷、斗篷或帽兜，而穿用粗麻布、天鹅绒或织锦制成的长袍。这种长袍是以下列式样制成：它们（二侧）从上端到底部是开口的，在胸部折叠起来；在左边扣一个扣子，在右边扣三个扣子，在左边开口直至腰部。各种毛皮的外衣样式都相同；不过，在外面的外衣以毛向外，并在背后开口；它在背后并有一个垂尾，下垂至膝部。""已经结婚的妇女穿一种非常宽松的长袍，在前面开口至底部……要把没有结过婚的妇女和年轻姑娘同男人区别开来是困难的，因为在每一方面，她们穿的衣服都是同男人一样的。""所有的妇女都穿裤子，有些妇女也能像男人一样射箭。"[2] 在加宾尼之后，13世纪50年代到过蒙古草原的西方传教士鲁不鲁乞说："姑娘们的服装同男人的服装没有什么不同，只是略长一些。但是，在结婚以后，妇女就把自己头顶当中至前额的头发剃光，穿一件同修女的长袍一样宽大的长袍，而且无论从哪一方面看，都更宽大一些和更长一

---

[1] 《蒙鞑备录笺证》。
[2] 《蒙古史》，见《出使蒙古记》，第8、19页。

些，这种长袍在前面开口，在右边扣扣子。在这件事情上，鞑靼人同突厥人不同，因为突厥人的长袍在左边扣扣子，而鞑靼人则总是在右边扣扣子……她们用一块天蓝色的绸料在腰部把她们的长袍束起来，用另一块绸料束着胸部，并用一块白色绸料扎在两眼下面，向下挂到胸部。"① 西方传教士的行记有不同版本传世，文字有一定出入，有些具体细节的描述有待进一步研究。② 但从他们的描述可以确定的是，蒙古妇女的服装是一种宽大的长袍，和男人的服装没有多大区别。这和南宋赵珙的见闻是可以互相印证的。蒙古族男女都穿长大的袍子，并非偶然，这是和草原气候寒冷和早晚温差很大有密切关系。至于蒙古女性裤子的形状，则是不清楚的。

赵珙和西方传教士的描述是13世纪上半期的情况。在此以后，蒙古族妇女特别是上层仍然以长袍为主。元朝末年，熊梦祥撰《析津志》，记大都的政治经济、风土人情，其中说："袍多是用大红织金缠身云龙，袍间有珠翠云龙者，有浑然纳失失者，有金翠描绣者，有想其于春夏秋冬，绣轻重，单夹不等。其制极宽阔，袖口窄以紫织金爪，袖口才五寸许窄，即大其袖，两腋摺下有紫罗带拴合于背，腰上有紫拟系，但行时有女提袍。此袍谓之礼服。"③ 文中的"纳失失"，是波斯语或阿拉伯语织金锦的音译。纳失失原指来自波斯或阿拉伯的织金锦，但后来中国亦能制作。这种丝织品深为蒙古上层所喜爱，风靡一时。这条记载文字多有错讹，但大体可知，蒙古女性以袍为礼服，袍用织金丝织品制成，多种多样，长可垂地，须由侍女提曳。

传世的元朝历代皇后像，都穿右衽的大袍。敦煌壁画中的蒙古女性供养人像，身穿宽袖大袍，右衽，长可曳地，后有女奴拽之，和赵珙和熊梦祥所述完全一致。④ 陕西蒲城县洞耳村元墓壁画《堂中对坐图》，男女主人张按答不花与李云线，显然是蒙古化的汉人。墓中壁画《对坐图》，男主人穿蒙古服装，女主人身着宽大长袍，坐在椅上，长袍左衽，袍的下摆将鞋遮住，可以想见一定也是长可曳地。⑤ 需要指出的是，长可曳地应是上层妇女的服装特色，一般妇女特别是劳动妇女也穿长袍，但为了生活和工作的方便，不

---

① 《鲁不鲁乞东游记》，见《出使蒙古记》，第119—120页。
② 两位传教士行记，中文译本有二：一为中国社会科学出版社吕浦译本，本书引用即此本。另一为中华书局本（耿升、何高济译，1985年版）。
③ 《析津志辑佚》，第206页。
④ 沈从文：《中国古代服饰研究》，《沈从文全集》第32卷，北岳文艺出版社2002年版，第438页。
⑤ 陕西省考古研究所：《陕西蒲城洞耳村元墓壁画》，《考古与文物》2000年第1期。

可能采取这样的长度。值得注意的是，此墓男女主人的衣服均为左衽，这和上引鲁不鲁乞所说以及帝后画像不同。内蒙古元集宁路遗址出土一件天青色印金提花绫袍，通长126厘米，交领、窄袖，亦作左衽。① 与上述壁画相同。蒙古妇女的长袍似以右衽为主，亦有左衽，并非十分严格。当然，也可能是前后有所变化。② 此外，蒙古女性长袍有窄袖、大袖之分，大袖袍为礼服，窄袖袍为常服。③

汉族妇女的衣服，大体和前代（宋、金）相同，没有多少变化。"国朝妇人礼服，鞑靼曰袍，汉人曰团衫，南人曰大衣。无贵贱皆如之，服章但有金素之别耳，惟处女则不得衣焉。"④ 北方的团衫、南方的大衣，都是全身的长衣（袍），这是一种流行的样式，一般是成年妇女穿的服装。长衣（袍）之外，往往再加一件半臂，即半袖子的上衣。"半袖衣是元代比较主要的一种外衣，十分流行。"⑤ 元人张翥词："半臂京峭稳称身，玉为颜面水为神。"⑥ 即指此。有的则加披肩。元代墓室壁画为女性的服装提供了形象资料。赤峰三眼井元墓壁画《宴饮图》中，女主人身着宽袖开襟长袍。⑦ 内蒙古凉城后德胜元墓《家居图》，中间是男主人，左、右两妇女，一穿左衽长袍，另一穿右衽长袍，长袍外均穿对开半袖短衫。画上的女仆，亦穿长袍，外加对襟半袖短衫。⑧ 西安东郊韩森寨元墓壁画中穿袍服的有3人，其中女主人穿长衣，外加直领半袖，长衣自腰以下左右两侧分衩，长衣的下摆分成了前后两片。另穿袍服的2人应属女扮男装。⑨ 凌源富家屯元墓壁画《启关图》，绘侍女3人，一穿蓝色左衽长袍，外罩黑色半袖对襟短衣，一穿白色长袍，外罩蓝色对襟短衣，一穿红色左衽长袍，外罩蓝色半袖对襟短衣。另有《仕女图》两幅，一幅妇女身穿粉红色长袍，外罩白色对襟短衣，红披

---

① 潘行荣：《元集宁路故城出土的窖藏丝织物及其他》，《文物》1979年第8期。
② 《中国古代服饰研究》，《沈从文全集》第32卷，第431页；王宁章：《也谈左衽服式》，《故宫文物月刊》（台北）第15卷第1期。
③ 王业宏：《蒙元女装的基本类型及穿著方法》，《丝绸之路与元代艺术国际学术讨论会论文集》（以下简称《论文集》），第182页。
④ 陶宗仪：《辍耕录》卷一一《贤孝》。
⑤ 王业宏：《蒙元女装的基本类型及穿著方法》，《论文集》，第182页。
⑥ 张翥：《鹧鸪天·为朱氏小妓绣莲赋三首》，唐圭璋编：《全金元词》，第1019页。
⑦ 项春松、王建国：《内蒙昭盟赤峰三眼井元代壁画墓》，《文物》1982年第1期。
⑧ 内蒙古自治区文化厅文物处等：《内蒙古凉城县后德胜元墓清理简报》，《文物》1994年第10期。
⑨ 西安市文物保护考古所：《西安韩森寨元代壁画墓》，文物出版社2004年版，第52—53页。

肩。另一幅妇女穿粉红色长袍，白披肩。还有一幅大画《探病图》，绘妇女6人，侍女1人，服装与以上各图大体相同。① 山西长治捉马村元墓中壁画，一侍女身着长衣，外套半袖短衫。② 可见长衣外罩半袖形式之风行。汉族女性一般在长袍内上身再穿襦，下着裙、裤。

墓葬中有一些妇女服装出土，提供了实物证据。张士诚母曹氏墓，死者身穿黄色锦缎对襟大袖袍，随葬品中有夹袍2件。③ 报道中所说的"袍"，就是陶宗仪所说"大衣"。山东邹县元代李裕庵墓女性墓主穿交领长袖夹袍。④ 半臂的实物在河北隆化鸽子洞元代窖藏中发现，一件蓝地灰绿菱格"卍"字龙纹花绫对襟夹衫，立领，对襟，宽袖，半臂。面料为双色花绫，织造精细。又有一件蓝绿地黄色龟背朵花绫对襟袄面，立领，对襟，宽袖，半臂。织造精细。⑤

还有一种常见的女性服装样式是上衣下裙，上半身穿短衣，称为襦、袄、衫，下半身穿裙子。襦原意为短衣，有单、夹、棉之分。衫指单衣，袄指有里子的上衣（夹、棉）。上衣似以对襟居多，亦有左衽或右衽。年轻女性一般都是上衣下裙样式。"茜红裙子柳黄衣，花间采莲人不知。""淡黄裙子缕金衫，长髻垂肩碧凤簪。"⑥ "十八姑儿浅淡妆，春衣初试柳芽黄。"⑦ 这些诗句都是描写杭州年轻女子穿着衣、裙的情景。但成年女性亦有着裙者："蓬头赤脚新乡媪，青裙百结村中老。"⑧ "卖盐妇，百结青裙走风雨。"⑨ "白头母……鸡皮鲐背行龙钟，数挽青裙不掩股。"⑩ 上述诗句，都是描述中老年劳动妇女穿着青裙，其上身应穿襦衫。女性的裙一般长可垂地，但劳动妇女的裙应该较短，否则不宜工作。裙有"唐裙""湘裙"等名目。元人散曲中常提及"六幅裙"，如："六幅湘裙一搦腰。"⑪ "一搦腰，六幅裙，万种

---

① 辽宁省博物馆等：《凌源富家屯元墓》，《文物》1985年第6期。
② 王进先：《山西长治市捉马村元代壁画墓》，《文物》1985年第6期。
③ 苏州文管会、苏州博物馆：《苏州吴张士诚母曹氏墓清理简报》，《考古》1965年第6期。
④ 山东邹县文管所：《邹县元代李裕庵墓清理简报》，《文物》1978年第4期。
⑤ 隆化县博物馆：《河北隆化鸽子洞元代窖藏》，《文物》2004年第5期。
⑥ 杨维桢：《西湖竹枝词》。
⑦ 瞿佑：《归田诗话》卷下《吴山游女》。
⑧ 廼贤：《金台集》卷一《新乡媪》。
⑨ 廼贤：《卖盐妇》，《元诗选初集》，第1475页。
⑩ 张端：《白头母次徐孟岳韵》，《元诗选初集》，第1725页。
⑪ 关汉卿：《[双调]沉醉东风》，《全元散曲》，第163页。

妖娆，千般可人。"① "看看看，曲曲弯弯两叶蛾眉淡，瘦怯怯六幅翠裙搊。"② "娇娃……年纪儿二八，六幅湘裙，半折罗袜。"③ 可知当时年轻女性的长裙大多用六幅丝帛缝制。裙用带系在腰上，称为裙带。"金缦唐裙鸳鸯结"④，"裙系鸳鸯锦"⑤，"翠裙鹦鹉绿，绣带凤凰纹"⑥。裙带不仅材料讲究，而且往往绣有各种图案。

传世有不少元代女子陶俑，都是上衣下裙。如1956年陕西西安段继荣墓出土女子陶俑，穿对襟窄袖衫，外罩半袖，下穿裙。江西曲江池西村元墓出土女俑，同样穿对襟窄袖衫，外罩半袖，下穿裙。故宫博物院藏元代女俑，上身穿左衽襦衫，下穿裙，裙带下垂。西安湖广义园出土元代女俑，上身穿左衽交领窄袖衫，胸部有束带，下穿裙，裙带下垂。⑦此类陶俑大多为年轻侍女形象。元人墓室壁画中女性上衣下裙的形象颇多。陕西蒲城县洞耳村元墓壁画《堂中对坐图》，侍女上身内着蓝色短襦，外罩白色半臂，下着粉色长裙。⑧西安东郊韩森寨元墓壁画中人物有11位女性。其中穿襦衫、长裙者8人，内2人在襦衫外再罩直领半袖，6人无半袖，披长帛，佩绶带。⑨

张士诚母曹氏墓葬，死者所穿大袍内，又穿对襟大袖丝绵袄，袄内衬对襟黄绸短衫三件。另随葬有丝绵袄4件。山东邹县李裕庵墓出土上衣（丝绵袄、夹袄）有长袖、短袖之分，通领对襟，用布带系紧。另出土裙3条，分别是夹裙、单裙、丝绵裙，裙外系有裙带。两条裙带上都有刺绣，绣工精湛。

女性的裤，一般穿在裙内或袍内。女裤一般开裆。张士诚母曹氏墓葬，死者袍内下束缎裙，裙内穿黄锦缎丝绵裤，丝绵裤内又有单裤。随葬品中有裙6条。江苏无锡元墓出土裙6件，其中3件夹、3件单，均用素绸制成。另有夹裤、单裤各一件，绸制，均开裆。⑩山东邹县李裕庵墓有裤2条，一

---

① 无名氏：《[越调]斗鹌鹑·元宵》，《全元散曲》，第1839页。
② 曾瑞：《[黄钟]醉花阴·怀离》，《全元散曲》502页。
③ 张可久：《[中吕]齐天乐过红衫儿·湖上书所见》，《全元散曲》，第829页。
④ 商挺：《[双调]潘妃曲》，《全元散曲》，第64页。
⑤ 王和卿：《[仙吕]醉中天·咏俊妓》，《全元散曲》，第41页。
⑥ 刘庭信：《[中日]粉蝶儿·美色》，《全元散曲》，第1444页。
⑦ 黄能馥、陈娟娟：《中国服装史》，中国旅游出版社2001年版，第254—255页；沈从文：《中国古代服饰研究》，第535页。
⑧ 陕西省考研究所：《陕西蒲城洞耳村元墓壁画》，《文物与考古》2000年第1期。
⑨ 西安市文物保护考古所：《西安韩森寨元代壁画墓》，第52页。
⑩ 无锡市博物馆：《江苏无锡市元墓中出土一批文物》，《文物》1984年第12期。

条素绸开裆丝绵裤,另一为素绸单套裤,没有裤裆只有裤腿,穿时用带系在腰带上。① 这应是裤的另一种样式。

原来以游牧为生的蒙古族男女,其服装主要用动物的毛皮制成。贵族衣服用珍贵的动物(黑貂、青鼠等)毛皮制成,而一般牧民则穿羊皮衣裳。成吉思汗结婚时,其妻孛儿帖带来"黑貂鼠袄子"作为献给公婆的礼物。成吉思汗将袄子献给克烈部首领王罕,王罕大为高兴。可见其贵重。② 成吉思汗的庶母被篾儿乞部掳去为奴,"穿着破羊皮衣"③。由于统治疆域的不断扩大,"从契丹和东方的其他国家,并从波斯和南方的其他地区,运来丝织品、织锦和棉织品,他们在夏季就穿用这类衣料做成的衣服"。而在北方很多地区则"给他们送来各种珍贵的毛皮……他们在冬季就穿用这些毛皮做成的衣服"④。元朝统一以后,蒙古贵族妇女的服装是贵重而且华丽的,所使用的材料主要来源有三:一是来自中亚的纳失失(织金缎)和撒答剌欺(织锦)等。后来在中原亦有生产。二是中原和江南出产的各类丝制品(锦、缎、绫等)。三是各种珍贵的动物(黑貂、青貂、青鼠、银鼠等)的毛皮。⑤ 中亚和中原出产的纳失失和其他织金绸缎最为蒙古上层妇女所喜爱。成吉思汗对织金衣服情有独钟。他表示要将蒙古女子"从头到脚用织金衣服打扮起来"⑥。中亚和中原出产的纳失失和其他织金绸缎在元代一直受到蒙古族和其他民族妇女所喜爱。汉族女性服装的原料,主要有丝、麻、棉织品,也有毛皮。富贵人家女性的服装,以丝织品为主。特别是罗,深受年轻女子喜爱。罗衫、罗裙、罗带,均用罗制成。一般家庭则兼用丝、麻、棉三者,劳动妇女的服装以麻、棉为主。

第二节 发式与首饰

元朝哈剌鲁诗人迺贤到过蒙古草原,他写道:"双鬟小女玉娟娟,自卷毡帘出帐前。"⑦ 这是蒙古未婚女子的发式。"在结婚以后,妇女就把自头顶

---

① 山东邹县文物保管所:《邹县元代李裕庵墓清理简报》,《文物》1978年第4期。
② 《元朝秘史》卷二。
③ 《元朝秘史》卷三。
④ 《鲁不鲁乞东游记》,《出使蒙古记》,第118—119页。
⑤ 《析津志》中有关于动物毛皮的记载,见《析津志辑佚》,第233—234页。
⑥ 《史集》卷一第二分册,第359页。
⑦ 迺贤:《金台集》卷二《塞上曲》。

当中至前额的头发剃光。"① 成年妇女有一种头饰,形状独特,曾引起13世纪前、中期前往蒙古访问者的注意。成吉思汗十六年(1221),道教全真派领袖邱处机应成吉思汗之召前往中亚,途经蒙古时见到妇女的头饰,记述道:"妇人冠以桦皮,高二尺许,往往以皂褐笼之,富者以红绡。其末如鹅鸭。名曰:故故,大忌人触。出入庐帐须低徊。"② 几乎同时到北方访问的南宋官员赵珙亦注意到这种头饰,他说:"凡诸酋之妻则有顾姑冠,用铁丝结成,形如竹夫人,长三尺许,用红、青锦绣或珠、金饰之。其上又有杖一枝,用红、青绒饰之。"③ 稍后访问蒙古的南宋使臣彭大雅、徐霆对此亦有记载。彭大雅说:"妇人顶故姑。"徐霆说:"霆见其故姑之制,用画木为骨,包以红绡、金帛,顶之上用四五尺长柳枝,或铁打成枝,包以青毡。其向上人则用我朝翠花或五采帛饰之。以下人则用野鸡毛"④ 从上述记载看来,当时蒙古女性戴故姑相当普遍。

13世纪40年代访问蒙古的西方教士加宾尼也注意到这种头饰,他说:"在她们(已婚妇女)的头上,有一个以树枝或树皮制成的圆的头饰。这种头饰有一厄尔⑤高,其顶端呈正方形。从底部到顶端,其周围逐渐加粗,在其顶端,有一根用金、银、木条或甚至一根羽毛制成的长而细的棍棒。这种头饰缝在一顶帽子上,这顶帽子下垂至肩。这种帽子和头饰覆以粗麻布、天鹅绒或织锦。不戴这种头饰时,她们从来不走到男人们面前去,因此,根据这种头饰就可以把她仍同其他妇女区别开来。"⑥ 13世纪50年代出使蒙古的西方教士鲁不鲁乞对此作了详细的描写:"妇女们也有一种头饰,他们称之为孛哈(bocca),这是用树皮或她们能找到的任何其他相当轻的材料制成的。这种头饰很大,是圆的,有两只手能围起来那样粗,有一腕尺⑦多高,其顶端呈四方形,像建筑物的一根圆柱的柱头那样。这种孛哈外面裹以贵重的丝织物,它里面是空的。在头饰顶端的正中或旁边插着一束羽毛或细长的棒,同样也有一腕尺多高。这一束羽毛或细棒的顶端,饰以孔雀的羽毛,在它周围,则全部饰以野鸭尾部的小羽毛,并饰以宝石。富有的贵妇们在头上

---

① 《鲁不鲁乞东游记》,《出使蒙古记》,第120页。
② 李志常:《长春真人西游记》卷上。
③ 赵珙:《蒙鞑备录》。
④ 彭大雅、徐霆:《黑鞑事略》。
⑤ 译者原注:厄尔,古时长度名,等于45英寸。
⑥ 《蒙古史》,《出使蒙古记》,第8页。
⑦ 译者原注:腕尺,旧长度名,由肘至中指尖的长度,18—22英寸。

戴这种头饰，并把它向下牢牢地系在一个兜帽上，这种帽子的顶端有一个洞，是专作此用的。她们把头发从后面挽到头顶上，束成一种发髻，把兜帽戴在头上，把发髻塞在兜帽里面，再把头饰戴在兜帽上，然后把兜帽牢牢地系在下巴上。因此，当几位贵妇骑马同行，从远处看时，她们仿佛是头戴钢盔手执长矛的兵士，因为头饰看来像是一顶钢盔，而头饰顶上的一束羽毛或细棒则像一支长矛。"① 在13世期前、中期，中外人士有关蒙古女性头饰的报道详略各有不同，但大体可知，这种头饰呈圆筒状，顶部加粗，呈四方形。是用树皮、树枝或铁丝制成的，外面蒙以纺织品。妇女发髻上有帽，头饰固定在帽子上，顶上插树枝或羽毛。头饰称为故故（姑姑）或孛哈（bocca）。②

元朝统一以后，蒙古女性的头饰仍然保留下来，有固姑、姑姑、罟罟等同名异译。元末叶子奇说："元朝后妃及大臣之正室皆带姑姑，衣大袍，其次即带皮帽。姑姑高圆二尺许，用红色罗，盖唐金步摇之遗制也。"③ 杨允孚作组诗，写上都风光，其中云："香车七垒固姑袍，旋摘修翎付女曹"。作者有注："凡车中戴固姑，其上翎毛又尺许，拔付女侍，手持对坐车中，虽后妃驭象亦然。"④ 坐在香车中头戴固姑的无疑是蒙古贵族妇女。"固姑，今之鞑旦、回回妇女戴之，以皮或糊纸为之。朱漆剔金为饰。若南方汉儿妇女则不得戴之。"⑤ 高丽忠宣王宠爱淑妃金氏，"会元皇太后遣使赐妃姑姑，姑姑蒙古妇人冠名，时王有宠于皇太后，故请之。妃戴姑姑，宴元使，宰枢以下用币贺"⑥。高丽在四等级中属于汉人，是不许戴姑姑的，故须经元朝皇太后的批准。似可认为，戴姑姑冠已成为女性民族和身份地位的一种标志。但是蒙古、色目女性中何等地位才得戴姑姑，则未见明文记载。地位较低的蒙古女性能否戴姑姑，还有待进一步研究。

元末大都地方志《析津志》中有一段关于姑姑冠的详细记载，其中说："罟罟，以大红罗幔之。胎以竹，凉胎以轻。上等大、次中、次小。用大珠

---

① 《鲁不鲁乞东游记》，《出使蒙古记》，第120页。
② 为什么有两种不同的称呼，至今没有合理的解释：一种意见认为，故故是蒙古语，孛哈是波斯语。有关讨论见方龄贵《古典戏曲外来语考释词典》，汉语大词典出版社2001年版，第309—327页。
③ 叶子奇：《草木子》卷三下《杂制篇》，中华书局1959年版。
④ 杨允孚：《滦京杂咏》卷下。
⑤ 《事林广记》（至顺本）后集卷一〇《服饰类·服用原始》。
⑥ 郑麟趾：《高丽史》卷八九《后妃传二·淑昌院妃金氏》。

穿结龙凤楼台之属，饰于其前后。复以珠缀长条，缘饰方弦，掩络其缝。又以小小花朵插带，又以金累事件装嵌，极贵。宝石塔形，在其上。顶有金十字，用安翎筒以带鸡冠尾。"这段文字明显有不少讹误，但可看出姑姑冠上用大量珠宝作装饰。而姑姑冠以竹为胎，较诸早期以木或铁为胎有明显的改进。这只有竹产地（主要在江南，河南亦有少量出产）归元朝统治以后才有可能。《析津志》又说："以金色罗拢髻，上缀大珠者，名脱木华。以红罗抹额中现花纹者，名速霞真也。""又有速霞真，以等西蕃纳失今为之，夏则单红梅花罗，冬以银鼠表纳失，今取其暖而贵重。然后以大长帛御罗手帊重系于额。""先带上紫罗脱木华，以大珠穿成九珠方胜，或叠胜葵花之类，妆饰于上。与耳相联处安一小组，以大珠环盖之，以掩其耳在内。自耳至下，光彩眩人。环多是大塔形葫芦环，或是天生葫芦，或四珠，或天生茄儿，或一珠。"① 由此可知，妇女先用罗拢发髻（脱木华），用罗系于额（速霞真），并带上用大珠联成的葫芦环等，将耳朵掩盖起来，然后再戴上圆筒状物体。这和鲁不鲁乞所说在帽子上固定孛哈已经不同了。《析津志》所记，罟罟上大量饰以珍宝，应是后妃或上层权贵家庭妇女所戴用的。明初朱有燉根据元朝宫女所述，作《元宫词一百首》，其中云："罟罟珠冠高尺五，暖风轻袅鹖鸡翎。""要知各位恩深浅，只看珍珠罟罟冠。"② 则宫中后妃之地位与罟罟冠上珍珠多少有密切关系。

现存的元代绘画提供了罟罟（固姑）冠的形象资料。元朝历代皇后像，都头戴罟罟。敦煌元代壁画中蒙古女性供养人像，也头戴罟罟。③ 陕西蒲城洞耳村元墓壁画中女主人头戴罟罟冠，无翎毛。④ 波斯史家拉施特《史集》的插图"蒙古大汗及其后妃"中，后妃均戴罟罟，上插翎毛（现藏巴黎国立图书馆）。罟罟实物也不断被发现。有的学者研究认为，文献中所记罟罟冠筒高度相差较大，实物则相对稳定，30—40厘米不等。筒顶有正方形和椭圆形两种，而以后者居多。冠筒内胎用桦木、树皮、竹子制成，尚未见赵珙《蒙鞑备录》中所说铁丝。⑤

---

① 《析津志辑佚》，第205—206页。
② 傅乐淑：《元宫词百章笺注》，第83、110页。
③ 沈从文：《中国古代服饰研究》，第542、545页。
④ 陕西省考古研究所：《陕西蒲城洞耳村元墓壁画》，《文物与考古》2000年第1期。
⑤ 贾玺增：《罟罟冠形制特征及演变考》，《"丝绸之路与元代艺术"国际学术讨论会论文集》，2005年，第210—225页。

除了固姑冠外，蒙古女性还戴帽。叶子奇说元朝后妃及大臣之正室戴固姑，其次则戴皮帽，已见前引。元末诗人欧阳玄作《渔家傲南词》十二首，"以道京师两城人物之富，四时节令之华"。第一首说："正月都城寒料峭……国人姬侍金貂帽。"① 元代文献中所说"国人"，即蒙古人。"金貂帽"应是用貂皮制作的帽，上有黄金饰品。貂皮是贵重之物，只有蒙古贵族家中的"姬侍"能戴金貂帽。明初朱有燉《元宫词一百首》之一是："十五胡姬玉雪姿，深冬校猎出郊时。海青帽暖无风冷，鬓发偏宜打练椎。"② "胡姬"应指蒙古少女。"海青"是鹰的一种，即海东青。海青帽"当为皮帽之一种……可能制成海青形状，或采海青羽为之"③。这些记载都可说明蒙古女性戴帽，但其形状是不清楚的。

元代汉人、南人中成年女性的发式，和前代一样，比较流行的是头上堆髻，即头发中分，梳成长辫，盘于头顶，称为髻。当时的诗文中有宝髻、高髻、宫髻、螺髻、花篮髻、龙盘（盘龙）髻等称呼。如："高髻云鬟窈窕娘""宫髻高盘铺绿云"④ "宝髻高盘堆云雾"⑤。高髻、宝髻大概只是形容髻的高度和美丽，宫髻或指前代宫闱中流行的式样。见于诗歌、散曲较多的是龙盘（盘龙）髻，如："龙盘有髻不复梳，宝瑟无弦为谁御"⑥ "新年拢髻及笄期，云绾盘龙一把丝"⑦ "黄金凤，高插翠盘龙"⑧。应是当时比较流行的髻式。螺髻、花篮髻应是特殊形状的样式。

未成年或未婚女性一般梳双丫髻，即头发中分，绾成双鬟。"桑柘外秋千女儿，髻双鸦斜插花枝。"⑨ "鬟双丫十八鬟儿，春日当垆。"⑩ "笑女童双髻丫，纤手琵琶。"⑪ "杨柳岸秋千高架，梨花院仕女双丫。"⑫ 不少墓葬壁画中的侍女发型都是如此。

---

① 《圭斋文集》卷四。
② 傅乐淑：《元宫词百章笺注》，第 68 页。
③ 同上书，第 69 页。
④ 姚燧：《［越调］凭栏人》，《全元散曲》，第 211 页。
⑤ 商挺：《［双调］潘妃曲》，《全元散曲》，第 64 页。
⑥ 杨维桢：《贫妇谣》，《杨维桢诗集》，第 75 页。
⑦ 杨维桢：《续奁集·上头》，《杨维桢诗集》，第 403 页。
⑧ 无名氏：《［正宫］脱布衫过小梁州·美妓》，《全元散曲》，第 1665 页。
⑨ 卢挚：《［双调］蟾宫曲·寒食新野道中》，《全元散曲》，第 126 页。
⑩ 刘时中：《［双调］折桂令·再过村肆酒家》，《全元散曲》，第 663 页。
⑪ 张可久：《［双调］水仙子·清明小集》，《全元散曲》，第 832 页。
⑫ 吴西逸：《［中吕］红绣鞋·春景》，《全元散曲》，第 1163 页。

辽、金时代北方妇女包髻之风盛行，"妇人……年老者以皂纱笼髻如巾状，散缀玉钿于上，谓之玉逍遥。此皆辽服也，金亦随之"①。"玉逍遥即包髻也。"② 可知包髻即用纺织品笼罩在发髻上。明初朱有燉《元宫词》云："包髻团衫别样妆，东朝谒罢出东墙。"③ 宫廷中盛行蒙古装束，包髻是北方汉人中流行的装束，与宫人不同，故称之为"别样妆"。元代杂剧和散曲中亦常提及。散曲小令如："包髻金钗翠荷叶，玉梳斜，似云吐初生月。"④ "珍珠包髻翡翠花，一似现世的菩萨。"⑤ 关汉卿杂剧《诈妮子调风月》中多处提到"包髻"，有一处提到"蓝包髻"，这显然指包髻织物的颜色。有一处说："包髻是璎珞大真珠"⑥，应是织物上饰以珍珠，这和上述包髻纱巾上缀以玉钿是一样的。同一作者的《望江亭中秋切鲙》中，杨衙内想娶一女子为妾，便要从人去说，"许他做第二个夫人，包髻团绣手巾，都是他受用的"⑦。似可认为，包髻至少在"汉地"女性中是相当流行的。

包髻之外，汉族女性发髻上还加帽或发罩、抹额等物。苏州张士诚母曹氏墓中，曹氏戴华丽精致的金冠。用竹丝编成网格式冠壳，冠壳外蒙麻及黄薄绢，黄薄绢上用九根金丝箍牢，冠的前沿缀桃形镶金边玉饰五块。⑧ 张士诚在元末割地自雄，僭称吴王。曹氏的金冠可能是特殊身份的象征。无锡元代钱裕墓中女性死者头戴折扇形银发罩，罩中有髻。⑨ 发罩很可能是富裕人家女性的用品。邹县李裕庵墓中，女性死者头戴一顶杂宝元纹缎夹帽，帽内衬一块深绛色绸女冠帻。⑩ 河北隆化鸽子洞出土有一件墨绿暗花缎皮抹额，圆形，露顶，两耳部分加宽加高，可护住耳朵。另有一件丝质发髻网罩，编织菱形网格。⑪ 欧阳玄《渔家傲南词》第一首有"正月……汉女姝娥金搭脑"之句。有的研究者认为："金搭脑是金头饰，挂在头上的，两边椭圆形

---

① 《金史》卷四三《舆服志》。
② 傅乐淑：《元宫词百章笺注》，第68页。
③ 同上。
④ 商挺：《［双调］潘妃曲》，《全元散曲》，第64页。
⑤ 无名氏：《［双调］一锭银过大德乐·双姬》，《全元散曲》，第1775页。
⑥ 《元曲选外编》，第81—90页。
⑦ 《元曲选》，第1664—1665页。
⑧ 苏州市文管会、苏州市博物馆：《苏州吴张士诚母曹氏墓清理简报》，《考古》1965年第6期。
⑨ 无锡市博物馆：《江苏无锡市元墓中出土一批文物》，《文物》1984年第12期。
⑩ 山东邹县文管所：《邹县元代李裕庵墓清理简报》，《文物》1978年第4期。
⑪ 隆化粤博物馆：《河北隆化鸽子洞元代窖藏》，《文物》2004年第5期。

或梭形的两片中间连在一起较狭，两边包在两鬓，亦可护耳，中间额前外面镶金饰或珠宝之类，既可护暖，又有美观妆饰，但不同于帽子，上面无顶。"① 据此，则"金搭脑"实际上即是抹额。

元代文献中有"鬏髻"一词。王和卿的小令："我嘴揾着他油鬏髻，他背靠着我胸皮"② 关汉卿的杂剧《诈妮子调风月》中，侍儿燕燕说："见我般气丝丝偏斜了鬏髻，汗浸浸折皱了罗衣"③《感天动地窦娥冤》中，窦娥的婆婆要改嫁，窦娥说："梳着个霜雪般白鬏髻，怎将这云霞般锦帕兜。"④"鬏髻"似应指发髻上的网罩而言。鸽子洞出土的网罩或即此物。

元代女性的装饰品统称为头面。杂剧《赵盼儿风月救风尘》中写道，女性"穿的那一套衣服，戴的那一付头面"，"出门去提领系整衣袂，戴插头面整梳篦"。⑤ 可见对许多女性来说，头面与衣服同样重要。头面既是女性的必备物品，因而在婚姻聘礼中占有重要的地位。至元八年（1271）二月圣旨中说"婚姻聘财表里头面诸物在内，并以元宝钞为则，以财畜折充者听。"⑥女儿出嫁时，头面是不可少的。其中有夫家送来的，也有女家添置的。杂剧《施仁义刘弘嫁婢》中，财主刘弘买了裴兰孙为婢，后来知道裴兰孙是官宦人家的女儿，卖身葬父，便将她许配给李春郎为妻，并说："陪与小姐三千贯奁房，断送金银玉头面三付，春夏秋冬四季衣服。"⑦ 可知富贵人家出嫁女儿，除了钱钞、衣服之外，头面要有金、银、玉三套，费用是很可观的。

头面包括多种物品，杂剧《瘸李岳诗酒玩江亭》中，财主牛璘要娶赵江梅，表示愿送"金、银、玉头面三付，每一付二十八件，每一件儿重五十四两"⑧。"二十八件"和"重五十四两"显然是夸大之词，意在表明头面种类之多，分量之重。实际上头面的种类和分量是没有固定标准的。杂剧《包龙图智勘后庭花》中，皇帝将翠鸾母女赐给廉访使赵忠，赵忠夫人命下人李顺将翠鸾母女杀死。李顺之妻张氏要了母女的"首饰头面"，将两人放走。剧中张氏说："李顺，你看这钗环头面咱。"李顺问："这钗钏委的是金子委的

---

① 邓云乡：《元人词中之北京风俗》，《水流云在丛稿》，中华书局 2001 年版，第 24 页。
② 《全元散曲》，第 40 页。
③ 《元曲选外编》，第 84 页。
④ 《元曲选》，第 1502 页。
⑤ 同上书，第 195 页。
⑥ 《元典章》卷一八《户部四婚姻·婚礼·嫁娶聘财体例》。
⑦ 佚名：《施仁义刘弘嫁婢》，《元曲选外编》，第 808—833 页。
⑧ 同上书，第 884 页。

是银？"张氏云："是金子的。"① 杂剧《逞风流王焕百花亭》中，妓女贺怜怜与书生王焕相恋，王焕要寻觅功名，贺怜怜说："妾身止有这付金头面，钏镯俱全，与你做盘缠去。"② 在杂剧《荆楚臣重对玉梳记》中，妓女顾玉香与秀才荆楚臣相恋，荆楚臣上京应科举，顾玉香"解下钗环，以为路费"。并对荆说："全付头面钏镯，俱是金珠，助君之用。"③ 由以上几出杂剧来看。头面应包括钗、钏、镯等物。此外与钗功能相似的簪亦应是头面中必不可少的物件。

钗和簪用来插在发髻上，起固定发髻的作用，同时也为了美观。钗、簪都是长条形，钗双股，簪单股，形状多种多样。散曲中描写女性时，经常要提到钗、簪。女性梳妆首先是盘髻插上钗、簪。"待不梳妆怕娘左猜，不免插金钗，一半儿崩松一半儿歪。"④ "黄金凤，高插翠盘龙。"⑤ 两首都是描写在发髻上插钗、簪的动作，后一首中"盘龙"是一种发髻的名称，"黄金凤"指头部制成凤凰形状的钗或簪。金钗、金簪头上饰制成凤凰状在当时是相当流行的，见诸散曲如："裙系鸳鸯锦，钗插凤凰金。"⑥ "髻云堆金凤斜挑。"⑦ 见于散曲的还有玉钗、玉簪，如："缕金妆七宝环，玉簪挑双珠凤"⑧ "玲珑碧玉簪"⑨。金、玉钗簪只有富贵人家女性使用，一般人家则用银制或铜制的钗、簪。杂剧《包龙图智勘后庭花》中，衙门的祗候人李顺为了打扮妻子，要"买取一付蜡打成的铜钗子"⑩。祗候人只供官府差遣，身份较低，故只能买铜钗。

元代墓葬中出土钗、簪甚多，说明使用之广。河北石家庄史氏家族墓葬出土有龙凤纹的金银钗、簪。⑪ 张士诚母曹氏墓出土有金钗1副、金簪1支、

---

① 郑庭玉：《包龙图智勘后庭花》，《元曲选》，第932页。
② 佚名：《逞风流王焕百花亭》，《元曲选》，第1438页。
③ 贾仲名：《荆楚臣重对玉梳记》，《元曲选》，第1413页。
④ 王和卿：《［仙吕］一半儿·题情》，《全元散曲》，第42页。
⑤ 无名氏：《［正宫］脱布衫过小梁州·美妓》，《全元散曲》，第1665页。
⑥ 王和卿：《［仙吕］醉中天·咏俊妓》，《全元散曲》，第41页。
⑦ 汤式：《［正宫］赛鸿秋》，《全元散曲》，第1547页。
⑧ 于伯渊：《［仙吕］点绛唇》，《全元散曲》，第314页。
⑨ 汤式：《［双调］风入松·题马氏吴山景卷》，《全元散曲》，第1483页。
⑩ 《元曲选》，第935页。
⑪ 齐东方：《"黄金部落"与蒙元金银器》，《论文集》，第57页。

鎏金银簪1对。① 青浦任氏墓葬出土金簪、银簪各1件。② 江苏无锡钱裕墓出土有玉发簪1件、金簪1件、银钗2件。③ 内蒙古敖汉旗窖藏出土有金、银钗、簪。④ 内蒙古凉城后德胜元墓出土有铜钗1件、银簪1件。⑤ 内蒙古四子王旗城卜子古城元代墓葬出土铜钗5件、铜簪3件。⑥ 钗、簪柄上往往刻有花纹，而钗、簪的端部则大多饰以各种珠宝。

贫苦家庭的女性只能用荆钗（木钗）。杂剧《孟德耀举案齐眉》中，穷书生梁鸿与富家小姐孟光（孟德耀）结婚后，梁鸿对孟光说："你头戴珠翠，面施朱粉，身穿锦绣，恰似夫人一般。你试看我身上褴褛，衣服破碎，怎与你相称。依着我呵，去了衣服头面，穿戴布袄荆钗，那其间方才与你成其夫妇也。"孟光听了他的话，立即改装，"重整顿布袄荆钗，收拾起娇红腻粉"⑦。杂剧《朱太守风雪渔樵记》中，朱买臣"满腹才学"，但时运不济，打柴为生。妻子逼他离婚，说道"你听者，我只管恋你那布袄荆钗做什么！"⑧ 可见，"荆钗"是家境清寒的象征。

钏即腕环，镯是臂环。钏是常见的饰物，一般用金、银制成。文人吟咏美女的形态，金钏和粉腕相映是一个重要内容。如："粉腕黄金钏"⑨ "玉腕鸣黄金钏"⑩，"岂知人玉腕钏儿松"⑪ "香消玉腕黄金钏"⑫ 等。钏还有单环和连环之分。"顿不开连环金钏"⑬ "时闻金钏响"，就是这种连环金环引起的。⑭ 出土的实物以镯居多。"在石家庄的史天泽家族墓和临澧窖藏，分别出土了龙首金手镯1对和龙首银手镯4对，龙首只在镯头，手镯接体靠的是连缀的连珠纹，而在嘉祥曹元用墓里，还出土了1对不带龙首的联珠纹银手

---

① 《苏州吴张士诚母曹氏墓清理简报》，《考古》1965年第6期。
② 沈令昕、许勇翔：《上海市青浦县元代任氏墓葬记述》，《文物》1982年第7期。
③ 钱宗奎：《江苏无锡市元墓中出土一批文物》，《文物》1964年第12期。
④ 齐东方："黄金部落"与蒙元金银器，《论文集》，第58页。
⑤ 内蒙古文化厅文物处等：《内蒙古凉城县后德胜元墓清理简报》，《文物》1994年第10期。
⑥ 内蒙古文物考古研究所等：《四子王旗城卜子古城及墓葬》，《内蒙古文物考古文集》第二辑，中国大百科全书出版社1987年版。
⑦ 无名氏：《元曲选》，第919—920页。
⑧ 同上书，第868页。
⑨ 杜仁杰：《[双调] 雁儿落过得胜令》，《全元散曲》，第30页。
⑩ 关汉卿：《[双调] 碧玉箫》，《全元散曲》，第165页。
⑪ 关汉卿：《[仙吕] 翠裙腰·闺怨》，《全元散曲》，第170页。
⑫ 查德卿：《[南吕] 醉太平·春情》，《全元散曲》，第1160页。
⑬ 李爱山：《[商调] 集贤宾·春日伤别》，《全元散曲》，第1188页。
⑭ 无名氏：《[双调] 一锭银过大德乐·双姬》，《全元散曲》，第1776页。

镯。联珠纹据信起源于古波斯，以后也进入了伊斯兰装饰系统，因此，这5对手镯应该与伊斯兰文明有密切联系"①。内蒙古敖汉旗盛家窝铺村窖藏中有镯3件，为联珠式。②苏州张士诚母曹氏墓出土有金镯1对，"环以圆球联成，端为双龙首夺珠状"③，也是连珠式。可知这种样式在当时是很流行的。

女性整理头发，要用梳、篦。梳一般呈半月形，齿疏朗，篦中间有梁，两侧有细密的齿。梳、篦有时还插在发髻上，起固定发髻和妆饰的作用。杂剧《包龙图智勘后庭花》中提到"那金描来的枣木梳"④，指的是用枣木制成的梳子，梳把上有金色图案。杂剧《洞庭湖柳毅传书》中说"则我这翠鬟高插水晶梳"⑤，可知亦有水晶制成的梳。元代墓葬中常有梳、篦出土。苏州张士诚母曹氏墓出土有银梳、银篦各1件。江苏无锡元代钱裕墓出土有木梳6件，半月形，1件背包银边。⑥内蒙古四子王旗城卜子村墓葬出土半圆形无漆木梳5件。据高丽汉语读本《老乞大》记载，高丽商人从大都贩运的货物中有"枣木梳子一百个，黄杨木梳子一百个，大笓子一百个，蠏笓子一百个"⑦。"笓子"即篦。"蠏笓"应是细篦。这些中国女性的梳妆用品显然受到高丽女性的欢迎。

女性饰物还有戒指、耳坠、耳环、项链等。散曲名家乔吉有一首以"指镯"为题的小令："紫金铢钿巧镯儿，悭称无名指。"⑧"指镯"显然就是戒指。杂剧《望江亭中秋切鲙》中，谭记儿假扮渔妇，骗取杨衙内的势剑金牌，她说"这个是金牌，衙内见爱我，与我打戒指儿罢"⑨。可知戒指是妇女常用的妆饰品。石家庄史氏家族墓葬出土有镶嵌宝石的金戒指。⑩张士诚母曹氏墓出土金戒指戴在死者右手食指上。⑪内蒙古四子王旗城卜子村元墓出土有铜指环2件。⑫女性戴耳饰相当普遍。窝阔台汗宠爱的木格哈敦"耳

---

① 尚刚：《元代工艺美术史》，辽宁教育出版社1999年版，第265页。
② 齐东方：《"黄金部落"与蒙元金银器》，《论文集》，第58页。
③ 《苏州吴张士诚母曹氏墓清理简报》，《考古》1965年第6期。
④ 郑庭玉：《包龙图智勘后庭花》，《元曲选》，第935页。
⑤ 尚仲贤：《洞庭湖柳毅传书》，《元曲选》，第1626页。
⑥ 《江苏无锡市元墓中出土一批文物》，《文物》1984年第12期。
⑦ 《老乞大》，第333页。
⑧ 《[越调]小桃红·指镯》，《全元散曲》，第591页。
⑨ 《元曲选》，第1666页。
⑩ 齐东方：《"黄金部落"与蒙元金银器》，《论文集》，第57页。
⑪ 《苏州吴张士诚母曹氏墓清理简报》，《考古》1965年第6期。
⑫ 《四子王旗城卜子古城及墓葬》，《内蒙古文物考古文集》第二辑。

边戴着两颗珍珠"①。可知蒙古女性亦有耳饰。当时有一婢女，"主人有姻事，暂借亲眷珠子耳环一双，直钞三十余定"②。婢女奉命送还时丢失，不敢回家。可知耳饰是女性在参加庆典时必备之物。陕西户县贺氏墓出土女侍俑也戴耳环。③ 史氏家族墓葬出土有金耳坠。④ 张士诚母曹氏墓出土有金耳环1对，上嵌宝石。⑤ 内蒙古四子王旗城卜子村元代墓葬出土有铜耳饰8件，都用铜丝弯成，有的端部穿珍珠。⑥ 内蒙古凉城后德胜元墓出土铜耳坠1件，"正面由7个镶嵌绿松石的圆形组成，背有一半圆形弯钩"⑦。无锡钱裕墓出土琥珀耳坠1副。可知耳饰多种多样。项链传世实物不多。钱裕墓水晶项链1串，由43粒水晶圆珠组成，中间垂挂1只水晶菱角。⑧

第三节　化妆

元代女性的化妆，多种多样，主要有涂抹脂粉、贴钿、画眉、染红指甲等。

一首题为《拟美人八咏·春妆》的散曲中写道："自将杨柳品题人，笑拈花枝比较，输与海棠三四分。再偷匀，一半儿胭脂一半儿粉。"⑨ 另一首以女子为题的散曲中有"弄粉调朱试罢晓妆"⑩ 之句，"朱"指的就是胭脂。涂脂抹粉是女性化妆的基本内容。杂剧《包待制智赚生金阁》中，庞衙内抢了一个妇女，要随从"多把些肥皂与他洗了脸，再搽些脂粉，换些锦绣衣服"⑪，以便两人成亲。杂剧《鲁大夫秋胡戏妻》中，秋胡出外当军，家中贫困，其妻终日劳动，秋胡之母劝她说："媳妇儿，可则一件。虽然秋胡不在家，你是个年小的女娘家，你可梳一梳头，等那货郎儿过来，你买些胭脂

---

① ［波斯］志费尼：《世界征服者史》，第247页。
② 《辍耕录》卷八《飞云渡》。
③ 咸阳地区文管会：《陕西户县贺氏墓出土大量元代俑》，《文物》1979年第4期。
④ 齐东方：《"黄金部落"与蒙元金银器》，《论文集》，第57页。
⑤ 《苏州吴张士诚母曹氏墓清理简报》，《考古》1965年第6期。
⑥ 《四子王旗城卜子村古城及墓葬》，《内蒙古文物考古文集》第二辑。
⑦ 《内蒙古凉城县后德胜元墓清理简报》，《文物》1994年第10期。
⑧ 无锡博物馆：《江苏无锡市元墓中出土一批文物》，《文物》1964年第12期。
⑨ 查德卿：《拟美人八咏·春妆》，见《全元散曲》，第115页。
⑩ 无名氏：《［双调］一锭银过大德乐·双姬》，《全元散曲》，第1776页。
⑪ 武汉臣：《包待制智赚生金阁》，《元曲选》，第1722页。

粉搽搽脸。你也打扮打扮，似这般蓬头垢面，着人笑你也。"① 可知女性涂脂抹粉是很普遍的，同时也说明劳动妇女没有条件涂脂抹粉，平日只能蓬头垢面。"胭脂抹就鲜红口"②，"淡朱唇懒注胭脂"③。可知除了脸上涂脂抹粉之外，嘴唇上也涂胭脂。张士诚母曹氏墓中发现银圆盒数件，一件尚留有粉迹，一件留有红胭脂，一件放黄绸做的粉扑。④ 青浦任氏墓中亦发现有漆小圆盒数件，有粉脂痕迹。⑤ 无锡钱裕墓出土粉扑一件，背素绸底，面缝丝绵作扑。⑥ 这些都是元代女性涂抹脂粉的实证。杂剧《王月英元夜留鞋记》中，王月英和母亲在开封城中开一座胭脂铺儿，出卖胭脂、粉。说明城市中有专门出售胭脂、粉的商店。⑦ 由杂剧《秋胡戏妻》可知，活跃在农村中的货郎亦贩卖此类化妆用品。显然城乡妇女都有需要。而宫闱中女性所需"香粉、胭脂"则由"资正院、中正院进上，系南城织染局总管府管办"⑧。资正院、中正院是管理中宫事务的专门机构。13世纪中叶高丽的汉语教科书《老乞大》载，高丽商人由大都（今北京）贩运各种货物回国，其中有"香搽粉一百贴，绵胭脂一百斤，蜡胭脂一百斤，粉一百斤"⑨。可知胭脂和粉这两类女性化妆品还出口高丽。明、清时代的胭脂，"都是把原料浸、榨出红色汁液，再以丝绵薄片浸到其中，然后将染红的丝绵晒干"⑩，这就是绵胭脂。至于"蜡胭脂"，应是将胭脂凝成蜡状，散曲中有"胭脂蜡红腻锦犀盒"⑪之句，即指此。

唐、宋以来，女性化妆常用各种香料，其中最著名的是蔷薇水。这是蒸馏蔷薇花所得的香水，香味浓烈，原产于波斯和阿拉伯诸国，至迟在五代时，已进入中国，深受上层社会女性欢迎。元代，蔷薇水仍是女性钟爱之物，常见于有关女性化妆的散曲之中："胭脂蜡红腻锦犀盒，蔷薇露滴注玻璃瓮。端

---

① 石君宝：《鲁大夫秋胡戏妻》，《元曲选》，第547页。
② 无名氏：《［般涉调］耍孩儿·拘刷行院》，《全元散曲》，第1821页。
③ 亢文苑：《［南吕］一枝花·为玉叶儿作》，《全元散曲》，第1120页。
④ 《苏州吴张士诚母曹氏墓清理简报》，《考古》1965年第6期。
⑤ 沈令昕、许勇翔：《上海市青浦县元代任氏墓葬记述》，《文物》1982年第7期。
⑥ 《江苏无锡市元墓中出土一批文物》，《文物》1964年第12期。
⑦ 曾瑞卿：《元曲选》，第1265页。
⑧ 《析津志辑佚》，第218页。
⑨ 《老乞大》，第333页。
⑩ 孟晖：《口脂》，《花间十六声》，生活·读书·新知三联书店2006年版，第77页。
⑪ 于伯渊：《［仙吕］点绛唇》，《全元散曲》，第313页。

详了艳质，出落着春工。"① "露冷蔷薇晓初试，淡匀脂，金篦腻点兰烟纸。"②"罝恩分月小藤床，茉莉堆云懒髻妆。蔷薇洒水轻绡上，染一天风露香。"③ 元代从海外进口的物资中，仍有蔷薇水。④ 但舶来品价昂，本土用真麻油、降真香、柚花制成代用品，称为"宫制蔷薇油"，"其油与蔷薇水绝类，取以理发，经月常香。又能长鬓。茉莉素馨油造法皆同，尤宜为面脂"⑤。

据南宋使臣记载，蒙古妇女"往往以黄粉涂额，亦汉旧妆。传袭迄今，不改也"⑥。王国维先生指出："盖谓如唐人额黄也。"⑦ 唐代妇女有在额头涂黄的习俗，辽代妇女亦有此俗。蒙古妇女如此，元代汉族妇女中有的也保存了这种化妆方式。"拂冰弦慢燃轻拢，一种天姿，占断芳丛。额点宫黄，眉横晚翠，脸晕春红。"⑧ "蛾眉频扫黛，宫额淡涂黄。"⑨ 这两首散曲描写的都是歌舞女子。但涂黄似不及贴钿流行。元人陶宗仪说："今妇人面饰用花子。"⑩ "花子"就是钿，通常是用各种材料（金箔、纸等）剪成花样，贴于脸上，称为贴钿。这种妆饰起源于唐代或更早，一直延续了下来，在元代仍很普遍。钿一般制成花的形状，故称为花钿。"鸦翎般水鬓似刀裁，小颗颗芙蓉花额儿窄。"⑪ "罗帕香匀粉汗妍，拂落花钿。"⑫ 女子打秋千，"汗模胡湿褪花钿"⑬。花钿以绿色居多，故常以翡翠来形容："我见他宜嗔宜喜春风面，偏，宜贴翠花钿。"⑭ "额残了翡翠钿，髻松了荷叶偏。"⑮ "汗溶粉面翠花钿。"⑯ "宝鉴愁临，翠钿羞贴。"⑰ "盼佳期甚日何年，近香奁理妆贴翠

---

① 于伯渊：《[仙吕] 点绛唇》，《全元散曲》，第 313 页。
② 乔吉：《[越调] 小桃红·晓妆》，《全元散曲》，第 591 页。
③ 乔吉：《[双调] 水仙子·吴姬》，《全元散曲》，第 625 页。
④ 陈大震：《大德南海志·舶货》，《永乐大典》卷一一九〇七。
⑤ 陈元靓：《事林广记》（至顺本）后集卷一〇《闺妆类》。
⑥ 赵洪：《蒙鞑备录》。
⑦ 彭大雅、徐霆：《黑鞑事略》。
⑧ 张可久：《[双调] 折桂令·梅友元帅席间》，《全元散曲》，第 766 页。
⑨ 无名氏：《[仙吕] 点绛唇》，《全元散曲》，第 1797 页。
⑩ 陶宗仪：《辍耕录》卷九《面花子》。
⑪ 王和卿：《[仙吕] 一半儿·题情》，《全元散曲》，第 42 页。
⑫ 萨都剌：《[南吕] 一枝花·妓女蹴鞠》，《全元敬曲》，第 700 页。
⑬ 张可久：《[越调] 寨儿令·秋千》，《全元散曲》，第 878 页。
⑭ 《崔莺莺待月西厢记》，《元曲选外编》，第 261 页。
⑮ 关汉卿：《[双调] 碧玉箫》，《全元散曲》，第 165 页。
⑯ 查德卿：《[南吕] 醉太平·春情》，《全元散曲》，第 1160 页。
⑰ 关汉卿：《[黄锺] 侍香金童》，《全元散曲》，第 168 页。

钿。"① 钿可以贴在额上："怎深知误功名是那额点朵。"② "额角香钿贴翠花。"③ 亦可贴在鬓边："腕松着金钏，鬓贴着翠钿。"④ "搞金翠钿侵鬓贴。"⑤ 亦可贴在腮上："闷昏昏多少愁烦，花钿坠懒贴香腮。"⑥ "破花颜粉窝儿深更小，助喜洽添容貌，生成脸上娇，点出腮边俏，休着翠钿遮罩了。"⑦ 这一首小令是说女子脸上有酒窝，天然美好，贴上翠钿反而影响美观。资正院、中正院"进上"宫闱的物品中有"面靥、花钿"等物。⑧ 显然是供后妃、宫女化妆之用。

"淡妆不用画蛾眉。"⑨ 但正式化妆，画眉是不可缺少的环节。"含娇意思，媵人须是，亲手画眉儿。"⑩ 崔莺莺见张生之前，"恰才向碧纱窗下画了双娥"⑪。当时有"宫样眉儿"之说。"宫样眉儿"应来自宫廷，但元代宫廷中以蒙古女子为主，似不可能在画眉方面有所创造，"宫样"应沿袭自前代。"则见他宫样眉儿新月偃，斜侵入鬓云边。"⑫ "将两叶赛宫样眉儿画。"⑬ 由这些描写来看，"宫样眉儿"应是细长的。文学作品中常常提到黛眉："斗巧眉儿翠黛浓。"⑭ "蛾眉频扫黛。"⑮ "对妆奁懒施眉黛。"⑯ 黛的原意是画眉墨，黛眉是用天然的石质黑色染料画眉。⑰ 大都郊区斋堂出产"画眉石"，应即画眉用的石料。⑱ 元代女性还用人工合成的画眉材料，称为"画眉集香圆"它是用麻油、灯芯点燎，令烟凝结，再加入龙脑、麝香等香料，调匀

---

① 李爱山：《［商调］集贤宾·春日伤别》，《全元散曲》，第1187页。
② 无名氏：《风雨像生货郎旦》，《元曲选》，第1638页。
③ 马致远：《破幽梦孤雁汉宫秋》，《元曲选》，第3页。
④ 关汉卿：《［二十换头］［双调］新水令》，《全元散曲》，第183页。
⑤ 张可久：《［双调］清江引·情》，《全元散曲》，第839页。
⑥ 贯云石：《［南吕］一枝花·离闷》，《全元散曲》，第377页。
⑦ 乔吉：《［双调］清江引·笑靥儿》，《全元散曲》，第613页。
⑧ 《析津志辑佚》，第218页。"面靥"待考，也许"面靥花钿"儿为一物。
⑨ 关汉卿：《望江亭中秋切鲙》，《元曲选》，第1662页。
⑩ 乔吉：《［越调］小桃红·晓妆》，《全元散曲》，第591页。
⑪ 王实甫：《崔莺莺待月西厢记》，《元曲选外编》，第280页。
⑫ 同上书，第261页。
⑬ 马致远：《破幽梦孤雁汉宫秋》，《元曲选》，第3页。
⑭ 乔吉：《［双调］水仙子·赠姑苏朱阿娇会玉真李氏楼》，《全元散曲》，第614页。
⑮ 无名氏：《［仙吕］点绛唇》，《全元散曲》，第1797页。
⑯ 马致远：《［双调］寿阳曲·洞庭秋月》，《全元散曲》，第249页。
⑰ 孟晖：《黛眉》，《花间十六声》，第98—125页。
⑱ 《析津志辑佚》，第225页。

而成。①

　　女性涂红指甲相当流行。欧阳玄《渔家傲南词》第五首有"雪腕彩丝红玉甲"②之句。"红玉甲"即指甲染红，与少女的"雪腕""彩丝"（系在手腕上的五色丝线）互相映照，是端午节的特殊风景。元初江南著名文人周密记："凤仙花红者用叶捣碎，入明矾少许在内，先洗净指甲，然后以此付甲上，用片帛缠定过夜。初染色淡，连染三五次，其色若胭脂，洗涤不去，可经旬，直至退甲，方渐去之……今回回妇人多喜此，或以染手并猫狗为戏。"文下有注云："今妇人七、八旬者亦染甲。"③ 则各族妇女无论老幼都好染甲。用凤仙花染红指甲原是汉族的风俗，此时已为回回妇女接受，料想一定也为蒙古女性所喜爱。诗人杨维桢作《续奁集》二十首，其一是《染甲》："夜捣守宫金凤蕊，十尖尽换红鹦觜。"④ 可与周密所说相印证。散曲作家周文质、乔吉、张可久、徐再思等都有以红指甲为题的作品。"抵牙关越显得樱唇艳。"⑤ "托香腮似几瓣桃花。"⑥ 染红指甲使年轻女子更加艳丽。

　　女性化妆时，铜镜是不可缺少的。"将花枝笑捻，斜插在鬓边，手执着菱花镜儿里显。"⑦ 在各地元代墓葬中，有不少铜镜出土，如苏州曹氏墓、青浦任氏墓、无锡钱裕墓、内蒙古凉城县后德胜元墓等。内蒙古四子王旗城卜子古城元代墓葬出土有人物故事镜、瑞兽镜、花草镜及单柄镜等。⑧

　　收藏女性化妆品的器具，称为妆奁、妆盒。杂剧《崔莺莺待月西厢记》中，崔莺莺便有自己的妆盒，侍女红娘有意将张生求爱的信，"放在妆盒儿上，看他见了说什么"⑨。果然，莺莺照镜时，便看到了这封信。张士诚母曹氏墓中出土有银制妆奁一件。通体葵状六瓣形，上下分三层，收盛各种梳妆用具。⑩ 曹氏身份特殊，她的妆奁是华贵的。无锡钱裕墓出土漆奁一件，葵花八瓣形，分三格。⑪ 上海青浦任氏墓葬出土木胎漆奁一件，通体八瓣莲花

---

① 《事林广记》（至顺本）后集卷一〇《闺妆类》。
② 危素：《圭斋文集》卷四。
③ 周密：《癸辛杂识》续集上《金凤染甲》。
④ 《杨维桢诗集》，第402页。
⑤ 徐再思：《[双调]水仙子·红指甲》，《全元散曲》，第1056页。
⑥ 乔吉：《[双调]水仙子·红指甲赠孙莲哥时客吴江》，《全元散曲》，第616页。
⑦ 高文秀：《〈南吕〉一枝花·咏惜花春起早》，《全元散曲》，第220页。
⑧ 《四子王旗城卜子古城及墓葬》，《内蒙古文物考古文集》第二辑。
⑨ 《元曲选外编》，第289页。
⑩ 《苏州吴张士诚母曹氏墓清理简报》，《考古》1965年第6期。
⑪ 钱宗奎：《江苏无锡市元墓中出土一批文物》，《文物》1964年第12期。

形，分五层。① 以上三者形状大同小异，应是当时比较流行的形式。

第四节　缠足和鞋

一　缠足

缠足始于五代，最初只限于很小范围，后来逐渐流行开来。元朝末年，陶宗仪说："近年则人人相效，以不为者为耻。"② 成为普遍被接受的一种陋俗。缠足使女性的足扭曲变形，无论在心理上或是肉体上都会造成很大的痛苦。传统的封建礼教要将女性禁锢于家庭之内，缠足正适应了这种要求，因而得到提倡和发展。有些封建文人，出于病态的心理，对缠足大加赞美，也起到推波助澜的作用。

元代散曲、杂剧中都有不少作品与缠足有关。小脚被赞为"金莲"，无例外地被加以赞赏。散曲作家贯云石有《[中吕] 阳春曲·金莲》，曾瑞有《[南吕] 四块玉·美足小》，仇州判有《[中吕] 阳春曲·和酸斋金莲》等专门以小足为标题的作品。③ 其他散曲作家的作品在涉及女性时，也常提及。"小小鞋儿连根绣，缠得帮儿瘦，腰似柳，款撒金莲懒抬头。"④ "衬缃裙玉钩三寸，露春葱十指如银。"⑤ "盈盈娇步小金莲，漾漾春波暖玉船。"⑥ "三月三日曲水边，一步一朵小金莲。"⑦ 杂剧名家王实甫的名作《西厢记》中，张君瑞初见崔莺莺，感叹道："世间有这等女子，岂非天姿国色乎！休说那模样儿，则那一对小脚儿，价值百镒之金。"剧中对此有数处描写："翠裙鸳绣金莲小"；"下香阶，懒步苍苔，动人处弓鞋凤头窄"⑧。关汉卿的《温太真玉镜台》中，温峤与表妹相逢，除了观察"模样"之外，还注意"脚儿大小"，"他借妆梳颜色花难并，宜环佩腰肢柳笑轻。一对不倒踏窄小金莲尚古自剩。想天公是怎生，这世情，教他独占人间第一等。"⑨ 散

---

① 《上海市青浦县元代任氏墓葬记述》，《文物》1982年第7期。
② 陶宗仪：《辍耕录》卷一〇《缠足》。
③ 见《全元散曲》，第364、475、725页。
④ 商挺：《[双调] 潘妃曲》，《全元散曲》，第62页。
⑤ 吴昌龄：《[正宫] 端正好·美妓》，《全元散曲》，第289页。
⑥ 张可久：《[双调] 水仙子·湖上即事》，《全元散曲》，第763页。
⑦ 张可久：《[越调] 寨儿令·三月三日书所见》，《全元散曲》，第786页。
⑧ 王实甫：《崔莺莺待月西厢记》，《元曲选外编》，第261、266、301页。
⑨ 《元曲选》，第89页。

曲和杂剧中的这些文字说明，小脚在元代已被文人视作女性美的一个重要组成部分。

元末著名诗人杨维桢，"每于宴间见歌儿舞女有缠足纤小者，则脱其鞋载盏以行酒"①。有的文人甚至以缠足的鞋作酒杯，称为"鞋杯"②，对小脚的赞美成为一种癖好，充分显示出男女不平等社会产生的畸形心态。

缠足主要在汉族妇女中流行，其他民族女性没有这种陋俗。需要指出的是，元代汉族妇女中相当多仍保持天足，特别是下层劳动妇女中天足可能更多一些。理学家程颐的六世孙程淮在南宋末年任安庆府（治今安徽潜山）通判，规定程氏家族"妇人不缠足，不贯耳"。入元以后族人仍"守之"③。程氏是世家大族，类似的家庭应该还有。

二 鞋子

近年多处元代墓葬中都有女性穿的鞋出土。最近，黄时鉴先生对元代缠足问题做了专门的研究。他的意见是："在元代缠足逐渐实施的过程中，三寸金莲是在元代后期才出现的。"出土九双女鞋"主要特征是鞋底长而窄：一、它们的底长在19.8—25.5厘米，即约5.95—7.65市寸之间。二、它们鞋底的形状都是后跟较宽……并从后跟最宽处逐渐向前收窄，到脚趾部位已相当窄小……合理的推想是：穿这种窄鞋的女子的脚，既不是完全的天足，又不是'三寸金莲'，而是仅将前掌和脚趾缠窄了的一种缠足"。④ 黄先生的看法有重要价值。元代汉族女性缠足相当普遍是无疑的，但有不少问题还有待进一步研究，期待有更多的实物出土。

上层、中层人家女性所穿的鞋大多用丝绸制成。用罗制作的称为罗鞋。"踏遍苍苔，湿透罗鞋。"⑤ 有的鞋面、鞋帮绣花卉或其他图案，称为绣鞋。"我看了这一只绣鞋儿，端端正正，窄窄弓弓。"⑥ 河北隆化鸽子洞出土两双女鞋，一双鞋面料白绫，里衬白绢，麻布鞋底。另一双鞋面茶绿绢，里衬白绢，麻布鞋底。两鞋分别绣莲花、菊花、牡丹和梅花。⑦ 罗鞋、绣鞋对劳动

---

① 陶宗仪：《辍耕录》卷二三《金莲盏》。
② 刘时中：《［中吕］红绣鞋·鞋杯》，《全元散曲》，第656页。
③ 白珽：《湛渊静语》卷一《知不足斋丛书》本。
④ 《元代缠足问题新探》，《论文集》，第132—142页。
⑤ 张可久：《［越调］寨儿令·情梅友元帅席上》，《全元散曲》，第873页。
⑥ 曾瑞卿：《王月英元夜留鞋记》，《元曲选》，第1271页。
⑦ 《河北隆化鸽子洞元代窖藏》，《文物》2004年第5期。

妇女来说并不合适。在大都,"西山人多做麻鞋出城货卖,妇人束足者亦穿之,仍系行缠,欲便于登山故也"①。麻鞋应是用麻线制成的鞋,穿破以后还可以洗净,经过加工,混在灰泥中作建筑材料。这是劳动者的鞋,与中上层女性完全不同。

---

① 《析津志辑佚》,第202页。

主要参考文献[*]

（明）宋濂等修：《元史》，中华书局点校本。
（元）脱脱等修：《宋史》，中华书局点校本。
（元）脱脱等修：《金史》，中华书局点校本。
（清）张廷玉等修：《明史》，中华书局点校本。
额尔登泰、乌云达赉校勘：《蒙古秘史》，内蒙古人民出版社1980年版。
（宋）赵珙撰，王国维笺证：《蒙鞑备录》，《海宁王静安先生遗书》本。
（宋）彭大雅、徐霆撰，王国维笺证：《黑鞑事略》，《海宁王静安先生遗书》本。
（元）李志常撰，王国维校注：《长春真人西游记》，《海宁王静安先生遗书》本。
（元）权衡撰：《庚申外史》，《宝颜堂秘笈》本。
《元典章》，《元典章新集》，台北"故宫博物院"影元刊本。
方龄贵校注：《通制条格校注》，中华书局2001年版。
《至正条格》，韩国学中央研究院2007年影印元刻本。
佚名：《庙学典礼》，《文渊阁四库全书》本。
《经世大典·站赤》，中华书局影印《永乐大典》本。
（元）赵天麟撰：《太平金镜策》，《四库存目丛书》影印元刻本。
（元）徐元瑞撰，杨讷点校：《吏学指南》，浙江古籍出版社1988年版。
《礼记正义》，《十三经注疏》本，中华书局1980年版。
（宋）司马光撰：《家范》，《文渊阁四库全书》本。

---

[*] 收录本书使用的中外古代文献（包括今人辑录整理的古代文献）。本书涉及今人研究论著则在正文注释中说明。

（唐）长孙无忌等撰，刘俊文点校：《唐律疏义》，中华书局1983年版。

（宋）窦仪等撰，吴翊如点校：《宋刑统》，中华书局1984年版。

（元）元好问撰：《遗山文集》，《四部丛刊》本。

（元）耶律楚材撰，谢方点校：《湛然居士文集》，中华书局1986年版。

（元）郝经撰：《陵川文集》，《北图古籍珍本丛刊》影印明正德刊本。

（元）尹志平撰：《葆光集》，《正统道藏》本。

（元）刘因撰：《静修先生文集》，《四部丛刊》本。

（元）李俊民撰：《庄靖集》，《石莲盦汇刻九金人集》本。

（元）戴表元撰：《剡源文集》，《四部丛刊》本。

（元）汪元量撰，孔凡礼辑校：《增订湖山类稿》，中华书局1984年版。

（元）赵孟頫撰：《松雪斋文集》，《四部丛刊》本。

（元）王义山撰：《稼村类稿》，《文渊阁四库全书》本。

（元）舒岳祥撰：《阆风集》，《嘉业堂丛书》本。

（元）牟巘撰：《陵阳文集》，《吴兴丛书》本。

（元）王恽撰：《秋涧先生大全集》，《四部丛刊》本。

（元）元明善撰：《清河集》，《藕香零拾》本。

（元）胡祗遹撰：《紫山大全集》，《三怡堂丛书》本。

（元）刘将孙撰：《养吾斋集》，《文渊阁四库全书》本。

（元）姚燧撰：《牧庵集》，《四部丛刊》本。

（元）邓文原撰：《巴西文集》，《北图古籍珍本丛刊》影印清抄本。

（元）萧㪺撰：《勤斋集》，《文渊阁四库全书》本。

（元）刘壎撰：《水云村泯稿》，清道光十八年（1838）爱余堂刻本。

（元）刘敏中撰：《中庵集》，《北图古籍珍本丛刊》影印清抄本。

（元）任士林撰：《松乡文集》，清光绪刊本。

（元）吴澄撰：《吴文正公集》，《元人文集珍本丛刊》影印明成化刊本，台北新文丰出版公司1985年版。

（元）程钜夫撰：《雪楼集》，陶氏涉园刊本。

（元）袁桷撰：《清容居士集》，《四部丛刊》本。

（元）刘岳申撰：《申斋集》，《文渊阁四库全书》本。

（元）揭傒斯撰，李梦生标校：《揭傒斯全集》，上海古籍出版社1985年版。

（元）陆文圭撰：《墙东类稿》，《常州先哲遗书》本。

（元）傅若金撰：《傅与砺诗文集》，《嘉业堂丛书》本。

（元）许有壬撰：《至正集》，清宣统三年（1911）石印本。
（元）马祖常撰：《石田文集》，《北图古籍珍本丛刊》影印元后至元五年（1339）扬州路儒学刻本。
（元）虞集撰：《道园学古录》，《四部备要》本。
（元）虞集撰：《道园类稿》，《元人文集珍本丛刊》影印明初覆刻抚州路学本，台北新文丰出版公司1985年版。
（元）同恕撰：《榘庵集》，《文渊阁四库全书》本。
（元）陈旅撰：《安雅堂集》，《文渊阁四库全书》本。
（元）吴师道撰：《吴礼部集》，《续金华丛书》本。
（元）张之翰撰：《西岩集》，《文渊阁四库全书》本。
（元）李存撰：《仲公李先生文集》（又名《俟庵集》），《北图古籍珍本丛刊》影印明永乐三年（1405）李光刻本。
（元）柳贯撰：《柳待制文集》，《四部丛刊》本。
（元）范梈撰：《范德机诗集》，《四部丛刊》本。
（元）王结撰：《文忠集》，《文渊阁四库全书》本。
（元）蒲道源撰：《闲居丛稿》，元至正十年（1350）刊本。
（元）欧阳玄撰：《圭斋文集》，《四部丛刊》本。
（元）贡师泰撰：《玩斋集》，《文渊阁四库全书》本。
（元）黄溍撰：《金华先生文集》，《四部丛刊》本。
（元）余阙撰：《青阳文集》，《四部丛刊续编》本。
（元）张养浩撰：《张文忠公文集》（又名《归田类稿》），元元统三年（1335）刊本。
（元）苏天爵撰，陈高华、孟繁清点校：《滋溪文稿》，中华书局1997年版。
（元）杨允孚撰：《滦京杂咏》，《知不足斋丛书》本。
（元）萨都拉（剌）撰，殷孟伦、朱广祁点校：《雁门集》，上海古籍出版社1982年版。
（元）刘诜撰：《桂隐诗集》，《文渊阁四库全书》本。
（元）郑元祐撰：《侨吴集》，《北图古籍珍本丛刊》影印明弘治刊本。
（元）朱德润撰：《存复斋文集》，《四部丛刊续编》本。
（元）迺贤撰：《金台集》，《元人十种诗》本。
（元）高明撰，张宪文、胡雪冈辑校：《高则诚集》，浙江古籍出版社1992年版。

（元）危素撰：《危太朴文集》，《续集》，《嘉业堂丛书》本。
（元）郑玉撰：《师山先生文集》，《文渊阁四库全书》本。
（元）卢琦撰：《圭峰集》，《北图古籍珍本丛刊》影印明万历刻本。
（元）黄镇成撰：《秋声集》，《北图古籍珍本丛刊》影印明洪武十一年（1378）刻本。
（元）王逢撰：《梧溪集》，《知不足斋丛书》本。
（元）杨维桢撰：《东维子文集》，《四部丛刊》本。
（元）杨维桢撰，邹志方点校：《杨维桢诗集》，浙江古籍出版社1994年版。
（元）王冕撰，寿勤泽点校：《王冕集》，浙江古籍出版社1999年版。
（元）马玉麟撰：《东皋先生诗集》，《宛委别藏》本。
（元）郑允端撰：《肃雝集》，《涵芬楼秘笈》本。
（元）乌斯道撰：《春草斋文集》，《四明丛书三集》本。
（元）张昱撰：《张光弼诗集》，《四部丛刊续编》本。
（元）陈高撰：《不系舟渔集》，《敬乡楼丛书》本。
（元）戴良撰：《九灵山房集》，《四部丛刊》本。
（明）袁华撰：《耕学斋诗集》，《文渊阁四库全书》本。
（明）刘基撰：《诚意伯文集》，《四部丛刊》本。
（明）宋濂撰：《宋文宪公全集》，《四部备要》本。
（明）王祎撰：《王忠文公集》，《文渊阁四库全书》本。
（明）朱右撰：《白云稿》，《文渊阁四库全书》本。
（明）殷奎撰：《强斋集》，《文渊阁四库全书》本。
（明）杨基撰《眉庵集》，《四部丛刊三编》本。
（明）宋僖撰：《庸庵集》，清嘉庆余姚宋氏刻本。
（明）谢应芳撰：《龟巢稿》，《四部丛刊三编》本。
（明）徐一夔撰：《始丰稿》，《文渊阁四库全书》本。
（明）贝琼撰：《清江文集》，《四部丛刊》本。
（明）陈谟撰：《海桑集》，《文渊阁四库全书》本。
（明）梁寅撰：《石门先生集》，清光绪十五年（1889）刊本。
（明）高启撰，徐橙宇、沈北宗校点：《高青邱集》，上海古籍出版社1985年版。
（元）苏天爵编：《国朝文类》，《四部丛刊》本。
（元）蒋易编：《皇元风雅》，《宛委别藏》本。

（元）顾瑛编：《草堂雅集》，陶氏涉园影印元椠本。

（元）杨维桢编：《西湖竹枝集》，《武林掌故丛编》本。

（元）陶宗仪撰：《书史会要》，武进陶氏影印明洪武本。

（元）夏文彦撰：《图绘宝鉴》，《宸翰楼丛书》本。

（明）程敏政辑：《新安文献志》，《文渊阁四库全书》本。

（元）周密撰，吴企明点校：《癸辛杂识》，中华书局1988年版。

（元）周密撰，张茂鹏点校：《齐东野语》，中华书局1983年版。

（元）李京撰：《云南志略》，《说郛》本。

（元）陶宗仪撰：《辍耕录》，中华书局1959年版。

（元）孔齐撰，庄敏、顾新点校：《至正直记》，上海古籍出版社1987年版。

（元）白珽撰：《湛渊静语》，《知不足斋丛书》本。

（元）叶子奇撰：《草木子》，中华书局1959年版。

（明）萧洵撰：《故宫遗录》，北京出版社1980年版。

（明）瞿佑撰：《归田诗话》，《知不足斋丛书》本。

（元）李道谦辑：《甘水仙源录》，《正统道藏》本。

（元）释念常撰：《佛祖历代通载》，《大正大藏经》本。

（元）夏庭芝著，孙崇涛、徐宏图笺注：《青楼集笺注》，中国戏剧出版社1990年版。

（元）郑太和撰：《郑氏规范》，《学海类编》本。

（元）陈椿撰：《熬波图》，《文渊阁四库全书》本。

（元）罗天益撰：《卫生宝鉴》，人民卫生出版社1963年版。

（元）朱震亨撰：《格致余论》，《续金华丛书》本。

（元）萨理弥实撰：《重订瑞竹堂经验方》，人民卫生出版社1982年版。

（清）顾嗣立编：《元诗选》初集、二集、三集，中华书局1987年版。

（清）顾嗣立、席世臣编，吴申扬点校：《元诗选》癸集，中华书局2001年版。

（明）臧晋叔编：《元曲选》，中华书局1989年版。

隋树森编：《元曲选外编》，中华书局1959年版。

唐圭璋编：《全金元词》，中华书局1979年版。

隋树森编：《全元散曲》，中华书局1964年版。

李修生主编：《全元文》，江苏古籍出版社1998—2004年版。

主要参考文献

《元代奏议集录》（上），陈得芝辑点；（下），邱树森、何兆吉辑点，浙江古籍出版社1998年版。
（宋）陈元靓编：《事林广记》（元至顺本），中华书局1963年影印本。日本光禄十二年翻刻元泰定本，元后至元郑氏积诚堂本，中华书局1999年影印本。
《新编事文类聚启札金钱》前、后、续、别、外五集，影日本德山毛利家藏元泰定本。
（清）胡聘之辑：《山右石刻丛编》，清光绪二十七年（1901）刊本。
（清）毕沅辑：《山左金石志》，清嘉庆二年（1796）刊本。
（清）阮元辑：《两浙金石志》，清光绪十六年（1890）刊本。
江苏通志馆辑：《江苏通志金石稿》，民国十六年（1927）影印本。
陈垣编纂，陈智超、曾庆瑛校补：《道家金石略》，文物出版社1988年版。
蔡美彪著：《元代白话碑集录》，科学出版社1955年版。
北京市文物研究所编：《北京市文物研究所藏墓志拓片》，北京燕山出版社2003年版。
吴文良原著，吴幼雄增订：《泉州宗教石刻》，科学出版社2005年版。
（元）陈大震纂：《大德南海志》，中华书局影印本。
北图善本组辑：《析津志辑佚》，北京古籍出版社1983年版。
（元）俞希鲁等修：《至顺镇江志》，清道光丹徒包氏刻本。
（元）杨谦纂：《［至正］昆山郡志》，《太仓旧志五种》本。
（清）于敏中等纂修：《日下旧闻考》，北京古籍出版社1981年版。
（明）刘侗、于奕正著：《帝京景物略》，北京古籍出版社1983年版。
（明）田汝成撰：《西湖游览志》《西湖游览志余》，《武林掌故丛编》本。
［波斯］拉施特撰：《史集》，余大钧、周建奇译，卷一，商务印书馆1983年版；卷二，商务印书馆1985年版。
［伊朗］志费尼撰：《世界征服者史》，何高济译，内蒙古人民出版社1981年版。
［英］道森编：《出使蒙古记》，吕浦译，中国社会科学出版社1983年版。
《马可·波罗行记》，冯承钧译，上海书店出版社2001年版。
［高丽］李齐贤撰：《益斋集》，《粤雅堂丛书三编》本。
［高丽］李榖撰：《稼亭集》，《韩国文集丛刊》本，韩国景仁文化社1996年版。

金文京等译注：《老乞大》，日本平凡社2002年版。

佚名：《朴通事谚解》，《奎章阁丛书》本。

［朝鲜］郑麟趾撰：《高丽史》，朝鲜平壤1957年印本。